宿州历史文化丛书

宿州方言

唐爱华　孟方 / 主编

宿州市档案局（馆）
宿州市地方志办公室 / 编

合肥工业大学出版社

图书在版编目（ＣＩＰ）数据

宿州方言 / 唐爱华，孟方主编 . ——合肥 : 合肥工业大学出版社，2017.8

（宿州历史文化丛书）

ISBN 978-7-5650-3535-7

Ⅰ . ①宿… Ⅱ . ①唐…②孟 Ⅲ . ①中原官话—方言研究—宿州 Ⅳ . ① H172.4

中国版本图书馆 CIP 数据核字 (2017) 第 219166 号

宿州方言

唐爱华 孟 方 主编

责任编辑 朱移山
出版发行 合肥工业大学出版社
地 址 （230009）合肥市屯溪路 193 号
网 址 www.hfutpress.com.cn
电 话 人文社科编辑部：0551-62903310
市场营销部：0551-62903198
开 本 710 毫米 × 1010 毫米 1/16
印 张 26
字 数 392 千字
版 次 2017 年 8 月第 1 版
印 次 2017 年 12 月第 1 次印刷
印 刷 合肥添彩包装有限公司
书 号 ISBN 978-7-5650-3535-7
定 价 48.00 元

如果有影响阅读的印装质量问题，请与出版社市场营销部联系调换。

本书编写组

策划　统稿　唐爱华　孟　方

编写组成员（按姓氏笔画排列）

王临惠　王雪清　李　鸿　宋　辉

肖　良　张良斌　张德岁　孟　方

唐爱华　蒋宗霞

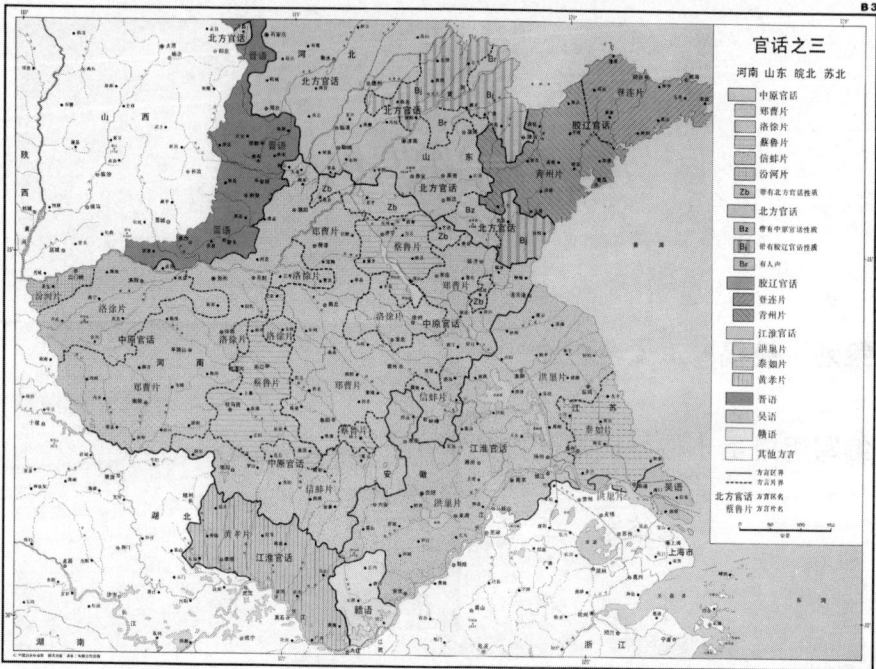

《中国语言地图集》官话之三

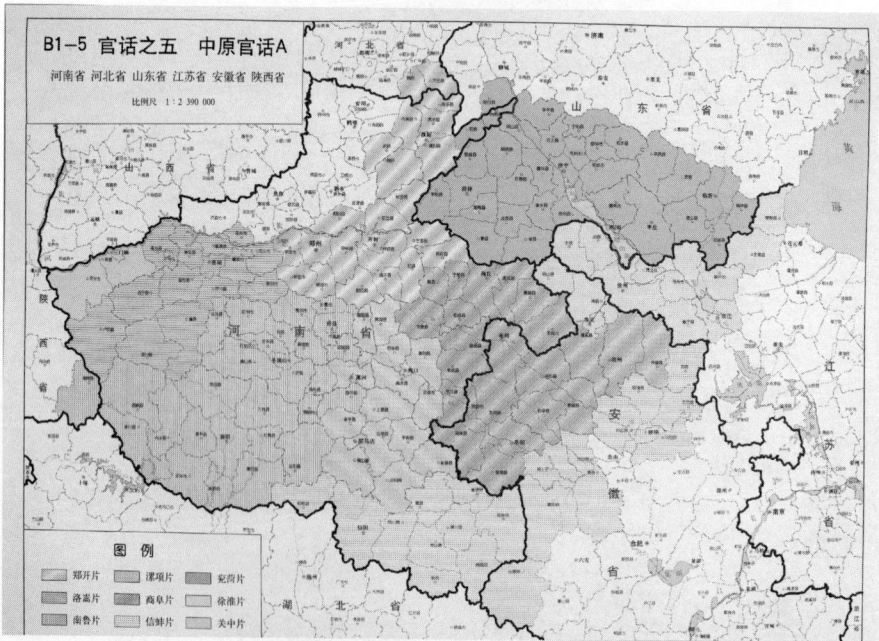

《中国语言地图集》（第 2 版）（官话之五）

前 言

孟 方

　　可以十分肯定地说，此本《宿州方言》，是宿州有史以来第一本全面系统描述当地方言的书，是一本虽未名为"方言志"却实际带有"方言志"性质的书。

　　宿州地处黄淮平原腹地，早在五千年前就有徐夷、淮夷等部落在这里繁衍生息，有着3700多年的郡县史。隋唐年间，随着通济渠开凿通航，漕运兴盛，宿州成为汴河上的重镇。由于位于徐州、蚌埠之间，近代建成的纵贯中国南北要冲的津浦铁路又穿过全境。因水陆交通之便，生活在这片大地上的人们自古以来就来自四面八方，所说的语言也在不断融合变化着，但总的来说有其相当的稳定性，从大的方面说，属于中原官话，语音、语调、词汇、语法等方面与现在的普通话差别并不是很大，但细究起来各方面又有其鲜明的地域性，且现在宿州市所辖的埇桥区、萧县、砀山县、灵璧县、泗县四县一区的方言又各有明显的不同，有自己的独特性，因此宿州方言有其系统研究的必要性。今天，随着现代化进程不断加快，宿州的交通更加便捷，人员流动面广频高，年长者逐渐老去土语稀，年轻者务工八方乡音改，本地方言已悄然变化，自身特点逐渐乃至急剧丧失并融入普通话，因此宿州方言又有其记录整理的紧迫性。

　　自有记载可考的元代修编的第一部《宿州志》至今，不同时代、时期修编的宿州志已有十余部，从现在可见的几个版本看，方言皆未以单独的部分入其体例；现代虽对方言予以关注，也只是在某些版本中一鳞半爪地作为某个部分的组成内容，占有很小的篇幅，且主要偏重语音和词汇。其间本地行业部门也曾修过一些专门志，本地方言研究也出过一些成果，有志者也曾编纂过一些方言方面的书籍，但从未有人修编过一本宿州方言志。

这是可以理解的，在社会经济水平没有达到一定高度的时期，人们总是首先关注与社会经济发展相关、与自己的物质生活最密切的事物。相对于政治经济、农业工业、机械水利、教育文化等，方言自然要位列其后。正所谓"盛世修史，明时修志"。在宿州市社会经济不断登上新台阶的今天，宿州市档案局、地方志办公室将《宿州方言》这本带有"志"的性质的书列入编修出版计划，可说是宿州市档案局、地方志办公室与时偕行，在完成好修志编鉴主要任务的同时，积极拓辟档案方志工作领域，拓展档案方志工作内涵，拓宽编志用志范围的又一新思路；是为履行档案方志承载乡愁、延续历史文脉的重要使命，提升服务经济社会发展大局的能力，为党政机关、社会各界和人民群众服务的又一新举措。无疑，此书的编纂、出版，会为宿州文化建设再添一丰硕成果，将对丰富地方人文历史资料、弘扬宿州文化、提升宿州内涵起到十分重要的作用。

《宿州方言》的主要撰写者为天津师范大学和宿州学院文学与传媒学院的几位教师，他们皆专于语言之学，对方言有深入的研究，成果累累，多有专文发于国内高级别学术刊物，有专著出版。天津师范大学的王临惠教授出版专著6部，在《中国语文》《方言》《语言教学与研究》《语文研究》等重要刊物上发表学术论文30余篇，多次来宿州市调查方言，发表与宿州方言有关的专题论文多篇。宿州学院的唐爱华、张德岁教授承担国家社科基金语言类项目研究2项，唐爱华、蒋宗霞教授承担国家语言保护工程项目2项，在安徽省语言学界方言研究领域有相当的知名度。撰写者中有的世居本地，对宿州方言本有"自知之明"；有的祖籍他乡，对宿州方言更是"旁观者清"，可以优势互补。更为重要的是他们都有强烈的民族语言保护责任感，有用自己的知识能力为地方社会文化发展做贡献的热情，有之前对宿州方言研究的丰厚成果做基础，之前文学与传媒学院还专门编辑过一本本院师生研究方言的论文集《乡音的品味》，所以他们有充分的信心能力和前期准备，在院地合作的活动中主动向宿州市档案局、地方志办公室提出编写此书的要求，以填补空白。获准立项后他们统筹策划，再度进行深入调查，广搜精研，数易其稿，几经研讨，终得著成此书。本书以田野调查为基础，采用国际音标记音的方法，分别从语音、词汇、语法等各个方面对宿州方言进行客观描述，与普通话对照比较，见出差异特点，并结合方言生成的现实基础——自然环境、历史人文等进行适度阐释，使宿州方言之生态状貌得以较为准确、完整地呈现。

鉴于方言调查与研究不仅对于语言学，而且对史学、文艺学等方面都有独特的意义，而且与社会经济文化发展等方面密切相关，因此，作为破天荒的第一本全面系统描述当地方言的《宿州方言》，对宿州、对方言学来说其重大意义自不待言。但是由于成稿时间紧，其他任务多，而这些任务之间有重叠有交叉也有冲突，全体编写者自知此书有许多不足和遗憾，这些，尚请专家学者谅解并不吝指教，以便再版时修改完善。

2017 年 2 月 13 日

目　　录

第一章　绪　论……………………………………………（001）

第一节　宿州市概述…………………………………………（001）

一、自然与人文………………………………………………（001）

二、建制与区划………………………………………………（003）

三、人口与民族………………………………………………（005）

第二节　宿州方言概况………………………………………（006）

一、宿州方言分区与调查概况………………………………（006）

二、宿州方言内部差异………………………………………（007）

第三节　宿州方言的尖音、团音……………………………（016）

一、尖音、团音的来源………………………………………（016）

二、尖音、团音的分布与现状………………………………（018）

第四节　音标符号和发音合作人……………………………（019）

一、音标符号…………………………………………………（019）

二、发音合作人………………………………………………（021）

第二章　语　音……………………………………………（022）

第一节　宿州方言语音系统…………………………………（022）

一、声母　韵母　声调………………………………………（022）

二、新派老派的差异…………………………………………（023）

三、连读音变…………………………………………………（024）

四、声韵调配合………………………………………………（030）

第二节　宿州音系与普通话音系比较………………………（040）

一、声母比较…………………………………………………（040）

二、韵母比较 …………………………………………… （042）

三、声调比较 …………………………………………… （045）

第三节 宿州方言音韵特点 …………………………… （046）

一、音韵特点 …………………………………………… （046）

二、宿州方言的异读 …………………………………… （047）

第四节 宿州方言同音字表 …………………………… （051）

一、说明 ………………………………………………… （051）

二、同音字表 …………………………………………… （051）

三、同音字表注释 ……………………………………… （074）

第三章 词　汇 ………………………………………… （076）

第一节 宿州方言词汇特点 …………………………… （076）

一、合成词的特点 ……………………………………… （076）

二、词语意义的差异 …………………………………… （077）

三、构词理据 …………………………………………… （079）

四、特殊词语举例 ……………………………………… （085）

第二节 宿州方言词语及文化内涵 …………………… （087）

一、宿州方言的亲属称谓词语及称谓文化 …………… （087）

二、宿州方言的讳饰语及文化内涵 …………………… （093）

三、宿州方言的詈词及骂詈文化 ……………………… （099）

四、宿州方言的婚嫁词语及婚嫁文化 ………………… （102）

五、宿州方言的丧葬词语及丧葬文化 ………………… （107）

六、宿州方言的游戏词语及文化内涵 ………………… （114）

七、宿州方言的书画词语及书画文化 ………………… （122）

八、宿州方言的鱼类词语及鱼文化 …………………… （136）

第三节 宿州方言分类词表 …………………………… （146）

一、天文 ………………………………………………… （146）

二、地理 ………………………………………………… （150）

三、时令时间 …………………………………………… （156）

四、农业 ………………………………………………… （161）

五、植物……………………………………………………（166）

六、动物……………………………………………………（175）

七、房舍……………………………………………………（183）

八、器具、用品……………………………………………（187）

九、称谓……………………………………………………（196）

十、亲属……………………………………………………（201）

十一、身体…………………………………………………（206）

十二、疾病与医疗…………………………………………（214）

十三、衣服与穿戴…………………………………………（220）

十四、饮食…………………………………………………（225）

十五、红白大事……………………………………………（233）

十六、日常生活……………………………………………（239）

十七、讼事…………………………………………………（243）

十八、交际…………………………………………………（247）

十九、商业与交通…………………………………………（250）

二十、文化教育……………………………………………（256）

二十一、文体活动…………………………………………（261）

二十二、动作………………………………………………（267）

二十三、位置………………………………………………（274）

二十四、代词等……………………………………………（278）

二十五、形容词……………………………………………（280）

二十六、副词、介词等……………………………………（286）

二十七、量词………………………………………………（289）

二十八、数字等……………………………………………（296）

第四章　语　法……………………………………………（304）

第一节　词法特点…………………………………………（304）

一、语素序…………………………………………………（304）

二、词缀……………………………………………………（304）

三、重叠……………………………………………………（306）

四、形容词的生动形式 …………………………………………（307）

五、实词 ……………………………………………………………（309）

六、虚词 ……………………………………………………………（316）

第二节　句法特点 ……………………………………………………（319）

一、宿州方言的句类 ………………………………………………（319）

二、宿州方言的特殊句式 …………………………………………（330）

第三节　语法例句 ……………………………………………………（336）

第五章　语料记音 ………………………………………………（348）

第一节　儿歌与童谣 …………………………………………………（348）

第二节　谜语　谚语　歇后语 ……………………………………（366）

一、谜语 ……………………………………………………………（366）

二、谚语 ……………………………………………………………（373）

三、歇后语 …………………………………………………………（378）

第三节　民间故事 ……………………………………………………（384）

一、大明开国皇帝朱元璋的宿州情缘 ……………………………（384）

二、鞭打芦花车牛返村的传说 ……………………………………（392）

参考文献 ………………………………………………………………（397）

后记 ……………………………………………………………………（400）

第一章 绪 论

第一节 宿州市概述

一、自然与人文

宿州市，省辖地级市，位于安徽省东北部，地处淮北平原东北部，东经 116°09'~118°10'、北纬 33°18'~34°38' 之间。宿州市襟连沿海，背倚中原，与苏鲁豫三省交界，素有安徽省北大门之称。东至北与江苏省宿迁、徐州、山东省菏泽接壤，西北与河南省商丘毗邻，西至南与安徽省淮北、蚌埠相连。总面积 9787 平方千米。辖萧县、砀山、灵璧、泗县、埇桥区四县一区，市政府驻埇桥区。

宿州西北黄河故道地势略高，中部有相山丘陵，其余大部为平原洼地。主要河流有濉河、新汴河、沱河、浍河，由西北向东南注入淮河和洪泽湖。属北亚热带和暖温带过渡区，暖温带半湿润气候，年降水量 774 ~ 895 毫米，年均气温 15.7°C。四季气候变化分明，冬、夏持续时间较长。宿州生物资源多样，森林植被属华北区系类型，为暖温带落叶阔叶林。全市计有木本植物 60 科、110 属、275 种。萧县皇藏峪和市直夹沟林场有两片天然次生林，为淮北地区仅存。林内计有木本植物 140 余种，珍稀树种 9 种，古树名木繁多。全市共有野生动物 230 余种。宿州矿产资源丰富。已发现的矿产有28 种，已探明一定储量的有 17 种，已开发利用的有 11 种。以能源、非金属矿产为主，保有储量大，主要矿产地分布集中。其特点：一是矿产种类多，潜在价值大。大宗矿产为煤炭、煤层气、白云岩、石灰岩、硬质高岭土、瓷石、铁；有找矿前景的为石油、天然气、金刚石、含钾类岩石、石膏、金、铜、铅、石灰岩类观赏石、矿泉水等。二是矿产分布广，优势矿产储量大。煤层气、煤炭探明储量，均居全省前列，开发潜力巨大，是国家规划的13个大型煤炭基地之一。白云岩、大理石（饰面用灰岩）、耐火黏土位居全省第一，瓷石居全省第四。

宿州是东部沿海省市经济向中西部梯度发展的过渡地带和交通要道，具有良好交通区位优势。铁路、公路、水路交织，形成了多种运输方式的交通网络。京台、徐明、济祁、连霍、泗许等高速公路"三纵两横"在宿州市贯穿。104国道京福线、206国道烟九线、310国道连天线、311国道徐峡线穿境而过。铁路呈"两纵三横"，京沪、陇海两大铁路干线"十"字状贯穿全境；京沪、郑徐高速铁路和宿淮铁路通车运行。萧淮客运联络线、徐淮宿城际铁路稳步推进。宿州至徐州观音机场仅70公里，宿州机场项目积极推进。宿州至连云港码头仅200公里，是安徽省距离出海口最近的城市。新汴河和浍河沿线设有5个港口。主要航线可通江达海，由宿州港经洪泽湖至长江中下游各港口城市，经大运河至江、浙、沪等地；或经淮河到淮河沿岸各港口城市。

宿州素有果海粮仓的美誉。四县一区均为全国著名粮棉大县。小麦、玉米、花生产量居全省第一。萧县葡萄、砀山酥梨、符离集烧鸡、夹沟香稻米久负盛名。萧砀百里黄河故道是中国最大的连片水果产区，萧县葡萄种植已有千年历史，为全国四大葡萄基地之一。符离集烧鸡为中国四大名鸡之首。泗县是"中国山芋之乡"。灵璧、泗县均为全省畜牧十强县。

宿州自古以来是兵家必争的战略要地。史称这里"扼汴水咽喉，当南北要冲"，为"百战之道"。秦末，中国第一次农民起义，陈胜、吴广大泽乡揭竿而起；楚汉相争，垓下之战，项羽霸王别姬；南宋张浚、韩世忠抵御外侮，符离集抗击金兵；清末张乐行捻军起义；民国军阀混战；抗日战争，新四军四师与日本侵略者浴血奋战；解放战争，这里是淮海战役的主战场。

宿州文化底蕴深厚。古代叱咤风云的威王猛将和"峨冠博雅"的饱学之士在此留有许多胜迹。老子、庄子、孔子论道游说；鄢陵季子挂剑徐公墓以践"心许"；孔子高足"七十二贤"之一闵子骞"鞭打芦花车牛返"；陈涉筑台誓盟涉故台；刘邦藏身避祸皇藏峪；刘项楚汉决战垓下；项羽掩香埋玉虞姬冢；李白饮酒放歌宴嬉台；白居易流连寓居东林草堂；王绩结庐隐居五柳；苏轼留下墨宝扶疏亭。近有美国人赛珍珠在此生活多年，以宿县农村生活为原型的《大地》获诺贝尔文学奖。本地则钟灵毓秀，人才辈出。古有追随陈胜起义的骁将葛婴、朱鸡石，"竹林七贤"中的两位文学巨子刘伶、嵇康，勇冠三军"鹤立鸡群"的嵇绍，学富五车满腹经纶的戴逵、戴颙、薛综、恭莹等，五代后梁开国皇帝朱温，传说中被唐明皇封为辟邪将军的钟馗，明朝开国贤后马大脚。近现代则有段祺瑞的文胆智囊徐树铮，倾向革命坚持进步的国民党将领李明扬；雕塑泰斗刘开渠，美术巨匠王子云、朱德群、王肇民、萧龙士；书法家刘惠民、尉天池、李百忍、孟繁青；哲学家孙叔平；社会学家邓伟志；作家刘亚洲；新闻工作者郑重；京剧表演艺术家李炳淑；电影表演艺术家杨在葆、刘士龙、欧阳儒秋，都在各自的艺术领域中卓有建树，声名显赫。"龙城画派"阔笔写意，泼辣豪放，具有浓厚的生活气息，萧县被命名为"中国书画艺术之乡"。埇桥区书法名家辈出，被命名为"中国书法之乡"。灵璧石雄居中国四大奇石之首，灵璧县被命名为"中国奇石之乡"。萧县石刻艺术，始于汉代的画像石，至今已有二千多年。宿州泗州戏、坠子戏、淮北花鼓戏、淮北梆子戏、萧县渔鼓道情、砀山唢呐、灵璧菠林喇叭、埇桥马戏被列入第一批国家级非物质文化遗产名录。埇桥马戏艺术享誉全国，埇桥区被授予"中国马戏之乡"称号。

宿州的风俗同于北方，主食以面食为主。

二、建制与区划

宿州历史悠久。早在八千年前就有先民在此繁衍生息。夏、商、西周，有徐夷、淮夷等部落在此居住。春秋末期（公元前 684 年），宋国将原封地今山东东平境内的男爵小国宿国强迁于宋地（今宿州辖区）。春秋战国时期，现宿州境内置有宿国、萧国、徐国等小诸侯国。宿州有着 3700 多年的郡县史。周朝时期楚国始建蕲邑，秦置蕲县、符离县、相县等县。宿州现在市区所在地古名埇上，其建设开发史可追溯至秦统一全国修驿道，以土埇其上而名。

隋大业年间，随着通济渠（汴水）开凿通航，漕运兴盛，埇上逐步发展起来。由于此地"西翼梁、宋，北控徐、泗，南襟濠、寿，东限淮、泗，舟车会要，战守所资"（顾祖禹《读史方舆纪要》），隋唐在此设埇桥，形成交通运输工商集镇，唐宪宗元和四年，析置宿州，州依春秋时期宋闵公迁宿入境的史实而得名。属河南道，治埇桥。宋，宿州初属淮南路，后属淮南东路。元，宿州辖临涣县、符离县、灵璧县、蕲县，属河南归德府。明，宿州辖灵璧县，属江南临濠府（中立府、凤阳府）。清，宿州属凤阳府，辖符离县、蕲县、临涣县，属淮南东路。康熙六年（1667），设安徽省，宿州仍属凤阳府。

民国，宿州改为宿县，与泗县、灵璧属安徽省，萧县、砀山属江苏省。民国32年今宿州各县属淮海省。抗日战争胜利后，宿县、灵璧、泗县属安徽省，萧县、砀山属江苏省。1949年3月设宿县专区，属皖北行署。1956年2月撤销宿县专区，将所辖8县与滁县专区合并为蚌埠专区。1961年3月复设宿县专区。1971年改称宿县地区，辖濉溪、砀山、萧县、宿县、灵璧、泗县、五河、固镇、怀远九县。1979年9月，析宿县城关镇等置县级宿州市。1992年11月，宿州市、宿县合并，组建县级宿州市。1998年12月，撤销宿县地区和县级宿州市，设立地级宿州市。

宿州市现辖四县一区，有94个乡镇和11个街道办事处，有6个省级经济开发区、宿马现代产业园区和高新技术产业开发区。

埇桥区位于安徽省北部，地处苏豫皖三省交界处，下辖24个乡镇，11个街道办事处，总面积2868平方公里，是全国最大的县级区。砀山县地处皖、苏、鲁、豫四省七县交界处，辖13个镇，总面积1193平方公里。萧县位于安徽省最北部，苏、鲁、豫、皖四省交界处，辖23个乡镇，总面积1885平方公里。灵璧县位于安徽省东北部，北与江苏省接壤，辖19个乡镇和1个省级经济开发区，总面积2054平方公里。泗县位于安徽省东北部，苏皖两省五县交界地带，辖15个乡镇、1个省级经济开发区，总面积1787平方公里。另有宿州经济开发区，2001年经省政府批准成立，2003年启动建设，目前管辖面积23.5平方公里。宿州马鞍山现代产业园区，2012年元月批复为省级经济开发区，规划50平方公里。宿州高新技术产业开发区筹建于2011年6月，位于宿州市汴北新区。

三、人口与民族

2016 年统计，宿州市总人口 654.05 万人。其中城镇人口 125.05 万人，乡村人口 528.99 万人。总人口中埇桥区 190.37 万，砀山县 99.27 万，萧县 139.52 万，灵璧县 128.73 万，泗县 96.14 万人。

2007 年统计，全市有少数民族 46 个，包括壮族、满族、回族、苗族、维吾尔族、土家族、彝族、蒙古族、藏族、布依族、侗族、瑶族、朝鲜族、白族、哈尼族、哈萨克族、黎族、傣族、畲族、傈僳族、仡佬族、拉祜族、水族、佤族、纳西族、羌族、土族、仫佬族、锡伯族、达斡尔族、景颇族、毛南族、撒拉族、布朗族、塔吉克族、阿昌族、普米族、鄂温克族、怒族、京族、基诺族、德昂族、俄罗斯族、门巴族、独龙族、赫哲族等，人口 20890 人，分布在四县一区。其中回族人口最多，多聚居在砀山县。

（孟方撰稿）

第二节 宿州方言概况

一、宿州方言分区与调查概况

（一）宿州方言归属和分区

宿州方言属于中原官话。根据《中国语言地图集》（1987年），埇桥区、灵璧县方言属于中原官话郑曹片，砀山、萧县方言属于洛徐片，泗县方言属于信蚌片。根据、赵日新的《安徽方言》（2008）、《中国语言地图集》（2012），埇桥区、灵璧县方言属于中原官话商阜片，砀山、萧县方言属于徐淮片，泗县方言属于信蚌片。

（二）宿州方言研究概况

《安徽省志·方言志》（1997）用国际音标记录了宿州市、灵璧县的声母、韵母、声调，并收录600多例字音对照。

当地地方志对宿州市方言做了简略的介绍，主要内容如下：

《宿县县志》（1988）：声母、韵母、声调都用汉语拼音标音；收录少量词语、谚语、歇后语。

《宿州市志》（1991）：声韵调数量明确，声母没具体列出，韵母列举不全，声、韵用汉语拼音标音，声调为五度标记法，调值记录规范；总结了几条词汇特点，有词语举例，注音时用汉语拼音。

《宿县地区志》（1995）：方言内容很少，声调4个，对声母、韵母做了一些说明，数量不明；收录的词语很少，有一些谚语、歇后语。

《萧县志》（1988）：收录几十个词语，用汉语拼音注音；有一些歌谣、谚语。

《泗县志》（1990）：收录少量词语，用汉语拼音注音；有一些谚语、歇后语。

《砀山县志》（1996）：声母22个，韵母38个，声调4个，标音符号是汉语拼音与国际音标对照；收录词语比较多；有一些歇后语、谚语。

《灵璧县志》（1991）：语音内容较详细，声母、韵母、声调用国际音标标音；词汇部分，收录上百条词语，记音时声母韵母用国际音标，四个声调分别用数字"1""2""3""4"标注；语法部分，归纳了6条语法特点和一条语音特点；收录了比较多的谚语、歇后语。

另外，《宿州市埇桥区芦岭镇志》（2007）、《蕲县镇志》（2009）收录了一定数量的方言词语、谚语、歇后语，对个别词语注音时用汉语拼音。

孔瑾先生的《乡音》（内部印刷）收集了宿州方言的特殊词语并进行了解释，内容丰富，可读性强。可惜用汉语拼音标音，记音不准确。

近年来宿州方言因关乎天津方言的源流问题而受到学界关注。李世瑜、韩根东（1991）根据"燕王扫北"的历史传说以及天津方言与安徽宿州一带方言的某些相似点，认为天津方言的"母方言"就是来自以宿州为中心的广大淮北平原，以宿州为中心的江淮平原北部广大地区的方言就是天津方言的"母方言"。2010年和2011年，天津市政协文史委由天津师大、南开大学的语言学教授组成"天津方言寻根调研组"，由市政协文史委主任带队，先后两次来宿州市埇桥区、灵璧县等地就天津方言的起源进行考察调研，谭汝为（2012）认为天津话来自皖北平原，"以天津方言相似的淮北方言，以固镇、宿州和蒙城这个三角区域为中心，其四界范围大致是：江苏徐州市以南，淮南以北，涡阳以东，'五泗灵'以西。"曾晓渝（2012）认为天津话的"源"以明代"南京"（辖安徽江苏区域）的中原官话为主。根据田野调查结果，王临惠、蒋宗霞、唐爱华（2009）认为天津方言来自淮北平原的宿州、固镇一带的方言的说法证据不足。王临惠、支建刚、王忠一（2010）和王临惠（2012）认为从共时平面和历史比较来看天津方言底层与周边方言一致而与安徽淮北地区的方言存在较大的差异，安徽宿州、固镇这一带的方言与天津方言血缘关系甚远。

本文记录的主要是宿州市埇桥区城区老派方言。

二、宿州方言内部差异

根据实地调查并结合《宿县志》《萧县志》《灵璧县志》《泗县志》《砀山县志》等中的方言章节内容，发现宿州市四县一区的方言一致性很强，但也一些差异。主要表现在：

（一）语音差异

1. 宿州市四县一区方言的声韵调

总的来说宿州市四县一区方言声母、韵母、声调的差异不大。

埇桥区：见第一章。

灵璧：

声母（含零声母）24个：p、ph、m、f、v、t、th、n、l、ts、tsh、s、tʂ、tʂh、ʂ、ʐ、tɕ、tɕh、ɕ、k、kh、x、ɣ、ø。

韵母37个：-i[ɿ]、-i[ʅ]、i、u、y、a、ia、ua、ə、iə、uə、yə、ɛ、iɛ、uɛ、e、ue、ɔ、iɔ、ou、iou、æ̃、iæ̃、uæ̃、yæ̃、ɔ̃、iɔ̃、uɔ̃、yɔ̃、aŋ、iaŋ、uaŋ、əŋ、iŋ、uŋ、yŋ、ɚ。

声调4个：阴平213　阳平55　上声24　去声53。

泗县：声母（含零声母）24个：p、ph、m、f、v、t、th、n、l、ts、tsh、s、tʂ、tʂh、ʂ、ʐ、tɕ、tɕh、ɕ、k、kh、x、ɣ、ø。

韵母37个：-i[ɿ]、-i[ʅ]、i、u、y、a、ia、ua、ə、iə、uə、yə、ɛ、iɛ、uɛ、e、ue、ɔ、iɔ、ou、iou、æ̃、iæ̃、uæ̃、yæ̃、ɔ̃、iɔ̃、uɔ̃、yɔ̃、aŋ、iaŋ、uaŋ、əŋ、iŋ、uŋ、yŋ、ɚ。

声调4个：阴平21　阳平55　上声213　去声42。

砀山：

声母（含零声母）24个：p、ph、m、f、v、t、th、n、l、ts、tsh、s、tʂ、tʂh、ʂ、ʐ、tɕ、tɕh、ɕ、k、kh、x、ɣ、ø。

tʂ、tʂh、ʂ声母字少，很多在普通话中读tʂ、tʂh、ʂ的字读成ts、tsh、s。

韵母37个：-i[ɿ]、-i[ʅ]、i、u、y、a、ia、ua、ə、iə、uə、yə、ɛ、iɛ、uɛ、e、ue、ɔ、iɔ、ou、iou、æ̃、iæ̃、uæ̃、yæ̃、ɔ̃、iɔ̃、uɔ̃、yɔ̃、aŋ、iaŋ、uaŋ、əŋ、iŋ、uŋ、yŋ、ɚ。

声调4个：阴平213　阳平55　上声24　去声53。

萧县：

声母（含零声母）23个：p、ph、m、f、v、t、th、n、l、ts、tsh、s、tʂ、tʂh、ʂ、ʐ、tɕ、tɕh、ɕ、k、kh、x、ø。

韵母37个：-i[ɿ]、-i[ʅ]、i、u、y、a、ia、ua、ə、iə、uə、yə、ɛ、iɛ、uɛ、e、ue、ɔ、iɔ、ou、iou、æ̃、iæ̃、uæ̃、yæ̃、ɔ̃、iɔ̃、uɔ̃、yɔ̃、aŋ、iaŋ、 uaŋ、əŋ、iŋ、uŋ、yŋ、ɚ。

声调4个：阴平 213 阳平 55 上声 24 去声 53。

2. 主要差异

埇桥区：舌尖前音和舌尖后音不混；韵母 uŋ、əŋ 一般不混读；老派和城西分尖音团音，埇桥区城西尖音成系统；有儿化音。

灵璧：舌尖前音和舌尖后音不混，有唇齿浊辅音 v，韵母 uŋ、əŋ 混读；有儿化音；不分尖音团音。

泗县：唇齿音 f 和舌根音 x 混淆；儿化音较少；不分尖音、团音。

砀山：舌尖前音和舌尖后音相混，普通话中一部分读舌尖后音的字在砀山话中读舌尖前音，舌尖前声母比舌尖后声母多；有唇齿浊辅音 v，有儿化音；不分尖音、团音。

萧县：舌尖前音和舌尖后音相混，普通话中一部分读舌尖后音的字在萧县话中读舌尖前音；有唇齿浊辅音 v；有儿化音；不分尖音、团音。

（二）词语差异

1. 四县一区雌雄家畜、家禽词语比较

宿州市四县一区家禽、家畜词语一致性比较强，差异性比较小，具体见表一。

表一 四县一区雌雄家畜、家禽词语比较表

方言 / 区域 / 普通话	埇桥区	灵璧县	泗县	砀山县	萧县
公马	公马	公马	骒马、公马	骚马	公马
母马	母马	母马	母马	骒马	母马
公牛	牤牛	牤牛、牤牛蛋	牤牛	牤牛	牤牛
阉割过的公牛	老犍	老犍	老犍、犍牛	老犍	老犍
母牛	舐"牛	舐"牛	舐"牛	舐"牛	舐"牛
公驴	叫驴	叫驴	叫驴	叫驴	叫驴

母驴	草驴	草驴	草驴	草驴	草驴
公羊	骚虎头	骚羊	骚羊、骚虎子	羯虎头	骚骚头
母羊	水羊	水羊	米羊、水羊	水羊	水羊
公狗	㹴狗	㹴狗	㹴狗	㹴狗	㹴狗
母狗	母狗	母狗	母狗	母狗	母狗
公猫	郎猫	郎猫	郎猫	男猫	男猫
母猫	米猫	米猫	米猫	女（儿）猫	女猫
公猪	撅猪	㹴猪、撅猪	㹴猪	撅猪	撅猪
母猪	老母猪	老母猪	老母猪 狼母猪	老母猪	老母猪
公鸡 （成年的打鸣的公鸡）	公鸡	公鸡	公鸡	公鸡	公鸡
未成年的小公鸡	公鸡	小公鸡	公鸡	小公鸡（儿）	小公鸡
母鸡	母鸡	母鸡	母鸡	草鸡	草鸡
抱窝鸡	老母鸡	老母鸡	老母鸡	老草鸡	老母鸡
未成年的小母鸡	小鸡	小鸡	小鸡	小草鸡	小鸡子
公鸭	公鸭	公鸭	公鸭	鸣鸭	鸣鸭
母鸭	母鸭	草鸭	母鸭	草鸭	草鸭
公鹅	公鹅	公鹅	公鹅	公鹅	公鹅
母鹅	母鹅	母鹅	母鹅	蛋鹅	母鹅

2. 四县一区亲属称谓比较

宿州市四县一区亲属称谓差异性比较大。下面按长三辈、长二辈、长一辈、平辈、晚一辈、晚二辈、晚三辈共七辈主要亲属按性别胪列如下（见表二）。

说明：表二以埇桥区方言为参考标准，其他四县与之进行比较，相同之处不再重复罗列，每一地区以第一个字简写做为这个区的代表，下表中的"其他同"指的是除单独指出的外其他与埇桥区的相同，表中注音以调查对象中的绝大多数人的发音为标准。

表二 宿州市四县一区亲属称谓系统比较表

辈分	男 性		女 性	
	普通话	宿州方言	普通话	宿州方言
长三辈	曾祖父	[埇][砀][萧]：老太爷 老老爷 老爷爷 [灵][泗]：（男）老太	曾祖母	[埇][砀][萧]：老太 老老奶 老奶奶 [灵][泗]：（女）老太
长二辈	祖父	[埇]：俺爷、俺老 [灵]：俺老 [泗]：俺爹 [砀][萧]：爷爷 老爷爷 [i⁰]	祖母	[埇][泗]：俺奶 [˚næ] [灵]：俺奶（北部读 [˚næ]；南部读 [˚nai]） [砀][萧]：奶奶 [˚næ næ⁰]
	外祖父	[埇]：俺外爷 俺老 俺外老 [灵]北部：外老； 南部：俺爹 其他同 [泗]：外爹 [砀][萧]：外爷爷	外祖母	[埇][泗]：俺朗˝ 俺外奶 朗˝娘（贬） [灵]：俺朗˝（北部读 [˚lɑŋ]；南部读 [˚nɑŋ]） [砀][萧]：姥姥 [˚lɑɔ lɑɔ⁰]
	堂祖父	[埇][砀][萧]：排行 + 老爷 [灵]：排行 + 老（大老、二老…） [泗]：排行 + 爹	堂祖母	[埇][泗]：排行 + 奶 [˚næ] [灵]：排行 + 奶（大奶、二奶…）（北部读 [˚næ]；南部读 [˚nai]） [砀][萧]：排行 + 奶奶 [˚næ næ⁰]
	舅祖父	[埇]：排行 + 舅老 舅老爷 [iɛ⁰] [灵]：排行 + 舅老（大舅老、二舅佬老…） [泗]：排行 + 舅爹 [砀][萧]：排行 + 舅老爷 [i⁰]	舅祖母	[埇][泗]：排行 + 舅奶 [˚næ] [灵]：排行 + 舅奶（北部读 [˚næ] 南部读 [˚nai]） [砀][萧]：排行 + 舅奶奶 [˚næ næ⁰]
	姑祖父	[埇]：排行 + 姑老 姑老爷 [iɛ⁰] [灵]：排行 + 姑老 [泗]：排行 + 姑爹 [砀][萧]：排行 + 姑爷 [i⁰]	姑祖母	[埇][泗]：排行 + 姑奶 [˚næ] [灵]：排行 + 姑奶（北部读 [˚næ] 南部读 [˚nai]） [砀][萧]：排行 + 姑奶奶 [˚næ næ⁰]
	姨祖父	[埇]：排行 + 姨老 姨老爷 [iɛ⁰] [灵]：排行 + 姨老 [泗]：排行 + 姨爹 [砀][萧]：排行 + 姨老爷 [i⁰]	姨祖母	[埇][泗]：排行 + 姨奶 [˚næ] [灵]：排行 + 姑奶（北部读 [˚næ]；南部读 [˚nai]） [砀][萧]：排行 + 姨奶奶 [˚næ næ⁰]

长一辈	父亲	[埇]：俺达˝（旧）俺爹（旧）俺爸(新)俺老爷子 俺老头子（贬）（背）孩子他老爷（背） [灵][泗]：俺爷 其他同 [砀][萧]：大大 爸爸 爹 老爷子 老头子（贬）孩子他老爷（背）	母亲	[埇][泗]：俺娘（旧）俺妈（新）俺老马马 俺老马子（贬）孩子他朗娘（背） [灵]：孩子他朗˝娘（北部读[˘laŋ]南部读[˘naŋ]） [砀][萧]：妈妈 娘 老马马 老马子（贬）孩子他朗˝娘（背）
	继父	[埇][砀][萧]：晚爹/后爹（背）（贬）岳白爹（背）（只限于妇女带来的）同亲生父亲称谓 叔/大爷/晚达˝ [灵][泗]：晚爷 俺爷 其他同	继母	[埇][灵][泗][砀][萧]：晚娘/后娘（背）（贬）同亲生母亲称谓妈/娘 婶儿/姨
	公公	[埇][砀][萧]：从夫称谓爸/爹/达(面) 从儿称谓孩子他老爷(背) 俺老公公（背）他爹（女方表生疏的背称） [灵][泗]：俺爷 其他同	婆婆	[埇][灵][泗][砀][萧]：从夫称谓妈/娘(面)从儿称谓孩子他奶/姥娘（背）俺老婆婆（背）他娘（女方表生疏的背称）
	岳父	[埇][砀][萧]：俺叔（面）从妻称谓爸/爹/达（面）从儿称谓孩子他外老爷/外佬（背）俺老岳父/老丈人（背）老头子（贬） [灵][泗]：大爷 其他同	岳母	[埇][灵][泗][砀][萧]：婶子 从妻称谓妈/娘 从儿称谓孩子他外奶/姥娘 姥姥（背）俺老岳母（背）老妈子（贬）
	伯父	[埇]：大爷[˘iɛ]（排行＋大爷：大大爷…小大爷） [灵]：无小大爷 其他同 [泗]：俺大（俺大大 俺二大 …n大） [砀][萧]：大大 大爷（[iɛ⁰]或[i⁰]）	伯母	[埇]：大娘[˘ȵiaŋ]（排行＋大娘：大大娘…小大娘） [灵]：排行中无小大娘，用"n＋大娘"其他同 [泗]：俺大 [砀][萧]：大娘[ȵiaŋ⁰]
	叔父	[埇]：俺叔/小叔（排行＋叔：大叔…小叔） [泗][灵][砀]：叔 大爷或小爷（同伯父称谓） [萧]：叔	叔母	[埇]：俺婶儿 婶子（排行＋婶儿/子） [泗]：小娘 其他同 [灵]：小娘 北部为俺婶子；南部为俺婶 [砀][萧]：婶子 婶婶
	姑夫	[埇]：姑夫（排行＋姑夫：大姑夫…小姑夫） [泗]：姑夫（男）姑 [灵][砀][萧]：姑夫（面）姑爷（背）	姑母	[埇][泗]：俺姑/小姑（排行＋姑：大姑…小姑） [灵]：俺姑（女）姑 排行中无小姑 [砀][萧]：姑姑 姑娘 排行中无小姑
	舅父	[埇][泗][砀][萧]：俺舅/小舅（排行＋舅：大舅…小舅） [灵]：北部为舅；南部为舅爷	舅母	[埇][灵][泗][砀][萧]：妗子（排行＋妗子：大妗子…小妗子）
	姨夫	[埇][灵][泗][砀][萧]：姨夫（排行＋姨夫：大姨夫…小姨夫）	姨母	[埇][灵][泗][砀][萧]：俺姨（排行＋姨：大姨 二姨…小姨）
	父亲的堂兄弟/堂兄妹/表兄弟/表姐妹等稍远一些的亲属："名字＋大爷/叔/姑"等 有时也用"地点＋大爷/叔/姑"等，如"淮北大爷等"		母亲的堂兄弟/堂兄妹/姑表兄弟/姑表姐妹/姨表兄弟/姨表姐妹等亲属："姓名/家住地名＋舅/姨"	

续表

平辈				
平辈	丈夫	[埇][砀][萧]：俺老头 俺老伴儿（老派互称）俺老公（新派）俺那口子（夫妻互称）小孩他爸/爹/达（从儿称谓）俺当家的（旧）俺外头人 比较特殊的：俺男人 俺家酒鬼/赌鬼（贬）俺家生痞子（少） [灵][泗]：除"小孩他爷"外其他同	妻子	[埇][灵][砀][萧]：俺家老妈妈/子（老派）俺内人 俺那口子（夫妻互称）小孩他娘/妈（从儿称谓） 比较特殊的：俺家属 俺媳妇儿 [ɕifər⁰]（新派）俺内柱（旧） [泗]：俺家里子 家里 某某家里
	大伯子	[埇][灵]：从夫称谓…哥（面）从儿称谓小孩大爷（背）大伯哥（背）（少）婆家哥（女方背称） [泗]：从儿称谓小孩他大 其他同 [砀][萧]：从儿称谓小孩他大大/大爷 其他同	大姑子	[埇][灵][泗]：从夫称谓…姐（面）从儿称谓小孩姑（背）大姑子（背）（少）他姐 婆家姐（背） [砀][萧]：姑娘 其他同
	小叔子	[埇][灵][泗][砀][萧]：从夫称名 从儿称谓小孩大爷（背）小叔子(背)(贬)他兄里 婆家兄里（女方背称）	小姑子	[埇][灵][泗]：从夫称名 从儿称谓小孩姑（背）小姑子（少）小姑妞子（贬）婆家妹子（背） [砀][萧]：姑娘 其他同
	小舅子	[埇][灵][泗]：从夫称名 从儿称谓小孩姑（背）小姑子（少）小姑妞子（贬）婆家妹子（背） [砀][萧]：姑娘 其他同	小姨子	[埇][灵][泗][砀][萧]：从妻称谓姐/年龄小的称名 从儿称谓小孩姨 小姨子 小姨姐 妮子（贬）
	哥哥	[埇][灵][泗]：俺哥 排行或名字+哥 俺兄里（背）老哥 俺娘家哥（女方）[砀][萧]：哥哥 其他同	嫂子	[埇][灵][泗]：俺姐 名字+姐 俺嫂子…家的（背） [砀][萧]：姐姐 其他同
	弟弟	[埇][灵][泗]：称名 俺兄里 老弟 俺娘家兄里（女方） [砀][萧]：弟弟 其他同	弟媳	[埇][灵][泗][砀][萧]：称名 弟妹 兄弟媳妇（背）…家的（背）
	姐夫	[埇][灵][泗][砀][萧]：名字+哥 姐夫（背）…家的（背）	姐姐	[埇][灵][泗]：俺姐 排行或名字+姐 老姐 [砀][萧]：姐姐 其他同
	妹夫	[埇][灵][泗][砀][萧]：称名 妹夫（背）…家的（背）	妹妹	[埇][灵][泗]：称名 俺妹儿 小妹儿 [砀][萧]：妹妹 小妹 称名
	堂哥	[埇][灵][泗]：俺哥 名字/排行+哥 [砀][萧]：哥哥 名字/排行+哥	堂姐	[埇][灵][泗]：俺姐 名字/排行+姐 [砀][萧]：姐姐 名字/排行+姐
	堂弟	[埇][灵][泗][砀][萧]：称名 名字/排行+弟	堂妹	[埇][灵][泗]：称名 俺妹儿 小妹儿 [砀][萧]：妹妹 称名
	表哥	[埇][灵][泗]：老表 俺哥 排行/名字+哥 表哥（少）[砀][萧]：哥哥 其他同	表姐	[埇][灵][泗]：俺姐 排行/名字+姐 表姐（少） [砀][萧]：姐姐 其他同
	表弟	[埇][灵][泗]：老表 称名 排行/名字+弟 表弟（少） [砀][萧]：弟弟 其他同	表妹	[埇][灵]：称名 俺妹儿 小妹儿 表妹儿（少） [泗]：称名 表妹 [砀][萧]：称名 妹妹 小妹 表妹（少）

晚一辈	儿子	[埇][灵][泗][砀][萧]：俺儿儿 [lər⁵⁵] 俺排行+儿 老+排行 小+排行+子 称名或乳名	儿媳妇	[埇][灵][泗][砀][萧]：儿媳妇 [ɕifei⁰] 儿媳子 [ɕitsŋ⁰] 老+排行+家 称名
	女婿	[埇]：俺闺女婿 [yᵒ] 俺家客 [ₛkhei] 称名 [灵]：俺闺女婿（北部读 [yᵒ]；南部读 [ɕyᵒ]）其他同 [泗]：亲戚 其他同 [萧][砀]：姑爷（背）其他同	女儿	[埇][泗]：俺闺女儿 俺丫头 俺家小妮子 称名或乳名 俺千金（新派） [灵]：丫子 小亲戚 其他同 [砀][萧]：闺女 丫子 妮子 其他同
	养子	[埇][灵][泗][砀][萧]：收拾的 要人的（背）面称同儿子称谓	养女	[埇][灵][泗][砀][萧]：收拾的 要人的（背）面称同女儿称谓
	侄子	[埇][灵]：称名 侄儿 [ₛtʂər] [泗]：侄子（无儿化音） [萧][砀]：称名 侄子	侄子媳妇	[埇][灵]：称名 侄儿媳儿 [ₛɕiər] 侄儿媳子…的（背） [泗]：称名 侄媳子 [萧][砀]：侄媳妇（背）其他同
	内侄	[埇][灵][泗]：称名 内侄儿（背） [萧][砀]：内侄（背）称名	内侄媳妇	[埇][灵]：称名 内侄媳儿（背）内侄媳子（背）…家的（背） [泗]：姨侄子 [萧][砀]：内侄媳（背）其他同
	侄女婿	[埇][灵][泗][砀][萧]：称名 侄女婿（背）…家的（背）	侄女	[埇][灵][泗]：称名 侄女儿（背） [萧][砀]：称名 侄女（背）
	内侄女婿	[埇][灵][泗][砀][萧]：称名 内侄女婿（背）…家的（背）	内侄女	[埇][灵][泗]：称名 内侄女儿（背）[萧][砀]：称名 内侄女（背）
	外甥	[埇][灵][泗]：称名 外甥（背） [砀][萧]：称名 外甥（背）	外甥媳妇	[埇][灵][泗]：称名 外甥媳子（背）…家的（背） [萧][砀]：外甥媳妇（背）其他同
	外甥女婿	[埇][灵][泗][砀][萧]：称名 外甥女婿（背）…家的（背）	外甥女	[埇][灵][泗]：称名 外甥女儿（背） [萧][砀]：称名 外甥女（背）
晚二辈	孙子	[埇]：称名或乳名 俺孙儿 [ₛsuər]（背）俺孙子（背）…家的孩子（背） [灵]：俺孙子（北部读 [ₛsuē] 南部读 [ₛsən]）称名或乳名 [泗]：俺孙子 称名或乳名 [砀][萧]：孙儿 称名或乳名	孙媳妇	[埇][灵][泗][砀][萧]：称名 孙媳妇 [ₛɕifu⁰]（背）…家的（背）
	孙女婿	[埇][灵][泗][砀][萧]：称名 孙女婿（背）…家的（背）	孙女	[埇][灵][泗][砀][萧]：称名或乳名 孙女儿（背）…家的孩子（背）
	外孙	[埇][灵][泗][砀][萧]：称名或乳名 外孙儿（背）假孙儿（背）	外孙媳妇	[埇][灵][泗][砀][萧]：称名 外孙媳妇（背）…家的（背）
	外孙女婿	[埇][灵][泗][砀][萧]：称名 外孙女婿（背）…家的（背）	外孙女	[埇][灵][泗][砀][萧]：称名或乳名 外孙女儿（背）假孙女儿（背）…家的孩子（背）

续表

晚三辈	曾孙	[埇][灵][砀][萧]：称名或乳名 重孙儿（背） [泗]：称名或乳名 重孙子	曾孙女	[埇][灵][泗][砀][萧]：称名或乳名 重孙女儿（背）

说明：灵璧南部靠淮河、浍河，跟北部方言有差异。灵璧县以尹集为界分东西，东部西部方言也有差别，西部方言跟埇桥区相同，东部跟西部有区别，如父亲，东部称呼为"俺大 [taᵀ]"，西部为"俺达 [₅ta]"。

3. 特色词语举例

四县一区各存在一些特殊方言词，下面列举几个例子。

埇桥区：觅车/找车（租车）、觅人/找人（雇人）、不甜乎人（不讨人喜欢）、抽乎（疯傻不着调）。

灵璧：嘎ᵀ[ka⁵⁵]的（干什么的）、撩才（故意找某人的茬，找事）、头一（第一名）、树膀子（树枝）、捣肚子（吃饭）。

泗县：早星（早上）、花姑姑（刘海）、叮车（坐车）、该的（干什么）、宁嘎ᵀ嘎ᵀ（小）、到多（很）、逗ᵀ[təu⁴²]是的（就是的）、撩才（惹事）、□ [xəu⁵⁵]（不：~去）、阿（我）、海ᵀ了/海ᵀ熊了（毁了）、留细（留心，当心）、赖ᵀ雕ᵀ（秋千）。

萧县：喝汤（吃晚饭）、个拔的（特别出众）、屋当门（客厅）、一色虎（全部）、司ᵀ毁ᵀ（修理）、认ᵀ（赔偿）、清饭儿（上午）、妈妈顶子（奶头）、出故事（生事）、不通星（不懂道理）。

砀山：最有特色的当属"□ [tsua⁵⁵]"，此词用法广泛，例如："一个能□ [tsua⁵⁵]？"表示一个人办不成什么事，"我叫你咋□ [tsua⁵⁵]，你就得□ [tsua⁵⁵]；不叫你□ [tsua⁵⁵]，你就不能□ [tsua⁵⁵]"意思是我叫你怎样，你就得怎样；我不叫你怎样，你就不能怎样。当地还有"喝了砀山水，□ [tsua⁵⁵]字不离嘴"的俗语。"□ [tsua⁵⁵]可能是"做啥"的合音。其他的词语：光背将（光膀子）、天天地儿（太阳、太阳光）、犯如（值得）、一色虎（全都是）。

（三）语法差异

四县一区语法差异小，不举例。

（唐爱华撰稿）

第三节　宿州方言的尖音、团音

一、尖音、团音的来源

汉语方言中,古精组("精清从心邪"五母)字,今读韵母 i [i]、ü [y] 或以 i[i]、ü [y] 起头,叫作尖音字;古见晓组("见溪群晓匣"五母)字,今读韵母 i [i]、ü [y] 或以 i [i]、ü [y] 起头,叫作团音字。分尖团是指古精组和见晓组字在今细音前读音有分别。宿州方言存在分尖团的情况,表现在:

一是古精组字今多读尖音,如:焦 tsiɑɔ²¹² ≠ 骄 tɕiɑɔ²¹²、需 sy²¹² ≠ 吁 ɕy²¹²、绩 tsi²¹² ≠ 激 tɕi²¹²、墙 tshiɑŋ⁵⁵ ≠ 强 tɕhiɑŋ⁵⁵、酒 tsiəu⁴³⁴ ≠ 九 tɕiəu⁴³⁴、晋 tsiẽ⁴² ≠ 劲 tɕiẽ⁴²;少数读团音,例如:捷 tɕhiɛ⁵⁵;一部分今读合口呼韵母,例如:绝 tsuo⁵⁵、全 tshuæ̃⁵⁵、选 suæ̃⁴³⁴。二是古见组字今与齐齿呼、撮口呼相拼时多读团音,也有极少数读尖音的,例如:晓 sɑɔ⁴³⁴、虚 sy²¹²=墟=嘘。宿州方言尖团音字比较,见表三(宿州方言古精组、见晓组字今读对照表)。

表三(之一)　ts 组、tɕ 组字音对照

尖音		团音	
字音	字例	字音	字例
tsi	积唧疾挤集辑嫉即籍脊祭际霁济寂绩迹稷荠荠跻亶鲫	tɕi	几机鸡记及急已季基激吉击棘亟纪冀悸级继寄汲悸妓畸
tsiɛ	接节姐借藉疖借截褯	tɕiɛ	结劫解竭杰界届揭戒阶颉介街皆拮揭碣桀芥阶跻孓杰捷睫睫健嗟
tsiɑɔ	焦蕉椒礁噍鹪醮噍	tɕiɑɔ	交教娇搅骄狡郊饺轿窖浇叫较皎铰佼蛟缴
tsiəu	酒就揪鹫啾鬏	tɕiəu	九旧久究韭救灸纠舅厩究阄臼疚赳枢柏鸠咎
tsiæ̃	尖箭煎剪荐贱戋笺剪饯戬溅溅歼僭鞯溅践湔牮	tɕiæ̃	见剑肩兼件建减检简监坚鉴蹇碱拣謇柬缄茧间键艰涧捡俭犍
tsiẽ	津进尽浸晋烬荩缙赆潘	tɕiẽ	今近斤巾金瑾谨紧筋锦仅襟靳劲禁
tsiɑŋ	将浆奖酱蒋匠浆精虹缰绛降	tɕiɑŋ	江姜僵疆讲豇犟强礓糨

续表

tsiŋ	精睛晶井靖阱菁靓净婧静	tɕiŋ	京惊经竟镜痉径颈竞旌泾荆竟敬境
tsuo	嚼爵爝	tɕyo	决觉角厥撅掘孓诀抉攫脚橛爑镢崛
tsuē	俊峻浚浚骏隽濬馂	tɕyē	军君均菌龟钧莙鲪捃郡
tsy	疽狙且聚沮咀苴龃雎趄聚	tɕy	居拘鞠矩举巨具局距锯菊橘遽拒榉炬莒剧据

表三（之二） tsh 组、tɕh 组字音对照

尖音		团音	
字音	字例	字音	字例
tshi	七妻漆戚柒齐砌泣凄脐缉沏妻蛴葺喊槭碛	tɕhi	旗期欺起其骑奇岂薪跂崎琦绮祺棋祈杞歧蹊岐启岂弃祁企乞契歧祈讫气器
tshiɛ	切且窃趄妾怯悭箧	tɕhiɛ	茄伽挈
tshiɑɔ	锹悄瞧鞘峭樵憔谯愀消劁俏缲愀	tɕhiɑɔ	敲撬巧桥翘壳乔侨橇跷鞒窍
tshiəu	秋楸鳅湫鞧	tɕhiəu	酋蝤逎囚泅丘求球仇邱龟蚯裘糗述虬逑毬璆赇
tshiæ̃	千签钎迁扦仟前钱潜浅金芊阡	tɕhiæ̃	牵铅嵌钳乾谴谦歉纤遣黔堑骞悭虔欣捐欠倩茜
tshiẽ	亲侵寝秦溱吣螓寝沁锓	tɕhiẽ	钦琴勤擒芹禽噙揿衾芩覃嵚
tshiaŋ	枪墙抢呛蔷跄戗炝锵樯嫱腔羌蜣	tɕhiaŋ	强襁镪羟锖
tshiŋ	青清氰情晴请箐亲擎晴槃	tɕhiŋ	轻倾顷卿磬苘黥謦馨磬綮庆
tshy	娶蛆黢趋取趣觑	tɕhy	区曲屈躯鼩瞿渠祛驱蛐蠼麴胸衢阒蛆岖去
tshuo	雀鹊碏散踔	tɕhyo	缺确瘸権阙阕悫却
tshuæ̃	全泉悛痊铨筌诠轻荃	tɕhyæ̃	权拳圈犬券颧畎鬈蜷劝
tshuē	逡夋踆	tɕhyē	群宭困裙麇

表三（之三）　s 组、ç 组字音对照

尖音		团音	
字音	字例	字音	字例
si	西息惜昔媳腊玺洗袭细席熄锡析汐犀蒽蟋徙习	çi	吸稀溪熙希檄牺羲檄奚饩屣喜兮嬉翕隙曦戏系醯郗欷歙
sia	斜（老派读音），新派亦音 çia	çia	侠下夏吓瞎虾辖匣瑕呷霞峡狭厦暇遐胛
siɛ	写楔些斜谢契屑邪榭榭绁卸泻泄燮躞褺	çiɛ	蝎歇鞋血挟协携胁解薤谐缬澥
siɑɔ	消削销逍绡箫蛸萧宵肖硝霄筱潇啸小笑淆晓哮栩崤枭嚣骁肴	çiɑɔ	效晓校孝教
siəu	修羞馐锈绣袖秀脩休臭溴貅鬏鸺庥岫咻嗅	çiəu	（无团音）
siæ̃	先鲜仙纤铣藓冼跹酰暹笕霰籼跣线腺	çiæ̃	涎掀锨显闲嫌险弦衔馅限咸贤舷苋娴痫县现献陷羡
siẽ	新心芯薪锌辛寻信囟镡欣馨忻歆鑫昕莘	çiẽ	（个别字音有音无字，待考）
siɑŋ	相箱镶厢湘襄葙细骧翔祥橡详鲞想象像	çiɑŋ	香乡响巷享降饷庠饷芗向项
siŋ	星腥猩惺省擤醒性姓	çiŋ	兴行型形刑杏邢硎悻荥荇陉荇幸
suo	薛雪削鳕穴噱谑	çyo	靴学踅粢
suæ̃	选癣漩璇镟旋鲜	çyæ̃	宣瑄悁揎渲楦暄煊悬玄轩眩谖泫铉炫痃喧
suẽ	寻循殉浚旬巡询恂郇荨荀徇汛浔讯迅逊巽	çyẽ	熏勋薰曛荤埙獯醺训驯
sy	宿粟夙俗须需戍徐绪恤糈稰胥醑溆续序絮婿顼虚墟嘘畜旭蓄	çy	吁酗栩许顼诩煦昫勖

二、尖音、团音的分布与现状

随着 1950 年代以来普通话的逐渐推广，尤其是 1980 年代以来更为深入，普通话语音通过学校、广播、电视等途径，对宿州方言的影响力度加大。凡是 1980 年代以来入学的学生，城区及近郊，东南北三乡，尖音在中青年群体完全消失。唯有在西部和西南部，中老年群体日常口语中仍保留尖音；近年来，在青少年群体内，尖音亦渐趋消失。

（王彩法提供语料，唐爱华整理）

第四节 音标符号和发音合作人

一、音标符号

本书采用国际音标标音。下面是本书中用到的符号。

（一）辅音

本书所用辅音见表四：

表四 辅音表

发音方法 ＼ 发音部位			双唇	唇齿	舌尖前	舌尖中	舌尖后	舌面	舌根	喉音
塞音	清	不送气	p			t			k	
		送气	ph			th			kh	
塞擦音	清	不送气			ts		tʂ	tɕ		
		送气			tsh		tʂh	tɕh		
鼻音			m			n		ȵ	ŋ	
边音						l				
擦音	清			f	s		ʂ	ɕ	x	
	浊			v	z		ʐ		ɣ	

（二）元音

本书所用元音见表五：

表五　元音表

	舌尖元音			舌面元音				
	前	后		前		央	后	
	不圆唇	不圆唇	圆唇	不圆唇	圆唇	不圆唇	不圆唇	圆唇
高	ɿ	ʅ		i	y			u
次高								
半高				e			ɤ	o
中						ə		
半低				ɛ				
次低				æ				
低				a			ʌ	ɑ

鼻化元音，一律在音节的主要元音上加浪线，例如：天 thiæ̃²¹²。

（三）声调符号

调值符号采用五度制标记法。用竖线作比较线，自下而上用1、2、3、4、5度分别表示低音、半低音、中音、半高音、高音。在音节中调值标在音节右上角；轻声音节调值一律用0表示。调类符号用发圈法。如：阴平 $_c$□、阳平 $_ɕ$□、上声 ^{c}□、去声 □^{ɔ}。

（四）其他符号

□，方框表示没有适当字可写的声韵调组合，"□"的后面一定有音标（在同音字表中后面一定有注释）。

=，等号表示相比较的两项读音相同，例如：酒 = 九 tɕiu²¹⁴。

=，右上角等号，同音字、近音字在字的右上角用"="表示。

≠，不等号，表示相比较的两项读音不同或词义不等，例如：酒 tsiu²¹⁴ ≠ 九 tɕiu²¹⁴。

~，省字符号，举例时用于代替例字，例如："钉铁~"。

_，字下加单下划线，表示白读音，为排印方便，有时也用其他方法表示文白层次。

=，字下双下划线，表示文读音。

<>，尖括号，表示里面的字合音，例如：<起来>[tsʰa⁴⁴]。

>，表示"……变成……"，例如：i>ʅ表示 i 变作ʅ。

<，表示"……从……变来"，例如：ʅ<i 表示ʅ是从 i 变来的。

/，单斜线，表示并列两项或可供选择的两项隔开，例如：认得/认得着。

|，单竖线，表示单项隔开，例如：阿哥|阿爸|阿爷。

‖，双竖线，表示类项隔开，例如：鸡公|猪郎 ‖ 公鸡|母猪。

→，顺变符号，表示顺方向变化或扩展，例如：鸡→鸡儿

←，逆变符号，表示逆方向变化或减缩。

二、发音合作人

主要发音合作人如下：

廖兴中　男，1940 年出生，高中文化，宿州市城区人，调查时 68 岁。

赵成金　男，1942 年出生，宿州市埇桥区城区人，高小文化，退休前公务员，宿州市政协常委，调查时 73 岁。

傅克元　男，1936 年出生，宿州市埇桥区城区人，大学文化，退休前干部，从事城市规划工作，调查时 79 岁。

王彩法　男，1960 年出生，宿州市埇桥区城区人，大学文化，中学教师，宿州市政协常委，调查时 55 岁。

郭焕银　男，1963 年出生，宿州市埇桥区城郊人，宿州学院教师，调查时 53 岁。

主要提供语料人员如下：

王静　女，1989 年出生，宿州市埇桥区城区人，宿州学院 2008 级汉语言文学专业学生，提供宿州市四县一区亲属称谓比较材料。

王家海　男，1954 年出生，宿州市埇桥区城区人，初中文化，调查时62 岁。

陈广伟　男，1969 年出生，宿州市埇桥区城区人，大学文化，讲述民间故事，调查时 47 岁。

李雪　女，1994 年出生，宿州市泗州人，宿州学院 2013 级汉语言文学专业学生，提供泗县方言音系、词语材料。

（唐爱华撰稿）

第二章 语 音

第一节 宿州方言音系

一、声母 韵母 声调

（一）声母

声母23个（包括零声母）

p 帮白比布步　　　ph 批婆普盼　　　m 末毛米面　　　f 方肥腐奋

t 刀夺等弟　　　　th 梯田讨烫　　　n 牛脑暖女　　　l 掠兰里类嫩

ts 资族自　　　　　tsh 仓搓草　　　　s 丝嫂雪

tʂ 斋直找战丈　　　tʂh 抄迟厂岔深　　ʂ 烧神所是　　　ʐ 输然扰用

tɕ 交捷讲进轿　　　tɕh 枪求确欠　　　ɕ 西虾写线

k 高给滚个柜　　　kh 坑葵考抗　　　x 喝豪狠厚　　　ɣ 阿熬袄爱

ø 儿衣有王愿玉润

说明：n 跟齐齿呼、撮口呼韵母相拼时实际读音为 ȵ。

（二）韵母

韵母39个

ɿ/ʅ 资此思/支吃师日　　i 妻衣挤笔　　　u 租骨轴做　　　y 居俗女去

a 巴沙杂拿　　　　　ia 家掐霞丫　　　ua 抓瓜滑挖

o 菠婆馍剖　　　　　uo 多初勺科雪　　yo 虐缺靴药

ɤ 遮蛇哥河　　　　　iɛ 灭爹接爷

ɚ 儿耳二

æi 排胎腮爱　　iæi 阶介鞋蟹　　uæi 拽乖怀外

ei 飞白格推　　uei 嘴吹国回

ɑɔ 包曹烧毫　　iɑɔ 标瞧交咬

əu 走抽钩藕　　iəu 修留丘友

æ̃ 班餐染寒　　iæ̃ 编钱连眼　　uæ̃ 酸暖砖宽　　yæ̃ 捐权弦远

ẽ 本森真根　　iẽ 宾心今音　　uẽ 尊孙准捆　　yẽ 均群熏润

ɑŋ 帮仓杭夯　　iɑŋ 枪良讲羊　　uɑŋ 庄霜广网

əŋ 风腾争梗　　　　　　　　　uəŋ 嗡瓮

iŋ 冰情灵英　　uŋ 棕工努用　　yŋ 倾穷兄雄

说明：（1）ɚ有较明显的边擦音成分，实际读音接近 ɭ。（2）a、ia、ua 中的 a 实际读音为央元音 A。（3）老派 æi、iæi、uæi 后的 i 尾较弱，脱落后音值接近 ɛ，新派读音韵尾 i 完全脱落。（4）uŋ、əŋ 存在混读现象。（5）t、th、n、l、tʂ、tʂh、ʂ、ʐ 后韵母 ɤ 实际读 ə。

（三）声调

声调 4 个（不包括变调）

阴平 212 天低木窄　　上声 434 管好叔　　去声 42 替是段亿

阳平 55 田皮峰杰

说明：阴平有时读 213。

二、新派老派的差异

本文的老派指 70 岁以上的老年人，中派指 40 岁以上 70 岁以下的人，新派指 40 岁以下的人。

1. 埇桥区城区方言新派声韵调

埇桥区城区方言老派声韵调见上文，埇桥区城区中派、新派的声韵调基本相同，列举如下：

声母（含零声母）23 个：p、ph、m、f、t、th、n、l、ts、tsh、s、tʂ、tʂh、ʂ、ʐ、tɕ、tɕh、ɕ、k、kh、x、ɣ、ø。

韵母 38 个：-i[ɿ]、-i[ʅ]、i、u、y、a、ia、ua、ə、iə、uə、yə、ɛ、iɛ、uɛ、e、ue、ɔ、iɔ、əu、iəu、æ̃、iæ̃、uæ̃、yæ̃、ẽ、iẽ、uẽ、yẽ、ɑŋ、iɑŋ、uɑŋ、əŋ、uəŋ、iŋ、uŋ、yŋ、ər。

声调：阴平 212、阳平 55、上声 24、去声 42

2. 新派、中派、老派的差异

（1）与老派、中派相比，新派舌根浊擦音在 ɣ 弱化，甚至消失。

（2）埇桥区城西老派尖音相当多；埇桥区城中心，城的东、南、北部老派的尖音比较少，新派尖音基本消失。

（3）老派有韵母 o、io、uo、yo，中派、新派把其中韵腹 o 读成了 ə，分别读成 ə、iə、uə、yə。

（4）老派有韵母 æi、uæi，中派、新派韵尾 i 脱落，分别读成 ɛ、uɛ。

（5）老派有韵母 ei、uei，新派韵尾 i 趋于脱落，向 e、ue 演变。

（6）中派、新派擦音读送气塞擦音的减少。

（7）老派有韵母 iæi，中派、新派无此韵母。

（8）新派、中派的声调跟老派基本相同，只有"上声"的调值略有区别，老派的调值为 434，中派、新派为 24；中古清、次浊入声字今老派主要读阴平，中派主要读阳平，新派主要读去声或与普通话的读音相同。

三、连读音变

宿州方言的连读音变，主要包括分音、合音、增音、连读变调、轻声、儿化。

（一）分音与合音

分音是指把单音词分成双音词的特殊音变形式。

哄 $xuŋ^{434}$ → 糊 xu^{42} + 弄 $nuŋ^0$ 你别糊弄我 你别骗我。

坑 $khəŋ^{212}$ → 坷 $hɣ^{212}$ + 㯂 $thəŋ^0$ 地上尽是坷㯂，真难走 地上都是坑，真难走！

嗲 tia^{212} → 喋啦 $tiɛ^{212-212}la^0$ 喋啦个啥黄子！

合音是指把双音词压缩成单音词的特殊音变形式。例如：

□ $ȵiæ̃^{42}$ ← 你 $ȵi^{434}$ + 看 $khæ̃^{42}$ □ $[ȵiæ̃^{42}]$，那不是来你看，那不是吗？

宿州方言中分音、合音现象不多，上述所举例句在周边方言中也存在。

（二）增音

增音，主要出现在儿化音节中。

（三）连读变调

本节讨论宿州方言的两字组连读变调，限于不包括轻声的两字组。

列表和举例时用 1、2、3、4 分别表示阴平、阳平、上声、去声。

宿州方言的两字组连读共有 16 种组合，见表六。表左是前字声调，表端是后字声调。

表六　两字组连读变调表

	1 阴平 212	2 阳平 55	3 上声 434	4 去声 42
1 阴平 212	212　212 24	212　55 21	212　434 21	212　42 21
2 阳平 55	55　212	55　55	55　434	55　42
3 上声 434	434　212 44	434　55 44	434　434 34	434　42 34
4 去声 35	42　212	42　55	42　434	42　42

如"表六"所示，宿州方言的两字组连读，只有前字为阴平、上声时要变调，后字不变调。变调规律如下。

第一，前字为阴平，变调分 a、b 两类。

a. 当后字为阴平时，前字调值由 212 变为 24。如：

飞机 fei$^{212-24}$ tçi^{212}　　　东风 tuŋ$^{212-24}$fəŋ^{212}　　　初一 tṣhuo$^{212-24}$i^{212}

中国 tṣuŋ$^{212-24}$kuei^{212}

也有前字调值变 21 后字调值变 24 的情况，如：

当间儿 taŋ$^{212-21}$tçiæ̃r$^{212-24}$　　　山药 ṣæ$^{212-21}$yo$^{212-24}$　　　濉溪 suei$^{212-21}$çi$^{212-24}$

b. 当后字为阳平、上声、去声时，前字调值由 212 变为 21。如：

工人 kuŋ$^{212-21}$zẽ^{55}　　　出名 tṣhu$^{212-21}$miŋ^{55}　　　开学 khæi$^{212-21}$çyo^{55}

风俗 fəŋ$^{212-21}$sy^{55}　　　工厂 kuŋ$^{212-21}$tṣhaŋ^{434}　　　墨水 mei$^{212-21}$ṣuei^{434}

烧火 ṣɑɔ$^{212-21}$xuo^{434}　　　公里 kuŋ$^{212-21}$li^{434}　　　招待 tṣau$^{212-21}$tæi^{42}

抹布 ma$^{212-21}$pu^{42}　　　开会 khæi$^{212-21}$xuei^{42}　　　鸡蛋 tçi$^{212-21}$tæ̃^{42}

第二，前字为上声，变调分 a、b 两类。

a. 当后字为阴平、阳平时，前字调值由 434 变为 44。如：

打针 ta$^{434-44}$tṣən^{212}　　　老师 lɑɔ$^{434-44}$ṣ̩^{212}　　　可惜 khɤ$^{434-44}$çi^{212}

享福 çiaŋ$^{434-44}$fu^{212}　　　倒霉 cɑɔ$^{434-34}$mei^{55}　　　理由 li$^{434-34}$iəu^{55}

有毒 iəu$^{434-34}$tu^{55}　　　酒席 tsiəu$^{434-34}$çi^{55}

b. 当后字为上声、去声时，前字调值由 434 变为 34。如：

手表 ʂəu⁴³⁴⁻³⁴piɑɔ⁴³⁴　　水管 ʂuei⁴³⁴⁻³⁴kuæ̃⁴³⁴　　有理 iəu⁴³⁴⁻³⁴li⁴³⁴

养老 iaŋ⁴³⁴⁻³⁴lɑɔ⁴³⁴　　水库 ʂuei⁴³⁴⁻³⁴khu⁴²　　惹祸 zʐ⁴³⁴⁻³⁴xuo⁴²

写字 ɕiɛ⁴³⁴⁻³⁴tsʐ⁴²　　老大 lɑɔ⁴³⁴⁻³⁴ta⁴²

第三，当前字为阳平、去声时，都不变调。

（四）轻声

1. 轻声的调值变化

宿州方言的轻声也是一种又轻又短的调子。从调值上来看，它与该轻声字前一个音节的声调密切相关。宿州方言中轻声字的音高变化规律与普通话基本一致。如用五度标记法表示，大致情况如下：

（1）阴平字后的轻声字，调值为 5（高音），如：衣裳、趴下、吃了、他的、胳膊、嘱咐

（2）阳平字后的轻声字，调值为 2（半低音），如：棉花、拿了、婆婆、难过

（3）上声字后的轻声字，调值为 3（中音），如：尾巴、买卖、我们、懂得、老实

（4）去声字后的轻声字，调值为 1（低音），如：柿子、外人儿、痛不拉叽、扫帚

宿州方言中的轻声词和普通话轻声词的规律基本一致，主要有动态助词、结构助词、语气词、部分叠音词的后一个音节、后缀、中缀、补语形式的趋向动词及部分合成词的习惯用法。例如：

吃喽就走、我的孩子、你干啥来、看看、帽子、傻不拉叽、爬上去、棉花。

2. 轻声对音节的影响

（1）读轻声的音节，其主要元音易产生弱化或脱落等语流音变。如：

柔和 xuo⁰ → xu⁰　　棉花 xua⁰ → xu⁰　　豆腐 fu⁰ → f⁰

（2）导致轻声音节形式的不稳定性，出现两读或多读现象。如：

唾沫 mu⁰/mə⁰　　葡萄 thəu⁰/thaɔ⁰　　咳嗽 sɑɔ⁰/səu⁰/si⁰

可见，轻声音值模糊，导致主要元音有别，但在当地这种差异并不影响人们的正常交往。

（3）轻声的变韵

一是"子"读轻声时，一律读作 $tsƞə^0$。二是相当普通话"了"的虚词有"喽 $ləu^0$"、"啦 la^0"、"咾 $lɑɔ^0$"、"了 $lə^0/lɤ^0$"五种语音形式。

3. 轻声的作用

和普通话一样，轻声的功用主要是用来区别词性和意义。例如：

（1）样样

两个字都读去声时是量词的重叠形式，意思是"每一样"，如"这孩子语文、数学样样都行"；读轻声时是动词"尝试"义，如"你不信，过来样样"。

（2）开怀

"怀"读轻声时，意思是"怀孕"，如"结婚都两年多了才开怀"；而在"开怀大笑"中"怀"读阳平，意为"开心地"。

（3）唱唱

后一个"唱"读轻声，"唱唱"是动词的重叠形式，表示"唱一唱"的意思，后一个"唱"不读轻声时，"唱唱"是动宾短语，意思是"唱歌"。

（五）儿化

宿州方言儿化词很丰富，当地人称为小字眼儿。

1. 儿化的构成

宿州方言共有 39 个韵母，儿化规律如下：

（1）韵母为 a、ia、ua、ɤ、o、uo、yo、ɑɔ、iɑɔ、u 时，直接儿化。

ar < a　拍啪儿（鼓掌）$phei^{212-24}phar^{212}$

iar < ia　老公母俩儿（夫妻俩）$lɑɔ^{434-44}kuŋ^{212-21}mu^{434-34}liar^{434}$、马夹儿 $ma^{434-44}tɕiar^{212}$、（没有）人芽儿 $z\underset{e}{\text{ɛ}}^{55}iar^{55}$（人少）

uar < ua　掺花儿（掺杂）$tʂhæ^{212-24}xuar^{212}$、打滑儿 $ta^{434-44}xua^{55}$

ɤr < ɤ　百十个儿 $pei^{212}ʂƞ^{55}kɤr^{42}$、毛角儿 $mɑɔ^{55}kɤr^{212}$

or < o　媒婆儿 $mei^{55}phor^{55}$

uor < uo　俩伙儿 $kɤ^{212-21}xuor^{434}$、昨儿个 $tsuor^{55}kɤ^0$、水果儿 $ʂuei^{434-34}kuor^{434}$、恼火儿 $nɑɔ^{434-34}xuor^{434}$、差不多儿 $tʂha^{212-21}pu^0tuor^{212}$

yor < yo　（两头儿）挂橛儿（两头都算上）$kua^{42}tɕyor^{55}$

ɑɔr < ɑɔ　一大早儿 $i^{221-21}ta^{42}tsɑɔr^{434}$、汗毛儿（寒毛）$xæ^{42}mɑɔr^{55}$

iɑɔr < iɑɔ　知了儿 $tʂƞ^{221-21}liɑɔr^{434}$

ur＜u　抽肚儿 tʂhəu²²¹⁻²¹ tur⁴³⁴、店铺儿 tiæ̃⁴² phur⁴²、骨碌儿 ku²¹²⁻²¹lur⁰

（2）韵母为 əu、iəu 时，变读为 or、ior。

or＜əu　后儿个（后天）xor⁴² kɤ⁰、手指头儿 ʂəu⁴³⁴⁻⁴⁴tʂʅ⁰ thor⁵⁵

ior＜iəu　酱油儿 tsiaŋ⁴² ior⁵⁵

（3）韵母为 iɛ 的直接卷舌。例如：

ier＜iɛ 骨节儿（段）ku²¹²⁻²¹tɕier⁵⁵、面叶儿 miæ̃⁴²ier²¹²

（4）韵母为 i、y 时，直接加 ər。例如：

iər＜i 小鸡儿 ɕiɑ⁴³⁴⁻⁴⁴tɕiər²¹²、浮皮儿（表面）fu⁵⁵phiər⁵⁵、差不离儿 tʂha⁴²pu²¹²⁻²¹liər⁵⁵

yər＜y 面鱼儿 miæ̃⁴²yər⁵⁵

（5）韵母为 ɿ、ʅ 时，去 ɿ、ʅ，加 ər。例如：

ər＜ɿ 恣儿 tsər⁴²、打子儿（结子儿）ta⁴³⁴⁻³⁴ tsər⁴³⁴

ər＜ʅ 年三十儿 niæ̃⁵⁵ sæ̃²¹²⁻²¹ ʂər⁵⁵、六指儿 liəu⁴² tʂər⁴³⁴

（6）韵母为 æi、uæi 的，去掉韵尾 i，并卷舌。例如：

ær＜æi 口袋儿 khəu⁴³⁴⁻³⁴tær⁰、毛孩儿（婴儿）mɑ⁵⁵xær⁵⁵、塞儿（塞子）sær²¹²

uær＜uæi 拐儿 kuær⁴³⁴

（7）韵母为 ei、uei 的，读 er、uer。例如：

er＜ei 大咕默儿 ta⁴²ku⁴³⁴⁻⁴⁴mer²¹²、飞儿飞儿 fer²¹²⁻²⁴ fer²¹²

uer＜uei 凫水儿 fu⁵⁵ʂuer⁴³⁴（游泳）、扁嘴儿 piæ̃⁴³⁴⁻³⁴ tsuer⁴³⁴、盐味儿 iæ̃⁵⁵uer⁴²

（8）æ̃、iæ̃、uæ̃、yæ̃ 后，韵腹去鼻化音，并卷舌。例如：

ær＜æ̃ 花瓣儿 xua²¹²⁻²¹pær⁴²、呱嗒板儿 kua²¹²⁻²¹ta⁰pær⁴³⁴

iær＜iæ̃ 前儿个（前天）tɕhiær⁵⁵ kɤ⁰、肚脐眼儿 tu⁴² tshi⁵⁵ iær⁴³⁴、东边儿 tuŋ²¹²⁻²⁴ piær²¹²、挨肩儿 yæi²¹²⁻²⁴tɕiær²¹²

uær＜uæ̃ 晒太暖儿 ʂæi⁴² thæi⁴² nuær⁴³⁴

yær＜yæ̃ 花卷儿 xua²¹²⁻²¹tɕyær⁴³⁴、当院儿 taŋ²¹²⁻²¹yær⁴²

（9）韵母为 ẽ、iẽ、uẽ、yẽ 的，丢掉鼻化音，韵腹变读为 ə，并卷舌。例如：

ər＜ẽ 老本儿（本钱）lɑ⁴³⁴⁻³⁴ per⁴³⁴、出门儿 tʂhu²¹²⁻²¹mər⁵⁵

iər ＜ iẽ　按手印儿 ɣæ⁴²ʂəu⁴³⁴⁻³⁴iər⁴²、今儿个（今天）tɕiər²¹²⁻²¹ kɤ⁰、别劲儿 piɛ⁴²tɕiər⁴²

uər ＜ uẽ　嘴唇儿 tsuei⁴³⁴⁻⁴⁴tʂhuer⁴²、三轮儿 sæ²¹²⁻²¹luər⁵⁵、打滚儿 ta⁴³⁴⁻³⁴kuər⁴³⁴

yər ＜ yẽ　小云儿 ɕiɑo⁴³⁴⁻⁴⁴yər⁵⁵

（10）韵母为 aŋ、iaŋ、uaŋ 时，去掉韵尾，韵腹带鼻化音，并卷舌。例如：

ãr ＜ aŋ　小王儿 ɕiɑo⁴³⁴⁻⁴⁴uãr⁵⁵、帮忙儿 paŋ²¹²⁻²¹mãr⁵⁵、接杠儿（接缝）tɕiɛ²¹²⁻²¹kæ̃r⁴²、当穰儿（当中）taŋ²¹²⁻²¹zãr⁵⁵

iãr ＜ iaŋ　清亮儿（清楚）tɕhiŋ²¹²⁻²¹liãr⁰

uãr ＜ uaŋ　黄儿黄 xuãr⁵⁵xuaŋ⁵⁵（过去的一种玩具）

（11）韵母为 əŋ、uəŋ、uŋ 的，韵尾丢掉，韵母鼻化，并卷舌。例如：

ə̃r ＜ əŋ　一生儿 ʂə̃r²¹²、藏老梦儿 tshaŋ⁵⁵ cɑo⁴³⁴⁻³⁴ mə̃r

ũr ＜ uŋ　鱼冻儿 y⁵⁵ tũr⁴²

uə̃r ＜ uəŋ　不倒翁儿 pu²¹²⁻²¹ tɑo⁴³⁴⁻⁴⁴ uə̃r²¹²

（12）韵母为 iŋ、yŋ，丢掉韵尾，加上鼻化的 ə̃r。例如：

iə̃r ＜ iŋ　明儿个（明天）miə̃r⁵⁵kɤ⁰、凉影儿（阴凉地）liaŋ⁵⁵iə̃r⁰、正形儿（正经的样子）tʂəŋ⁴²ɕiə̃r⁵⁵

yə̃r ＜ yŋ　小熊儿 ɕiɑo⁴³⁴⁻⁴⁴ ɕyə̃r⁵⁵

需要说明的是，有辅音的儿化音节，实际发声母时开始卷舌；有的音节儿化时带闪音，例如：字儿 tsʳər、一点儿点儿 tʳɛ̃r⁵⁵tʳɛ̃r⁵⁵、一片儿 phʳiær⁴²、四儿 sʳər⁴²、帮忙儿 paŋ²¹²⁻²¹mãr⁵⁵。

儿化音变比较复杂，为了便于大众阅读，除了此处用实际读音拼写以说明儿化音变规律外，其他各处儿化词音节标音一律直接在原来韵母后加 r。

2. 儿化的作用

（1）构成名词

宿州方言的"儿"缀，跟普通话一样主要出现在名词后面，主要作名词的标志。例如：鱼冻儿、一生儿、塞儿。

也可以构成其他词：

构成拟声词：唄儿唄儿 pær⁵⁵ pær⁵⁵（唤狗声）、巴儿巴儿 par²¹² par²¹²（形容能说会道）、嘚儿 teir⁵⁵（吆喝牲口的声音）、飞儿飞儿 feir²¹² feir²¹²（形容气喘吁吁）。

构成量词：溜儿 liəur⁴²（排，条，块）、排儿 pær⁵⁵（次，回）。

构成动词：玩儿 uær⁵⁵ 去（走开，滚）。

（2）区别词义

出门儿（离开家门，出行）—出门子（出嫁）。

（3）表示细小、亲切、亲昵的感情色彩。例如：肚脐眼儿、毛孩儿（婴儿）、毛角儿（硬币）、小王儿。

（4）有的词儿尾、子尾并用，意思相同。例如：耳门儿＝耳门子、肚儿（牲畜的胃）＝肚子、面鱼儿＝面鱼子、面叶儿＝面叶子、巷口儿＝巷口子、乡旮旯儿＝乡旮旯子。

四、声韵调配合

说明：为了便于分析，我们把宿州方言 23 个声母分为 [p ph m]、[f]、[ts tsh s]、[t th n l]、[tʂ tʂh ʂ z]、[tɕ tɕh ɕ]、[k kh x ɣ] 和 [Ø] 八组。把 39 个韵母分为开口呼、齐齿呼、合口呼和撮口呼四类。

（一）声韵调配合关系

宿州方言的声母与韵母的配合比较复杂。从声母的角度看，主要有以下一些规律：

①能拼开口呼韵母的声母最多，能拼齐齿呼韵母的声母次之，能拼合口呼、撮口呼韵母的声母不多，只有零声母能拼全四呼韵母。

②[p–]组声母都能拼开口呼、齐齿呼韵母，都不能拼撮口呼韵母，除 [u] 外也不能拼合口呼韵母。

③[f]声母能拼开口呼韵母，拼合口呼韵母限于 [u]，不拼齐齿呼、撮口呼韵母。

④[t–]组声母中 [t][th] 只能拼开口呼、齐齿呼和合口呼韵母，不拼撮口呼韵母，[n][l] 能拼开、齐、合、撮四呼韵母。

⑤[ts–]组声母能拼开口呼、合口呼、撮口呼韵母，不能齐拼齿呼韵母。

⑥[tʂ–]组声母能拼开口呼、合口呼韵母，不能拼齐齿呼、撮口呼韵母。

⑦[tɕ-]组声母能拼齐齿呼、撮口呼韵母，不能拼开口呼、合口呼韵母。

⑧[k-]组声母能拼开口呼、合口呼韵母，不能拼齐齿呼、撮口呼韵母。

⑨[Ø]声母能拼齐齿呼、合口呼、撮口呼韵母，拼开口呼韵母限于[ər]。

从韵母的角度看，还有以下一些特点：

①韵母[ɿ]、[ʅ]、[i]跟声母的配合是有区别：[ɿ]只拼声母[ts tsh s]，[ʅ]只拼声母[tʂ tʂh ʂ ʐ]，[i]拼[ts tsh s][tʂ tʂh ʂ ʐ]以外的声母。

②开口呼韵母中，只有[ər]拼零声母。

声母和韵母的配合关系见表七。

表七 声母韵母配合表

发音部位	声母	开口呼	齐齿呼	合口呼	撮口呼
双唇音	p ph m	+	+	限于 u	
唇齿音	f	+		限于 u	
舌尖前音	ts tsh s	+	+	+	+
舌尖中音	t th	+	+	+	
	n l				+
舌尖后音	tʂ tʂh ʂ ʐ	+		+	
舌面音	tɕ tɕh ɕ		+		+
舌根音	k kh x ɣ	+		+	
零声母	Ø	限于 ər	+	+	+

说明："+"表示全部或局部声韵能相拼，空白表示不能相拼。

（二）单字音节表

宿州方言的声母韵母声调配合关系见表八。表的上方是韵母和声调，表的左边是声母，表中是例字。写不出字形的音节用数码表示，并在表下加注。生僻字、方言字和多音异义字用黑体表示，也在表下加注。

表八　声韵调配合表之一

	ʅ ʮ ɚ				i				u				y				a			
	阴平 212	阳平 55	上声 434	去声 42	阴平 212	阳平 55	上声 434	去声 42	阴平 212	阳平 55	上声 434	去声 42	阴平 212	阳平 55	上声 434	去声 42	阴平 212	阳平 55	上声 434	去声 42
p					屄	笔	比	闭	不	醭	补	步					把	拔	靶	罢
ph					批	皮	痞	屁	扑	蒲	普	铺					趴	爬		怕
m					蜜	迷	米	秘	目	牧	母	幕					妈	麻	马	骂
f									夫	服	腐	付					法	罚		
t					低	笛	底	地									搭	达	打	大
th					梯	题	体	替									他		獭	
n					溺	泥	拟	腻							女		捺	拿	哪	那
l					栗	犁	李	例					律	驴	吕	虑	辣		喇	
ts	资		子	字					租	卒	组	做					砸	杂	咋	
tsh	疵	瓷	此	次					粗			醋					擦			礤
s	丝		死	四					苏	俗		素					仨	○	洒	
tʂ	芝	直	止	志					猪	轴	主	注					渣	闸	眨	榨
tʂh	痴	迟	耻	翅					出	除	处	处					插	茶		岔
ʂ	诗	实	屎	试					书	熟	暑	树					沙	啥	傻	厦
ʐ		日							辱	如	乳	褥								
tɕ					鸡	急	挤	计					居	局	举	据				
tɕh					欺	奇	起	气					曲	渠	取	去				
ɕ					西	溪	喜	戏					虚	徐	许	絮				
k									姑	咕	古	固					嘎	仸		尬
kh									哭		苦	裤					揩		卡	
x									呼	胡	虎	互					哈		哈	
ɣ																	阿			
∅		儿	耳	二	衣	移	椅	意	屋	无	武	误	淤	鱼	雨	遇				

屄 pi^{212} 女阴；詈词

处 tʂhu^{42} ~长

处 tʂhu^{434} ~分

咕 ku^{55} ~~：唤鸡声

仸 ka^{55} 鸡~子：男阴

卡 kha^{434} ~车；~片

sa^{55} 略看：~一眼

哈 xa^{212} ~~笑

哈 xa^{434} ~巴狗

表八　声韵调配合表之二

	ia				ua				o				uo				yo			
	阴平212	阳平55	上声434	去声42	阴平212	阳平55	上声434	去声42	阴平212	阳平55	上声434	去声42	阴平212	阳平55	上声434	去声42	阴平212	阳平55	上声434	去声42
p ph m	○								玻坡摸	薄婆馍	跛剖抹	**簸**破磨								
f										佛										
t th n l				○									多拖诺啰	夺驮挪笋	躲妥裸裸	剁唾糯摞				虐
ts tsh s													作搓梭	昨矬跎	左　锁	坐措				
tʂ tʂh ʂ ʐ					抓刷		爪耍						桌绰说弱	镯锄勺	数	**数**				
tɕ tɕh ɕ	家掐虾	夹洽霞	假卡	价下													脚缺靴	橛瘸学	所	倔
k kh x ɣ					瓜夸花	滑	寡垮	挂胯化					锅扩霍	禾	果颗火	**过**课货				
ø	鸭	牙	哑	砑	袜	娃	瓦	洼					窝		我	卧	约		哟	跃

pia^{212} ～叽：拟声词

nia^{42} ～的：妈的，詈语

卡 $tɕhia^{434}$ 发～

簸 po^{42} ～箕

跎 suo^{55} 盘旋：打～；～摸

数 $ʂuo^{434}$ ～不清

数 $ʂuo^{42}$ ～学

过 kuo^{42} 经～；～分

所 $ɕyo^{434}$ ～以。又读 suo^{434}

表八　声韵调配合表之三

	iɛ 阴平 212	iɛ 阳平 55	iɛ 上声 434	iɛ 去声 42	ɣ 阴平 212	ɣ 阳平 55	ɣ 上声 434	ɣ 去声 42	æi 阴平 212	æi 阳平 55	æi 上声 434	æi 去声 42	iæi 阴平 212	iæi 阳平 55	iæi 上声 434	iæi 去声 42	uæi 阴平 212	uæi 阳平 55	uæi 上声 434	uæi 去声 42
p ph m	鳖 撇 灭	**别** ○	秕	**别**					掰 ○ 陌	○ 排 埋	摆 买	败 派 卖								
f												○								
t th n l	爹 贴 捏 列	叠	哆 咧	掠	掇				胎	待 抬 来	歹 乃 攋	带 太 耐 赖								
ts tsh s									灾 猜 鳃	才	宰 踩	在 蔡 赛								
tʂ tʂh ʂ ʐ					哲 彻 摄 热	辙 舌	者 扯 惹	这 舍	摘 拆 筛	柴		债 晒					摔 揣		甩	拽 帅
tɕ tɕh ɕ	劫 切 歇	杰 茄 协	姐 且 写	借									阶	鞋	解 蟹	介 契 懈				
k kh x ɣ					割 窠 喝 屙	嗝 河 鹅	哥 可	个 贺 饿	哀	埃	矮	爱					乖 掴	淮	拐 ○	怪 快 坏
∅	页	爷	也	夜													歪	○	崴	外

别 piɛ⁵⁵ 区 ~　　　　　　fæi⁴² 叹词，疼痛时发出的声音

别 piɛ⁴² ~扭　　　　　　xuæi⁴³⁴ 摇摇晃晃

phiɛ⁴³⁴ 折断：~断　　　　uæi⁵⁵ 挪动

舍 ʂɣ⁴³⁴ ~不得

pæi⁵⁵ 不要；别

phæi²¹² 蹬；踹

陌 mæi²¹² ~生

表八　声韵调配合表之四

	ei				uei				ɑɔ				iɑɔ				əu			
	阴平212	阳平55	上声434	去声42	阴平212	阳平55	上声434	去声42	阴平212	阳平55	上声434	去声42	阴平212	阳平55	上声434	去声42	阴平212	阳平55	上声434	去声42
p	杯	白		辈					包	雹	宝	报	标							
ph	胚	培		佩					抛	袍	跑	疱	飘	瓢	瞟	票				
m	麦	煤	美	妹					猫		卯	貌		苗	秒	庙				
f	飞	肥	匪	费							否									
t	德		**得**	**对**	**堆**			**对**	刀		岛	到	刁			调	兜		陡	豆
th	**推**		**腿**	**退**	**推**		**腿**	**退**	掏	桃	讨	套	挑	条	挑	跳	偷	头		透
n	**纳**								孬	挠	脑	闹			鸟	尿				
l	肋	雷	垒	泪					唠	劳	老	涝		聊	了	料		楼	搂	漏
ts	则	贼					嘴	醉	遭	凿	早	灶					邹		走	凑
tsh					催			脆	操	曹	草	糙								
s			**髓**	**碎**	虽	隋	髓	碎	骚	稍	嫂	臊					搜			艘
tʂ	斋	宅		债	追		○	缀	招		找	赵					周		肘	咒
tʂh		策			吹	锤		睡	超	潮	吵						抽	稠	丑	臭
ʂ	色	谁					水	锐	烧	韶	少	少					收		手	寿
ʐ							蕊			饶	扰	绕					○	揉		肉
tɕ													交		搅	叫				
tɕh													敲	瞧	巧	窍				
ɕ													消		晓	效				
k	革	给			国		鬼	贵	高		稿	告					沟		狗	够
kh	客	剋			亏	葵	傀	愧	**尻**		考	靠					抠		口	扣
x	黑				灰	回	毁	汇	蒿		好	耗					齁		吼	后
ɣ	扼								**燺**	熬	袄	奥					欧	○	藕	怄
∅					威	围	伟	位					邀	姚	咬	耀				

得 tei⁴³⁴ ~去
对 tei⁴² 又读 tuei⁴²
推 thei²¹² 又读 thuei²¹²
腿 thei⁴³⁴ 又读 thuei⁴³⁴
退 thei⁴² 又读 thuei⁴²
纳 nei²¹² ~头：低头
髓 sei⁴³⁴ 又读 suei⁴³⁴
碎 sei⁴² 又读 suei⁴²

tʂuei⁴³⁴ 那个 ~儿：那个人
稍 sɑɔ⁵⁵ ~息
少 ʂɑɔ⁴³⁴ 多~
少 ʂɑɔ⁴² ~年
尻 khɑɔ²¹² ~了：坏事了
燺 ɣɑɔ²¹² ~白菜
尿 niɑɔ⁴² 解小便：~尿
zʐəu²¹² 理睬：不~他
ɣəu⁵⁵ 姓：姓~

表八　声韵调配合表之五

	iəu 阴平 212	iəu 阳平 55	iəu 上声 434	iəu 去声 42	æ̃ 阴平 212	æ̃ 阳平 55	æ̃ 上声 434	æ̃ 去声 42	iæ̃ 阴平 212	iæ̃ 阳平 55	iæ̃ 上声 434	iæ̃ 去声 42	uæ̃ 阴平 212	uæ̃ 阳平 55	uæ̃ 上声 434	uæ̃ 去声 42	yæ̃ 阴平 212	yæ̃ 阳平 55	yæ̃ 上声 434	yæ̃ 去声 42
p ph m		谬			班潘	盘瞒	板满	办盼慢	边篇	便棉	扁谝免	变骗面								
f					翻	烦	反	饭												
t th n l	丢妞镏	牛刘	钮柳	拗镏	耽贪	谈男拦	胆坦奶懒	蛋探难烂	颠天蔫	年镰	点添撵脸	店掭念练	端	团李	短暖卵	段乱				
ts tsh s					簪餐三	蚕	攒惨	赞灿伞散					钻余酸	全旋	纂选	钻纂算				
tʂ tʂh ʂ ʐ					沾搀山	馋然	展产陕染	站颤闪善					专穿闩	船	转喘软	转串涮				
tɕ tɕh ɕ	鸠丘休	求	酒朽	舅秀					尖谦掀	前咸	检遣险	见欠线					娟圈宣	权玄	卷犬	倦劝炫
k kh x ɣ					肝刊憨安		敢砍喊唵	干看汗岸					关宽欢	环	管款缓	灌换				
∅	优	由	有	右					烟	言	眼	厌	弯	玩	晚	万	冤	元	远	愿

牛 niəu^{55} ~奶

奶 næ̃^{434} 俺~：奶奶

难 næ̃^{42} 苦~

散 sæ̃^{42} ~步

看 khæ̃^{42} ~见

唵 ɣæ̃^{42} 用手抓东西吃

表八 声韵调配合表之六

	ẽ				iẽ				uẽ				yẽ				aŋ			
	阴平212	阳平55	上声434	去声42	阴平212	阳平55	上声434	去声42	阴平212	阳平55	上声434	去声42	阴平212	阳平55	上声434	去声42	阴平212	阳平55	上声434	去声42
p	奔		本	笨	宾			殡									帮		绑	磅
ph	喷	盆		喷	拼	贫	品	聘									脬	旁	嗙	胖
m	焖	门		闷		民	敏										忙	忙	蟒	
f	分	坟	粉	粪													方	防	纺	放
t									墩		盹	顿					裆		党	荡
th									吞	屯		褪					汤	唐	淌	烫
n		○	恁															囊	攘	○
l					拎	林	檩	赁		轮		论						朗		浪
ts			怎						尊			俊					赃			葬
tsh									村	存		寸					仓	藏		
s	森								孙	寻	损	迅					桑		嗓	丧
tʂ	真		诊	镇					谆		准						张		掌	账
tʂh	深	陈		衬					春	纯	蠢						昌	○	厂	唱
ʂ	深	神	审	肾								顺					伤	肠	赏	上
ʐ			忍	认														瓤	嚷	让
tɕ					巾		紧	进					均			郡				
tɕh					钦	勤		沁						群						
ç					欣	寻		信					熏			训				
k	根								闺		滚	棍					缸	○	港	杠
kh			肯						昆		捆	困					康		扛	抗
x		痕	狠	恨					婚	魂		混					夯	航		
ɣ		恩		嗯														昂		
∅					音	银	引	印	温	文	稳	问	晕	云	允	孕				

nẽ^{212} ～头：低着头

naŋ^{42} 皱：～皮；～脑子：皱眉头

寻 ɕiẽ^{55} ～人：找对象

寻 suẽ^{55} ～找：找人；～找

tʂaŋ^{55} ～盐：放盐

kaŋ^{55} 步行：～腿，家～

表八　声韵调配合表之七

	iaŋ				uaŋ				əŋ				uəŋ				iŋ			
	阴平 212	阳平 55	上声 434	去声 42	阴平 212	阳平 55	上声 434	去声 42	阴平 212	阳平 55	上声 434	去声 42	阴平 212	阳平 55	上声 434	去声 42	阴平 212	阳平 55	上声 434	去声 42
p									绷		绷	蹦					冰		饼	病
ph									烹	朋	捧	碰					乒	平		
m									蒙	蒙	猛	梦						名	暝	命
f									风	冯	讽	奉								
t									登		等	邓					丁		顶	定
th									煁	疼							厅	停	挺	宁
n		娘		酿						能		弄						凝	拧	
l		凉	两	亮							冷	愣						灵	领	令
ts									增			赠								
tsh										层		蹭								
s									僧											
tʂ					庄			壮	征		整	证								
tʂh					窗	床	闯	创	撑	成	逞	秤								
ʂ					霜		爽	双	生		省	剩								
z̧									扔	仍										
tɕ	江		讲	酱													京		井	境
tɕh	腔	**强**	抢	呛													轻	情	请	庆
ɕ	香	详	响	向													兴	型	**省**	杏
k					光		广	逛	庚		哽	更								
kh					筐	狂		矿	坑											
x					荒	黄	谎	晃	哼	衡		横								
ɣ																				
∅	秧	阳	痒	样	汪	王	往	望						翁		瓮	英	赢	影	硬

强 tɕhiaŋ⁵⁵ ~大

省 ɕiŋ⁴³⁴ 反~

蒙 məŋ²¹² ~着眼

蒙 məŋ⁵⁵ 启~

双 ʂuaŋ⁴² 一对~ ~儿：双胞胎

表八　声韵调配合表之八

	uŋ				yŋ																
	阴平 212	阳平 55	上声 434	去声 42	阴平 212	阳平 55	上声 434	去声 42	阴平 212	阳平 55	上声 434	去声 42	阴平 212	阳平 55	上声 434	去声 42	阴平 212	阳平 55	上声 434	去声 42	
p ph m																					
f																					
t th n l	冬 通 哝	同 农 龙	懂 统 努 拢	动 痛 怒 弄																	
ts tsh s	宗 葱 松	从	总 耸	粽 送																	
tʂ tʂh ʂ ʐ	钟 充 雍	虫 容	肿 宠 勇	众 铳 用																	
tɕ tɕh ɕ					倾 凶	穷 熊	炯														
k kh x ɣ	公 空 烘	红	拱 孔 哄	贡 控 讧																	
∅																					

（唐爱华、张德岁撰稿）

第三节　宿州音系与普通话音系比较

一、声母比较

普通话有 22 个声母，宿州方言有 23 个声母，比普通话多一个声母 [ɣ]。二者主要区别如下：

①普通话开口呼零声母字，在宿州方言中声母大都读 [ɣ]。例如：鹅 ɣɤ^{55}、爱 ɣæi^{42}、袄 ɣɑo^{434}、俺 ɣæ̃^{434}、昂 ɣɑŋ^{55}；个别读ø，例如：儿 ɚ^{55}。

②普通话一部分 [tɕ–] 组声母字，在宿州方言中读 [ts–] 组声母字，例如：俊 tsuẽ^{42}、全 tshuæ̃^{55}、雀 tshuo^{212}、癣 suæ̃^{434}、雪 suo^{212}。

③普通话一部分擦音声母字，在宿州方言中白读为塞擦音声母字，例如：深 tʂẽ^{212}、时 tʂʅ^{55}（～村）、随 tshei^{55}。

宿州方言和普通话声母的对应关系如下。比较时先列宿州音，再列普通话音，最后是例字。有文白异读的只选白读音，且加下划线表示。

p	p	波拔比包半病不伯拔雹败避别遍病蚌扮
ph	ph	批拼瓢跑派扑拍
	p	捕
m	m	摸麻忙秒满梦命密麦
f	f	飞翻扶肥反纺份奉沸
t	t	低道打对等洞读德惰道夺豆蛋荡敌
	th	提～拉
th	th	梯拖推挑舔淌疼通铁塔
n	n	孬拿农努暖糯闹纳泥牛女腻捏
l	l	拉锣来鲁老泪烂骆鹿恋犁鳞理领亮笠略
	n	嫩
ts	ts	遵租早总嘴醉赞在杂卒罪昨族
	tɕ	俊骏
	tʂ	皱争

tsh	tsh	仓搓蚕存彩醋擦策
	s	随
	tʂ	造~事
	tʂh	吹~子愁缠
	tɕh	全雀
s	s	苏丝嫂算赛索虽随穗
	ʂ	狮师史士甥
	ɕ	癣雪削
tʂ	tʂ	抓周纸枕债壮褶摘猪专煮拄住准逐稚治阵丈
tʂh	tʂh	痴窗超陈肠吵丑衬插春厨喘蠢串出吃豺床晨锄
	tʂ	撞
	ʂ	深束时~村
	tsh	策测
ʂ	ʂ	筛施神时手书殊属水顺说闩水顺税善石熟湿释
	tʂh	赤~脚
ʐ	ʐ	扔壬人冉壤刀任惹荣融容茸如乳辱入
	ʂ	输~赢
	∅	庸勇用
tɕ	tɕ	今胶举韭借介接脚歼巨轿舅件街家讲碱搅界窖戒
	x	虹
tɕh	tɕh	趋谦琴桥起抢弃窍缺屈敲衔嵌掐
	ɕ	朽
ɕ	ɕ	溪徐详祥像新虚悬写显细笑象杏狭吸虾鞋咸蟹下项学苋瞎
	s	俗损肃
k	k	哥高敢狗桂灌割骨
kh	kh	科开葵狂口孔快困磕刻剐概溉刽
x	x	灰花河寒虎很幻货患害忽黑
ɣ	∅	爱鹅安肮昂爱傲轭
∅	∅	阿儿耳二烟爷舀幼样鸭页乌王碗慰误挖淤员雨怨运疫
	n	孽倪腻
	ʐ	润

二、韵母比较

普通话有 39 个韵母，宿州方言也有 39 个韵母。二者比较，有以下主要差异：

①有鼻化韵母。普通话的 8 个前鼻韵母 [aŋ、iɛn、 uaŋ、yaŋ、ən、in、uən、yn] 在宿州方言中读成相应的鼻化韵母 [æ̃、iæ̃、 uæ̃、yæ̃、ẽ、iẽ、uẽ、yẽ]。

②普通话的 [yɛ] 在宿州方言中有的读成 [yo]，例如：月 yo²¹²、觉（自～）tɕyo²¹²，有的读成 [uo]，例如：雪 suo²¹²、绝 tsuo⁵⁵、雀 tshuo²¹²。

③普通话 [ɤ] 韵母字，在宿州方言中韵母一分为三。有的读 [ɤ]，例如：车 tʂhɤ²¹²、搁 kɤ²¹²、河 xɤ⁵⁵；有的读 [ei]，例如：测 tʂhei²¹²、色 ʂei²¹²、客 khei²¹²；有的读 [uo]，例如：和 xuo⁵⁵（～平）、科 khuo²¹²、课 khuo⁴²。

④普通话 [u] 韵母字，在宿州方言中韵母一分为三。大多数读 [u]，例如：五 u⁴³⁴、古 ku⁴³⁴、毒 tu⁵⁵；有的读 [uo]，例如：初 tʂhuo²¹²、锄 tʂhuo⁵⁵、数（～数）ʂuo⁴³⁴、数（～学）ʂuo⁴²；有的读 [uŋ]，例如：奴 nuŋ⁵⁵、努 nuŋ⁴³⁴、怒 nuŋ⁴²。

⑤普通话一部分撮口韵母字，在宿州方言中读成合口呼韵母。例如：俊 tsuẽ⁴²、雪 suo²¹²、癣 suæ̃⁴³⁴。

⑥宿州方言有韵母 [iæi]，例如：鞋 ɕiæi⁵⁵、矮 iæi⁴³⁴

宿州方言与普通话韵母的对应情况如下。比较时先列宿州音，再列普通话音，最后是例字。

ɿ	ɿ	资紫字词此次丝死四
ʅ	ʅ	知指制汁吃迟耻赤师时史是柿日
i	i	低期米帝细利一提踢壁锡疫役
u	u	夫狐古布步屋猪除乳恕柱出租楚路突辱
	ou	轴帚
	uo	蜗做缩
y	y	居鱼许句遇屈须徐旅取婚律
	u	足～球
a	A	巴八爬妈马大腊砸渣岔杀嘎阿

ɤ		蔗
ia	iA	家假嫁俩恰霞夏牙下瞎掐夹甲雅
ua	uA	瓜夸花挖刷蛙华寡挂话挖
o	o	多驼躲错祸落捉锅火裹过握沃
uo	uo	多驼躲错祸落捉锅火裹过握沃
	u	梳数
	yɛ	雪略掠鹊
yo	yɛ	瘸缺学穴靴约虐削
	cɑ	药钥
ɤ	ɤ	遮惹葛科可贺蛾鹅
iɛ	iɛ	憋撇灭爹铁捏裂姐借邪写泄谢爷野夜
	i	毙
ɚ	ɚ	儿耳二
æi	ai	摆排买带胎耐赖栽猜腮斋柴晒该开海爱
iæi	iɛ	<u>阶介鞋蟹</u>
	ai	矮
uæi	uai	乖怀甩拽怪坏
ei	ei	杯陪美配妹堆飞随眉腿退最罪被
	ɤ	客测德色刻
	ai	麦脉
	o	墨默
uei	uei	煨灰回毁汇锥蕊税鬼卫吹追槌水
	uo	国或
cɑ	au	包袍炮冒刀桃脑劳糟曹骚照抄烧饶高靠好傲
icɑ	iau	标瓢庙鸟挑鸟料交窖敲晓笑邀
	iɛ	屑
əu	ou	兜抖偷头走凑搜周绸粥愁臭手寿吼扣候厚抠欧
iəu	iou	丢妞流酒秀舅有由友
	ou	瞅
æ̃	an	搬班扳半瞒慢烦丹贪坦男烂咱餐残散站缠山善燃肝敢看憨汗俺岸

	ai	奶俺~
iæ̃	iɛn	边篇棉颠田念脸见谦先烟眼燕
	an	<u>喊</u>
uæ̃	uan	端团暖乱酸钻蹿算砖船串闩软官宽欢碗换
	yan	癣<u>全</u>
yæ̃	yan	捐劝权犬宣悬远渊愿
	iɛn	弦
ə̃	ən	本盆门分怎岑森诊沉身人忍跟肯狠恨恩
	əŋ	省~长
iə̃	in	宾贫敏林进尽琴心音印
uə̃	uən	尊肫纯准蠢顺荤文滚困混蚊村轮笋炖论
	yn	俊旬
	uei	闰
yə̃	yn	军群循巡允训孕
ɑŋ	ɑŋ	帮旁荡仓厂桑抗昂
	ɑŋ	南~瓜
iɑŋ	iɑŋ	将娘羊想酱亮讲巷项
uɑŋ	uɑŋ	双霜装网壮光狂谎旺
əŋ	əŋ	风棚蒙等胜增邓耕藤哽
uəŋ	uəŋ	翁嗡瓮
iŋ	iŋ	兵平顶宁精庆杏
uŋ	uŋ	龙共浓拢容融荣虫容绒
	u	努怒
	yŋ	永泳咏
yŋ	yŋ	兄穷

说明：普通话的韵母及其音标以黄伯荣、廖序东主编的《现代汉语》（增订三版）（上）的《普通话韵母总表》（2002）为依据。

三、声调比较

普通话有阴平[55]、阳平[35]、上声[214]、去声[51]四个声调。总的说来，宿州方言和普通话的声调对应比较有规律，但也有不整齐之处。具体表现如下：

1. 宿州方言的阴平字，普通话主要读阴平，如：包苏春高风妈衣七哭披飞挑多家租书关开灰冲；也有一些读非阴平，列举如下：

阳平　蠕国福而

上声　铁骨谷北窄法尺雪北窄朵

去声　粒绿日不木客阔热列吓祝玉浸业墨

2. 宿州方言的阳平字，普通话主要读阳平，如：爬忙驮葵齐才成雄蛇湖儿爷楼拿拔急袍头稠葵泥元围席白绝族熟罚敌；也有读非阳平的，如下：

阴平　猫

上声　笔给

去声　爸置毅

3. 宿州方言的上声字，普通话主要读上声，如：绑等品反比煮网枕改咬里女亩底草古有眼；也有读非上声的，如：

阴平　哥叔脂~肪

阳平　潜惩~罚

去声　毙逆蔗

4. 宿州方言的去声字，普通话基本上都读去声，如：报抱大怕富按带跳寸宋劝线见用硬。只有少数例外，如：

阴平　糙

阳平　虹谜~语娱

上声　沤

当地人普遍认为普通话的声调跟宿州话声调的对应关系是"一改二，二改三，三改一，四不变"即"阴平改阳平，阳平改上声，上声改阴平，去声不变"，这样的表述并不准确。

（唐爱华撰稿）

第三节　宿州方言音韵特点

一、音韵特点

（一）声母特点

①古全浊声母全部清化，古浊声母塞音、塞擦音今读平声送气，仄声不送气，例如：平 phiŋ⁵⁵、茶 tʂha⁵⁵、道 tɑɔ⁴²、就 tɕiəu⁴²、绝 tsuo⁵⁵。

②影疑母开口洪音字今读舌面后浊擦音声母 ɣ，例如：鹅 ɣɤ⁵⁵、昂 ɣɑŋ⁵⁵、爱 ɣæi⁴²、恶₍善~₎ ɣɤ²¹²。

③见系开口二等字今一般读细音，例如：家 tɕia²¹²、介 tɕiæi⁴²、交 tɕiɑɔ²¹²、鸭 ia²¹²；少数仍读洪音，例如：揩 kæi²¹²、额 ɣei²¹²、挨₍~打₎ iæi⁵⁵（白读）/ɣæi⁵⁵（文读）。

④遇摄精组合口三等字、山合三、通合三今声母多读 [ts tsh s]，韵母多读撮口呼或合口呼，如：蛆 tshy²¹²、需 sy²¹²、全 tshuæ̃⁵⁵、雪 suo⁴³⁴、俊 tsuẽ⁴²、宿 sy²¹²/su²¹²。

⑤古知庄章三组字今声母一般读 [tʂ tʂh ʂ]，例如：追 tʂuei²¹²、穿 tʂhuæ̃²¹²、升 ʂəŋ²¹²、涩 ʂei²¹²；少数读 [ts tsh s]，如：滓 tsʅ⁴³⁴、吹 tshuei²¹²、搜 səu²¹²、皱 tsəu⁴²。

⑥古日母字今多读 ʐ，少数读 ø，例如：惹 ʐɤ⁴³⁴、然 ʐæ̃⁵⁵、茸 ʐuŋ⁵⁵、儿 ɚ⁵⁵、润 yẽ⁴²。

（二）韵母特点

①果摄戈韵见系字今韵母一般读 uo，如：锅 kuo²¹²、科 khuo²¹²、禾 xuo⁵⁵、窝 uo²¹²；只有两个字例外，如：戈 kɤ²¹²、讹 ɣɤ⁵⁵。

②遇摄合口三等庄组字今韵母多读 uo，少数读 u，如：初 tʂhuo²¹²、锄 tʂhuo⁵⁵、梳 ʂuo²¹²、所 ʂuo⁴³⁴、数₍动词₎ ʂuo⁴³⁴、数₍名词₎ ʂuo⁴²、阻 tsu⁴³⁴、助 tsu⁴²、雏 tʂhu⁵⁵。

③遇摄合口一等泥母字今韵母读 uŋ，例如：奴 nuŋ⁵⁵、努 nuŋ⁴³⁴、怒 nuŋ⁴²。

④梗摄开口二等陌麦二韵字今韵母读 ei，例如：迫 phei^{212}、窄 tʂei^{212}、格 kei^{212}、麦 mei^{212}、策 tʂhei^{212}、扼 ɣei^{212}。

⑤咸深山臻四摄舒声字今读鼻化韵，例如：甘 kæ̃^{212}、今 tɕiẽ^{212}、砖 tʂuæ̃^{212}、真 tʂẽ^{212}。

⑥通摄合口三等钟韵以母舒声字今声母一律读 z，例如：容 zuŋ^{55}、蓉 zuŋ^{55}、熔 zuŋ^{55}、庸 zuŋ^{212}、甬 zuŋ^{434}、涌 zuŋ^{434}、用 zuŋ^{42}。

⑦蟹摄开口二等见晓组字今韵母多读 iæi，例如：阶 tɕiæi^{212}、械 tɕiæi^{42}、街 tɕiæi^{212}、蟹 ɕiæi^{434}。

⑧曾摄合口一等入声字今韵母读 uei，例如：国 kuei^{212}、或 xuei^{55}、惑 xuei^{55}。

⑨果摄字今韵母读 ɤ、o、uo、yo，例如：哥 kɤ^{434}、菠 po^{212}、拖 thuo^{212}、瘸 tɕhyo^{55}；宕江二摄入声字今韵母与果摄字合流，例如：各 kɤ^{212}、搏＝剥 po^{212}、朔＝勺 ʂuo^{212}、桌 tʂuo^{212}、落＝略 luo^{212}、脚 tɕyo^{212}、学 ɕyo^{55}。

⑩蟹摄合口一等端系字今韵母异读，读 uei 或 ei，如：堆 tuei^{212}：tei^{212}、推 thuei^{212}：thei^{212}。

（三）声调特点

①古平声字按古声母的清浊分为阴平、阳平两类，例如：冰 piŋ^{212}、瓶 phiŋ^{55}、何 xɤ^{55}、门 mẽ^{55}。

②古清声母、次浊上声字今读上声，例如：果 kuo^{434}、拢 luŋ^{434}；古全浊上声字今读去声，如：坐 tsuo^{42}、象 ɕiaŋ^{42}。

③古去声字今读不变，仍读去声，例如：放 faŋ^{42}、轿 tɕiɑɔ^{42}、骂 ma^{42}、麝 ʂɤ^{42}

④古清声母、次浊声母入声字今读阴平，例如：七 tɕhi^{212}、月 yo^{212}；古全浊声母入声字今读阳平，例如：嚼 tsuo^{55}、植 tʂʅ^{55}、鹤 xɤ^{55}。

二、宿州方言的异读

宿州方言中存在文白异读现象，有些字在口语和书面语的读音不同。下面分类列举其中的文白异读字，例字后的前一个读音为白读，后一个读音为文读。

（一）系统的文白读

1.一部分古心母、生母、邪母字今声母白读为送气音，文读为擦音，例如：随 tshei⁵⁵：sei⁵⁵，深 tʂhẽ²¹²：ʂẽ²¹²，时 tʂʅ⁵⁵：ʂʅ⁵⁵，使 tʂʅ⁴³⁴：ʂʅ⁴³⁴，蛇 tʂha⁵⁵：ʂa⁵⁵，鼠 tʂhu⁴³⁴：ʂu⁴³⁴。

2.一部分古疑母字今声母白读为 ∅，文读为 ȵ，例如：倪 i⁵⁵：ȵi⁵⁵，孽 iɛ²¹²：ȵiɛ²¹²，拟 i⁴³⁴：ȵi⁴³⁴，凝 iŋ⁵⁵：ȵiŋ⁵⁵。

（二）零散的异读

以下异读可能是文白异读，也可能是其他异读，有待深入研究。

1.声母的异读

（1）送气与不送气的区别，如：痹 pi⁴²：phi⁴²（麻痹），特 tei⁵⁵：thei⁵⁵（特务），括 kuo²¹²：khuo²¹³（包括），谛 ti⁴²：thi⁴²（真谛）。

（2）发音部位不同，如：缩 tʂhu²¹²：su²¹²（缩巴），瞅 tɕhiəu⁴³⁴：tʂhəu⁴³⁴（瞅人），卵 luæ̃⁴³⁴：nuæ̃⁴³⁴（卵子）。

2.韵母的异读

（1）韵头或韵腹不同，如：

娱 u⁴²：y⁴²（娱乐），猛 məŋ⁴³⁴：maŋ⁴³⁴（猛一抬头），把 pa⁴²：pei⁴²（把书拿了），挨 iæi⁵⁵：ɣæi⁵⁵（挨打），横 xəŋ⁵⁵：xuŋ⁵⁵（纵横）。

（2）韵腹不同，如：蜗 uo²¹²：u²¹²（蜗牛），戒 tɕiæi⁴²：tɕie⁴²（戒烟），尾 uei⁴³⁴/i⁴³⁴（尾巴）。

（3）韵尾不同，如：南 naŋ⁵⁵：næ̃⁵⁵（南瓜），或 xuei⁵⁵：xuo⁴²（或者），闺 kuẽ²¹²：kuei²¹²。

3.声调的异读

望 uaŋ⁴²：uaŋ⁵⁵（你望望你），应 iŋ⁴²：iŋ²¹²（叫不应门）。

4.其他（变化不止一个方面）

如：固 kəu⁴³⁴：khu⁴³⁴（牢固），甩 ʂuæi⁴³⁴：sæi⁴³⁴（一甩）。

（三）个别字音的特殊读法

宿州方言有些字在声母、韵母或声调上不符合语音演变规律，读音特殊，一般称之为例外字。以下是例外字列举。这些例外字的读音，有的可能另有来源，需专门研究。

捕：《广韵》薄故切（遇暮合一去并）。phu⁴³⁴（～鱼，逮～），按演变规律，声母当读 p 而读成 ph，声调当读去声而读成上声。

输：①《广韵》式朱切（遇虞合三平书），尽也。写也。堕也。《说文》曰："委输也。"zu^{212}（～了），按演变规律，声母当读 ʂ 而读成 z。②《广韵》伤遇切（遇遇合三去书），送也。$ʂu^{212}$（运～），按演变规律，声调当读去声而读成阴平。符合古今音变规律。

谬：《广韵》靡幼切（流幼开三去明）。$niəu^{42}$（荒～，～论），按演变规律，声母当读 m 而读成 n。

哥：《广韵》古俄切（果歌开一平见）。$kɤ^{434}$（俺～，～～），按演变规律，声调当读阴平而读成上声。

蔗：《广韵》之夜切（假祃开三去章）。$tʂa^{434}$（甘～），按演变规律，声调当读去声而读成上声。

叔：《广韵》式竹切（通屋合三入书）。$ʂu^{434}$（俺～），按演变规律，声调当读阴平而读成上声。

蜂：①《广韵》薄红切（通东合一平并）（虫名，出《仓颉篇》。）$fəŋ^{55}$（蜜～），按演变规律，声调当读阳平，虽然与普通话不同，但符合语音演变规律。②敷容切（通钟合三平滂）（同蠭 <《说文》曰："螫人飞虫也。"《孝经》援神契曰："蠭蠆垂芒为其毒在后。">）。$fəŋ^{55}$（蜜～），按演变规律，声调当读阴平而读成阳平。

笔：《广韵》鄙密切（臻质开重三入帮）。pi^{55}（钢～，毛～），按演变规律，声调当读阴平而读成阳平。此变读属于当地为避讳而改读。

获：①（穫）《广韵》胡郭切（宕铎合一入匣），刈也。②（獲）《广韵》胡麦切（梗麦合二入匣）（得也。又臧获，《方言》云："荆淮海岱杂齐之间骂奴曰臧、骂婢曰获。"）。"获"读 $xuei^{55}$（收～，～得），韵母当读 uei，虽然与普通话不同，但符合②"獲"的语音演变规律。"获"读 xuo^{42}（收～，～得），虽然跟普通话相同，但与①"穫"和②"獲"的音变演变规律不完全符合。

或：《广韵》胡国切（曾德合一入匣）。$xuei^{55}$（～者），按演变规律，韵母当读 uei，虽然与普通话不同，但符合语音演变规律。

惑：《广韵》胡国切（曾德合一入匣）。$xuei^{55}$（疑～），按演变规律，韵母当读 uei，虽然与普通话不同，但符合语音演变规律。

国：《广韵》古或切（曾德合一入见）。kuei²¹²（～家），按演变规律，韵母当读 uei，虽然与普通话不同，但符合语音演变规律。

闺：《广韵》古携切（蟹齐合四平见）。kuẽ²¹²（～女），按演变规律，韵母当读 uei 而读成 uẽ，阴声韵读成阳声韵。

毙：《广韵》毗祭切（蟹祭开重四去并）。piɛ⁴³⁴（枪～），按演变规律，声调当读去声而读成上声。韵母当读 iɛ，虽然与普通话不同，但符合语音演变规律。

奶：《广韵》奴亥切（蟹海开一上泥）。næ⁴³⁴（俺～），按演变规律，韵母当读 æi 而读成 æ，阴声韵读成了阳声韵。

蛙：《广韵》乌娲切（蟹佳合二平影），虾蟆属。又：《广韵》乌瓜切（假麻合二平影），虾蟆属也。ua⁵⁵（青～），按演变规律，声调当读阴平而读成阳平。

猫：《广韵》武瀌切（效宵开重三平明）。①mɑɔ⁵⁵（老～），按演变规律，声调当读阳平，虽然与普通话不同，但符合语音演变规律。②mɑɔ²¹²（夜～猫子），不符合古今语音演变规律。

浸：《广韵》七林切（深侵开三平清）/《广韵》子鸩切（深沁开三去精）。tɕiẽ²¹²（～泡），按演变规律，声调当读阴平，虽然与普通话不同（根据"子鸩切"演变），但符合"七林切"的语音演变规律。

省：《广韵》所景切（梗梗开二上生），省署。《汉书》曰：旧名禁中，避元后讳改为省中。ʂẽ⁵⁵（安徽～；～长），按演变规律，韵母当读 əŋ 而读成 ẽ。

弦：《广韵》胡田切（山先开四平匣）。çyæ⁵⁵（丝～），按演变规律，韵母当读 iæ 而读成 yæ。这属于误读。

毅：《广韵》鱼既切（止未开三去疑）。i⁵⁵（～力），按演变规律，声调当读去声而读成阳平。

置：《广韵》陟吏切（止志开三去知）。tʂʅ⁵⁵（位～），按演变规律，声调当读去声而读成阳平。

（唐爱华、宋辉、张德岁撰稿）

第四节 宿州方言同音字表

一、说明

字汇根据宿州方言韵母、声母、声调的次序排列。写不出本字的音节用方框"□"表示。释义、举例在字后括号内。例子里用"～"代替本字。有文白异读的，字下加单横线的为白读，加双横线的为文读。又读在字的右下角用数码"1""2""3"表示。个别字老派、新派的不同读法分别在字的右下角标注"老""新"。字表中的尖音在宿州市埇桥区城区都可以读成团音，在词汇、语法、语料记音等章节中的尖音一般都标为团音。

二、同音字表

ɿ

ts [212] 资姿咨兹滋辎龇*（牙齿不齐或突出：大～牙） [434] 紫姊子梓滓 [42] 自字恣

tsʰ [212] 疵（吹毛求～）呲*（～牙咧嘴）差*（～毛：性格另类，不守规矩）泚*（用开水冲煮：～鸡蛋茶） [55] 雌瓷糍（～粑）慈磁辞词祠 [434] 此 [42] 刺次伺厕（茅～）赐 [0] 哧（哭～：啜泣）

s [212] 斯厮撕嘶私司丝思 [434] 死 [42] 四肆似祀（祭～）巳（～时）寺嗣饲泗（～县）

ʅ

tʂ [212] 质织职隻（一～）只（～有；～当：以为）炙知蜘（～蛛）支枝肢栀（～子花）之芝执汁脂1（油～子：油渣） [55] 侄直值殖植掷吱（不～声：不做声）置 [434] 纸 脂2（～肪）旨指止趾址 [42] 滞制智致稚至痔治（～理）志痣

tʂʰ [212] 秩眵（～目糊：眼屎）饬（捯～）赤尺痴吃斥 [55] 池驰迟持时（～村：地名）匙（汤～）治（～鱼：剖鱼） [434] 耻嗤齿侈使 [42] 翅

ʂ [212] 失室虱识饰适释施师狮尸诗湿赤（～脚） [55] 实食蚀式石时（～间）

十什（~锦糖）拾 [434] 矢屎史驶始使 [42] 世势誓逝是氏示视士仕柿事试市恃侍嗜□（~牛：母牛） [0] 匙（钥~）

ʐ̩ [212] 日

i

p [212] 屄*（女阴；詈词） [55] 笔毕必逼璧鼻荸（~□tɕiəu⁰：荸荠）[434] 鄙比 [42] 蔽荜（~麻）闭箅*（~列子：蒸食物用的器具）敝弊币毙陛碧壁婢避庇痹（麻~）备篦滗*（把药汤~出来）

ph [212] 披批匹僻辟劈胚（~胎；梭 ̄落~子：乱吃东西的人）坯（土~）皱*（撕裂，扯开） [55] 琵（~琶）枇（~杷）皮疲脾 [434] 丕痞 [42] 譬屁

m [212] 密蜜觅□（用牙齿剥去甘蔗、秫桔等的皮）[55] 迷麋（~子）糜（粥；蒜~子）篾（竹篾）靡咪（~~：唤猫声）眯（笑~的：笑眯眯）□（~娄：比划；~拉：比量） [434] 米 [42] 秘泌谜

t [212] 低堤滴的（目~） [55] 的（~确）笛敌狄提（~娄：提，拎）嫡 [434] 底抵 [42] 帝弟第递

th [212] 梯踢剔 [55] 题提蹄啼□（~溜圆：很圆） [434] 体 [42] 替涕（鼻~）剃屉嚏（~喷）

n [212] 溺 [55] 泥尼妮倪霓逆 [434] 你拟 [42] 匿腻□（压碾：~死蚂蚁）

l [212] 栗力立笠粒 [55] 犁黎离（~婚）篱璃（玻~）梨鳌狸（野猫）漓（~~拉拉：形容液体不断滴落） [434] 礼李里裹理鲤 [42] 历例厉励丽隶荔（~枝）离（~远一点）利痢吏劙*（划：~了口子）

ts [212] 吉积迹脊（~骨：后背）绩寂缉（~鞋口；~锅箅） [55] 即籍藉（狼~）集辑（编~）疾 [434] 挤 [42] 祭际稷（~子）济剂（一~药，面~子）荠鲫（~花鱼：鲫鱼）忌

tsh [212] 妻栖七漆戚 [55] 齐脐 [42] 砌

s [212] 西犀悉膝息熄媳（儿~子：儿媳）惜昔夕锡析熙袭 [55] 兮席习媳（小~妇） [434] 洗 [42] 细

tɕ [212] 鸡稽髻屐击激饥肌几（茶~；~乎）基机讥急（~事）级唧*（~声：说话）叽（~歪：嘀咕） [55] 极及急（着~） [434] 己几（~个） [42] 计继寄技妓冀纪记既季给（供~）系（~鞋带）

tɕh　[212]欺泣期讫乞沏（~茶）[55]奇骑岐企祁鳍其棋旗岂 [434]启起（~来；刨出，挖出：~红芋；从…开始：~上幼儿园）杞祈岂 [42]器弃气汽

ɕ　[212]牺嬉希稀（~少；~不热：很热）吸 [55]溪奚畦 [434]玺喜徙 [42]系（联~）戏

ø　[212]缢乙一医已衣（~服；头毛~：头发）依揖（作~）抑益亦译翼 [55]宜仪谊移伊夷姨疑饴沂（~河）遗胰（~子：肥皂）倪霓疫逆 [434]以蚁倚椅倚矣尾1（~巴，毛~草）拟 [42]艺刈臀逸义议易（难~，交~）肆意异毅忆亿吃（发~症：梦吃）腻役

u

p　[212]不 [55]醭*（醋生白~）㧟*（~拉：拨拉） [434]补殕*（食上生白毛）讣 [42]步布佈部簿怖埠

ph　[212]铺（~设）卜（占~）扑仆 [55]匍蒲菩（~萨）脯（胸~）瀑（~布）樸*（~种：傻而莽撞的人，晋词）[434]谱普浦脯（杏~）捕 [42]铺（店~）堡（十里~：地名）

m　[212]木穆目□（一~子：从睡到醒的中间时辰） [55]模（~子）牧谋没（~事人；~精打采） [434]牡某亩母（雌性；蠢笨）拇 [42]暮慕墓募幕

f　[212]夫肤福幅複腹覆复（~兴；~杂）袱*（手~子：毛巾，手绢儿）麸（麦~子） [55]敷俘孵（~小鸡）符扶芙（~蓉）彿（彷~）佛服伏复（~原）浮 [434]府腑俯甫斧抚釜腐辅阜（~阳） [42]付赋傅赴附父富副妇负洑（~水）缚 [0]蝠（蝙~）

t　[212]都（首~）笃嘟（~噜，~哝） [55]踱铎独读牍犊（牛~子）毒 [434]堵赌肚（炒~片；鱼~）督 [42]妒杜肚（~子疼）度渡镀

th　[212]突 [55]徒屠途涂图秃 [434]土吐（~痰） [42]兔吐（呕~）

l　[212]鹿禄绿录 [55]卢炉芦鸬（~鹚）庐（茅~；~山） [434]鲁橹虏卤□（野蛮） [42]路赂露鹭（~鸶）陆 [0]辘（轱~）

ts　[212]租足 [55]卒族 [434]祖组阻 [42]做

tsh　[212]粗猝促 [42]醋

s　[212]苏酥速夙新粟新肃新宿新（~舍，~州）缩（~水）[42]素诉塑嗉*（鸟

~子）

tʂ [212]猪诸诛蛛株朱硃珠术（白~；苍~）竹筑逐烛触（~电）粥₂祝（~贺）
　　[55]轴妯祝（姓）嘱　[434]煮拄主　[42]著苎（~麻）箸助驻注柱住蛀
　　铸

tʂh [212]出帚缩（~巴：缩）束　[55]除储（~蓄）厨雏　[434]楚础处（相
　　~）杵暑鼠褚署₁（行~）薯₁（红~）　[42]处（~所）畜（~牲）

ʂ [212]疏蔬书舒枢输（运~）淑束　[55]术（算~）述（~职）秫（大~~：
　　玉米；小~~：高粱）赎蜀属殊熟　[434]黍署₂（行~）薯₂（红~）
　　叔　[42]庶恕竖戍树漱

ʐ [212]辱褥入输（~钱）蠕儒　[55]如　[434]汝乳擩*（塞，按：~进去）

k [212]姑孤箍骨谷轱（~辘）咕（~嘟）　[55]咕（~~：唤鸡声）
　　[434]古估（~计）牯股鼓　[42]故固锢*（~漏锅：补锅）雇顾

kh [212]枯窟（~窿）哭酷□（~□tʂɻ⁰：因受委屈啜泣）　[434]苦　[42]
　　库裤

x [212]呼忽烀（煮）㧒*（击打：劈脸~）　[55]胡（姓；~子）湖（江~；
　　下~：到田地里）狐壶乎葫（~芦）糊（浆~）核（枣~）斛　[434]
　　虎浒唬□（一~：拇指和食指张开之间的距离）　[42]户沪互护瓠（~
　　子）糊（~弄）

∅ [212]蹵（~了脚）乌污坞巫诬物勿屋蜗₁（~娄/拉牛：蜗牛）　[55]
　　吴蜈（~蚣）吾梧（~桐）无　[434]五伍午武舞侮鹉（鹦~）　[42]误
　　悟恶（可~）务雾戊焐

y

n [434]女

l [212]捋（~直了）律率（效~）□（教训，斥责：~了我一遍）　[55]
　　驴　[434]吕稆（野生谷物）旅缕屡履捋（沿着：~着大路）　[42]虑滤

ts [42]聚

tsh [212]蛆趋黢（~黑）　[434]取娶　[42]趣

s [212]须（必~；胡~）需宿老（~舍；~县；星~）夙老粟老　[55]徐
　　俗续　[42]序叙绪絮续婿

tɕ [212]居车（~马炮）拘驹橘菊掬　[55]剧局　[434]举　[42]据锯巨拒距

俱矩句具惧

tɕh [212]区（~域）驱屈曲（酒~；~直；歌~）[55]渠瞿□（随便：~他）
[42]去觑

ɕ [212]墟虚嘘戌恤畜（~牧）蓄宿老（~舍；~县；星~）□（很：~甜，
~青，~尖）[434]许

ø [212]淤狱欲域育郁迂（糊涂；~腐）□（溢出）[55]鱼渔余馀愚虞（~
姬墓）娱盂榆（~钱儿）愉于隅（大~口：街道名）[434]语与雨宇
禹羽裕 [42]御誉预豫遇寓芋逾愈喻玉吁

a

p [212]巴（~结；粘：~胶布）芭疤八琶（琵~）杷（枇~）扒（~
开；~灰）[55]拔 [434]把（~把；~握）屁（拉~~：小孩解大便）
[42]霸把（柄）坝耙（犁~；~地）罢 [0]叭（喇~）

ph [212]帕 [55]爬钯（钉~）筢扒（~手）[42]怕

m [212]妈（母亲；乳房；乳汁）抹（~布，~桌子）蚂（~蚱）□（脱
落，遗漏）[55]麻 [434]马码 [42]骂 [0]蟆（蛤~）

f [212]发（~展；头~）法 [55]伐筏罚乏（疲~；废旧：~电池）垡*
（~地：翻耕好的土地）

t [212]答搭 [55]达沓□（对父亲的称呼）[434]打 [42]大（~小）
[0]嗒（呱~：拟声词）

th [212]他踏拓（~本）塔榻塌溻（汗~~了）撍（~菜合子）[434]獭（水
~）[0]逼（邋~）

n [212]捼纳（容~）[55]拿 [434]哪（~个？）[42]那娜（人名）

l [212]辣瘌拉（~车，~开）腊蜡镴（锡~）邋（~遢）[55]拉（~呱：
聊天）哴（乡旮~）[434]拉（半~：一半）喇（~叭）[0]垃（坷
~头子：土块）

ts [212]咂（~嘴）砸 [55]杂 [434]咋

tsh [212]擦 [434]礤

s [212]撒（~手；~种）萨靸（~鞋；鞋~子）□（~子：楔子）仨
[55]膯（~汤）□（~么~么：看看，找找）[434]洒

tʂ [212]查（山~）渣札扎（~手）咋（~□xuẽ⁰：咋呼）[55]铡（~刀）

闸煠（焯）炸（用油~）[434]眨拃（一~）蔗 [42]诈榨炸（~弹；~线：绽线）乍蚱（~蜢）

tʂh [212]叉差（~别；~不多）察插馇（~食：猪狗吃食）[55]茶（供饮用的开水；~叶）搽茬查（调~）碴（碗~）[434]杈（树~）蹅（踩：~雨）差（嗓音失常，跑调：~音）[42]岔

ʂ [212]沙纱杀煞（~白：很白）[55]啥（~子：什么）[434]傻 [42]厦（大~）

k [55]㞎（鸡~子：男阴）□（~古：性情古怪）[434]尬（尴~）

kh [434]卡（~片；~车）[434]揩（~油）

x [212]哈（~气；~腰）煆*（~手：热气烫手）[434]哈（~巴狗）

ɣ [212]腌（~臜；~拉人：讽刺，挖苦）[55]阿（~姨，~拉伯）

ia

p [212]□（~叽：拟声词）

n [42]□（~的：娘的，詈词）

l [434]俩

tɕ [212]家傢（~具）加痂佳夹（~子；~衣）甲胛（肩~）[55]夹（~沟：地名）峡老 [434]假（真~，放~）贾（姓）[42]架驾嫁价

tɕh [212]恰掐 [55]洽 [434]卡（发~）[42]□（~腰）

ɕ [212]虾（马~：虾子）瞎（~子；~巴小：很小）[55]霞瑕遐辖狭峡新匣暇洽 [42]下夏厦（~门）吓（~一跳）

ø [212]鸦丫（~头）鸭押压 [55]牙芽衙伢（小孩子）涯崖2 [434]雅哑桠（~权）[42]砑（~平）亚轧（被车~；~棉花）

ua

tʂ [212]抓 [434]爪（鸡~子）

ʂ [212]刷（~帚）[434]耍 [42]刷（~白）

k [212]呱（~嗒：拟声词）瓜刮鸹（老~）[434]寡剐 [42]挂卦

kh [212]夸 [434]侉（南蛮北~）垮 [42]跨挎（~包）

x [212]花 [55]华（中~；~山）划（~船；~算）桦（~树）滑猾（狡~）[42]化画话华（姓）划2（笔~）

ø [212]挖袜 [55]娃蛙 [434]瓦（名词）搲（舀：~米）[42]瓦（动词）

洼

iɛ

p　[212]鳖憋 [55]别（区~；离~） [434]瘪秕*（~子；~谷）毙（枪~）
　　[42]别（执拗）

ph　[212]撇（~捺；~开） [434]□（~断）

m　[212]灭篾

t　[212]跌爹 [55]叠碟喋蝶谍 [434]嗲（~拉：撒娇）喋（~拉猴：知了）

th　[212]铁帖贴

n　[212]孽捏聂（姓）镊

l　[212]列烈裂2（分~）劣猎 [434]裂1（~巴；~着怀）咧（~嘴）
　　[42]捩*（让开：往两边~~）

ts　[212]接节 [55]捷截 [434]姐 [42]借藉（~故）褯*（~子：尿布）

tsh　[212]切 [434]且 [42]妾

s　[212]些 [55]邪斜 [434]写（~字；~酒：斟酒） [42]泻（吐~）卸
　　谢泄

tɕ　[212]揭结秸 [55]杰洁劫

tɕh　[212]怯（~乎）切 [55]茄 [434]遣1（派~；先~军）

ɕ　[212]歇蝎血（淌~；~苦：很苦）揳（捶打） [55]胁协携2谐2鞋2
　　[434]蟹2 [42]懈2解2（姓；晓也）

ø　[212]噎叶页业液腋孽啮□（~（个）熊：算了，罢了） [55]爷崖1
　　[434]耶也野 [42]夜

o

p　[212]波菠（~菜）玻（~璃）钵拨博剥驳 [55]勃□（~土）饽（面~）
　　薄雹1（~子） [434]簸*（~一~） [42]簸（~箕）薄（~荷）

ph　[212]颇坡泼泊（梁山~；停~） [55]婆 [434]剖 [42]破

m　[212]末沫摸寞□（呆，停：~这里不动） [55]魔磨（~刀）摩馍模（~
　　范）摹莫膜 [434]抹 [42]磨（~面；石~）没2（沉~）

f　[55]佛

uo

t　[212]多哆（~嗦） [55]夺铎 [434]朵躲 [42]舵驮（~子）惰垛剁跺踱

057

th [212] 拖脱饦托拓（开～）[55] 驼驮（～起来）坨沱（～河）□（摸一～：在一起）紽（～丝）[434] 妥椭庹（成年人两臂伸开的长度）[42] 唾

n [212] 诺搦*（持，拿，握住，掐）[55] 挪 [42] 糯懦

l [212] 落烙（～馍）骆酪洛络乐略掠 [55] 罗锣箩骡螺（～蛳）朥*（手指文）[434] 裸瘰（～疬）[42] 摞

ts [212] 作1（～孽）撮（一～米）[55] 凿昨柞（橡树）爵嚼绝掘1作2（工～；～坊）[434] 左佐缵（打～：起皱）[42] 坐座

tsh [212] 搓撮（～口）雀（麻～；～盲眼：夜盲症）鹊搋1（托举）[55] 矬（矮）错（～杂）[42] 锉措错（～误）

s [212] 蓑梭唆（啰～）莎（～草）薛（姓）雪索削唰 [55] 穴（老）学（老）踅（盘旋：打～；～摸）[434] 锁琐（～碎）所2 [42] 嗦（哆～）

tʂ [212] 酌桌卓捉拙 [55] 着（～衣，睡～，，～落）啄琢涿（～县）镯

tʂh [212] 绰焯（把菜放在开水里～～）初□（～屌参：不务正业）[55] 锄戳

ʂ [212] 梳说朔 [55] 勺（～子）芍（～药花）[434] 所2 数动词 [42] 数名词

ʐ [212] 若弱

k [212] 过（走～了，回头走）锅郭聒*（～人，～嘴）括2（包～；～弧）[434] 果（水～；～子：糕点）裹馃 [42] 过（经～；～分）

kh [212] 科窠棵括1（包～；～弧）阔廓扩（～充）[434] 颗 [42] 课

x [212] 豁霍藿（～香）劐*（用刀～开）获2（收～）[55] 和（～气）禾活□（棺材）[434] 火伙庈*（倒掉，泼掉）[42] 货祸和（～面）

∅ [212] 倭窝蜗2（～牛）沃握踠*（扭伤）[434] 我 [42] 卧涴*（耐～：耐脏）

yo

n [212] 虐

tɕ [212] 撅掘2决诀脚钁（～头：大锄）厥觉（～悟）角（一～钱；主～）饺（老）（～子：大的饺子形状的包子）[55] 掘1橛（～子；屎～子：大便）[42] 噱（脾气～）倔（～强）

tɕh [212] 缺却确榷（说：～一会）[55] 瘸 [434] □（～断：折断，掰断）

ɕ [212] 靴 [55] 穴新学新 [434] 所1（～以）

∅ [212] 悦阅月越曰粤疟（～疾；发～子）约药钥（～匙）岳乐（音～）

[434]哰（干～）　[42]跃

ɤ

t　　[212]掇

tʂ　　[212]遮哲蜇折（～断；～叠）浙褶（～子：皱纹）浙蛰 [55]辙（车～沟）
[434]者　[42]这

tʂh　[212]车（汽～）彻撤 [434]扯

ʂ　　[212]奢赊设摄涉 [55]蛇佘（姓）舌折（弄～了）[434]舍（～不得）
[42]社射麝赦舍（宿～）骒（母的牛马）

ʐ　　[212]热 [434]惹

k　　[212]歌戈割葛各阁搁（动词：放置；介词：在）胳（～臂）合（十～一
升）鸽角（毛～子：硬币；牛～）佮（～伙儿）疙（～疤：痂）蛤（～子：
跳蚤）□（～～燕：黄颡鱼）[55]嗝旮（～旯）圪（～针：树枝上的
刺）□（～拔的：很好，很出众）[434]哥　[42]个

kh　　[212]咳（～嗽）渴磕坷（～垃头子：土块）窠（草～子：草丛）壳嗑（
～巴）搕（打，击）[434]可（～以；～去：去不去）

x　　[212]郝（姓）蠚（蜂～人）喝（～酒）□（～饼：做法是锅中间放鸡、
鱼、肉等菜，周围贴一块块面饼）[55]河何荷（～花）合盒蛤（～蟆）
鹤 [42]荷（薄～）贺喝（～彩；吆～）

ɣ　　[212]屙阿（～胶）恶（善～；～影：不洁净，厌恶）鄂额₁（～拉头：
额头）[55]蛾鹅俄讹□（昂，仰：～着头）[42]饿

ɚ

ø　　[55]儿 [434]尔而耳饵 [42]二贰

æi

p　　[212]掰 [55]□（别）　[434]摆 [42]拜稗败

ph　　[212]□（蹬；踹）□（量词：一～屎）[55]排牌 [42]派

m　　[212]陌₂（～生）[55]埋 [434]买 [42]卖迈

f　　[42]□（叹词，疼痛时发出的声音）

t　　[212]呆（发～）[434]歹逮新 [42]戴带贷待怠殆代袋大（～夫；～黄：
药名）

th　　[212]胎台（天～，～州）□（调皮：～王）[55]台（～子）苔（舌～，

青～）抬 [42] 态太泰

n　　[434] 乃奶 2（牛～）　[42] 耐奈

l　　[55] 来　[434] 擸（把～）　[42] 赖癞（～猴子：蟾蜍）　[0] 来（语气词：我的咣当来（我的天哪））

ts　　[212] 灾栽　[434] 宰载（年～）　[42] 再载（～重）在

tsh　　[212] 猜　[55] 才（～能；～来：才来；很：～甜）材财裁　[434] 彩采睬踩　[42] 菜蔡

s　　[212] 腮（～帮子）鳃　[42] 赛

tʂ　　[212] 斋　[55] 宅　[42] 债寨

tʂh　　[212 钗差（出～）　[55] 豺柴瘥（干瘦，不滋润：肉～，头发～）

ʂ　　[212] 筛　[42] 晒

k　　[212] 该　[434] 改　[42] 概溉盖丐钙

kh　　[212] 开　[434] 凯慨楷

x　　[55] 孩亥还（～有）核（审～；～桃）　[434] 海（大～；～了：很多）醢（杀，剁成肉酱）　[42] 害骇

ɣ　　[212] 哀挨（～肩儿）　[55] 呆（～板）硋（磨，研）挨（～打，～熊：挨骂）埃（～及）□（一～：一定）　[434] 蔼（和～）矮　[42] 碍艾爱隘

iæi

tɕ　　[212] 皆阶秸（麦～）街　[434] 解（讲～，～开）　[42] 介界芥疥届戒械

tɕh　　[42] 契（～约）

ɕ　　[55] 携 1 谐 1 鞋 1　[434] 蟹 1　[42] 懈 1 解 1（姓；晓也）

ø　　[55] 涯（河～）

uæi

tʂ　　[42] 拽

tʂh　　[212] 㩋（～面）[434] 揣（～度）□（～米：舂米）

ʂ　　[212] 衰摔（～跤）　[434] 甩　[42] 率（～领蟀（蟋～）帅

k　　[212] 乖　[434] 拐　[42] 怪

kh　　[434] 㧟（～痒痒）　[42] 块会（～计）刽桧蒯块快筷

x　[55] 怀槐淮踝（~子疙瘩：踝骨）[434]□（摇摇晃晃）[42] 坏

ø　[212] 歪崴（脚扭伤；挪动：~老将）[55]□（~□tshŋ⁰：坐着挪动，行动缓慢）[42] 外

ei

p　[212] 百柏伯帛擘（用手~开）檗（黄~：药名）杯碑卑悲北臂 [55] 白 [42] 贝弼辈背焙倍被

ph　[212] 胚拍迫魄箔（锅~：锅盖）[55] 培陪赔陪裴（姓）[42] 配佩辔沛

m　[212] 陌1(~生)麦脉末（老~：末尾）没1(沉~；~有)墨默 [55] 梅枚媒煤眉楣莓（草~；~豆：四季豆）[434] 每美 [42] 妹昧媚寐

f　[212] 非飞妃 [55] 肥 [434] 匪翡 [42] 废肺吠痱费（~用）

t　[212] 堆1德 [55] 逮老 [434] 得（很~；~去）[42] 对1碓1队1兑1 [0] 的（助词）

th　[212] 推1 [55] 特忒颓 [434] 腿1 [42] 褪1退1蜕1（蛇~皮，蝉~）

n　[212] 纳（~头：低头）[42] 内

l　[212] 肋勒 [55] 雷 [434] 磊儡（傀~）累（积~）垒 [42] 累（劳~；连~）类泪

ts　[212] 则 [55] 贼

s　[434] 髓1 [42] 碎1遂1穗1岁1

tʂ　[212] 窄摘责 [55] 泽择宅

tʂh　[212] 拆坼策册厕（~所）侧测虳（皴裂）

ʂ　[212] 瑟色啬（吝~）涩塞 [55] 谁

k　[212] 格革隔骼 [55] 给（~你；跟：~谁说话）

kh　[212] 客刻（时~；用刀~）克 [55] 剋（~饭；~架）

x　[212] 赫吓黑

ɣ　[212] 额2（名~）扼

uei

t　[212] 堆2 [42] 对2碓2队2兑2

th　[212] 推2 [434] 腿2 [42] 褪2退2蜕2（蛇~皮；蝉~）

ts　[434] 嘴 [42] 罪最醉

tsh　[212] 催崔（姓）炊（茶~子：烧水的壶）[55] 随1（~便；~咋的：

061

无论如何）[42]脆翠粹（纯～）

s   [212]虽尿（尿～；～素） [55]随2绥隧隋 [434]髓2 [42]碎2遂2穗2岁2

tʂ   [212]追锥 [434]□（两个～儿：两个人） [42]缀赘坠

tʂh   [212]吹 [55]垂槌锤

ʂ   [434]水 [42]税睡

ʐ   [434]蕤 [42]芮（姓）锐瑞

k   [212]国帼圭闺2（～女）规龟归 [434]诡轨癸鬼 [42]鳜（～鱼）桂跪柜贵

kh   [212]盔 [55]魁奎亏逵葵 [434]傀（～儡） [42]窥愧溃（～烂；崩～）

x   [212]恢灰麾挥辉徽 [55]回茴划1（笔～）获1（～得）或惑 [434]贿悔晦毁 [42]汇会（开～；可～：会不会）绘惠慧秽讳溃（～脓）

ø   [212]煨危威萎（买卖～） [55]桅为（作～）惟唯围 [434]委维微违伟苇韦（姓）纬尾2（结～）伪2 [42]卫为（～什么）位味魏畏慰胃谓猬（刺～）未伪1

ɑɔ

p   [212]包胞 [55]雹2（冰～）[434]褒保宝饱堡（碉～） [42]报抱暴菢（～小鸡）豹爆鲍刨（～子）

ph   [212]泡（豆～；一～尿）抛（～死：浪费） [55]袍刨（～地）麅炮（～制） [434]跑 [42]炮（枪～）泡（浸～；冒～）疱

m   [55]毛（皮～，姓～）茅猫锚矛□（～猴子：鬼） [434]卯毛（一～钱） [42]冒帽貌茂贸

f   [434]否缶

t   [212]刀叼（唠～）□（～菜：夹菜） [434]祷岛倒（打～；颠～）导捯（～饬） [42]到倒（～水）道盗

th   [212]滔掏涛 [55]桃逃淘陶萄（葡～） [434]讨 [42]套

n   [212]孬 [55]铙挠 [434]脑恼 [42]闹

l   [212]唠（～叨）□（顺手拿；偷）[55]劳捞牢 [434]老 [42]涝

ts   [212]遭糟 [434]早枣蚤澡 [42]躁灶皂造（建～；～反）

tsh   [212]操（～作；～演） [55]曹槽（马～）□（～鱼：鲫鱼）[434]草（花

~；潦~）騌（~狗：母狗）[42]糙（粗~；~米）□（蹭：~一身灰）
□（~事；~蛋）

s　[212]骚臊（~气）[55]稍（~息）[434]扫（~地）嫂 [42]扫（~帚）
臊（~得慌）

tʂ　[212]朝（今~）召昭招（~手，~呼；摸：不叫~）沼（池~，~气）
诏 [55]着（~急）[434]爪（~牙，蹄~）找 [42]罩笊（~篱）赵
兆照

tʂh　[212]抄钞超剿（~袭）[55]朝（~代）潮巢 [434]炒吵趠（腾跃）

ʂ　[212]梢捎烧稍（~微）筲 [55]韶绍 [434]少（多~）[42]潲（~雨）
少（~年）邵

ʐ　[55]饶（富~；添加：~一点）桡（桨）[434]扰绕（围~）[42]绕（~
线）

k　[212]高篙羔糕膏（牙~）[434]稿搞 [42]告膏（~车；~油）

kh　[212]尻（詈词：与某某发生性行为；~了：坏事了）[434]考烤 [42]
靠犒焅铐

x　[212]蒿薅（拔，扯，抓）[55]豪壕毫号（~丧）嚎 [434]好（~坏）
[42]好（喜~）耗浩号（口~；三~）

ɣ　[212]嗷爊（~白菜）[55]熬 [434]袄懊（~恼）[42]奥懊（~悔）
傲鏊（~子：烙馍炊具）坳

cɑɔ

p　[212]臕（肥~）标彪 [434]表婊裱 [42]鳔摽（~劲儿；~紧）

ph　[212]飘 [55]瓢嫖剽 [434]漂（~白）瞟 [42]票漂（~亮）

m　[55]苗描 [434]藐渺秒 [42]庙妙

t　[212]刁貂雕 [434]屌（能~台：逞能）[42]钓吊掉调（音~；~动）

th　[212]挑（~担子）[55]条调（~和）[434]挑（~事）[42]跳粜

n　[434]鸟 [42]尿（解小便：~尿）

l　[55]燎（~浆泡）疗聊辽撩嫽（戏弄，开玩笑：~她）寥（~~无几）
蓼（~花糖）瞭缭敹（粗略地缝：~裤脚）[434]燎（火~眉毛；~
锅底儿）了（~结）[42]料尥（马~蹶子）廖（姓）

ts　[212]焦蕉椒

tsh　[212]锹　[55]樵瞧（看：~人，~病）　[434]悄　[42]俏缲

s　[212]消宵霄硝销萧箫屑（不~；木~）楔（~子，~橛子）晓₁
　　[434]小　[42]笑

tɕ　[212]交郊胶教（~书）骄娇浇　[434]绞狡铰搅矫缴侥（~幸）剿（围~）
　　饺新（~子）　[42]教（~育，~他去）较窖觉（睡~）轿叫

tɕh　[212]敲劁（~马）　[55]乔侨桥荞□（木头或木制品变形）　[434]巧
　　[42]窍撬翘

ɕ　[212]枵嚣　[434]淆晓₂　[42]酵孝效校（学~；上~；~对）

ø　[212]看妖邀腰要（~求）幺（~二三）吆（~喝）　[55]摇谣窑姚尧
　　[434]咬舀　[42]勒（靴~子）要（想~，重~）耀鹞（~鹰）跃□（捆
　　绑东西的一根绳子）

əu

t　[212]都（~是）兜　[434]斗（一~米）抖陡　[42]斗（~嘴；~争）
　　豆逗

th　[212]偷　[55]头投　[434]敨（展开：~气）　[42]透

l　[55]楼　[434]搂耧（播种用的农具）篓　[42]漏陋

ts　[212]邹　[434]走　[42]奏

tsh　[212]搊₂[42]凑

s　[212]搜飕馊嗖锼□（~抠：小气）　[434]叟　[42]嗽（咳~）

tʂ　[212]诌粥₁邹㑰（望上~）周舟州洲　[434]肘□（拧：~紧）　[42]昼
　　纣宙咒皱绉骤

tʂh　[212]抽　[55]绸稠筹愁仇（~人）酬　[434]丑瞅₂[42]臭（香~）

ʂ　[212]收　[434]手首守　[42]瘦兽受寿授售

ʐ　[212]□（手拿物甩来甩去）□（理睬：不~他）　[55]柔揉　[42]肉（猪
　　~；性情愚笨，动作迟缓）

k　[212]勾（~结；当）钩沟　[434]狗苟　[42]够（不~，~不着）构购

kh　[212]抠眍（眼~）　[434]口　[42]叩扣寇

x　[55]喉猴瘊（~子）齁（~声；~咸：很咸）　[434]吼候（窥视）
　　[42]厚后（前~；皇~）候（等~）

ɣ　[212]欧瓯殴区（姓）沤（久浸水中）　[55]牛（姓）　[434]藕偶（配~；

~然）呕　[42] 怄（~气）

iəu

t　[212] 丢

n　[212] 妞　[55] 牛（牪口）　[434] 纽扭　[42] 拗谬

l　[212] 溜（~冰）镏（~子：戒指）　[55] 流刘留榴（石~）硫琉（~璃；
　　~~蛋）　[434] 柳　[42] 六馏（~馍）溜（~门子：串门；熟练，利索）

ts　[212] 揪鬏（梳个~儿）　[434] 酒　[42] 就

tsh　[212] 秋（~天；~千）鞦（牛~）

s　[212] 修羞　[42] 秀绣锈袖

tɕ　[212] 鸠阄纠咎　[434] 九久韭灸究疚　[42] 救臼舅旧枢□（缩）　[0] 荞（荸
　　~：荸荠）

tɕh　[212] 丘　[55] 囚泅求球仇（姓）　[434] 楸¹朽

ɕ　[212] 休　[434] 朽　[42] 嗅

ø　[212] 忧优悠幽　[55] 尤邮由油游犹蚰（~子：蝈蝈）　[434] 有友　[42]
　　又右祐柚鼬釉酉诱幼

æ̃

p　[212] 班斑颁扳般搬　[434] 板版□（扔）　[42] 扮瓣办伴拌半绊

ph　[212] 攀潘　[55] 盘（~子；回：饶我一~）　[42] 盼襻（纽~）判叛

m　[55] 瞒馒蛮鞔（~鞋底）　[434] 满　[42] 慢漫幔

f　[212] 帆（~船）翻番　[55] 凡烦藩矾繁樊¹（姓）　[434] 反　[42] 贩姗（~
　　蛋：下蛋）饭范范犯泛帆（~布）樊²（~梨花）

t　[212] 丹单（~独）耽担（~任）　[434] 掸胆　[42] 诞旦但弹（子~）蛋担（挑
　　~）淡

th　[212] 滩摊贪　[55] 檀坛弹（~琴）潭谭谈痰　[434] 坦毯　[42] 炭碳叹探

n　[55] 难（~易）南男楠　[434] 奶（奶奶）　[42] 难（患~）

l　[55] 兰拦栏蓝篮　[434] 懒娄（~柿子；~菜）览揽橄（~榄）缆　[42] 烂（烂；
　　破）滥

ts　[212] 暂簪　[434] 攒（~钱）咱（我们）　[42] 赞瓒（溅）錾（~花）

tsh　[212] 餐参（~加）鏲（~鲦：鱼名）　[55] 残蚕　[434] 惨惭　[42] 灿

s　[212] 三　[434] 散（松~）伞　[42] 散（分~）

tʂ [212]毡沾粘(~贴)瞻詹(姓)占(~卜) [434]盏展斩搌(~碗)□(马~：马上) [42]绽栈战颤(冷~)暂站蘸(~酱油)剢(~位子)

tʂh [212]搀掺 [55]缠蝉禅(~宗)馋蟾(~酥)谗 [434]铲产划(经常，老是) [42]颤(~~巍巍)

ʂ [212]珊山删膻扇杉衫钐(大镰) [55]陕 [434]闪 [42]疝(~气)善扇膳单(姓)禅(~让)鳝(~鱼：黄鳝)

ʐ [55]然 [434]染冉燃

k [212]肝竿干(~湿；~净)甘柑泔(~水)尴(~尬) [434]杆秆擀赶感敢橄(~榄) [42]干(~事；~部)

kh [212]看(~守)刊堪龛勘 [434]坎砍 [42]看(~见)

x [212]鼾憨酣 [55]寒韩含函 [434]罕喊(叫~) [42]旱汉汗焊翰撼憾熯(~馍)

ɣ [212]安鞍庵俺 [434]揞(手覆：~住)唵(手抓东西吃) [42]岸按案暗

iæ̃

p [212]鞭编边 [434]扁匾贬蝙(~蝠)缠(卷起：~裤脚) [42]辨辩变汴(~河)便(方~)遍(一~)辫

ph [212]篇偏 [55]便(~宜) [434]谝(显示，夸耀：~能) [42]片遍(~地)

m [55]绵棉眠 [434]免勉娩缅 [42]面(脸~，米~，红薯很~)

t [212]癫颠掂(~掇；~把刀) [434]典点 [42]电殿奠佃垫店

th [212]天添 [55]田填甜 [434]舔

n [212]蔫(花~了；老~) [55]蔫(食物不新鲜)年黏(胶~)鲇(~鱼) [434]碾辇撵(以指~碎)攆 [42]念□("你看"的合音)

l [55]连联廉镰帘 [434]敛敛脸脸 [42]练炼楝(~树)恋□(~糊)

ts [212]煎犍(~子)尖 [434]剪 [42]践箭溅贱饯建键健腱渐

tsh [212]迁韱签 [55]前钱 [434]浅潜(~力)

s [212]先仙鲜1(新~) [55]涎 [434]鲜(~少；朝~) [42]线羡

tɕ [212]艰间(空~；中~)奸笺肩坚监(~视)兼犍(大老~：壮硕的公牛) [434]简裥柬拣件茧减碱检俭 [42]间(~断；~或)谏涧荐见

鉴监（国子～）舰剑

tɕh [212] 千牵铅谦歼虔（～诚） [55] 乾搢钳 [434] 遣2 [42] 欠歉嵌

ɕ [212] 掀锨 [55] 闲贤衔嫌咸涎（黏～：口中黏液） [434] 显险喊（哭叫）
[42] 限苋（～菜）宪献现县陷馅

ø [212] 焉鄢（姓）烟燕（～京；姓）淹醃腌 [55] 颜延言研沿岩炎盐阎
檐焰严 [434] 眼演兖阉掩魇俨 [42] 雁晏筵谚堰砚燕（～子）咽宴验厌
艳酽

uæ̃

t [212] 端 [434] 短断（拦截：～路） [42] 断（～绝；决～）锻段缎椴

th [55] 团 [434] 疃

n [434] 暖

l [55] 鸾栾（姓） [434] 卵 [42] 乱

ts [212] 钻（动词） [434] 纂（～瞎话） [42] 攥钻（木工用具；～石）

tsh [212] 氽（～丸子） [55] 全泉诠铨痊筌 [42] 纂篡

s [212] 酸 [55] 旋（～转） [434] 癣选 [42] 算蒜旋（～吃～做；～风）镟（～
床）

tʂ [212] 专砖膪（鸡～） [434] 转（～眼；～送）□（怂恿） [42] 撰转（～
圈；～螺丝）篆传（～记）赚

tʂh [212] 川穿 [55] 传（～达）椽船 [434] 喘 [42] 串

ʂ [212] 闩拴栓 [42] 涮

ʐ [434] 软阮

k [212] 官棺观（参～）冠（衣～）鳏关□（最大：这牌～的） [434] 管（～
子；～理；行，可以）馆 [42] 贯灌罐冠（～军）惯观（道～）

kh [212] 宽 [434] 款

x [212] 欢 [55] 桓还（～原）环 [434] 缓 [42] 唤（叫～，央～：邀约）
焕换幻患宦

ø [212] 剜（～豆）剜弯湾 [55] 完丸玩顽 [434] 皖碗腕晚（～黑：晚上）
挽宛 [42] 万（数词；～难：形容小孩子调皮）蔓（瓜～子）

yæ̃

tɕ [212] 捐娟 [434] 卷（～起） [42] 眷卷（～子）绢圈（猪～）倦券□（～

067

子：毽子）

tɕh　[212]圈（圆～）　[55]拳权颧　[434]犬　[42]劝

ɕ　[212]轩宣暄鲜2（新～）萱□（～乎：松软）　[55]弦玄悬　[42]楦（鞋～）眩

ø　[212]冤渊　[55]圆员缘元原源袁辕园援（～救）　[434]远　[42]院怨愿

ẽ

p　[212]锛奔（～跑）　[434]本　[42]奔（逃～）笨

ph　[212]喷（～水）烹1　[55]盆　[42]喷（～香；～嚏）

m　[212]焖　[55]门　[42]闷

f　[212]分（～开）芬纷　[55]坟焚　[434]粉　[42]粪奋愤忿分（～外）份

n　[212]□（～着头：低着头）　[434]恁（你，你们）　[42]恁（～么：那么）

ts　[434]怎

s　[212]森

tʂ　[212]珍榛臻真针斟　[434]诊疹枕枕（动词）　[42]镇阵振震

tʂh　[212]深　[55]陈尘辰晨臣沉岑　[42]趁衬称（相～）

ʂ　[212]身申伸娠深参（人～）　[55]神什（～么）　[434]沈审婶省（～长）　[42]肾慎葚（桑～）甚瘆（～人）渗

ʐ　[55]人仁壬任（姓）　[434]忍　[42]刃认韧任（责～）纫

k　[212]跟（～着；～家里：在家里；～～：跟前）根

kh　[434]恳垦啃肯

x　[55]痕　[434]很　[42]恨

ɣ　[212]恩　[42]嗯

iẽ

p　[212]彬宾槟（～榔）　[42]殡鬓

ph　[212]拼姘（～头）　[55]贫频　[434]品　[42]聘

m　[55]民　[434]闽悯敏抿皿

l　[212]拎　[55]邻鳞磷林淋（～漓；～湿）临　[434]檩　[42]吝（～啬）赁淋（过滤：～醋）

ts　[212]津　[434]尽（～吃～喝；～早）　[42]进晋尽（～头；～力）

tsh　[212]亲　[55]秦　[434]侵寝　[42]吣（呕吐：猫～）

s　[212] 辛新薪心　[55] 寻（～人：找对象）　[42] 信

tɕ　[212] 巾斤筋今金禁（～用；～脏）襟浸□（管～：行，可以）　[434] 紧仅谨锦　[42] 劲（有～；～敌）近禁（～止）妗（～子：舅母）

tɕh　[212] 钦　[55] 勤芹琴禽擒　[42] 揿沁（～头：低头）

ɕ　[212] 欣馨　[55] 寻2（～人：找婆家）　[42] 衅凶（～门子：凶门）燅

ɵ　[212] 因姻洇殷音阴荫（屋子很～）窨（地～子）　[55] 银寅隐淫　[434] 引吟饮（～酒；米汤）尹（姓）　[42] 印饮（～马）□（墨水渗纸）

uə̃

t　[212] 敦墩蹲（～下）　[42] 顿扽饨（馄～）沌盾钝遁

th　[212] 吞　[55] 屯豚臀囤　[42] 褪

l　[55] 论（～语）仑（昆～山）伦沦轮　[42] 嫩论（议～）

ts　[212] 尊遵　[42] 俊竣骏峻

tsh　[212] 村皴（脸～）　[55] 存蹲（～身）　[42] 寸

s　[212] 孙　[55] 荀旬循巡寻1（～人：找人；～找）　[434] 损笋榫　[42] 逊讯迅殉

tʂ　[212] 肫　[434] 准

tʂh　[212] 椿春　[55] 唇纯莼（～菜）醇　[434] 蠢

ʂ　[42] 顺舜

k　[212] 闺1（～女）　[434] 滚　[42] 棍

kh　[212] 昆坤　[434] 捆　[42] 困

x　[212] 荤昏婚　[55] 魂馄（～饨）浑　[434] 混（～淆）　[42] 混（～日子；～子：草鱼的俗称）

ɵ　[212] 温瘟（～鸡；～臭）　[55] 文纹蚊闻　[434] 吻刎稳　[42] 问（～题；向：～他要）　[0] □（晌～：晌午）

yẽ

tɕ　[212] 君军均钧　[434] 窘菌　[42] 郡

tɕh　[55] 群裙

ɕ　[212] 勋薰　[42] 训

ɵ　[212] 晕　[55] 云匀　[434] 允　[42] 熨韵运润闰孕

aŋ

p　[212]帮浜（沙家～）邦 [434]榜绑 [42]谤傍棒蚌1（～埠，河～）
　　　捧（～灰：灰尘飞扬）

ph　[212]胮（手泡～了）[55]滂（～沱）旁螃（～蟹）庞 [434]嗙（自夸；
　　　吹牛）耪（～地）[42]胖

m　[212]牤（～牛）[55]忙芒（光～）茫盲（虻牛～）[434]莽蟒

f　[212]方妨（克犯：～人）枋（～子：棺材）坊 [55]芳房防 [434]肪（脂
　　　～）纺仿彷（～佛）访 [42]放

t　[212]裆当（～时；应～）[434]党挡 [42]当（～作；典～）荡宕

th　[212]汤蹚 [55]堂棠螳（～螂）唐糖塘溏（～心）[434]倘躺淌 [42]
　　　烫趟

n　[55]囊 [434]攮（～饭）[42]齉□（皱：～皮；～脑子：皱眉头）

l　[55]郎廊狼螂（螳～）榔（槟～）[434]朗□（俺～：姥姥）[42]浪

ts　[212]赃脏（不干净）[42]葬藏（西～）脏（心～）

tsh　[212]仓苍 [55]藏（隐～）

s　[212]桑丧（～事）[434]嗓搡（填，塞：～饭）[42]丧（～失）□（厉
　　　害，利索）

tʂ　[212]张章樟 [55]□（～□uẽ⁰：什么时候）□（放：～点盐；介词：
　　　用）[434]长（生～）掌 [42]涨丈仗杖账账胀障瘴

tʂh　[212]昌 [55]长（～短）肠场常尝 [434]厂偿2 [42]畅唱倡（提～）

ʂ　[212]商伤裳（衣～）[434]赏晌（～□uẽ⁰：晌午）偿1 [42]上尚 [0]
　　　裳

ʐ　[55]瓤（瓜～；软、弱）穰（麦～）[434]壤（土～）攘嚷酿 [42]让漾（小
　　　孩～奶）

k　[212]冈岗刚纲钢缸豇（～豆）[55]□（步行：～腿，家～）[434]
　　　港 [42]钢（刀钝了，～～）杠

kh　[212]康（健～；瓜果空心：萝卜～了）糠 [55]扛 [434]慷（～慨）
　　　[42]抗炕囥（藏）

x　[212]夯 [55]行（～列；银～）航杭绗□（～冷～热：时冷时热）

ɣ　[212]肮（～脏）[55]昂

iaŋ

n [55] 娘

l [55] 良凉量（～长短）粮梁凉粱 [434] 两（～个）两（几～几钱）
[42] 亮谅辆量（数～）

ts [212] 将（～来；～才：刚才；动物生崽）浆桨 [434] 蒋奖匠 [42] 酱将
（大～）糨（～糊）

tsh [212] 枪炝（～白菜）呛抢（碰，撞：头上个～包）[55] 墙 [434] 抢（～
钱）戗（～面馒头）

s [212] 相（互～）箱厢湘襄镶 [55] 祥详 [434] 想鲞 [42] 象像橡相（～貌）

tɕ [212] 疆僵礓（～石）缰（～绳）姜（生～；姓）江耩 [434] 跰讲 [42]
虹（出～）强（倔～）降（下～）

tɕh [212] 羌腔 [55] 强（～大）[434] 强（勉～）

ɕ [212] 香乡 [55] 降（投～）[434] 享响饷 [42] 向项巷

∅ [212] 央（当～：中间）秧殃 [55] 羊洋烊杨阳疡伴 [434] 仰养痒 [42]
样

uaŋ

tʂ [212] 庄装 [42] 壮状

tʂh [212] 疮窗 [55] 床 [434] 闯 [42] 创（～造；～伤）撞

ʂ [212] 霜孀双（一～；成～）[434] 爽 [42] 双（一对～ ～儿：双胞胎）

k [212] 光咣（～当：拟声词）[434] 广 [42] 逛桄（～线；～子）

kh [212] 匡筐诓（欺骗）眶 [55] 狂 [42] 旷况矿（煤～）

x [212] 荒慌 [55] 黄簧皇蝗 [434] 谎晃（～眼）[42] 晃（摇～）

∅ [212] 汪 [55] 王亡芒（麦～儿）[434] 网往枉 [42] 忘妄望旺

əŋ

p [212] 崩绷（～带）[434] 迸绷（胳～子：脖子）[42] 蹦蚌2（～埠，河～）

ph [212] 烹2 [55] 彭膨（～胀）棚篷蓬朋 [434] 捧 [42] 碰

m [212] 盟 [55] 萌蒙（启～，～古）懵（～懂）[434] 猛蠓（～虫）
[42] 孟梦蒙（做～，藏老～）

f [212] 风枫疯丰封蜂 [55] 冯峰锋逢缝（～衣服）[434] 讽 [42] 凤奉俸
缝（一条～）

t　　[212] 登　[434] 等　[42] 瞪凳邓（姓）澄（～一～）

th　[212] 烱（～馒头）　[55] 疼（痛；疼爱；亲吻）腾藤誊

n　　[55] 能　[42] 弄（作～；～死他）

l　　[434] 冷　[42] 愣楞棱

ts　[212] 增曾（姓）　[42] 铛（～亮）憎蹭赠□（塞）

tsh　[55] 层曾（～经）□（籽粒饱满）

s　　[212] 僧

tṣ　[212] 蒸争筝睁正（～月）征贞侦　[434] 拯整　[42] 证症郑正（～副；改～）政诤（辩论）

tṣh　[212] 称（～呼，～重量）撑　[55] 澄橙乘（～车；～法）承丞澄（～清）橙呈程成城诚盛（～饭）　[434] 惩逞　[42] 秤掌（椅子～儿）

ṣ　　[212] 升声生牲笙甥　[55] 绳　[434] 省（节～）　[42] 剩胜（～任；～败）圣盛（兴～）

ẓ　　[212] 仍　[434] 扔

k　　[212] 更（～换；五～）耕　[434] 粳（～米）庚羹　[434] 哽埂梗耿颈1（脖～子）　[42] 更（～加）

kh　[212] 坑

x　　[212] 亨哼（～哧赖歪）　[55] 衡恒　[42] 横（一～）

uəŋ

ø　[212] 嗡翁搚（推）□（前一～子：前一段时间）　[42] 瓮甕

iŋ

p　　[212] 冰兵　[434] 丙秉柄饼禀　[42] 病并並

ph　[55] 凭平坪评瓶屏萍

m　　[55] 鸣明名铭　[434] 暝　[42] 命

t　　[212] 钉（铁～）靪（～鞋掌）疔　[434] 顶鼎　[42] 钉（～住）订锭定腚（～帮子：屁股）

th　[212] 听（～见，～话）厅汀蜓（光光～：蜻蜓）　[55] 亭停廷庭莛（秫～～：高粱茎）　[434] 挺艇

n　　[55] 拧（～毛巾；～他）凝新宁（安～；沪～）　[434] 拧（～螺丝）[42] 宁（～可）佞拧（～伤；脾气～）

l [55]陵凌菱灵零铃伶翎 [434] 领岭 [42] 令另

ts [212]精晶睛 [434]井 [42] 静净

tsh [212]清青蜻（～蜓） [55]情晴睛（～等；～吃） [434] 请

s [212]星腥 [434]省（反～）醒 [42]性姓

tɕ [212]津京荆惊鲸经 [434] 景警颈2（～椎） [42] 茎境敬竟镜竞靖

tɕh [212]卿轻顷 [55]擎 [434]苘（～麻） [42]亲（～家）庆磬

ɕ [212]兴（～旺）荥（～阳） [55]行（～为；品～）形型刑陉（井～）
[434]擤 [42]杏幸兴（高～）

ø [212]鹰莺鹦（～鹉）鹉樱（～桃）英婴 [55]迎盈赢萤蝇（～子：苍蝇）
营茔凝老 [434]影颖 [42]映硬应

uŋ

t [212]东冬 [434]董懂 [42] 冻栋动洞

th [212]通 [55]同铜桐童瞳 [434]桶捅筒统 [42]痛

n [212]浓 [55]奴农脓侬 [434]努 [42]怒

l [212]龙 [55]笼聋隆 [434]拢陇垄

ts [212]棕鬃宗踪纵（～横） [434]总 [42]粽纵（放～）

tsh [212]聪忽葱囱（烟～） [55]丛从（跟～；～容）

s [212]嵩松（～散） [55]松 [434]怂（～恿） [42]送宋诵颂讼

tʂ [212]中（当～）忠终钟锺盅 [434]冢种（～类）肿 [42]中（射～）仲
众重（轻～）种（～树）

tʂh [212]充冲舂 [55]崇虫重（～复） [434]宠 [42]铳（放～）

ʐ [212]痈雍拥□（因为） [55]戎绒茸（鹿～）氄（～毛）荣融容蓉熔
庸 [434]冗永咏泳甬勇涌蛹埇（～桥区：地名） [42]用

k [212]公蚣（蜈～）工功攻弓躬宫恭 [434]拱巩（～固）汞矿（煤～子）
[42]贡供（～销社；～养；上～）共

kh [212]空（～虚） [434]孔恐 [42]控空（～缺）

x [212]轰掏（～出去）烘□（溏鸡～：溏性鸡屎） [55]红洪鸿虹（彩～）
弘宏 [434]哄（～骗） [42]哄（起～）横（蛮～）讧

yŋ

tɕ [434]炯

tɕh [212] 倾 [55] 琼穷

ɕ [212] 兄胸凶 [55] 熊雄□（精液）

三、同音字表注释

齜 tsʮ²¹² 牙齿不齐或突出：大~牙。《广韵》平声支韵侧宜切："开口
见齿。"

呲 tshʮ²¹² ~牙咧嘴。《汉语大字典》：同"齜"，露出（牙齿）。

差 tshʮ²¹² ~毛：性格另类，不守规矩。《广韵》平声支韵楚宜切："不
齐等也。"

泚 tshʮ²¹² 用开水冲：~鸡蛋茶。《汉语大字典》："方言。喷，射。"

哧 tshʮ⁰ 哭 khu²¹² ~：啜泣。《洪武正韵》："施支切，象声用字。"

吱 tʂʮ²¹² 不~声：不做声。《汉语大字典》："发出（声音）。"

眵 tʂhʮ²¹² ~目糊：眼屎。《广韵》平声支韵叱支切："目汁凝也。"

饬 tʂhʮ²¹² 捯~。《广韵》入声职韵耻力切："整备也。"

屄 pi²¹² 女阴；詈词。《字汇·尸部》："女人阴户。"边迷切。

箅 pi⁴² ~秫子：蒸食物用的器具。《广韵》去声霁韵博计切："甑箅
也。《说文》：'蔽也，所以蔽甑底。'"

滗 pi⁴² 把药汤~出来。《广韵》入声质韵鄙密切："去滓。"

妭 phi²¹² 撕裂，扯开。《广韵》上声纸韵匹靡切："枝折。"

劙 li⁴² 划：~了口子。《广韵》去声霁韵郎计切："割破。"

唧 tɕi²¹² ~声：说话。《广韵》入声质韵资悉切："啾唧声。"

呓 i⁴² 发~症：梦呓。《广韵》去声祭韵鱼祭切："亦同寱，睡语。"

醭 pu⁵⁵ 白~。《广韵》入声屋韵普木切："醋生白醭。"

㧒 pu⁵⁵ ~拉：拨拉。《广韵》平声模韵博孤切："展舒也。又布也。"

殕 pu⁴³⁴ 《广韵》上声麌韵芳武切："食上生白毛。"

樸 phu⁵⁵ ~种：傻而莽撞的人，詈词。《集韵·屋韵》："樸，禾生概
也。"又"樸，艹（草）生概。"

袱 fu²¹² 手~子：毛巾，手绢儿。《尔雅·释器》："妇人之袆谓之缡。"
清郝懿行义疏："登州妇人络头用首帕，其女子嫁时以绛巾覆

首，谓之袱子。"

嗉　su⁴² 　鸡~子。《广韵》去声暮韵桑故切："鸟嗉。"

擩　zu⁴³⁴ 　塞，按：~进去。《广韵》去声遇韵而遇切："擩，莝手进物也。"

锢　ku⁴² 　补：~漏锅。《广韵》去声暮韵古暮切："锢铸。又禁锢也。亦铸塞也。"

捴　xu²¹² 　击打：劈脸~。《广韵》入声没韵苦骨切："击也。"

裕　y²¹² 　溢出。《广韵》去声遇韵羊戍切："饶也。"

垡　fa⁵⁵ 　~地：翻耕好的土地。《广韵》入声月韵房越切："耕土。"

拃　tʂa⁴³⁴ 　一~。《广韵》上声潜韵侧板切："拃模。"

煆　xa²¹² 　~手：热气烫手。《广韵》平声麻韵许加切："火气猛也。"

秕　piε⁴³⁴ 　~子；~谷。《广韵》上声旨韵卑履切："糠秕。"

挒　liε⁴² 　让开：往两边~~。《广韵》入声屑韵练结切："拗挒，出玉篇。"

褯　tsiε⁴² 　~子：尿布。《广韵》去声祃韵慈夜切："小儿褯。"

簸　po⁴³⁴ 　~一~。《广韵》上声果韵布火切："簸扬。"

搦　nuo²¹² 　持；拿；握住；掐。《广韵》入声陌韵女角切："捉搦。"

脶　luo⁵⁵ 　手指文。《广韵》平声戈韵落戈切："手指文也。"

繓　tsuo⁴³⁴ 　打~：起皱。《广韵》入声末韵子括切："结繓也。"

聒　kuo²¹² 　~人，~嘴。《广韵》入声末韵古活切："声扰。"

劐　xuo²¹² 　用刀~开。《广韵》入声铎韵虚郭切："裂也。"

戽　xuo⁴³⁴ 　倒掉，泼掉。《广韵》上声姥韵侯古切："抒也。"

蹉　uo²¹² 　扭伤。《广韵》平声戈韵乌禾切："躇也。"

涴　uo⁴² 　耐~：耐脏。《广韵》去声过韵乌卧切："泥著物也。亦作污。"

（王临惠、唐爱华、宋辉撰稿）

第三章 词 汇

第一节 宿州方言词汇特点

一、合成词的特点

（一）构词语素不同

1.所有语素都不同。例如：

烀——煮 撩——逗 板＝——扔 掂——拿 随——像 洚——溅

拉呱——聊天 晚达＝——继父 火头——黑鱼 尿巴——膀胱

扁嘴——鸭子 磕牙——闲聊 作假——客气 爽的——索性

啥子——什么 弥＝拉——比照 返死——苏醒 虼子——跳蚤

鼓弄——蠕动 黑来——晚上 妗子——舅母 聚子——漏斗

镏子——戒指 母痴——蠢笨

2.部分语素不同。例如：

这来——这里 利朗——利索 贼星——流星 验好——正好

晌午——中午 勤利——勤快 皮实——结实 腌脏——肮脏

摆拾——摆弄 不胜——不如 重叨——唠叨 戳祸——惹祸

耳髓——耳屎 翻窍——开窍 高低——到底 裉衩——短裤

将才——刚才 末后——最后 囊＝气——志气 飘摇——漂浮

四称——匀称

3.加不加后缀形成的差异。

宿州方言不少加后缀的词，在普通话中是不加后缀的。例如：

缩巴——缩 揉巴——揉 扯巴——扯 锯拉——锯 提喽——提

疤拉——疤 瓦片子——瓦片 巷口子——巷口 什么子——什么

树林子——树林 榆钱子——榆钱 石榴籽子——石榴籽

鸡冠子——鸡冠 蝴蝶子——蝴蝶 茶几子——茶几

马扎子——马扎 锅铲子——锅铲 脚趾头子——脚趾头

罗锅子——罗锅 秤钩子——秤钩 手捏子——手绢

宿州方言一些带"子"尾的词,在普通话中带"儿"尾。例如:

桑葚子——桑葚儿 竹竿子——竹竿儿 竹叶子 ——竹叶儿

枣子——枣儿 围嘴子——围嘴儿 胳膊肘子——胳膊肘儿

面条子——面条儿

（二）词语音节不同

1.有些词在宿州话里是单音节的,在普通话里是双音节的。例如:

现——现眼 琢——琢磨 妥——妥当 熊——训斥 哕——呕吐

诤——争论 饶——添加 诳——欺骗 腚——屁股 局——局促

嘹——吹牛 喷゠——正在 烂——破烂 玩——玩弄

疥——疥疮 被——被子 应——答应

2.有些词在宿州话里是双音节的,在普通话里是单音节的。例如:

谁个——谁 轻省——轻 长虫——蛇 毛衣——毛 蚂虾——虾

土垃——土 疤拉——疤

3.有些词在宿州话里是三音节的,在普通话里是双音节的。例如:

光光蜓——蜻蜓 鲫花鱼——鳜鱼 手脖子——手腕

尺棒子——尺子 零嘴子——零食 被袄子——被单

脖梗子——脖子 糙子米——糙米 额拉头——额头

老丈人——岳父 掉叠兜——脱肛 麻喳子——喜鹊

手袱子——毛巾 蜗拉牛——蜗牛

二、词语意义的差异

（一）形同义异

跟普通话相比,宿州方言有些词语形相同而意义不同。例如:

宿州方言词义	普通话词义

皮锤 phi⁵⁵tʂhuei⁵⁵ 拳头　　　皮锤子

大将军 ta⁴²tɕiaŋ⁴²tɕyẽ⁰　　　中国古代各朝经常设置的武官职名，
螳螂用作中药时的名称　　　多为高级军事指挥甚至最高军事统帅。

草鞋底 tshaɔ⁴³⁴⁻³⁴ɕie⁵⁵ti⁴³⁴ 百足虫　　草鞋的底

恶水 ɣɤ²¹²ʂuei⁴³⁴　　　不宜饮用的水；凶险的河流
专指餐饮污水，即"泔水"

作假 tsuo²¹²tɕia⁴³⁴ 客气　　　弄虚作假

湖 xu⁵⁵ 田地的统称　　　大片的水；地名：湖南、湖北、湖州

茶馆 tʂha⁵⁵kuæ⁴³⁴　　　卖茶喝茶的场所
过去指专门烧开水卖开水的店铺

（二）词语的词义范围大小不同

宿州方言中还有些词语的词义范围与普通话不同，例如

宿州方言词义	普通话词义

鼻子①鼻子；②鼻涕：浓~~　　　①鼻子

妈①对母亲的称呼；②乳房；③乳汁　　①对母亲的称呼

木梳①木头制的梳子；②梳子的统称　　①木头制的梳子

茶①茶树，茶叶；②供饮用的开水；③　　①茶树，茶叶；
各种用开水沏成的饮料：茶叶~、鸡　　②用茶叶做成的饮料；
蛋~、酥糖~、米花~、糊麦~、蜜~、　　③某些饮料的名称：奶~、杏
糖~、竹叶~、菊花~；④用米、面粉　　仁~；④油茶树
之类熬成的黏稠状食物，比较稀：面疙
瘩~、红芋~、油~、米~；⑤油茶树

收拾①整理；②收养；③教训、惩治　　①整理；②修理；③消灭

瞎①失明；②没有根据地，没有效果　　①失明；
地：~说、~忙；③废：~了一张票；　　②没有根据地，没有效果
④很，含贬义：~腥、~小　　地：~说、~忙

疼①痛；②疼爱；③亲吻：我～了一下孩子的脸	①痛；②疼爱
乏①缺少；②疲倦；③废旧：～报纸	①缺少；②疲倦
果子①糕点；②油条称"油果子"；③水果	①水果
起来①起来；②起床	①起床
妈①母亲；②奶水	①母亲
鸭尾巴①鸭的尾巴；②小男孩脑后留的头发	①鸭的尾巴

三、构词理据

（一）描写与比喻

宿州方言中有许多词语是通过描摹事物的特点、打比方等方式造出来的。例如：

词语	释义
蚂蚱腿 $ma^{212-21}ts\gamma^{0}thuei^{434}$	当地一种面制油炸甜点，因其短、细、小，形似蚂蚱腿而得名。
面鱼 $mi\tilde{æ}^{42}y^{42}$	当地一种带汤面食，因形似小鱼儿而得名。
老母鸭 $l\alpha\mathfrak{o}^{434-34}mu^{434-44}ia^{212}$	本义为老的母鸭子，比喻蠢笨、不灵活的人。
勺子星 $\mathfrak{s}uo^{55}ts\mathfrak{l}^{0}\mathfrak{c}i\mathfrak{y}^{212}$	北斗星，形似勺子而得名。
疙瘩头 $k\gamma^{212-21}ta^{0}th\mathfrak{a}u^{55}$	奔儿头，前额生得向前突，像长了一个疙瘩。
扫帚星 $s\alpha\mathfrak{o}^{42}ts\mathfrak{u}^{0}\mathfrak{c}i\mathfrak{y}^{212}$	彗星，形似扫帚而得名。
八字胡子 $pa^{212}ts\mathfrak{l}^{42}xu^{55}ts\mathfrak{l}^{0}$	上唇蓄的八字形胡须

盐粒子 iæ⁵⁵ li²¹²tsʅ⁰　　　　　　雪珠子（米粒状的雪），似盐粒而得名。

鸭嗓子 ia²¹²saŋ⁴³⁴ tsʅ⁰　　　　　公鸭嗓（嗓音沙哑），也叫公鸡嗓。

猫耳朵稞子
maɔ⁵⁵ər⁴³⁴tuo⁰khuo²¹²ts⁰　　　车前草，叶片似猫耳朵而得名。

木耳菜 mu²¹²ər⁰tshæi⁴²　　　　学名落葵，叶子形似木耳而得名。

长虫 tʂhaŋ⁵⁵tʂhuŋ⁰　　　　　　蛇，根据形体突出特征而命名。

噘嘴鲢子
tɕyo²¹²tshuei⁴³⁴liæ⁵⁵ts⁰　　　白鲦鱼，因形似鲢鱼而鱼嘴翘起而得名。

大蓼花 ta⁴²liɑ⁴²xua²¹²　　　　一种用糯米炸制的膨化酥脆甜食，形如蓼
　　　　　　　　　　　　　　　花而得名。

猴奸 xəu⁵⁵tɕiæ²¹²　　　　　　如同猴子一样奸猾，形容人非常滑头。

皮锤 phi⁵⁵tʂhuei⁵⁵　　　　　　拳头，因材质为皮、形似锤子而得名。

草鞋底 tshɑɔ⁴³⁴ɕiɛ⁵⁵ti⁴³⁴　　　百足虫，因形似草鞋底而得名。

老母猪 lɑɔ⁴³⁴⁻³⁴mu⁴³⁴⁻⁴⁴tʂu²¹²　虱子，把喝血多、肥大的虱子比做老母猪。

扁嘴 piæ⁴³⁴tsuei⁴³⁴　　　　　　鸭子，根据鸭子嘴的特征而命名。

猫耳朵 maɔ⁵⁵ər⁴³⁴tuo⁰　　　　①猫的耳朵；②一种手指搓捻成的面食，
　　　　　　　　　　　　　　　形似猫耳朵而得名。

泥沐猪 ni⁵⁵mu⁰tʂu²¹²　　　　　本义为浑身是泥的猪，用以形容人浑身脏
　　　　　　　　　　　　　　　兮兮的。

羊角蜜 iaŋ⁵⁵tɕiɑɔ²¹²miŋ²¹²　　特色糕点，羊角蜜白色，因形态似山羊之角，
　　　　　　　　　　　　　　　内含蜜糖而得名。

迎面骨 iŋ⁵⁵miku²¹²　　　　　　胫骨，位于小腿前面的。

钩子云 kəu²¹²⁻²¹tsʅ⁰yẽ⁵⁵　　　像钩子形的云彩

馒头云 mæ̃⁵⁵thəu⁰yẽ⁵⁵　　　　像馒头形的白彩

鱼鳞云 y⁵⁵liẽ⁵⁵yẽ⁵⁵　　　　　像鱼鳞形的云彩

（二）述功用

"述功用"指的是根据用途给事物命名。例如：

词语	释义
剃头刀 thi^{42}thəu^{55}tɑɔ^{212}	剃刀
荡刀布 tɑŋ^{42} tɑɔ^{212}pu^{42}	鐾刀布
擦腚纸 tsha$^{212-21}$tiŋ^{42}tʂɿ^{434}	手纸
肉搭子 zəu^{42}ta$^{212-21}$ tsɿ^{0}	专用于挂猪肉的钩子
围脖儿 uei^{55}por^{55}	围巾
顶门杠 tiŋ^{434}mẽ^{55}kɑŋ^{42}	顶门用的木棍
睡椅 ʂuei$^{42:434}$i	躺椅
弹棉锤 thæ̃^{55}miæ̃^{55}tʂhuei^{55}	弹棉花专用的锤子
弹花弓子 thæ̃^{55}xua^{212}kuŋ^{212}tsɿ^{0}	弹棉花专用的弓子
煨罐子 uei$^{:212}$kuæ^{42}tsɿ^{0}	供炖、烧食物用的陶制大口圆形容器，一般利用柴灶余火来煨
办饭的 pæ̃^{42}fæ̃^{42}ti^{0}	厨师
鞋拔子 ɕiæi^{55}pa^{55}tsɿ^{0}	用于拔鞋子的工具
围嘴子 uei^{55}tsuei^{434}tsɿə^{0}	围嘴儿
扎腿带子 tʂa^{212}thuei$^{:434}$tæi$^{:42}$tsɿ^{0}	冬天为了保暖扎在裤脚上的带子
裹脚 kuo$^{434-34}$tɕiɑɔ^{434}	旧时妇女用于裹脚的布
包网子 pɑɔ^{212}uɑŋ^{434}tsɿ^{0}	妇女套在头上固定头发的网子

梳头油 ṣuo²¹²⁻²¹thəu⁵⁵iəu⁵⁵   用来梳头的油

锅屋 kuo²¹²⁻²⁴u²¹²   放锅的屋子，指厨房

（三）委婉与避讳

一种是语音避讳，如"笔"本该读 [pi²¹²]，与女阴"屄 [pi²¹²]"同音，当地改读为 [pi⁵⁵]；"流氓"不说"流氓"，而拆成"老刘有点忙"，显得委婉诙谐。二是宿州方言中，有些词语的命名体现出委婉与避讳的文化内涵。下面仅列举数例，词汇部分有专论禁忌词语及其文化内涵的章节。

词语	释义
不调和	生病
青皮	鸭蛋，因鸭蛋谐音"压蛋"，隐含卖不出之义，故根据外表颜色来命名。
口条	猪舌头
有身子	孕妇
用水	洗阴部的委婉说法

（四）对外来事物的命名

宿州方言中有不少表示外来事物的词语，是以"胡""洋"打头的。例如：

词语	释义
胡椒	辣椒
胡椒面	辣椒粉
胡萝卜	胡萝卜
胡琴	二胡
洋柿子	西红柿
洋芋头	菊芋

洋火	火柴
洋油	煤油
洋油灯	煤油灯
洋灰	水泥
洋路	铁路
洋镐	镐（刨硬地用，一头尖形，一头扁小）
洋蒜	洋葱
洋胰子	肥皂
洋房	旧指新式楼房
洋布	过去的机织布，与"土布"、"老布"相对
洋线	过去的机纺线
洋服	西装
洋人	外国人
洋学堂	从前称新式学堂为洋学堂
洋桶	铝桶
大洋鸡	从国外引进的鸡
大洋马	从国外引进的马
洋车	旧时的人力车，因来自东洋日本而得名
洋猪	从外地引进的猪
洋铁桶	装糕点、茶叶等的铁皮盒子
洋瓷碗	搪瓷碗
洋瓷盆	搪瓷盆
洋刀	转指日本人的刀
洋伞	铁骨架的新式伞，跟旧时的油纸伞、油布伞相对
洋钉	铁钉，现在叫圆钉
洋车子	自行车

（五）拟声构词

宿州方言里有些词是通过声音的摹拟构成的，这种构词依据称之为拟声构词。例如：

牥⁼…牥⁼…牥⁼　maŋ²¹²…maŋ²¹²…maŋ²¹²…　牛的叫声

咯…咯咯达　kɤ²¹²…kɤ²¹²kɤ²¹²ta⁵⁵　母鸡的叫声

喔…喔…喔　uo⁵⁵…uo⁵⁵…uo⁵⁵　公鸡的叫声

咩…咩…咩　miɛ²¹²…miɛ²¹²…miɛ²¹²　羊的叫声

吽…吽…吽　ɣəu⁵⁵…ɣəu⁵⁵…ɣəu⁵⁵　驴的叫声

喵…喵…喵　miɑɔ⁴²…miɑɔ⁴²…miɑɔ⁴²　猫的叫声

吱吱吱　tsʅ⁵⁵tsʅ⁵⁵tsʅ⁵⁵　老鼠的叫声

哼哼哼　xəŋ²¹²⁻²⁴xəŋ²¹²⁻²⁴xəŋ²¹²　猪的叫声

嘎嘎嘎　ka⁵⁵ka⁵⁵ka⁵⁵　鸭子的叫声

嗡嗡嗡　uəŋ²¹²⁻²⁴uəŋ²¹²⁻²⁴uəŋ²¹²　蚊子的叫声

知啦…知啦…　tsʅ⁵⁵la²¹²… tsʅ⁵⁵la²¹²…　知了的叫声

啾啾啾　tɕiəu⁵⁵tɕiəu⁵⁵tɕiəu⁵⁵　麻雀的叫声

汪汪　uaŋ⁵⁵uaŋ⁵⁵　狗的叫声

嘚儿 teir⁵⁵　吆喝牲口的声音

咕咕 ku⁵⁵ku⁵⁵　唤鸡声

咪咪 mi⁵⁵mi⁵⁵　唤猫声

呕哧　ɣəu⁵⁵tʂʅ⁰　赶鸡声

呗儿呗儿　pæir⁵⁵pæir⁵⁵pæir⁵⁵　唤狗声

呀呀　ia⁵⁵ia⁵⁵　唤鸭声

吁　y²¹²　吆喝牲口停止不动的声音

喔　uo²¹²　让牲口转弯的吆喝声

咦唏　i⁵⁵ɕi²¹²　叹词，表示厌烦、惊奇等情感

呵声　xɤ²¹²⁻²¹ʂəŋ⁰　哈欠声

吧嗒嘴　pa²¹²ta⁰tshuei⁴³⁴　上下唇相碰发出响声，"吧嗒"可以重叠为"吧嗒吧嗒嘴"

□叽嘴　pia²¹²tɕi⁰tshuei⁴³⁴　同"吧嗒嘴"

呼哧　xu²¹²⁻²¹tʂʅ⁰　喘气声

枯⁼哧　khu²¹²⁻²¹tʂʅ⁰　刮东西的声音

巴儿巴儿的　par²¹²⁻²⁴par²¹²ti⁰　形容能说会道

飞儿飞儿　feir²¹²⁻²⁴feir²¹²　形容气喘吁吁

拍啪儿　pei²¹²⁻²⁴phar²¹²　鼓掌

打哇哇　ta⁴³⁴ua²¹²ua⁰　以手拍嘴连续发出哇哇的声音

□　fæi⁴²　受冷、受热或挨打时本能发出的叫唤声

放嘚儿　faŋ⁴²teir⁵⁵phi⁴²　放屁，也说"放嘚儿屁"

嗝嗝喽喽　kɤ²¹²⁻²¹kɤ⁰ləu⁵⁵ləu⁰　又音 kɤ²¹²⁻²¹kɤ⁰laɔ⁵⁵laɔ⁰　形容打嗝的声音

呱哒　kua²¹²⁻²¹ta⁰　拟声词，模拟人或物发出的"呱嗒"声

呱嗒板儿　kua²¹²ta⁰pæ̃r⁴³⁴　①演唱快板等打拍子用的器具，用竹板做成，演奏时发出"呱嗒"声；②木拖鞋，穿着走路时发出"呱嗒"声

咕嘟咕嘟　ku²¹²⁻²¹tu⁰ku²¹²⁻²¹tu⁰　拟声词，用以形容液体沸腾、涌出或大口喝水声

吭哧 kən²¹²⁻²¹tʂʅ⁰　形容用力时发出的声音，可以重叠为"吭吭哧哧"或"吭哧吭哧"

乒喽乓啷 phiŋ²¹²⁻²¹ləu⁰phaŋ²¹²⁻²⁴laŋ⁰　拟声词，一般形容东西打破或激烈争吵发出的声音

唛儿唛儿的　meir²¹²⁻²⁴meir²¹²　拟声词，一般形容动物的象叫声或人的哭声，多叠用：老牛～～地叫、他哭的～～。

嘎嘎嘎咕　ka⁵⁵ka⁵⁵ka⁵⁵ku²¹²　布谷鸟的叫声

猫呱呱　maɔ⁵⁵ku²¹²⁻²¹ku⁰　布谷鸟，叫声为"嘎嘎嘎咕 ka⁵⁵ka⁵⁵ka⁵⁵ku²¹²"

四、特殊词语举例

（一）体现当地民俗的词语

小达　⁼ɕiaɔ⁴³⁴⁻⁴⁴ta⁵⁵　当地老大的孩子也称呼其父亲为大爷，称呼最小的叔叔为小达⁼。

老马子 laɔ⁴³⁴⁻³⁴ma⁴³⁴tsʅ⁰　对老年女子的称呼。

屋龙 u²¹²⁻²¹luŋ⁵⁵　生活在人家房子里的一种红色花斑蛇，当地称为镇宅之蛇，不能打杀。

燎锅底儿 liaɔ⁴³⁴⁻⁴⁴kuo²¹²⁻²¹tir⁴³⁴　当地乔迁新居时，亲朋送礼祝贺，主人

请吃饭。如：明儿个去小王家～。

滚床 kuŋ⁴³⁴⁻⁴⁴tʂhaŋ⁵⁵ 当地婚俗，男子结婚前一两天，其父母让亲朋好友带着小男孩在婚床上打滚玩耍，希望人丁兴旺。

学麦 ҫyo⁵⁵mei²¹² 学费，过去穷人家孩子上学没钱交学费时用麦子冲抵学费。

一生儿 i²¹²⁻²⁴ʂəŋr²¹² 一周岁

椒糊子 tҫiɑ²¹²⁻²¹xu⁵⁵tsʅ⁰ 放辣椒粉、面粉、地衣、虾皮、螺蛳等配料做成的糊糊，亦饭亦菜。

光蛋集 kaŋ²¹²⁻²¹tæ⁴²tҫi⁵⁵ 从前腊月二十九上午，集市里商家把剩余货物降价处理，此日上午买年货的人大多是穷光蛋，故称"光蛋集"。

鸭尾巴 ia²¹²⁻²¹i⁴³⁴⁻³⁴pa⁻⁵ 小男孩脑后留的小辫子。当地小男孩子头上前面留小方块头发，叫"刘海"，脑后头发不剃，叫作"鸭尾巴"，总体上叫"刘海配鸭尾巴"，一般是娇宠的小男孩才留。

拴小孩子 ʂuæ̃²¹²⁻²¹ҫiɑ⁴³⁴⁻⁴⁴xæi⁵⁵tsʅ⁰ 当地把烧香拜菩萨求生孩子这种行为叫"拴小孩子"。

灶老爷 tsɑ⁴²lɑ⁴³⁴ie⁰ 对"灶神"称呼。当地是农历腊月二十三祭祀灶神，祭词是："灶老爷，恁是一家之主，我是恁二叔，恁二婶没搁家，咱俩搁家剋糖瓜。"

（二）其他特殊词语

塔喇苏 tha²¹²⁻²⁴la⁰su²¹² 形容很脏，据说是音译外来词，来自蒙古语。

□落 suo⁵⁵luo⁰ 形容人特别能吃；形容人很难缠；形容人很厉害。

臊=叨 sau⁴²tau⁰ 形容人废话多。

噎=个熊 iɛ²¹²⁻²¹kɤ⁰ҫyŋ⁵⁵ ①罢了：唉，她娘死了～，再也不回来了；②拉到，算了，语气重：恁不去～。

嘟噜 tu²¹²lu⁰ 也作"都喽 tu²¹²ləu⁰" ①唠叨：他就爱瞎～，□[pæi⁵⁵]别理他；②串：提溜着一～葡萄。"③滑坠：孩子睡着了，不好抱，直往下～；④形容沉着脸的样子：～个脸，给谁看。

二尾子 ər⁴²i⁴³⁴tsʅ⁰ 两性人。

七孽子 tҫhi²¹²⁻²⁴iɛ²¹²tsʅ⁰ 当地对很有脾气、很有个性的人称呼，也叫"孽子包"。

一对双双儿　i$^{212-21}$tei^{42}ʂuaŋ^{42}ʂuaŋr^{0}　双胞胎。

将　tɕiaŋ^{212}　①动物生崽：~小狗子；②詈词，老驴~的。

月子地里　yo^{212}tsʅ^{0}ti^{42}li^{0}　女子坐月子的时候。

黄盆　xuaŋ^{55}phẽ^{55}　家用陶制盆的统称，无论颜色如何：绿~、黄~。

抹　mo^{212}　①在（介词）：~我家住吧，□[pæi^{55}]别去旅店了；②在（动词）：你俩起小就~一坨。

个儿拔的　kɤr^{55}pa^{55}ti^{0}　很好的，出众的。

湖　xu^{55}　指田地。这种用法与当地旧时地势低洼、有不少湖滩地相关：下~、~里的庄稼长得很好。

石刀　ʂʅ^{55}ta^{212}　铁刀；刀的统称。也有人写作"食刀"。

柳＝地　liəu$^{434-34}$ti^{42}　地面上，也说溜地"liəu$^{212-21}$ti^{42}"。

这来　tʂɤ^{42}læi^{0}　这里。共有"这来""这下 tʂɤ^{42}ɕia^{0}""这哈 tʂɤ^{42}xa^{0}""这家 tʂɤ^{42}tɕia^{0}""这里 tʂɤ^{42}li^{0}"五种说法。

那来　na^{42} læi^{0}　那里，还有"那来""那下 na^{42}ɕia^{0}""那哈 na^{42}xa^{0}""那家 na^{42}tɕia^{0}"、那里 na^{42}li^{0}"五种说法。

爬马□　pha^{55}ma$^{434-44}$ka^{212}　指小孩子撅着腚在地上爬着玩。"马□"是什么，有人说指的是动物趴着交配的意思。存疑。

蚂＝螂＝子　ma$^{212-21}$laŋ^{55}tsʅ^{0}　当地人常说"哭的给蚂＝螂＝子样"，形容哭得非常伤心，一把鼻涕一把眼泪的，眼睛都哭红了。但大家却不知道"蚂＝螂＝子"是什么，个别人认为"蚂＝螂＝子"是一种鱼，眼睛是红的。存疑。

（唐爱华撰稿）

第二节　宿州方言词语及文化内涵

一、宿州方言的亲属称谓词语及称谓文化

（一）宿州方言中的称谓词语

亲属称谓是亲属群体的语言符号，它用于表示人们的血缘关系、亲疏关系以及姻亲关系，对亲属成员而言它具有凝聚人心、明长幼之序和区分

人们的辈分、等级及地位之功效。

宿州方言中的亲属称谓词语包括以下几类：

1. 以自己为中心的血亲称谓

（1）父系血亲称谓

①往上的称谓

男性：达˵达˵、达˵、爹、爸（爸）、大爷、叔 // 爷爷、老爷 // 老爷爷 // 老太太。

女性：娘、妈（妈）、姑（娘）、婶子、大娘、花婶（晚辈称呼和叔父辈新结婚的甚至刚定亲还没过门的女子）// 奶奶、姑奶奶 // 老太太。

②往下的称谓

男性：儿（子）、侄子 // 孙子 // 重孙子；

女性：闺女、侄女 // 孙女 // 重孙女。

③平辈称谓

宿州方言中平辈也叫等班子，主要有：哥、兄弟（指弟弟）、姐（姐）、妹（妹）。

（2）母系血亲称谓

往上的称谓：背称：娘家爹、娘家娘、娘家舅；面称和父系血亲称谓一致。

往下的称谓：背称：娘家侄、娘家侄女 // 娘家侄孙、娘家侄孙（女）；面称和父系血亲称谓一致。

平辈称谓：娘家哥、娘家兄弟。

2. 以自己为中心的姻亲称谓

（1）父系姻亲称谓

往上的称谓：（老）岳父、（老）岳母、丈人、丈母娘、姑夫、姨夫、舅、妗子 // 姥姥、朗˵娘、外爷爷、（老）姑老爷、姨老爷、舅老爷 // 老外爷爷、老朗˵娘、老姑奶奶、老姨奶奶。

往下的称谓：客（特指女婿）、闺女婿、侄女婿、外甥、外甥女、外甥媳妇、外甥女婿 // 孙女婿、侄孙女婿、外孙媳妇、外孙女婿。

平辈称谓：姑（舅）老表、姨老表、表哥、表姐、表（兄）弟、表妹、姨姊妹、亲家、连襟、亲家母、（大）小舅子、（大）小姨子。

（2）母系姻亲称谓

往上的称谓：老公公、老婆婆 // 爷爷、奶奶 // 老爷爷、老奶奶。

往下的称谓：同丈夫的称谓一致。

平辈称谓：背称：大伯哥、老大伯、婆家哥、婆家兄弟、小叔子、小姑子，面称同丈夫。

（二）宿州方言中的称谓文化

亲属称谓词语是汉民族宗族文化的外显，是"中国古代宗族至上社会结构和文化的历史产物"。通过亲属称谓词语的比较，我们可以探寻宿州的称谓文化。

1. 以父系宗亲为主的亲属关系的外显

中国是一个宗法思想浓厚的国家，这和我国的社会结构以及国民的生活方式存在密不可分的联系。在漫长的封建社会中，儒家伦理文化的三纲五常思想，维系着社会的伦理道理和政治制度，无论是在社会交往中，还是在家族生活中，等级制度森严，稍有逾越将会受到法律和道德的种种制裁。"国"和"家"的统治模式基本是一样的，远在周朝的时候，官职的等级名称"公、侯、伯、子、男"就采用了亲属称谓，如"公（公）""（伯）父""（儿）子"等。一个家族就是一个小的王国，族长就像国君，具有无上的权威。在现代社会里，族长制度基本上已经荡然无存了，但村民仍自觉地以宗亲关系聚集在一块儿进行生产和生活。

农村中不同家庭之间的耕作互助关系很大程度上仍然靠宗亲关系建立和维持着。土地包干之后，农村实行联产承包责任制，单靠自己一家的生产资料往往完不成生产的任务，因为一家通常只有一头耕牛或一匹骡马，他们必须小范围联合起来共同耕种。从村民之间的关系来看，有的兄弟较多，一块耕种；有的父子联手；有的找自己的邻居或平时相处融洽的朋友，但90%以上的小组成员都是在五服以内的亲属。

在居住方面，同姓的往往住在一块儿。除了居住，农村婚丧嫁娶也能看出宗亲关系的远近。一般家里有事情时，同姓的都要到，外姓的往往不带。需要说明的是，在农村，异姓家庭人口往往较少，在村子里有的怕受到大姓家族的欺负，为了和大姓人家拉拢关系，在大姓人家有婚丧嫁娶时他们通常都去参加。

农村的骂大会也能体现出这种宗亲关系。同姓的人家往往具有血亲关系，长辈可以骂晚辈，也可以和晚辈开玩笑；但晚辈决不能骂长辈，否则就是犯上。但异姓之间可以不受这一套约束，长辈和晚辈之间可以开玩笑互骂。但也有个原则，不能乱骂。比如张姓的爷爷骂周姓的孙子时，只能骂他奶奶，不能骂他娘；张姓的侄子骂周姓的大爷、大叔时，只能骂他娘，不能骂他奶奶。

在表亲关系中，称谓的不同也体现了人们的宗亲观念。亲属称谓中，老表有姑舅老表和姨老表之分。在宿州当地人的观念中，姑舅老表的地位一般要高于姨老表。男子结婚时，撒帐的任务要先交给姑舅老表，没有姑舅老表或姑舅老表不在时，才能由姨老表去做。当地流传着这样的俗语"姨娘亲，姨娘亲，死了姨娘断了亲"；"外甥走舅家，锅门家的客"。舅家之所以比姨家亲，关键还在于人们的宗亲思想。

2. 男尊女卑的社会关系和家庭关系的变化

（1）男女有别

亲属称谓词语是我国古代社会文化关系的留存和外在表现。从亲属称谓词语的数量来看，针对男性的亲属称谓多于女性。比如：在血亲称谓中，与"父亲"同辈的称谓语，男性有大爷和叔叔两种，而女性仅有姑姑；同样，孙子把比自己爷爷小但和爷爷同辈的人叫老爷，但外孙把比自己的外爷爷年纪小但和外爷爷同辈的人仍然叫外爷爷。这些都是我国古代社会男尊女卑的等级观念带来的。

在中国古代的家庭地位中，女性备受歧视。女子在家要听从父母的安排，连自己的娘家人都认为不是自己的人，是"泼出去的水"，"六亲"中不包括姐妹就是很有力的说明。在称谓语中，孩子称父亲的父母为爷爷、奶奶，而称母亲的父母则为外爷爷、外婆，一个"外"字就表明了亲疏关系的不同。这也符合认知语言学上的"相似性原则"，即语言单位之间的空间距离实际上代表了概念所指实体之间的心理距离。在"俺—爷爷"与"俺—外爷爷"的线性序列中，"俺"和"爷爷"的距离较近，后一组被一个"外"字隔远了。

再者女子出嫁后，要随着丈夫称呼自己的公婆；而男子称呼岳父母可以随女方，也可以按照岳父母的年龄，比照自己的父母，称之为大爷、大娘或大叔、大婶。这种称呼的不同，也说明男子比女子具有更大的社会特权。

（2）夫妻有序

在各种亲属关系中，夫妻关系是最为基础和重要的，但夫妻之间的称谓耐人寻味。

首先，夫妻之间没有固定的称谓用语。在书面语中，夫妻双方有"郎君、贤妻"这样的敬称，但在口语中，这一称呼却是缺位的，尤其是在农村。这又有背称和面称之别、老派与新派之分。

无论是在书面语中还是在口语中，夫妻双方的背称都有很多。在宿州方言中，背称方面，五六十岁以上的夫妻之间，男的称妻子为"××的娘""俺媳妇""俺对象""俺家属"；女的称呼自己的丈夫为"××的达ᵘ达ᵘ""××的爸爸""俺那口子""当家的""孽[iɛ²¹²]子"。其中"××"指代孩子的名字，多为第一个孩子的小名，男子称妻子为"家属"，女子称丈夫为"当家的"，这都反映了当时社会男女之间存在着主导与附庸的关系。新派夫妻之间往往直呼对方的名字，有的是小名，有的是大名，但为了显示亲切，往往去掉姓氏。

需要说明的是，在老派称谓语中，很多妇女称呼自己的丈夫为"孽子"，这是一种较为特殊的称谓。"孽子"是由"孽子包"缩减而来，在宿州方言中，如果男子脾气比较暴躁，不讲情理，好打架，动不动就要和别人拼命，这样的人就被称为"孽子包"。被妻子称为"孽子"的丈夫，在家庭中往往都有家暴经历，妻子这样称呼丈夫，其内心的感情是复杂的，有对丈夫的戏谑和敬畏，也有对丈夫家暴行为的不满与无奈。

（3）微妙的婆媳关系和翁婿关系

称呼是交际双方关系和各自身份的标志。在亲属称谓语中，婆媳关系和翁婿关系都是重要的姻亲关系。在传统文化中，男女双方结婚时要行改口礼，女子要随着男子称呼公婆为父母，男方有的也要随女方改口。但如前所述，男方相对自由，也可以用"大爷（叔）""大娘（婶）"来称呼岳父母。传统社会里媳妇对公婆的孝顺来自文化规则和经济利益的双重制约。但在现代社会中，媳妇的社会地位已得到彻底的提高，她不再受制于公婆。相反，有很大一部分媳妇，不仅不孝顺公婆，而且总是对公婆指手画脚。有的见了公婆也不再称呼他们，有事直接说事，称谓的缺失其实是亲情的缺失。称谓语不仅仅是对亲属关系的分类，它还寄寓了称谓者对被称谓者的感情与态度。

翁婿关系也是如此，但比婆媳关系要简单得多。因为在传统文化中，女婿没有从岳父那儿继承财产的权利，利益关系较小；翁婿都是男性，心胸相对宽广，包容性较强，往往会因为女方的原因很快地接纳对方。

3.天人合一的宗教观念的体现

在宗教信仰方面，宿州当地百姓信仰基督教和佛教者居多，所信奉的神灵，包括天神与地神，如王母娘娘、龙天老爷、老天爷、老地爷、观音娘娘、七姑娘、财神爷、灶老爷、雷公、阎王爷、月姥娘等。这些称谓基本上都是在自然神的名称后面添加亲属称谓，男性神以"爷"为多，女神以"娘"为主。夫人级的通常添加"娘娘"，未婚的（或者说在初民心中认为年轻的）则为"姑娘"。上述神灵，无论是自然神还是拟人神都是人类外在化的表现。受"万物有灵"迷信文化心理的驱使，"人以自己的体验，想象宇宙万物也像人一样有灵魂、有情感、有意志，甚至有语言，能同人沟通信息"。

4.兼爱与和谐思想

中国是一个文明古国和礼仪之邦，具有悠久、厚实的文化底蕴，早在战国时期，墨子就提出了"兼爱"思想，成为后人处理社会人际关系的基本道德准则。兼爱思想具有平等性、相互性、博爱性、可持续性和"义"、"利"统一性等特质[4]，宿州方言中的拟亲属称谓语就体现了村民自己的这种兼爱思想。异姓之间不存在血缘关系，是因为地缘关系而建立起来的联系，称谓时借用父系宗亲称谓语，以辈分和年龄为主要参考值。辈分能确定下来的就按照辈分称呼，其次按照年龄，比照自己或自己的父母。在宿州方言中，如果夫妻两个让孩子称呼异姓男性时，一般称之为"叔叔"或"大爷"，如果比拟女性称呼对方为舅（舅），则是不妥当的；甚至有人认为这是在骂人。但如果是女性，家长就可以让孩子叫她"姨姨"或"姑姑"，估计这和"叔叔"与"姨姨"是"国称"有一定的关系。

在拟亲属称谓中"他（她）哥""他（她）姐""他（她）嫂子""恁哥""恁姐""恁嫂子""（老）大哥""（老）大姐""大兄弟""大妹妹"等用法较为特殊。

在这组称谓语中"他（她）哥""他（她）姐""他（她）嫂子""恁哥""恁姐""恁嫂子"都是对晚辈的称呼，使用者以女性居多。"他（她）

哥""他（她）姐""他（她）嫂子"既可以用于背称，也可以用于面称，但以背称为主，"他（她）"刚开始使用时应为实指，指代言者的亲子孙；后在广泛使用的过程中，"他（她）"的语义泛化，指代言者的子辈或孙辈。"恁哥""恁姐""恁嫂子"都是面称，"因为不能称他们为侄子、孙子或侄媳妇、孙子媳妇，称姓名也不能表示礼节上的尊重，她们就使用了从儿称或从孙称"，"恁哥"就是指"您是我孩子的哥"。

（张德岁撰稿）

二、宿州方言的讳饰语及文化内涵

讳饰，也叫禁忌、避讳，包括敬讳和忌讳两大类[1]，用于避讳的词语可统称为讳饰语。宿州方言中的讳饰用法按其目的分为两种：一是避凶险、晦气，要把这类词语改为吉祥、如意的，如涉及到死亡、疾病、生肖等方面的词语；一是避粗俗、刺耳，要把这类词语改为雅致、中听的，如涉及到两性、生育、排泄、残疾、相貌、饮食、婚姻、性格、取名等方面。

（一）宿州方言中避凶险、晦气的讳饰语

1. 与死亡有关的讳饰语

死亡是人类最大的不幸，一提到它有人恐惧不安，有人悲戚惋惜，有人愤然感慨。但死亡又是每一个人最终必然的归宿，所以为了减轻人们对死亡带来的情绪波动，人们往往采用间接、隐晦的方式，换一个词语来表达。在宿州方言中，这种用法普遍存在。对老年人的死亡，一般说成"过世""老""睡过去""不在""百年后""阖 [kɤ²¹²] 宁眼儿"，其中"老"、"不在""阖 [kɤ²¹²] 宁眼儿"自指用法较多；"过世""睡过去""百年后"常用于他指。

和死人相关的一些用品也不能随便乱说。在宿州方言中，管"棺材"叫"活 ⁼"或"喜活 ⁼"，和"死"相对，估计是希望死者能够死而复生，奇迹般地活下来。"办丧事"叫"出老殡"，哭丧棒叫"恶拉棍子"，"穿孝"叫"穿孝衣""戴孝帽子"，晚上举行与死者的送别仪式叫"成佛"，"坟地"叫"林地"，埋葬死者叫"送进南北坑来"。这些用语忌说"死""丧""坟""哭"等引人伤感的字眼，新的说法和其字面意义往往不相符，是代代沿袭下来的用语。如"林地"不是指"栽树的土地"，因为人死后一般要在坟前栽树，一是为了方便记住坟地的具体位置，好让亲人祭奠；二来栽树也是希望死者能够庇荫后代，家族人丁兴旺，为他们带来好的运气。

2. 与疾病有关的讳饰语

疾病缠身通常令人苦不堪言，甚至会失去生活的信心，所以交谈中忌说"病"字。亲朋在探望时，一般会问"您是哪儿不调和（好）？"病人在回答时也常说"哪儿哪儿不得劲"或"哪儿哪儿有点小毛病"。去医院治病说是"看医生"，请大夫来家中看病叫"接先生"，如果病好透了，则说"好利朗了"。身体病弱一般说对方的身子"不担震荷"。

病人的病情也是个人隐私，一般不直说。如肺病改说"痨病"，"糖尿病""肝病"说是富贵病。腹泻类疾病粗俗的说法是"屙稀屎""窜稀屎""顺腚淌"。但"屎""腚"都是脏字眼，当地人一般说成"拉肚子"。

3. 与生肖有关的讳饰语

十二生肖中的动物，宿州当地人或因为敬畏，或因为厌恶，把有些属相换了一种说法。最典型的是"蛇"，当地人叫它"长虫"。由于它的样子可怕，又近似于传说中的龙，所以当地人对它的感情较为复杂。出于这种敬畏心态，人们把属相中的"蛇"改称"小龙"，而把"龙"称为"大龙"。

在十二生肖中，老鼠是人们最看不起、最感到厌恶的一种动物。说某个人属哪种动物的属相，人们在心里就会将这个人和这种动物联系起来，甚至会把对那种动物的情感转移到这个人身上，如鸡的高傲，牛的能干，猪的愚笨，猴子的精明，等等。出于对属鼠的人的尊敬，人们不说属鼠，而改说属"水儿"。人到了四十五岁，当地人就说他是属驴的。这在北方很多地方都是戏谑的话，不熟悉的人就以为是骂他。驴不属于十二属相之一，是人都应该隶属于十二属相之一，否则就不是人；再者也是说这个人具有驴脾气，喜怒无常。所以人到了四十五岁，是他的"腌臜年"，宿州人迷信地认为这一年容易摊上倒霉的事。为此，人们忌说四十五岁了，通常多说一岁，说成四十六岁。

宿州方言中也有骂人是属骡子的，这是典型的詈词。骡子是一种杂交动物，由驴子和马杂交生成，说某人属骡子，其实是要骂他是个野种，只知道母亲是谁，而不知道父亲是哪一个。这种说法一般是在骂架的情况下才用，否则就是调侃式的骂大会。

（二）宿州方言中避粗俗、刺耳的讳饰语

1. 与两性相关的讳饰语

和其他方言区一样，宿州方言中也谈性色变，无论是性器官、性行为还是其他跟性有关的问题，人们对此都讳忌莫深。

（1）关于性器官的讳饰语

1）男性性器官：屌、鸡嘎子、鸡巴子、杆子、老雀、水烟袋、盒子枪、小鸡、老二、老鹰、小老雀、小□□ [nɑɔ²¹²]、打种的、一家子、底下、腿旮旯来、（裤）裆里来、那黄子、那玩意儿、蛋、蛋子子。

2）女性生殖器官：屄、海帕 [pha²¹²] 子、底下、腿旮旯来、眼儿、妈妈、奶子、胸口家。

宿州方言中，称谓男性生殖器用"屌"和"鸡嘎子"的情况最多，但有女性在场的情况下，或者老年人与年轻人、孩子在一块儿说起时，一般用"老雀、底下""腿旮旯来"或"（裤）裆里来"。虽然所指不够具体，但听者能根据语境很快确认所指的部位。从修辞的角度来看，这是一种借代用法，用处所指代位于此处的某物。称呼男孩子的性器官常用"小鸡""老鹰"或者"小老雀"，"杆子"和"水烟袋""盒子枪"是因形命名，常用在成年男性开玩笑的场合，男子单身叫"光杆子"，二者之间可能有某种联系；"老二"多用在开玩笑的场合，"老大"指的是头。所以当地在家排行老二的男子常被拿来开玩笑。男性睾丸叫"蛋""蛋子子""老雀蛋"，这一称呼体现了人和动物在生理方面的共性。

女性阴部"底下"说得最多，小范围内女性也这样说，有时也含混地说"那个"。出于对"屄"[pi²¹²] 的忌讳，宿州方言中，普通话的"笔"读作 [pi²¹⁴]，当地人学说普通话时故意将其变读为 [pi⁵⁵]。[4] 用"妈妈"和"奶子"指称乳房时，前者使用频率更高，与之相对，乳汁也叫"妈水"或"奶"。年轻女性说起乳房时，由于害羞，通常说成"胸口窝""胸口家"。

（2）关于性行为的讳饰语

男女性交宿州当地有很多种说法：尻尻、日 [zɿ²¹²]、压擦儿、吊秧子、办事、剋、搞、玩、上去、打眼儿、跟……睡觉、好上、上床、搁一块儿、发生关系、不清白、跟人家、有一腿等。

"尻尻"是最为直白的说法，由于该词语是动宾结构，动作涉及的对象要放在中间；日 [z_l^{212}] 的使用频率很高，骂人时经常用到，动作涉及的对象通常是女性；"压擦儿"和"吊秧子"最初是指动物的性交，如说"蛤蟆压擦儿""狗吊秧子"，后被用来骂人的这种性行为；"办事"一般用在口语中，本义是指"做（某件）事情"，在一定语境下指代范围缩小，特指夫妻间的性行为；"剋、搞、玩、上去、打眼儿"是较为随意和戏谑的说法，"剋、搞、玩"都是多功能动词，意义较为宽泛，可以指代很多具体的动作。像"剋架、剋工程、剋牌（打牌）"，"搞艺术、搞科研、搞运输"，"玩股票、玩麻将、玩游戏"等。"上去"应是"爬上去"的省略形式，上述词语主要是说男子的性行为。

"跟……睡觉、好上、上床、搁一块儿、不清白、跟人家"等词语，说法较为含蓄、雅致，虽然行为的主动发出者可以是男子，也可以是女子，但在言语交际中以说女子的性行为为主，尤其是那些出轨的女人。"有一腿"来自民间俗语，隐晦、委婉地说明某异性之间存在非正常的男女关系。它和"好上""不清白"，其行为主体至少是两个人，在语义上不指代具体的性行为，但二者的交往过程中一定存在这种性行为。"发生关系"口语性较差，在农村很少使用，一般是在城市或受过教育的文化人才这么说。

2. 与生育相关的讳饰语

宿州当地有了孩子一般不说"生"而说"添"或"拾"，如说"添了一个孙子""这孩子是在医院里拾的"。如果还没有怀孕，通常说成"要"，如"她最近两年不想要孩子"。一些小孩子看到妈妈又给自己生了一个弟弟或妹妹，就会追问哪儿来的，大人不方便说，即使说了小孩子也听不懂，就告诉孩子"弟弟（妹妹）是从坑里扒出来的"。

如果女子不能生育，一般会委婉地讲她"不开怀""没开过怀"，意思是没有生育过。也有的说"没（有）动静"，如"结婚好几年了还没有点动静"，但这种说法通常是指没有生孩子，并不代表没有生育能力。

3. 与排泄相关的讳饰语

"屙屎""尿尿"是非常不雅的说法，让人听后会产生消极的联想，在宿州口语中一般说成"解大手""解小手"。笼统的说法一般是"上厕所""上茅房"（以前农村的厕所多是用茅草搭建的），城市里面一般说成"去卫生间""去洗手（间）"。也有的说法更为含蓄、幽默，"蹲坑""我去蹲一下""去放点水""去卸货""去腾腾地方""去办点大（小）事""去方便一下"，不用多解释，听者也能意会。年轻女性更是忌讳，有的说是"去1号""去WC""去那边"。与"屎"相关的排泄物还有"眼屎""鼻屎"，也都相应地改为了"眦目糊""鼻疙巴"。为了避讳说"屎"，有的把"屎"说成"巴巴"，特指孩子的大便；有的干脆把"屎"省去，说成"他一屙都蹲半个小时"。排泄的器官有的和性器官一致，有的也换成另外的说法，如肛门，粗俗的说法是腚眼子，很不文雅，往往说成"底下"；也有的把排泄器官说成"后边（面）"，相对而言性器官则叫"前面（边）"。

4. 与残疾相关的讳饰语

身体上的残疾，当着对方的面也不宜直说，怕对方听起来刺耳，伤害了自尊心。比如"瞎子"说成"不得眼目"，"聋子"说成"耳朵有点背（沉）"，手有点缺陷则说成"手柴毁了"。"瘸子"一般说成"腿脚不好""腿不得劲""走路葛 [kɤ⁵⁵] 宁葛宁的"；如果瘸得不多明显，就讲"有点儿点脚""走路趁趁的"。驼背说成"罗弓腰"，讳饰一点的说法是"有点儿背锅""直不起来腰""有点儿钻腰"。口吃是"结巴""结巴子"，或者说某人说话"结结巴巴"，这本身就带有一定程度的模仿性。说话表达不清，称之为"半语"，意思是话只说了一半，嘴里一半，肚里一半，所以这类人当地送给他们一个外号"肚来精"。耳垂下长个肉瘤叫"系马桩"，大拇指上长个小手指叫"六指"。"唇裂"一般称为"豁子"或"兔子嘴"。有的人患有精神疾病，一般不说他"憨""傻"，要说他"缺心眼"或"二哄 [xuŋ²¹²]"；现在有人做了傻事，年轻人当中也常讲"他有点二"。

5. 与相貌相关的讳饰语

人在长相方面的生理缺陷，一般也不能"守着矮人说矬子"。高一点、白一点通常被看作优点，个子矮的通常要说"个头有点穰"，皮肤黑的要说"长得黑甜的"，人瘦要说"长得结飕"，人胖是"长得富态"。"〇型腿"被说成"罗筐腿"、"□ [phiɛ⁴³⁴] 了腿"。秃头说成"败顶"或"谢顶"，头发脱落了就像花朵开败、凋谢了一样。一个人体重增加了，一般也忌说"胖"，而说"添膘了""发福了"。背一个人的时候，尤其是背着孩子或病人，只能说"重"，不说"沉"，迷信的人认为同样一个人死后比活着的时候让人感觉更重；说他沉，就像骂他是死人。脸上长的雀斑

叫"沙金雀子"，有人也戏谑地称之为"老雀蛋"。"麻子"说成"坷坑
[thəŋ²¹²]"，宿州方言中有句俗话："一个麻子一个坑"，说的就是这个意思。
有人整个面部都是麻子，大的套小的，人们就会说他"麻得扯耕"。所以，
一个人长相受看，人们常常直接、具体地夸耀他；如果其貌不扬，人们也
不会直接说他丑，而是说"长得一般化"。

6. 与饮食相关的讳饰语

宿州人管猪舌头叫"口条"，因为"舌"与"折"谐音，不吉利。鸡
和鸭子的屎包子分别叫作"鸡肫"和"鸭肫"，估计是忌说"屎"字。动
物的内脏，颜色发红的，像心、肝、肺，统称"红下水"；颜色发白的，
像胃、大肠和小肠，统称"白下水"。雄性动物的生殖器一般认为具有滋
补壮阳之功效，称之为"鞭"，如"驴鞭""鹿鞭"；睾丸称之为"球"，
如"羊球"，猪和牛的分别称为"猪蛋"和"牛蛋"；动物的肾脏称作"腰子"，
如"猪腰子""羊腰子"。鸭蛋，称为青皮，因其颜色发青；还有一个原因，
"鸭"与"压"谐音，宿州当地尤其是农村，看到别人拿着或背着东西，
常和对方开玩笑，问他"拿（背）的是鸭（压）蛋吗？"猪嘴叫"拱嘴"，
因为猪无论是关在圈里，还是跑到院子里或野外，都喜欢用嘴拱地，搞得
到处乱糟糟的。猪的膀胱也叫"猪尿巴"，加工后成为"小肚"，常说的
猪肚称"大肚"。

7. 与性格相关的讳饰语

性格是指在对人、对事的态度和行为方式上所表现出来的心理特点，
像"乐观""开朗""诚实"等积极的性格可以直接表达出来，因为多数
人都是喜欢听好话的；而"懦弱""自私""懒惰"等消极性格有时也不
便当面说出来。宿州方言中谈到别人的消极性格，为了顾及对方的情面往
往采用三种表达方式。

（1）否定形式＋表积极性格的词语

表达人的性格的词语基本上都是形容词（或形容词性质的短语），从
感情色彩来看，既有褒义词，也有贬义词，如：善良——凶恶、诚实——虚伪、
坚强——软弱，等等。在上述任何一组概念中，除了语义维度的两极之外，
都存在一个中间状态，比如既不是很"善良""诚实"，也不是很"凶恶""虚
伪"；但多数都没有一个现成的中性词来表达。言者在表达时为了不激化

矛盾或引起对方的反感，从而实现最佳的言语效果，一般不能直说对方性格上的弱点，而是在表达弱点词语的那个反义词的前面添加"不太""不够""不怎么"等否定形式，从而降低贬义词表意的程度性。因为在语义真值大致相同的情况下，肯定的语气不容置疑，明显强于单重否定句式。如不说某个人软弱，而是说他"不够坚强"；不说某个人懒惰，而说他"不太勤快"。因为"不够坚强"往往是指"坚强"的程度不够，而不是"一点都不坚强"。"不太""不够""不怎么"等否定形式不是完全否定某一属性，而是减弱或降低某一属性。

宿州方言中这种用法很多，出现在人们衣食住行及社会交往的各个方面。比如有人穿衣服邋遢、不得体，甚至经常穿着脏兮兮的衣服，人们往往说他"不太讲究""不爱打扮"。有人性格孤僻，和周边人交往很少，别人就会说他"不太喜欢热闹"。

（2）太+表积极性格的词语

通常"太+表积极性格的词语"都是表达由衷的赞美，如"太伟大了""太正直了"。但这一格式在特定语境中则微含批评、不满之意。比如有人小气、花钱吝啬，一般说他"太会过了""太细了"。"会过"和"细"含有褒扬之义，加一"太"字，则物极必反，很显然不是夸赞对方节俭，而是道出了言者的不满。

（3）借用其他词语

宿州方言中有些词语义项较多，其本义甚至是常用义表达褒义，引申义则含有贬义色彩，有时一句话看是夸赞对方，其实是在批评他。表面上的褒义保住了对方的面子，但细细品味，话中有话。如"老实"指代无能；称呼那些毫无主见，盲从他人的人为"老好人"，他的"好"实际上就是为了不得罪别人，丧失自我与原则。

（张德岁撰稿）

三、宿州方言的詈词及骂詈文化

詈词在宿州方言中也叫"骂人话"，它不仅是一种社会文化现象，也是一种心理现象，是人类情感宣泄的产物。詈词中既有历史的沉淀，又有现实的文化表象，它映射着民俗文化的方方面面。宿州詈词丰富，是当地骂詈文化的表征和载体。

汉语詈词的分类说法不一，从致詈方式与民俗文化关系的角度可将其分为以下四种：

（一）禁忌类詈词

这类詈词主要跟性器官和性行为有关。"性"历来是人类的一大禁忌，尽管几乎每个人都离不了它。人类的禁忌语主要指称两个方面：一是神圣不可侵犯的事物，如神灵；一是隐秘、危险、不洁的事物，如两性问题。在一定场合下，人们为了宣泄内心的某种情绪，挑衅性地将平时难以说出口的性禁忌语公然抛出，形成詈词。宿州方言中的这类詈词可细分为两种：

1. 与生殖器有关的詈词：屌、屌毛、蛋子子、屄、屄豆子、屄芯子、屄叉子、屄壳子、老屌、老屄、小屄、嫩屄、骚屄、卖屄、搜屄。

2. 与性生活有关的詈词：尻、日、我日、我尻。

这类詈词最常用的格式是"我尻恁娘""日恁娘的个屄""这个小屄（骚屄）""你个屄（卖屄）""你算屌（老屌）"等。骂架的双方，无论是男方还是女方，都是女性生殖器作为致詈物，其中以骂娘、骂奶奶、骂姨最为常见。

（二）贬损歧视类詈词

天地万物之中人是最高贵的，其他动物则相对低贱。在阶级社会里等级制度森严，人与人之间在种族、能力、经济状况、社会地位、出身、地域、相貌等方面都存在着差异性，而社会地位低贱、能力低下、品行龌龊、出身寒微、经济困顿、相貌丑陋、地域偏远的特征则成为人们施詈的内容。宿州方言的詈词也可据此分为两大类：

1. 反映"人贵物贱"等级观念的詈词

主要有：

（1）狗：狗腿子、趴趴狗、狗屄将的、狗屌尻的、摇尾巴、鼻子尖得给狗样；

（2）驴：倔驴、驴脾气、老草驴、驴脸拉呱的；

（3）骡子：骡子将的；

（4）猪：小猪羔、跑猪子、乱得给猪窝样、懒得给猪样、猪狗不如；

（5）熊：笨熊、狗熊、孬熊、熊样子、熊将的、熊黄子；

（6）其他：狼心狗肺、护窝子、老狐狸、蛤蟆、老鼠。

这类詈词往往是用该动物的属性来侮辱、贬损对方，如"狗"的低三下四、摇尾乞怜、善于巴结讨好、仗势欺人，"驴"的倔脾气、脸长难看，"骡子"的杂交而生，"猪"的懒惰、脏乱，"熊"的笨拙，"狼"的凶狠、恶毒，"狐狸"的狡猾，"蛤蟆"的丑陋、龌龊，"老鼠"的胆小、讨人嫌，等等。宿州有些人看到别人在某些方面超过了自己，就会辱骂对方"蛤蟆、老鼠都成精了"，言辞恶毒，鄙夷不屑之情溢于言表。

2.反映人与人之间等级观念的詈词

宿州方言中有一些反映种族、性别歧视、地域歧视的詈词，比如咒骂别人是"日本种"、"洋熊""大马子屌尻的"，就是骂对方是野种；宿州地处南北方交界处，常称南方人为"蛮子"，北方人为"侉子"。宿州方言也有反映男尊女卑的詈词，例如"丈人黄子""丈人羔子""妻侄羔子"骂女子娘家人是动物，并用这类词骂他人。城乡之间也存在地域差异，城里人有的称农村人为"乡巴佬、乡下人、乡下老土、老冤"，城里人到农村工作或检查叫"下乡"，有的农村人称城里人为"街滑子"；今后随着城乡差别的缩小，这种说法会渐渐淡出。

也有一些詈词反映了人与人之间辈分、身份的不同：施骂者常自居长者、有身份的人，如自称"老子""老娘"等，或骂对方为"儿""龟孙子""孬妻儿"等。

宿州方言中也有一些詈词辱骂对方智力低下、品行低劣。如骂对方是"窝囊废""死乞头""不要脸""白屌舍""无能""孬熊"等。还有一些词骂人特别吝啬，如"搜抠儿""搜屎抠子""抠子手""属母狗的""窟里拔蛇"等。

（三）诅咒、赌誓类詈词

诅咒和赌誓都是源于语言崇拜，古人认为语言是万能的，可以通过詈词对对方施加某种不良影响，从而达到自己希望对方倒霉、不吉的目的。

从诅咒的内容来看，有的咒人生活不如意，实现不了愿望，例如：咒人有残疾、咒人生孩子没有腚眼子、咒人一辈子打光棍，咒人家里的孩子考不上大学等；有的咒人早死、多死、不得好死。每个人都希望长寿，咒人早死就是诅咒对方遭遇血光之灾、非正常死亡，更有甚者咒骂对方一家人都死光；有的咒人死后还不得安宁：死了下油锅、下十八层地狱、永世不得托生，或者咒骂对方死后只能托生成猪狗类的动物。

赌咒发誓是想让对方相信自己，不然就会遭到报应，这也是一种语言迷信。宿州方言中常用的格式为：我要说瞎话不得好死、我要不这样就叫车压死、谁要骗人家谁就是狗日的，等等。

（四）违反伦理道德类詈词

中国传统的伦理道德观念主要包括重道德、重血统、重亲疏、重乡土、男尊女卑、长幼有序等观念意识。它是汉民族民俗文化的组成部分，更是汉民族传统心理文化的基石。说一个人违反了上述伦理道德就是对他的咒骂。宿州方言中有些詈词，如：缺德、六亲不认、太阳没从恁家门口过、没教养、没大没小的等，就是辱骂对方不讲道德、不讲亲情；有些詈词辱骂对方祖宗八辈，违背了长幼秩序；有些詈词辱骂妇女不守妇道或过于强势，如浪（货、屄）、骚（货、屄）、不要脸、破鞋、泼妇、母夜叉、狐狸精等，则反映了宿州当地男尊女卑的等级观念。

（张德岁撰稿）

四、宿州方言的婚嫁词语及婚嫁文化

宿州方言有一批婚嫁词语，蕴含丰富的文化内涵。

（一）提媒

俗称说亲、相亲、说媒、提亲。"天上无云不下雨，地上无媒不成亲"，父母之命，媒妁之言，这些民间俗语，讲的都是媒人说媒的重要性。过去，男女授受不亲，婚姻大事都要有媒人来撮合，媒人根据男女双方的人品性格、家境及社会地位，认为男女般配，门当户对有联姻的可能，即去男女方家进行撮合，双方经过了解、同意后就可结百年之好。

提媒：男方托请媒人到女方家提亲，这个环节叫提媒。

相亲：现在一般没有这一环节，现在的年轻人一般都是自由恋爱，相识、相爱、结婚。有些青年由于各种原因没有找到合适的对象，则可以由家里的亲戚朋友介绍，两人见面，相互了解，这个环节叫相亲。

（二）订婚

经媒婆说合以后，男女双方有意联姻，便进入订婚程序。这个过程又叫定亲、过柬、过启、传启、过启柬。这个过程又分过大小柬。

过小柬：男女两家同意联姻后，男方家长把用红线写有"不揣固陋，妄为执柯，六礼未备，寸红先过，某某两家，愿结丝罗。冰人某某某。某年某月某日"的请柬，交媒婆呈女方家长，若女方没有异议，便回复同意书，即两家确定联姻。

过大柬：小柬过后，接下来就是男方选个好日子给女方家下彩礼，即订婚。彩礼可以事先和对方商量，男方备办首饰、衣料、烟酒等，择吉日由媒婆送至女方家，女方受聘后，把用红纸书写嫁女生辰的柬帖（俗称"年命贴"）交媒婆至男方家。男方请算命先生合年命，若男女生辰八字不相克，即行订婚。

（三）下喜帖

过去男女婚嫁之前，媒人要先到女方家征求意见，若同意结婚即用红纸开出女孩的生辰交给男方家，谓之"要生辰"。然后男方请人选择吉日，同时还要写出两份吉帖，详细写出吉期、喜房朝向、喜床位置、新人坐帐方向等。一份男方保留，一份给女方保留，称"下喜帖"。

（四）催妆礼

又称"过轿""送红衣"。过去，迎娶新娘的前一天，男方派人给女方送红衣，谓之过轿。红衣用皮箱盛放，与新娘头上的用品一起送到女方家，皮箱中置放一定的彩礼，即压箱钱。现在随着生活条件的改善，催妆礼的价值越来越高。

（五）四捎礼

一般说来，"四捎礼"是女子出嫁前男方向女方表示最后的敬意而送的礼物。本地挑一担为一捎，一般是四挑子，所以为"四捎礼"，装在箱子里挑着，箱子上贴喜字，也叫"四喜礼"。女子出嫁头一天，男方派人带着礼物来商谈确定发嫁时间、行车路线等相关事宜，传统的礼物是四样：礼菜（即猪肉，也叫"礼肉"）一块，轻则不少于六斤，重则三四十斤，甚至半边猪；鱼四尾，要送鲤鱼，寓意是鲤鱼跳龙门；鸡四只，要用公鸡；果子（即糕点）四包，糕点是自家做的，用草纸包着。现在，"四捎礼"已经变异，可以是六样、十样、十二样，甚至更多，除了礼肉仍然是一块外，其他每样一般都是六份，寓意六六大顺、大吉大利。

（六）离 [li⁴²] 娘肉

在娶亲的前一天，男方要准备几斤猪肉给女方家送去，送的时候，这块离娘肉必须用刀割成分量相等的两块，同时这两块肉还不能分离，还要有少许皮肉相连，等到闺女上轿的时候，娘家人要用手撕开，表示骨肉分离。

离娘肉最简单的解释是说，姑娘是娘身上的肉，被人娶走了，给一块肉权当补偿。

（七）陪嫁

又叫陪赠或陪送，女方陪送的嫁妆。陪嫁的数量和质量，视家境和财力而定。过去一般陪"灯盆四件"，即箱子、条桌、油灯、脸盆和衣物等，条件好的还可以加小枕桌、小凳子、小柜子、盆架等，称为"小八件"，再好一些的人家陪"大八件"。旧社会有钱人家配送的嫁妆不仅数量多，而且质量好，有的甚至还陪金银珠宝、田产、佣人、丫鬟等。新中国成立以后，随着经济的发展，生活条件的改善，陪嫁的数量和质量也不断地变换，如上世纪70年代的"三转一提溜"，即缝纫机、手表、自行车（三转）、录音机（可以提拎叫一提溜）。现在一般是灯盆、茶瓶（平安的意思）、床上用品。

（八）照轿、烧喜纸

传统婚俗，男方婚前必做的两个礼仪。照轿：迎娶的头天晚上，妇女数人，手拿着燃着的红灯捻，照花轿的里外和前后，同时吟唱"有乘宝轿四人抬，鸣锣响鼓闹金街；里头坐着天仙女，新科状元迎进来"等等。

烧喜纸：举行结婚庆典的头天下午，男方要到本家的祖坟上祭祖、放炮，意思是告慰祖先自己要娶妻了，家族要增人了。

（九）出嫁

又叫出阁或离门儿。过去，在出嫁的前几天，待嫁的新娘要"饿嫁"，即少吃东西少喝水，因为在喜期当天不能大小便。出嫁当天，女方和男方家都要贴鸿禧，新娘要穿上男方送的红衣裳，包括大红棉袄、红裙和红绣鞋，俗称"上轿红"（旧时，即使在炎热的夏天，出嫁的姑娘也要穿红袄，意思是要厚实，指"后世有福"之意，叫"新人不穿单"）。脚上穿的红鞋，用黄布裹着底，头上蒙着红布叫"蒙脸红"。新娘出嫁时要有娘家的哥哥或弟弟或背或抱送上轿，被人抬向婆家去，新娘的脚不能沾地。新娘出嫁时要流眼泪，俗称"哭嫁"，表示对离开自己的父母兄弟姐妹的不舍。

（十）"枪"和"响"

是指新娘出嫁的当天，男方必须有"枪"和"响"送到女方家，叫请"响"。大响叫"枪"，是一种用火药点燃的"三响枪"，因为声音洪亮，便起到了指挥的作用，因此叫大响；唢呐为小响。出嫁时候，大小响都要跟着接新娘的轿子来到新娘家。花轿每过一个村庄，有好事的人会用长凳摆在路的中央，阻挡唢呐班子和花轿前行，有的还摆上烟茶，唢呐班子要停下来吹奏一番，拦路的人鼓掌叫好，递烟送茶，皆大欢喜，迎娶队伍即可再行赶路，也表示友善、喜庆和热闹。

（十一）添箱

新娘出嫁时候，姑妈、舅妈、姨妈等近亲要来祝贺，除了拿礼钱以外还要带些衣物、被子、被单等，相处较好的小姐妹也会送些水瓶、茶具、脸盆等"小意思"，这叫作"添箱"。这个风俗，既有亲情也有友情在里面，也反映出旧时老百姓的家里不宽裕，亲戚邻里互帮互助的习俗。现在人们的生活富裕了，基本上是拿礼钱，也避免浪费。

（十二）伴娘

无论是男方迎亲还是女方送亲，都要有未婚的女孩来充当伴娘。伴娘的人数有讲究，既要成双又要同等；接亲送亲的女孩衣着要喜庆鲜艳点。现在伴娘的数量也有四个、六个甚至更多。

（十三）抱鸡

结婚当天，男方家有一个小男孩抱只公鸡随迎亲的轿、车到女方家，俗称"压轿"，女方家不留公鸡，还要配上一只母鸡回到男方家，象征男女皆吉（鸡）。公鸡要选外形漂亮，羽毛鲜艳，冠大而红润的；鸡脖子上要套上两块大小相同的红布，一块是方形，一块是圆形，预示男方家雄心勃勃，日子过得火红。出发前，主事的大老操要嘱咐抱鸡男孩要尽职尽责，避免鸡半路跑掉，那是非常忌讳的。为防止万一，要事先把鸡腿绑好，绑腿要用红线绳。母鸡是事先准备好的黄母鸡，也要用红线绳扎上腿，带上花或红布。抱鸡的一般选十岁以下的小男孩，迎亲的男孩将抱来的上头鸡交给女方时，女方要说"来公鸡，拐母鸡，他俩定是好夫妻"。抱鸡的男孩这时左手接过公鸡，右手接过母鸡，往腋下一夹，女方家的顺势将红包塞进男孩的口袋，随后拍拍他的头，仪式就算结束了。这一对鸡到了男方家后，自家不能吃它，只能卖掉或者送给有福之人吃。

（十四）迎娶

迎娶要包括一系列的程序。主要包括：

贴喜联。结婚前一天，男方要在院中搭彩棚，请一班乐鼓手吹吹打打；大门贴上喜联，多写"苏才郭福，姬子彭年"或"东都才子，南国佳人"，房门的喜对多写"鱼水千年合，芝兰百世昌"，或"红梅多结子，绿竹又生孙"，门两侧贴斗方"囍"字。事主家没出五服的近亲，大门上都要贴上两个大红"囍"字。

滚床。男方布置好新房、准备好新人用的床单、被褥、枕头后，先叫表兄弟在床上睡一夜，叫"滚床"，现在多是在婚日当天，新媳妇还没有进洞房之前，找两个五六岁的小男孩儿，到婚床上打几个滚，有"滚床生小子"一说。

局性。迎新的车子将新娘接到男方庄头时要将轿子歇下，放一挂鞭炮，通知男方新人到了，男方放一挂鞭炮回应，表示已经做好准备了。迎新队伍再起轿进村。当轿子到了男方家门口时，婆婆要把大门关一会，先给新娘来个闭门羹，俗称"局性"（意即杀一杀新媳妇的泼辣性格），片刻后再开门迎人。

添胭粉。迎娶新娘礼仪的一种。新娘下轿后拜堂前的欢庆高潮。花轿到门口后，鞭炮鼓乐齐鸣，轿帘打开，由新郎过去递给盖着蒙头红的新娘一样东西，再由男方组织的胭脂队添送脂粉，添脂粉是由四名以上的少女组成，名为"脂粉客"，他们步履缓慢，把粉、梳头油、胭脂、梳篦一人一件送上，新娘再转交给他人。

添胭粉一俗在旧时分外热闹喜庆，耗时也长，一是为了让唢呐班子多吹一会儿，二是延长婚庆的欢喜时段。拜堂前，男方一少妇领九位长裙盖脚的少女打堂屋出来，这九位花枝招展的少女，手里托着新娘梳妆打扮的用品，或走三步退两步，或走一大步退两小步，或脚动身不动，似走非走，行动缓慢异常，喇叭班子就要不停地吹奏。有的喇叭手实在是累急了，便会想点子调笑胭脂粉客，用唢呐模仿人的声音吹出"他小姨，你快点走——"引来哄堂大笑。有时候这支胭脂粉客队伍动作出了纰漏，也会招来观者的嬉笑，"他小姨，漏脚了"，"摆屁股了"，欢声笑语间，婚礼进入高潮。

撒帐。添胭脂粉礼毕，这时由两位中年妇女，一般都是由男方家的姊妹或嫂子上前搀扶迎接，在新郎新娘走向拜天地的供桌前的时候，沿途会有男方的老表向新娘的头上撒红枣、花生、桂圆、栗子、麸皮等物，此称撒帐，预示早生贵子、福满堂。现在都改为向新娘头上喷射彩条、彩花等。

（蒋宗霞撰稿）

五、宿州方言的丧葬词语及丧葬文化

（一）宿州市主要丧葬词语

通过走访丧事司仪，调查整理了宿州方言中的若干丧俗词语，列举如下表。

宿州方言	普通话释意	宿州方言	普通话释意
活〓、方子	棺材	抬大杠、抬龙杠	抬棺材
响手	吹唢呐的人	谢客	答谢吊丧者
龙杠	抬棺材用的木棍	烧五七	死后35天举行的仪式
孝帽	白帽	守灵	彻夜守着死者的遗体
老衣	寿衣	老盆	焚烧冥纸用的土陶盆
哀棍、哀柳棍	白纸碎片包裹的柳树棍	摔老盆	长子摔碎焚烧冥纸的盆器
搭灵棚	搭设停灵办丧事的棚子	丧宴	丧事中的酒席
社火、扎纸	纸扎（用纸扎的人、马等）	上棺	盖上棺盖
烧纸、吊孝	吊丧	撕白布	丧家给吊唁者分赠白布
大老执、老执	丧葬司仪	上坟	亲人到死者坟前祭奠
埋人	下葬	烧落令笼	人死时给其烧纸糊的箱笼
圆坟	葬后3天为坟培土等仪式	烧稿荐	焚烧死者用过的稻草垫子
烧倒头纸	死去第二天亲人的悼念仪式	火纸	办丧事烧的草纸
迎人	迎接吊丧者	孝子、幡杆子	死者的儿子
请响	请办丧事用的乐队	孝孙	死者的孙子
听喇叭	闹丧	烧路线	送葬道路上燃烧麦秸
长明灯	灵前昼夜不灭的油灯	圆坟	新坟落成
奠殿	吊丧者对死者的祭奠仪式	唱野	在出葬路上或坟地哭丧
探青	亲友至死者灵前凭吊	入殓	死者装入棺材

续表

生基	生前选定的墓址	青木	生前预制的棺材
跪缺	出殡遇河道沟渠孝子迎着灵枢跪下	出了十	守孝期满
侧板	棺材两头板子	俵路线	出殡时一路撒纸钱
孝带	孝子腰间扎的白缎	生地	生前做好的坟墓
阴宅	墓坑	八大金刚	出殡时抬灵枢的八个人
下帐子	取下死者的蚊帐	烧百天	死后一百天的祭奠仪式
上板	把刚咽气的死人抬上门板	凶日	亡者去世后的三年内
烧落令钱	咽气时给死人烧纸钱	看地	看风水选墓地

（二）宿州市重点丧葬词语文化解读

1. 送终、金库

（1）送终

老人病危，家人站立床前，听候交代后事，老人神情有变，即将咽气，已出嫁的女儿要回避，儿孙立病榻前，高声呼唤，直到咽气，全家人跪在床前号啕大哭，此为"送终"，远方的儿孙须在老人咽气前赶到家，否则就被认为没能为之送终，或者说是没能尽孝，是一大憾事。

（2）金库

咽气后，须将穿过的棉裤扔到房顶，纸钱烧的青灰装满内衣裤腿，裤腿束脚处扎紧，置于门前，意为"金库"。

2. 治老衣、治幡、治哀棍、治活

（1）治老衣、治幡、治哀棍

宿州方言所称的"老衣"，即寿衣，古代称"殓衣"，具体就是指死者入殓时穿的整套衣服。外衣里子用红布做，子孙后辈会红火。帽子上边缀红顶子，亦象征后辈儿孙红火。男人寿衣外面多为杏黄色，女人外衣多为青蓝、古铜色为主。寿衣无论内外衣，一律不用纽扣，只用小条布带。以带子代替纽扣，暗喻会带来儿孙，后继有人。具体包括：

寿衣：寿衣包括衣、裤、裙。衣有长衫、短袄、马褂、旗袍等，并有内衣、中衣、外衣之分，裤和裙皆有长、短等不同款式。

寿鞋、寿袜：寿鞋一般是中式布鞋或西式皮鞋。寿袜一般为棉布袜。

寿枕：以纸、布做成。按传统习俗，头枕饰有云彩，脚枕为两朵莲花，意为"脚踩莲花上西天"。

寿被：寿被是一种盖在死者身上的狭长小被，处于最外层，以布、缎作为面料，上绣星、月、龙、凤等图案。过去大殓时要用两条寿被，一条垫于尸身之下，一条盖于尸身之上，与棺盖隔离。现在遗体皆火化，在开追悼会时，只用一条寿被盖于逝者身上即可。

"幡"是用纸扎成的白色幔带，呈长方形白色带状，一头连接一个木棍。长者逝世当天，把"幡"插在房屋周围，以示有人去世，死者送葬时由长子挑起走在送葬队伍前面，方言称为"挑幡"，长子又被称为"幡杆子"。

"哀棍"指用白碎纸片包裹的柳树树枝。吊丧时，孝子孝孙要手持哀棍前去迎接吊丧者，送葬、下葬过程中，孝子孝孙都要手持哀棍，下跪时要手持哀棍支地。在灵柩入土后插于坟前，表达亲人哀思，又因柳枝插土即活，代表后世繁衍不息。

（2）治活˭

宿州方言中所称的"活˭"，即寿木，就是通常所说的寿材、棺材。"活˭"大致上呈不规则的六面体，一头高，一头低，拐角处形状像燕尾。"治活˭"即置办棺材。棺材首先是选材，讲究木质，柏、桑为上品，桑槐次之；其次是用漆，先是熬光油，即将桐油烧沸，再是油光油，即把烧沸的桐油擦在棺木上，最后是涂漆并在棺材高的那一头前面画上"寿"字图案。

（3）入殓

"入殓"又称"入木""落棺"等，指将尸首放入棺内的礼仪活动。在宿州，死者咽气后，家人要给他（她）沐浴，穿戴好寿衣、寿帽、寿鞋，并简单对死者化妆，整容，擦身，擦身用的清水方言中称为"请水"，包裹尸体的白布方言称为冥藉布，然后将棺材移至堂屋，把死者放入棺中，把死者生前最爱穿的衣服也放入死者尸体旁边，在死者头下放置黄色的寿枕，嘴里放入硬币，把死者双手合拢放置腹部的正中，棺材盖上，暂不封死。若死者为男性，棺材放在堂屋正中，若为女性，丈夫健在的，棺材放在堂屋正中偏右，丈夫已故者可以放在正中。入殓后，在棺材大头端放小桌，上供碗筷，筷端插馒头或鸡蛋，称"倒头饭"；点长明油灯，又称"引路灯"，也有的说是为了预防猫狗，尸体碰到猫狗可能会使死者转世为动物。

在关敛前，亡者子女至亲、好友等最后一次瞻仰亡者遗容，瞻仰仪式结束后，现代根据国家政策都需要进行火化，死者去世的第二天一大早，要进行烧铺，即烧掉死者生前的一些衣服，早饭后，死者将被送入殡仪馆，一路上，乐队奏着哀乐，随行的人燃烧纸钱扔向车外，每当过桥或者转弯时，还要鸣鞭炮，而死者子女则要喊："爹（娘）过桥"，待死者的骨灰被带回家后，把身体各个部位的骨头按照人形状摆放在棺材内，孝子们按次序依次跪在棺材前，随后盖好棺盖，开始封棺。

3.搭灵棚、报丧、吊丧

（1）搭灵棚

宿州方言中的"搭灵棚"，便是设灵，即设置灵堂、孝堂，为放置灵柩殡葬冥物，以待吊者之所。灵堂往往是在死者入殓之后进行设置，但一般为了早做准备，往往在死者咽气后便开始设灵。入殓之后，棺柩停放在灵棚的正中央，高的一端正对死者住所大门或者堂屋大门，棺柩下部内阶里摆放着一块饼，上插三炷香，一盏长明灯，棺前摆放供桌，上面摆一"馍筐"（高粱秸秆编织成的，供人们盛放大馍的容器），"馍筐"内摆放着松枝，一只煺尽鸡毛的公鸡，还有四至八瓶的水果罐头。另外，一张死者临终前的镶边遗像，竖立在供桌的边缘。灵棚大门上方挂有布幔，布幔正中悬一黑色横披，写上"乘鹤西去"或"音容宛在"等字样，灵棚两边栏杆上挂有挽联（根据孝子的身份拟写，字数一般在十几个至几十个不等），孝子要坐立在灵棚的内侧，地上置放陶盆，方言称老盆，供焚烧纸箔用，还有放在灵柩前昼夜不灭的油灯，方言称"长明灯"。

（2）报丧

报丧，即把亲人亡故的消息通知亲朋好友，有广义、狭义之分。狭义的报丧，就是指孝子（一般是长子身戴重孝，腰系麻绳，手执哀棍）或丧家的委托者到亲朋好友家去报信。广义上的报丧为丧家在死者临终前后所反映出来的一些具体事项。最普遍的为临终时的哭丧，一家人号啕大哭，近邻的人便知这家有丧事。另外，家有丧事者门前悬招魂幡，门上张贴白纸。

4.扎社火、设灵牌、看风水

扎社火是指用纸扎成的彩色纸人、纸马（男性死者适用）、纸轿（女性死者适用）、纸建筑、生活用品等，一般是死者的女儿或生前较好的朋友为死者购买的，社火在棺椁下葬后焚烧，寓意是供死者到另一个世界使用，表达了亲人朋友对死者的追忆和缅怀。社火，也叫纸活。

灵牌是一个载有文字的木质牌位，一般父或母去世后，由子女为父母立灵牌，灵牌用白色纸张包裹，上面写有某某之灵牌及长子次子的姓名等，传达了浓厚的氏族观念。

看风水属于农村掩埋死者的必备条件之一，死者去世前或去世后，子女要为老人选墓地，往往请来所谓的风水大师来帮忙选墓地，为的是希望祖祖辈辈平平安安，子女出人头地，寄托着对死者的敬畏和对子女的期望。

5. 请"响"、闹丧、吊丧

（1）请"响"

宿州方言中的"响"又称"喇叭"，指的是唢呐团，也就是农村的商业化"乐队"。一般正式吊丧的前一天，由死者已出嫁的女儿或女性死者的娘家侄子请响，把乐队的成员称为响手。一个唢呐团往往由5至8个吹响手组成，1至2个女性，其余为男性，响手们大都会唱流行歌曲与地方戏，一般包括吹竽、吹唢呐、弹电子琴、敲梆子、拍圆锣、唱歌、表演杂技等表演手段，这种响手班子实为一个小型歌舞团。吊丧完毕的当天晚上，唢呐团往往会举行一次正式表演，包括唱歌，跳舞等等，女儿比较富有的，有的家庭会请两班"响"，双方比试才技，吸引很多围观群众。现在，农村还有商业化的哭丧响手，往往是女响手充当死者的女儿进行哭丧。第二天送丧时，唢呐团会派出两个吹响手跟随送丧，一路上进行吹奏，直至死者下葬完毕。

（2）闹丧

在宿州人的眼里，高寿老人去世是半喜半忧的一件事情，送终是子女恪守孝道为老人做的最后一件大事，所以，子女往往会尽最大力量把丧事活动办的大气一点。闹丧就是请唢呐鼓手奏乐，烘托悲哀气氛。闹丧活动往往被安排在死者去世的第二天晚上进行，到了夜晚，首先由响手们奏上几段乐曲，然后由主持人宣布闹丧的开始。由于农村缺乏娱乐节目，所以闹丧往往成了一次集体娱乐，因此奏乐比较混乱，闹丧吹奏的曲目不限，有时候，丧事也奏喜乐，或者流行歌曲，地方戏等等，也有女响手参与的搞笑短剧，村里人都可以参与，死者亲朋好友也可以轮番点唱歌曲。亡者子女也可以观看。

（3）吊丧

吊丧，指亲朋好友上门沉痛哀悼死者，并向亲属表示深切慰问。亲友来吊丧，孝子、女儿、儿媳、侄媳、侄孙等结成的队伍跪地迎接，一般按照次序，长子排在最前面，其次为次子，长孙等。一般亲朋前来吊丧时，只需要孝子，孝孙要手拿哀棍，前去迎接就行了，方言称之为"迎人"。如果是死者娘家吊丧队伍前来，则要特别的隆重，长子长孙手持哀棍走在最前面，儿媳、侄媳要头顶厚重的绒毯紧随其后，在距离吊丧者7至8米的地方，便开始下跪，待吊丧者走到队伍的末端便可以起身返回，称"迎娘家人"。奠礼也因地区而异，在宿州为锡箔、幛子、挽联等。吊丧者往往送"火纸"（即草纸，颜色呈黄色，又称黄表纸），而女儿或者重亲除送礼金、请吹响班子之外，还要扎一些"纸活"如童男童女、摇钱树、马（男性亡者扎马，女性亡者扎轿），寄予着亲朋子女希望亡者到另一个世界仍然能享受到优裕的物质生活。

6. 烧"倒头纸"、丧宴

烧"倒头纸"是死者去世后的第二天，死者的家族人员、至亲一般都会参加，携带冥纸，不用带礼金，主要是起到告知的作用；另外请同村或周边村庄的人吃丧宴，是为了得到他们的帮助。

烧"倒头纸"的第二天中午进行正式的丧宴，一般丧宴地点都安排在事先搭好的棚屋内，参加者先行上账（就是送礼金），入账完毕，便可入座。丧宴开始，先鸣鞭炮，丧宴进行一半左右时，大操会领着孝子前来"谢客"，所有就餐人员全体起立，大支开始宣告"各位亲朋好友，某某携孝子前来谢客，粗茶淡饭，酒菜招待不周，还请大家多多包涵"，随后孝子向大家鞠躬，大操则喊"一叩首，二叩首，三叩首"，礼毕，大家慢吃慢饮，进餐完毕，也要鸣鞭炮表示结束。

7. 奠殿、送命、下葬

（1）奠殿

宿州方言中的奠殿也叫烧纸，是指吊丧者对亡者的祭奠仪式。它是整个丧事活动中最为隆重的。奠殿的场所一般选择在亡者房屋正门和灵棚正门之间的空地上，先由响手们奏乐曲，然后由"大操"宣布奠殿开始，"大操"是指主持祭祀的人，又称"大执"、"大老支"即支配别人做事情的人，一般是村里威望较高的人，由村民公认，自然形成的。随后，大操依照先前拟定好的奠殿人员名单依次宣读，如果是姓王的前来奠殿，主持人就会喊"请王家来的王亲戚前来奠殿"，然后哀乐奏起，奠殿者走入空地中央，面对灵棚，主持人大喊"点火"，方言"点火"即放鞭炮，鞭炮手便会炸响一个鞭炮，与此同时，进奠者先鞠躬三次，然后右膝盖缓慢下跪，左膝盖紧随其后，跪下磕三个头，主持这时候会喊"请王亲戚前来上香"，奠殿者起身缓慢走向灵前，灵前放有供桌，供桌左右分别跪着一个人，其中一人会先后把一杯酒和一束香递给进奠者，进奠着双手持酒杯或香上下拜三次，把酒弧状倒在地上，把酒杯或香递给另一人，另一人把酒杯放在桌上，这时主持人会宣布"请起，请起，请起身"，奠殿到此结束，接下来依次进行后来的进奠者，如果奠殿者不在或不愿奠殿，主持人会说"礼到人不怪"。

（2）送命

"送命"即送殡，又称送灵，出灵，是把灵柩从灵棚运送到安葬地点的过程。出殡前，有的地方还要举行殡祭，即诵读祭文，赞颂死者的生前业绩。死者的长子双膝跪倒，手捧烧纸钱的老盆（盆底按要按儿子数钻眼）痛哭失声，然后把老盆在地上摔破（必须摔碎），称之为"摔老盆"。民间认为，死者在阴间须将所有的迷魂汤喝完才能转世，所以必须摔碎让死者带走，在盆底钻眼是为了尽快让死者转世。参与送殡的组成队伍一般是孝子手拿柳木做的哀棍，弯腰走在前面，长孙手擎引魂幡领路，灵柩居中，随后是孝男孝女，其他人随行在后，同村的孩子负责抬社活。在送殡途中，响班子一路上都奏着曲，如果遇到桥或转弯之时，鸣放鞭炮，诸子女连喊"爹（娘）过桥"，这是为灵魂指路。而且，经过每家每户的正门时，主人都要在道路旁边燃烧一堆麦秸，意为让死者灵魂沿着道路走，不要乱窜至家中，方言称为"烧路线"。如果抬棺者需要休息，孝子孝孙等至亲要手持哀棍支地，全部下跪，待棺材重新抬起时起身。

（3）下葬

下葬，又称安葬，宿州方言称"埋"，即把棺柩放入墓穴然后掩埋的过程。下葬前，先要打坑，即挖墓穴。一般是在出殡前一天打坑，一般由村里的两三个青壮年负责。坑壁前挖有一洞,为放置油灯之处,称为"倒头灯"。落棺掩土,各地做法不一。出殡队伍到达墓地后,抬棺者不能立刻放下棺材,而是先绕墓穴一圈,然后把棺柩高端对准墓穴的一头,由青壮年劳动力缓慢放入墓穴,孝子哭丧不停;在墓底向前摆上柳枝弓箭,说是阴间的桥,便于死者过河。棺木入墓,孝子依次每人用锹添三锹土,即添土;他人掩土堆坟,此时往往有孝子拦土的,即不让添土,用以显示不舍和亡者永别的心情。随后孝子孝孙把手中哀棍扔进棺柩与墓穴的狭缝里。再掩土成坟。接下来进行焚烧"纸活",方言称"烧社火",同时长子要高喊 "起轿"(意为死者的亡灵可以乘着烈火坐轿子去往西天了),一般留下两个花圈,以及两盏纸扎的长明灯,为亡者照明。事毕,所有人离开,家人不能回头望。

8. 圆坟、烧"头七""五七""凶日"

圆坟,就是对新坟进行重新修整。一般是下葬的三天后,由死者的兄弟姐妹,孝子孝孙,带着铁锹之类的工具,为新坟培土,完毕后要鸣鞭炮,表达对亡者的追思。

做七亦称作七、斋七,即人死后以七天为一周期,丧家请僧道做佛事,故称做七。头七是死者去世后的第七天,往往要进行祭祀活动,但并不隆重,头七以后每隔七天,都有相应的祭奠,分别称之为二七、三七及四七,但都是没有祭奠的,一直到五七,有一个规模相当大的祭奠活动,称为"烧五七",主要是邀请家族内部人员还有至亲前来参加一次丧宴,然后携带冥纸去坟前祭拜,五七一般由出嫁的女儿做,祭完就走,不留宿。

亡者孝子的家庭在三年之内,过年过节之时是不能贴春联和鸣放鞭炮的,元宵节时也不能蒸面灯,方言称为"凶日",表示对亡者的哀悼之情。亡者的子女若要办喜事,必须在丧事后的一百天之内举行,否则就要在三年之后才可以。

(赵普、肖良撰写初稿,孟方、张德岁、唐爱华修改)

六、宿州方言的游戏词语及文化内涵

传统游戏的形成与一定的地理环境和历史条件有关,是社会发展的产物,是某个地区经济社会发展特点、生产生活方式、民间信仰、教育观念、审美习惯和社会风俗等文化特征的体现,是人类智慧的结晶。宿州百姓在长期的劳作中，自创了许许多多的游戏工具和娱乐项目，以丰富自己的业余生活，消解繁重劳动、困苦生活带来的疲倦和烦恼。游戏活动无处不在，游戏种类各式各样，游戏工具也是五花八门。宿州人常玩的游戏，不完全统计，约有60多种，大致可分五类。

（一）传统儿童游戏

宿州传统儿童游戏按其功能性可分为三类：

1. 观赏性游戏。这类游戏体能活动较多，动作幅度较大，具有一定竞技性，便于观看欣赏。除了现代各地通行的打篮球、打羽毛、打乒乓球、踢足球等游戏以外，宿州市本地还有"放风筝""打陀螺""弹琉子""滚铁环""跳长绳""斗鸡""跳皮筋""抬花轿"等。

弹琉子：又称"弹琉蛋"，是一种老幼皆宜的多人游戏。先在地上挖一小洞，在一定距离外划一线作为起点，人蹲在线外用拇指将琉璃质的小球弹向小洞，琉子最接近洞者为先，最早进洞者为赢，然后依次进行。赢者即用自己的琉子依次向外击打别人的琉子，阻止和破坏别人的琉子进洞，直到所有人的琉子都进洞为止。

打钢碗儿、打螺丝帽：过去小孩子就地取材，用钢碗儿、螺丝帽代替琉蛋，类似弹琉子。只不过动作方式上改"弹"为"击打"。

推铁环：就是用钢条弯一钩推桶箍或铁圈子在地上跑。每人各推一环，两人或多人同时推行，先至终点者为赢。

斗鸡：两人各自用手提起一只腿脚，单脚站立跳动，用提起腿脚的膝盖去攻击对方。先掉腿或倒者输。若分两组进行，输者组再推一人继续与赢者斗。

鳌子灰打花脸：两组人，相对站立，距数米远，同组人手拉手；一组喊着"鳌子灰打花脸，恁家花脸任我选"，从对方组选一位力气相对较小者；被选中者即代表对方，向喊话组冲击，如能撞断手拉手的"链"，则赢，拉走被撞断处的人归入自己的队伍；否则自己就要留下，成为喊话组的一员；如此往来，直至一方人数成不了组。可锻炼组织能力、提高互助凝聚力。

打板砖：又称"打砖头"。在规定的距离外，竖立三块方砖，人站在划定的线外，掷出石头或砖块击打方砖，依次进行，打倒多者赢。类似现在的保龄球。

打皮卡：也称"打（纸）宝"，一种儿童游戏。皮卡是用纸折叠而成，规则是参与者通过"唛包哧"确定先打者，其他人的皮卡放在地上，任由赢者用自己的皮卡去击打，打翻的皮卡归赢者。

抬花轿：两组人每组各派出两人，分别左手抓右手腕，右手抓对方左手腕，组成一方形，另一人坐在上面，状如花轿。发令后，两"花轿"同时抬着向前跑，比哪组跑得快、抬得稳、抬得远。

2.体验性游戏。这类游戏在游戏过程中娱乐性、趣味性或挑战性较强，能够吸引众人参与、体验。如：体验社会角色的"过家家""堆积木"，体验生产劳动或军事活动的"打弹弓""丢沙包""抓子儿""藏老梦儿""挤棉油""跳房子""跳瓦""石头剪刀布""跳圈儿""跳房子（类似于跳瓦）""弹碗渣""弹碎碗片（一般女孩子玩）""玩琉琉嘣嘣儿（琉琉嘣嘣儿，一种喇叭形玻璃玩具，可以吹出声音）"等。

挤棉油：又称"挤油儿"。人数不限，单排站在墙边，分成两方，人数均等。游戏开始后，同时向中间挤压，会有人被挤出队列，被挤掉多者的一方为输。旧时冬天，农村小孩常以此游戏取暖增热。

跳瓦：又称"踢瓦"，一种多人游戏。规则是划一个四方格或六方格，按顺序跳，先从第一格开始，将瓦片掷入，不能压线，单腿用脚去驱，一格一格踢回来，成功后再抛第二及后面的格子，先完成者胜。

指天星过天河：一小孩用手蒙着另一小孩子的眼睛，其他小孩指着天空做各种动作，让被蒙着眼睛的小孩猜做某某动作的是谁。

弹杏核儿：多人玩的游戏。规则是每个人手里握有一定数量的杏核，同时出手，谁手里的数量最多谁先撒杏核，两两弹碰吃一个，但不能碰到第三个，否则就算"烧了（输了）"，再由数量第二名的接着玩，依次类推。

拾子儿：又称"抓子儿"。一种小女孩玩的游戏。规则是有两个以上女孩，每人手中握有一定数量的石子，同时出手展示，手中握石子多者为先手，参与者把石子都交给先手，先手将所有石子撒地后手留一粒作引子，抛高，拾取地上的石子，同时要接住抛出的石子，以拾取多少定输赢。

玩沙包：又称"踢沙袋"，女孩子玩的一种游戏。沙包用布缝制，内装沙子或玉米、高粱等粮食。游戏规则如同跳瓦。

藏老梦儿：也称"捉迷藏"，就是几个玩伴，一人被蒙上眼睛，众人分头藏匿，藏好后，那人寻找预先藏匿在某个角落的同伴。

唭宝唭：儿童定输赢的一种小游戏，嘴里说"唭宝唭"，手上出石头、剪子、布，定出输赢。有时大人定大事时也会用。

3.综合性游戏。兼具上述两种功能的游戏，如：找朋友、杀羊、老鹰抓小鸡、拔河、爬山等。

杀羊：一个小孩装成杀羊者，手拿一根木条当作刀，再选一个身高力大的小孩装成头羊，其余小孩装成小羊，依次攥住"头羊"上衣后襟，串成一队。规则是杀羊者喊开始，"头羊"用手和胳膊阻挡杀羊者举着的"刀"，在空地上打转，不让碰到"小羊"，如若碰到则减掉一人，规定时间内杀羊多者为赢。

老鹰抓小鸡：一个小孩装成老鹰，另外一个小孩装成老母鸡，其他小孩都装成小鸡儿。游戏规则与杀羊游戏相似。

爬山：其实就爬土堆，分成两组，一起往上爬，可以采取向下推或向下拽办法，阻止对方向上，爬上土堆顶上人数多的一组胜。

甩泥蛋：将泥蛋粘在树枝条顶端用力甩出，泥蛋甩得最远者为胜。

摔响炮：又称摔泥炮。雨后，在路边或场边，活泥捏成类似窝头状，一边唱着"天炮、地炮，你不响，我不要，"一边用力向硬地上摔下，气流将泥窝头顶端冲击炸掉，发出强烈的声响。依次进行，"爆炸"多者，声音响者为胜。

旧时，宿州儿童通生活充满乐趣。几个小朋友一起用铁丝自制手枪、用废旧车胎或橡皮筋做弹弓、和泥做拖拉机和坦克，现在，跟全国各地城市一样，宿州市儿童玩具、电子类游戏五花八门、电视里儿童节目丰富精彩，儿童游戏正呈现室内化、亲子化、桌面化特征，尽管游戏手段越来越高科技，但儿童活动时间越来越少、活动空间越来越小，游戏方式也越来越孤独，离大自然越来越远，从中获得的集体性、互助性体验和快乐感越来越少。与此同时，一些传统儿童游戏正在渐渐失传、消亡。

（二）知识智力游戏

玩耍是人的天性。适当的玩耍不仅有利于孩子的身体健康，有利于孩子大脑发育，促使孩子动脑用心，益智启蒙且受成年人喜爱。传统游戏对人身心的健康发展和健全人格的形成影响巨大。过去，宿州农村缺少智力开发工具，但农民和农村孩子照样能就地取材，睿智创意，开发出许许多多能够增长知识开发智力的游戏，如"破谜儿（出谜语）——猜谜儿（猜谜语）"就是经久不衰的知识智力游戏，另有"翻绳""折纸""九连环""杠顶"等。

东西南北：一种写上"东、南、西、北"或其他词语的儿童折纸玩具，戴在指头上飞速闪动开合，以猜对定输赢。可训练敏锐的观察力。

九连环：一种传统民间的智力玩具，用九个圆环相连成串，以解开为胜。

憋死牛：是一种农民喜欢在田间地头玩的两人游戏。先在地面上画一个"⊠"字，各自占两个点，中间交叉点是走子点。通过"唏宝唏"确定先走子者，但第一步不允许走死。在随后的走子中，谁先被憋死谁输。

杠顶：一种两人游戏。先在地上画一个三田字，如"⊞"。通过"唏宝唏"确定先投子者。规则是一替一下投子，每下成三点一横线或三点一斜线均可吃掉对方一子，直到让对方因子少不能成杠为赢。

上六：在地上画一类似围棋的盘，走子亦如同围棋。

翻线：又称翻绳，也称翻花。从一个人的双手指头撑出的细绳，通过找点捏住、翻动，撑到自己手上，对方再如此程序翻到自己手上，两人轮换翻动，变出各种花样。

（三）生产生活类游戏

传统的游戏多数都人类在劳动生活中发明创造出来的，宿州主要的生活生产类游戏有：

扎蚰[iəu⁵⁵]笼子：一种玩具。"蚰"是"蚰子"，即"蝈蝈"。农村小孩用高粱秸秆扎的笼子，专门用来盛放从大豆地里逮来的蚰子，以供人听其鸣叫取乐。

丢手捏子：就是"丢手绢"，传统的民间儿童游戏。游戏开始前，准备一块手绢，推选一个丢手绢的人，其余的人围成一个大圆圈蹲下。游戏开始，丢手绢的人沿着圆圈外行走，不知不觉地将手绢丢在其中一人的身后。被丢了手绢的人要及时发现自己身后的手绢，然后迅速起身拿起手绢追逐丢手绢的人，丢手绢的人沿着圆圈奔跑，跑到被丢手绢人的位置时蹲下为胜。如被抓住，则输。如果被丢了手绢的人未及时发现手绢，丢手绢的人沿圈奔跑到被丢手绢者身后，则被丢手绢者为输。输者要在圆圈中为众人表演一个节目，可表演跳舞、歌谣、讲故事等，然后充当丢手绢的角色继续游戏。

毽子、踢毽子：毽子是用鸡毛插在圆形的底座上制成的游戏器具，"踢毽子"多为女孩运动项目，男孩子也喜欢玩这种游戏。

跳绳、跳花绳：分单人跳和多人跳。

扫天婆子：一种求天玩具。在农村，天气久阴不晴时，老年人就用破布缝制一个小人，用筷子挑起，插在屋檐下让风吹转，以求其将阴雨扫除。

漂瓦片：又称打水漂儿，就是在水面上掷瓦片，瓦片在水面上飞出去的点数越多越好。

点点豆豆：做选人游戏的时候，一边用手点数小朋友，一边念"点点豆豆，鸡毛狗肉"这样的歌谣。按照一定的顺序，最后一个字定人。

吹柳条、编柳帽：春天，柳枝发芽，折一新枝，截成断，用手拧，皮枝分离，用嘴吹皮即响。折的新柳枝编成小帽带着玩，类似战地防空迷彩帽。

放爆竹、燃烟花：本地节庆（如春节、元宵节）、红白喜事离不开烟花爆竹，响彻云霄的声响、绚丽多彩的火光让小孩子尤其是男孩子惊奇、着迷，"春节到，春节到，姑娘要花，小子要炮"也是本地儿童春节生活的写照。燃放烟花爆竹诸如"放鞭炮""放钻天炮""放花筒""放花炮""放烟花""放焰火""放奇物子（钻天炮的一种）""玩提拉筋儿（一种烟火）"等就成为儿童们喜爱的游戏，当地"炮"主要有鞭炮、天地炮、双响炮、钻天炮（一种钻天烟花，有的响，有的不响）、土炮子、二踢脚、闪光雷等。从前的小孩子不仅乐于放鞭炮，还喜欢拾鞭炮，往往一声鞭炮响后，大家一拥而上抢拾未响的哑炮，砸开后取出火药，想着点子继续玩。

（四）棋牌类游戏

这类游戏历史悠久，在宿州大地亦是广为普及。如：爬子牌、牌九、象棋、纸牌、色子，等等。这其中最有代表的主要有以下几种：

爬子牌：就是扑克，又称"爬思（英文 pass 的音译）"，扑克牌的洋式说法。玩法多种多样，且不断推陈出新，如：打八张、争上游、跑得快、升级（红五星、八十分等）、数张子，近些年又流行斗地主、掼蛋。

牌九：一种用木，骨或象牙制成的民间游戏工具。用牌九做游戏，叫推牌九，以点数的不同组合来比大小，决出胜负，常用于赌博。

麻将：通用游戏玩具。各地玩法不同，如有的带花，有的不带花。还有就是打法、赢法都不尽相同，种类繁多。

纸牌：较为古老的一种游戏牌，现在只有老年人还会玩。

色子、掷色子：一种通过抛掷色子的点数来算输赢的游戏。主要也是以赌博为主，但赌注较小，一般都是逢年过节，同村男女老少聚在一起热闹欢乐玩耍。

代宝，也叫押宝，赌博的一种，参加赌博者以猜测宝上所指的方向下注。

象棋、军棋、跳棋等，游戏规则全国一样。

（五）语言类游戏

语言类游戏指与口头语言有关的游戏，可以增趣逗乐，可以锻炼语言能力。本地与语言有关游戏很多，如唱童谣、说绕口令、行酒令等。

1. 童谣

童谣是为儿童作的短诗或顺口溜，强调格律和韵脚，以口头形式流传。宿州童谣很丰富，如：

（1）小孩小孩哪庄的，敲你头梆梆的。

（2）花喜鹊，尾巴长，娶喽媳妇忘了娘。

（3）偷人针，拿人线，长个角眼给人看。

（4）一抓金，二抓银，三抓不笑，是好人。

（5）肚子痛，找老能，老能不在家，找老八，老八割豆子，痛死你个小舅子。

（6）锵刀子，磨剪子，单钻小孩的腚眼子。

（7）刮大风，下大雨，天上下来个白毛女，白毛女踢毽子，踢你娘的腚膀子。

（8）小豆芽弯不勾，俺到朗"家过一秋，姥姥见了心欢喜，妗子见喽翻眼瞅。

（9）赛，赛，赛！我们都是木头人，不许说话，不许动，不许笑，不许露出大门牙！

（10）拍手歌

你拍一，我拍一，一个小孩儿坐飞机；你拍二，我拍二，两个小孩儿梳小辫；

你拍三，我拍三，三个小孩儿吃饼干；你拍四，我拍四，四个小孩儿写大字；

你拍五，我拍五，五个小孩儿吃红薯；你拍六，我拍六，六个小孩儿吃肥肉；

你拍七，我拍七，七个小孩儿抱公鸡；你拍八，我拍八，八个小孩儿吹喇叭；

你拍九，我拍九，九个小孩儿扭一扭；你拍十，我拍十，十个娃娃，坚决打倒蒋介石。

2. 绕口令

（1）姐姐借刀切茄子，去把儿去叶儿斜切丝，切好茄子烧茄子、炒茄子、蒸茄子，还有一碗焖茄子。

（2）嘴说腿，腿说嘴，嘴说腿爱跑腿，腿说嘴爱卖嘴。光动嘴不动腿，光动腿不动嘴，不如不长腿和嘴。

3. 酒令

本地居民热情、豪爽，平日有事无事喜欢邀三约五去饭店剋（喝）几杯，为了喝得热闹、有趣儿，常常要行酒令。

杠虎鸡虫令。这是最简单的酒令，就是"敲杠子老虎"。两人对决，各人边敲筷子边说"杠子杠子杠子""杠子杠子老虎""杠子杠子鸡""杠子杠子虫"其中的一句，赢的顺序为杠子打老虎、老虎吃鸡、鸡吃虫子、虫拱杠子，说中者为赢，输者喝酒。可一人当庄家，多人轮流玩。

猜拳令：两人一边嘴里说着"宝或不出（〇）""点（一）""哥俩好或两好（二）""桃园结义（三）""四季来财（四）""五魁首（五）""六六（大）顺（六）""巧或七星高照（七）""八匹马（八）""缺一（九）""满、都到、满堂红或十全十美（十）"等表示数字的词语，一边晃拳伸手指头。说出的数字跟两人出拳的手指数之和一致者为赢；两人平了，一般是三拳两胜，输了就要喝酒。两人对决，可以多人轮流进行。以拳斗酒，气氛热烈。

（王雪清、唐爱华、孟方撰稿）

七、宿州方言的书画词语及书画文化

方言语词的形成和发展有其特定的地域文化背景。一般说来，传统书画是识文断字的文人所做的雅事，在整个书画活动中所使用的语言自然多为文人通用的语言，所以与方言无涉或关系不大。然而，书画在宿州有悠久的历史，新石器时期陶器上的纹饰，汉画像石、画像砖上的图案已显示出本土先民对美的追求和原始绘画的风貌，后来从有史可查的摘当时书坛之冠的南朝书法家宋武帝刘裕祖孙三代，东晋著名美术家、雕塑家戴逵父子，直至清代龙城画派，现代江淮大写意画派，书画名家不断涌现，影响久远。当今萧县已成为我国著名的"国画之乡"，宿州市被誉为"书法之乡"，灵璧被誉为"钟馗画之乡"。书画成为宿州地方文化的重要内容之一，甚至成为百姓生活的重要组成部分，因此在本地的语言交流中也占有一席之地，也就有了相应的词语。在这些语词中有着宿州的历史积淀，蕴含着特有的文化内涵。

（一）宿州本土与书画有关的一个动词

宿州本土有一个常用的词"洇"，本是一个普通的动词，但与书画有密切的联系。洇，是指液体在纸、布及土壤中向四外散开或渗透，表现在书画上，有两方面的意义。

1.洇"的书画材料之意：书画要用能洇的纸、颜料。作书法，特别是画国画的纸不能用一般的纸张，不能用过于紧实光滑的纸张，要用"吃水""吃墨"（宿州方言）能洇的纸，如宣纸、皮纸、毛边纸等。宣纸因制作工艺、吸水性渗透性不同，有生宣和熟宣之分，在宿州人看来就是一种"洇得很"，一种"洇得不太很"，即水墨在纸上洇的速度快慢、程度大小有别。书画所用的墨和画国画所用的颜料，颗粒小，水溶性好。无论是藤黄、花青等植物性的颜料，还是赭石、朱砂等矿物性的颜料，都是水溶性颜料。绘画时以水为调和剂，着色运笔，落纸能"洇"。而油画是用较为坚硬的刷笔，蘸着用透明的植物油作为液态的载色媒介调和的颜料（颜料粉加油和胶搅拌研磨而成），在制作过底子的布、纸、木板等材料上塑造艺术形象，当液状颜料干燥后，这种载色剂结成的薄膜坚固地把颜料微粒黏合在一起并黏附在底子上。油画颜料是"黏附"在载体上而不是"洇"

在载体上。中国书画使用能饱含水分的笔，用这些能洇的纸、颜料作书作画，水融性非常好，墨、颜料、水在纸上自然融合，"洇（渗透）"在纸里。郭沫若认为："宣纸是中国劳动人民所发明的艺术创造，中国的书法和绘画离了它，便无从表达艺术的妙味。"正因为用能洇的材料，中国书画下笔才能力透纸背，着墨才分干湿枯润，用色才有深浅浓淡，才能独特地表现出造型艺术中的质感、量感、空间感，显示出中国书画特有的层次感、通透感和厚重感。正因为用能洇的材料，墨与色溶入不同量的水分之中，逐步渗透，层层晕染开来，在纸上融化出意想不到的变化，呈现各种微妙不同的层次，氤氲一气，产生浓淡各异的"文章"，赋予画面以斑斓的色彩、玄妙的墨趣、无穷的变化和浑融的气氛，才会有"水晕墨章"这种唐代已兴的中国画独有的民族绘画语言，才有中国书法绘画这两种别具一格的艺术样式。

2. "洇"的书画的技法之意：中国书画的根本在笔墨，而用笔用墨的质量及作品最后的效果与用水有不可分的关系。所以，书画要用"洇"的技法。无论书法、绘画，特别是画中国画，都讲究水的运用。无论画人物、山水还是花鸟，往往不是蘸着浓稠不化的墨汁、颜料行笔，而是根据需要让笔毫含有或多或少的水分，这样笔落在能洇的纸上墨（颜料）才能洇，才会产生渗化的效果，即一笔下去分浓淡，如此叠加，整个画面的墨色（颜色）才有层次立体感。即使是在一幅只用单一墨色画就的水墨画里，也能五彩缤纷，六色兼备，使画面产生丰富的色彩变化，以完美地表现物象心意，充分表现出中国书画特有的笔墨韵味，体现中国人特有的审美情趣。传统画论所说的"墨分五色"，实际上是无论纸上的墨色有"干、湿、浓、淡、焦"或"焦、浓、重、淡、清"之别，或加上"白"，呈现"六彩"的墨迹，都是由于笔墨中含水量的多少所形成的、所决定的。而中国画用墨法中的焦墨法、淡墨法、泼墨法、破墨法、积墨法等，都与笔墨中含不含水、含水量多少、怎么含有关，与笔墨在纸上洇不洇、洇多少、怎么洇有关。古人说："墨法，在用水，以墨为形，水为气。气行，形乃活。"黄宾虹强调："画架之上，一钵水，一砚墨，两者互用，是为墨法，然而两者各具其特性，可以各尽其所用，故于墨法外，当有水法。画道之中，应立水法，不容忽视"。于是有泼水、铺水、冲水、积水、渍水等水法。用水能洇，才有点染、渲染、烘染之法，才有所谓"水晕墨章"之效果。书法的线条虽不像绘画的物象墨色变化那么丰富微妙，但亦讲究浓淡、干湿、苍润，使墨色富有变化，元代陈绎曾在《翰林要诀》中指出："字生于墨，墨生于水，水者字之血也。水太渍则肉散，太燥则肉枯；墨太浓则肉滞，太淡则肉薄。"现代林散之也说：笔是骨，墨是肉，水是血。作书时，笔锋到处，水墨下注入纸，参以运笔的轻重缓疾，提按顿挫，使笔毫之内的水墨在纸上形成了浓淡枯湿燥润不同的艺术效果。可以说，中国书画笔墨的变化，除了用笔，就是用水。所以，从一个角度上可以这样说，中国画的技法，很大程度上是用水的技法，是自如有效地控制"洇"的技法。

(二) 宿州人称谓书画家的词语

宿州人对书画家的称呼，主要是以对书画家所发挥的功用、在社会生活中所承担角色的直观认识来命名的。除对有名望的书画大家尊称为"先生"外，一般称谓有：

1. 写字（大字）的、画画的：旧时宿州百姓对书法家、画家的俗称。书法家、画家经常做的事或借以谋生的手段，给一般人的印象就是书写汉字、画花鸟虫鱼人物山水，因称书法家、画家为"写字的""画画的"，一如称教师为"教书的"，称医生为"看病的"，称厨师为"办饭的"。又因百姓经常见到书法家所写的字，往往是街头的牌匾、厅堂上的对联、过年的春联等载体上的大字，比一般人所书写的字要大得多，故又称呼书法家为"写大字的"。

2. 刻戳子（印章）的：旧时宿州平民对篆刻家的俗称。在一定形状的石、骨、玉或金属上镌刻特定的文字、图案或图样印记，用来证明相关身份的实用性印章、图章，俗称"戳子"。旧时百姓文盲多，遇到证明身份、表示确认的场合，自己不能签名，常常需要"盖戳""盖戳子"。这类"戳子"多用便于随身携带、不易破碎的木质、金属、角质、有机玻璃等材料，多以宋体、楷体字入印，注重实用性。而书画用篆刻多用柔、脆、腻、坚适中，易于受刀，并能表现出特有金石韵味的石质材料，且印宗秦汉，多以篆书入印，讲求艺术性，故名篆刻艺术，又有金石篆刻学。严格说来，金石篆刻艺术和刻"戳子"（印章）是两个不同领域的概念，而百姓往往对注重艺术性的篆刻与一般实用性公、私印章的刻制不作区别，常将篆刻家与街头的刻字匠笼而统之地称为"刻戳子的"或"刻印章的"。

（三）有关宿州书画流派的词语

宿州地处南北之间，书画受各方影响，风格流派多样，影响比较大的有：

1. 龙城画派：形成于萧县的水墨写意画画派。萧县，古称龙城。龙城画派发端于明末，形成于清代中期，发展壮大于清末民初，与扬州画派南北呼应。龙城画派的产生发展有着深厚历史文化渊源和传统。大量出土的新石器时期精美石器、陶器与玉器，说明萧县原始社会末期就存在发达的经济、文化和艺术，有悠久的艺术本原。萧县白土镇出土的南北朝画像砖简约、粗放，而此地始于唐代的萧窑，其瓷器绘饰题材有折枝花鸟虫鱼，洗练传神，"显然受到当时画风的影响"（《中国艺术品收藏鉴赏百科全书》）。宋代，苏轼任徐州知州，于元丰元年（公元 1078 年）曾到萧县挥毫，其追求神似的创作和强调神韵的理论对萧县书画产生深远影响。明朝洪武末年，萧县知县郑恕，"能赋诗，善书画，好古博雅。"扶植当地文人画家，萧县先后有许辉祖、王之麟、王国辅等书画家脱颖而出，在徐淮一带颇有影响，为"龙城画派"的形成从理论上、队伍上以及作品题材风格上奠定了良好的基础。清中晚期，萧县十余位画家聚集在龙城，作书、吟诗、绘画，切磋技艺，探寻书画义理。一时间高手林立，群星灿烂，形成了以龙城为活动中心的书画群体，被誉之为"龙城画派"，声闻遐迩。清代《墨林史话》及郑午昌《中国画学全史》等，记载了张太平、王为翰、刘本铭、路荫南等多位萧籍书画家，清嘉庆《萧县志》记载，萧县当时一些画家与郑燮等扬州八怪交往甚密，深受其影响，八怪之一的黄慎也曾流寓萧县。《清史稿》说：萧县人能书善画，蔚成风气，"作者相望，大雅为群，下及妇孺，均持名教，金石成录，诗歌升堂"。近现代以来，"龙城画派"走向辉煌，以新文化与美术运动先驱王子云先生为先导，刘开渠、朱德群、王肇民、王青芳、萧龙士等萧籍大家，在中国书画、雕塑、油画、水彩画、版画、美术考古、美术教育等领域皆有开拓建树，对所在地区书画创作产生了深刻影响，堪称现代美术史之奇观。明清以来，水墨写意画法成为萧县人难以割舍的情愫与传统。萧龙士是当代萧县书画繁荣的领军人物，他和欧阳南荪、刘梦笔、刘惠民、冯雨邨、郑正、阎梓昭、欧阳龙、赵宗基、郭公达、葛庆友、薛志耘、萧承震等画友、弟子一起广收博取，自成一格，形成了

125

实力强大的当代"龙城画派"。一般所称的"龙城画派",特指萧县的水墨写意画派,在艺术表现上有着"重传统、重笔墨、重生活",以个性强烈的阔笔写意,以泼辣豪放的笔墨写实,质朴无华,坚劲洒脱、秀雅含蓄、率直豪爽,师古而不泥古,既重传统又师法自然多有创新的鲜明特征;在人员构成上有着众多名家的队伍而自成一派。

（四）有关宿州本土书画种类的词语

宿州本土书画资源丰富,种类繁多,被列入省级非物质文化遗产名录的就有 15 种之多,因而也就有相关宿州本土书画种类的语词。下面择要述之:

1. 汉石刻画（汉画像石）：汉石刻画是我国古代艺术瑰宝。汉石刻画是汉代艺匠在墓室、祠堂等石质建筑构件上的装饰雕刻,它以石为地,以刀代笔,是融合绘画、雕刻、工艺和建筑艺术的石刻艺术品。汉石刻画主要分布在皖、苏、鲁、豫、陕、川、渝等省市。宿州市的萧县是汉文化的发祥地之一,是汉石刻画集中出土地之一。萧县已经发掘了五百多座汉墓,出土了大量精美的画像石刻。其中有很多汉画像石被评为国家一级文物。另有位于埇桥区褚兰镇夏疃村墓山孜北坡的九女坟,1961 年公布为安徽省省级文物保护单位,石墓中也保存有比较完好的东汉晚期画像石。这些汉石刻画题材丰富,内容广泛,生动地展现了汉代的衣食住行、征战比武、乐舞百戏、神话故事等社会百态,是东汉政治经济文化等诸多方面的反映,是研究当时的风土人情、典章制度以及宗教信仰的重要文化遗产,具有重要的历史价值。同时,它所塑造的形象,无论是神仙还是人物、动物,或端庄写实,或夸张灵动,均造型栩栩如生,有血有肉,有着或端庄温和,或仔细谨慎,或张扬不羁,或勇猛强悍,或憨厚可爱的性格,细节丰富,动感和韵律感十足,充满生命力。且雕刻精美,以浅浮雕为主,阴线刻、高浮雕为辅,多种雕刻相结合的方式,线条质朴流畅,夸张流动、灵活多变,富有装饰性,具有强烈的艺术感染力。萧县、埇桥汉石刻画艺术风格深沉雄大,是本地汉代先民高超艺术技巧的体现,具有独特的艺术魅力和鲜明地域特征。2008 年,"萧县石刻"被列入安徽省非物质文化遗产保护名录。

2. 灵璧判子：即灵璧钟馗画的俗称。传说钟馗中的是阴阳两界的判官,主管人鬼的生死去向,于是被人们俗称为"判子"。钟馗捉鬼,小有薄名,被称为"捉鬼天师"。相传他死后成仙,继续被天庭封为"天师",负责查清冤案，还之清白。百姓也把钟馗与秦琼等敬为门神，镇宅驱邪，保佑家宅平安。灵璧钟馗画有鲜明的地方特色：一是用手工形式绘制，比其他地方年画或门神用木板印制更自然，更自由，更珍贵；二是有身着官服，手执宝剑，剑眉虎眼，阔额虬髯的造型，粗犷雄强，威武逼人的特别面目；三是题材丰富多样，既有庄重威武的"驱邪降福""镇宅神判""正气神威""钟馗捉鬼"，也有诙谐的"钟馗醉酒"，喜庆的"钟馗嫁妹""福从天降"等；四是构图突出主体，钟馗形象外，其他只做点缀，上方常大片留白；五是绘制方法多样，有民间、工笔、写意等画法；六是着色爽快，大红大绿，对比强烈；七是有独特的标记，常在画面上方正中盖三方灵璧县印，呈上一下二正品字形排列，以证其真。传说灵璧为钟馗故里，因此民间认为灵璧的钟馗画比别处的更加有灵通神，被誉为"灵判"。2005 年，灵璧钟馗画被列入安徽省非物质文化遗产名录。

3. 鸟虫书（蝌蚪文）：是流传于宿州等地民间的书画结合的民间艺术。鸟虫书，也称"鸟虫篆""鸟书""虫书"，是先秦篆书的变体。鸟虫篆笔画作鸟虫形，即文字与鸟形、虫形融为一体，或在篆字旁与篆字的上下附加鸟形、虫形作装饰。虫书，其笔画故作蜿蜒盘曲之状，中部鼓起，首尾出尖，长脚下垂，犹如虫类身体弯曲。鸟书与虫书都是以篆书为基础演变而成的美术字体。郭沫若认为鸟虫书是"于审美意识之下所施之文饰也，其效用与花纹同。中国以文字为艺术品之习尚，当自此始"。蝌蚪文为虫书的一种，笔画改汉字的横平竖直为柔美的线条，头粗尾细，形似蝌蚪。秦以后篆字从主流字体地位退出，蝌蚪文也从装饰纹样沦落为民间艺术。现代能书蝌蚪文者少，而宿州有传承，书写手法夸张，高古雅致，有新奇的面貌。砀山蝌蚪文被列入市级非物质文化遗产名录。

4. 梅花篆字：流传于宿州等地民间的一种书画结合的工艺品。相传是在民国年间，山东惠民县人郭敬斋，因战乱流落到宿州古城蕲县，以卖画求生，并将祖传的梅花篆字技法在宿州流传开来。梅花篆字是在篆字的基础上，将梅花镶嵌字中，篆字与梅花巧妙地融为一体。梅花篆字将书法与绘画结合，色相艳丽，富有装饰性，适应人们爱梅、赏字的爱好。总体上说，梅花篆字与"花鸟字"类似，其前身也应是"鸟虫书"。与"花鸟字"相比，只不过其基干是"篆书"，装饰专用"梅花"而已。因一般人认为不常用的篆书难识难写，画梅也非易事，两者兼能更属不易，两者兼容更是非同寻常，所以过去宿州等地百姓夸奖某人有文化有能耐，常说他"能写一手梅花篆字"。更有甚者，说某人"双手能写梅花篆字"，当然就更不是凡人了。在梅花篆字流传过程中，为适应老百姓的文化水平和审美习惯，为制作的快捷方便，梅花篆字的制作者往往会对作为梅花篆字基干的篆书作"俗化"的处理，所书的篆字早已不再是规范的篆书。现代，为适应人们的知识结构和识认习惯，制作者则常将篆字转换成大众易于辨认的带有一定篆意的现代简化字楷书。梅花篆字、砀山梅花篆字分别被列入市级非物质文化遗产名录。

5. 花鸟字：是流传于宿州等地的书画结合的民间艺术，因所书汉字笔画多用花鸟图案表示而得名。因字是画成，故又名画字。又因字上常装饰龙凤图案，故又名龙凤字、龙凤书法。花鸟字从先秦鸟虫书发展演变而来。东汉蔡邕用板笔写"飞白书"以及历代艺人用"鸟虫书"为器物做装饰时，字的笔画图案你增我补，文字笔画被花鸟鱼虫等图案所代替，鸟虫书渐向花鸟字演变。书写者用毛笔、排笔，更常用木片、竹片等特制的工具，并列蘸上不同色彩，在较硬厚的纸张上行笔，正侧不停变化，横涂竖抹，上下翻飞，一气呵成，快速刷出粗细变化盘旋曲折的立体线条。现代花鸟字书写的内容多是人们所熟悉的吉祥美好语句，结构按行书的基本字形组成，字里藏画，线条流畅，富有节奏韵律，增强了文字的意趣；形式上生动饱满有装饰意味，色彩上红绿为主，五彩缤纷，艳如彩虹，有强烈的视觉吸引力，整体呈现喜庆吉祥等多种效果，因此受到人们的喜爱。

此外，被列入省级非物质文化遗产名录的还有萧县剪纸、灵璧磬石雕、砀山年画等，市级的还有灵璧剪纸钟馗、蝶翅画、埇桥剪纸、萧县碳精画、砀山烙画等。

（五）本土书画大家与宿州有关的名号

出生和活动于宿州的书画名家众多，限于本书体例，此处只能介绍几位署名称呼与本土地名有直接关系的书画家。

1. 龙城一士：书画家萧龙士名字的本意。萧龙士（1889—1990），原名品一，字翰云，安徽省萧县人。书画艺术家和美术教育家。1925年毕业于刘海粟创办的上海美术专科学校，受教于潘天寿、诸闻韵，求教于吴昌硕。

后与王子云、李可染等共创徐州美术学校。立志做"龙城画派"一士，遂易名为"龙士"。四十年代师从艺齐白石。书画上追八大山人和石涛，传扬"龙城画派"，为当代龙城画派的领军人物。下启江淮写意画派。擅画竹、梅、菊、松、兰草、荷花、牡丹、雁来红等题材，画风融南吴北齐于一体，儒雅酣畅，质朴淳厚，沉雄老辣。先后任萧县师范讲习所教师、萧县教育局教育委员、徐州艺术专科学校教师、萧县中学教师，中国美术家协会安徽分会名誉主席、安徽省书画院名誉院长，中国民主同盟盟员、省文史馆馆员、省人大代表和省政协常委。代表作品有《兰香四时》《香远益清》《雄鸡唱晓图》等，出版有《萧龙士画集》《萧龙士蕙兰册》《萧龙士百寿画集》《萧龙士百寿纪念集》《萧龙士书画集》和中国近现代名家画集《萧龙士》（大红袍）等。逝世时，追悼会上有挽联赞其为"龙城一士，士林钜龙"。

2. 宿城二梅：书画家梅雪峰、梅纯一父子二人的并称。梅雪峰(1888—1968)，名其藻，字鉴衡。著名书画家、篆刻家。安徽宿县东梅村人，祖籍安徽定远。先后任教宿县高等学校、安徽省立第四甲种农校等学校40余年。担任省第一届政协委员，省第二、三届人大代表，安徽省文联理事，安徽省文史馆馆员。早年长于山水，有巨幅画作《三峡归云图》《潇湘白云图》等，后以花鸟为主，喜画梅花、松柏、枇杷、荷花、水仙等。多次入选全国美术作品展。书法精于篆、隶，篆刻亦有成就。出版有《梅雪峰画集》等。梅纯一(1906—1997)，著名国画家。幼承家学，受教于其父梅雪峰，1930年入南京中央大学艺术系学习，师从吕凤子、徐悲鸿、陈之佛，潘玉良等人。其画以花鸟画见长，喜画梅花、松柏、金瓜、苍鹰、八哥等。作品有《春华秋实图》《梅花》《秋实图》等。画作构思奇巧、雄浑厚重、苍劲朴拙、充溢阳刚之气。先后在宿县省立中学、联合中学、毓秀女中、崇真中学、宿城一中及二中任教。为宿州师专艺术系副教授、中国美术家协会会员、安徽省美术家协会理事、宿县地区文联名誉主席。出版有《梅纯一画集》等。梅雪峰、梅纯一父子居宿州，以梅姓，且皆以画梅有嘉声，故有"宿州二梅"之称誉。

3. 老汪湖人：书法家李百忍之别署。李百忍（1927—1999），号蕴威，安徽宿州解集人，解集位于老汪湖，故有此别署。著名书法家，国家一级美术师。1950年至1952年就读于华东军大艺术系，1957进修于南京师范学院美术系，拜沈子善教授为师。曾任华东军区文化部文艺助理员，宿县地区文联主席，省政协书画社常务理事等。先后当选中国书协理事，安徽省书法家协会主席，第五、六届省政协委员，全国第六届文代会代表。行、草、篆、隶皆能。并工国画。善行书、精狂草。其行草结构奇险、中锋多变、圆笔方折、塔式方形、三角留白、气势磅礴、跌宕天成，别具面目。理论上提出了"二度创作"论（脱化生新和创作生新）。鉴于他为社会科学和文化事业做出的贡献，国务院分别于1992年和1994年为他颁发证书，同时享受国务院双份特殊津贴殊荣。出版有《楷书字帖》《书法初步》《李百忍书艺文录》《李百忍行草书法集》《李百忍书法艺术》《张旭与草书艺术》《书法艺术创作之我见》等。

（六）宿州的书画民谣

民间流传着各种各样的民谣，内容包罗万象，而有关书画的民谣在别处是很少有的。宿州民间流传的有关本土书画的民谣，多是反映风土人情、创作经验的顺口溜，从中可见宿州人热爱书画的风俗。择几例述之：

1."家有金银垛，没有书画不为阔"。流传在宿州一带的民谣。垛，指整齐地堆积成的堆，如麦垛、草垛等。家有金银垛，是说家里经济上非常富足，金银都堆积成垛了。但在宿州人看来，即便如此，家中如果没有书画也只是个土财主，算不上阔气。可见宿州人对书画艺术的热爱，对以书画为代表的文化的重视，对精神富有的追求。宿州人把物质的富有和精神的高贵分得很清楚。

2."一进屋门亮堂堂，中堂字画挂满墙。吴作樟坐中堂，张太平列两旁。"这是在清乾隆时期之后，萧县一带流传着的一首民谣。从中我们至少可以看到以下三点：

（1）宿州的书画风气。一是宿州书画的欣赏风气：宿州人喜爱书画，蔚成风气，有较为悠久的历史，已成为一种习俗传统。人不分尊贵贫贱，都很热爱书画，在他们所居之处总要布置些名人书画。"一进屋门亮堂堂，中堂字画挂满墙"，悬挂书画之后，官衙府邸不用说会平添些雅致文气；满墙书画，即使民居茅舍也会蓬荜生辉，给人"一进屋门亮堂堂"的感觉。从"挂满墙"也可见他们不厌其多的热爱程度。几百年来，宿州人热爱书画的习俗流传至今，且随着社会发展，有愈来愈盛的趋势，每逢结婚、过年、盖新房，人们总爱以书画相赠，作为最珍贵的礼品，从中可见宿州人不同凡俗的生活情趣和审美追求。二是宿州书画的创作风气：欣赏活动要以创作及作品为基础，创作活动与作品培养欣赏者及其审美情趣。创作与欣赏是互动的关系。从民谣的一二两句的"挂满墙"，也可以看到宿州出画家，能书善画者众。从三四两句可以看到，宿州人房间内布置的书画多是本地书画家创作的作品，欣赏的是有浓郁本地特色偏重豪放厚重一路的作品。吴作樟，据嘉庆十九年版《萧县志》记载：字文洁，号云邻，本邑古尚村人。幼即工染翰墨，长益涉百家，皆能得其意。尤善书，亦善画。他曾经客居从弟时任杭州太守吴作哲的杭州府署，巧遇郑燮（板桥）。燮故傲，睨然独善，作樟尝醉后属书擘窠大字，燮甚钦服。作樟书金陵佛寺"大雄宝殿"四字，径数尺，观者悚然。其子凤书、凤昭、凤祥三人和女婿张昌，受其教诲，均能书善画。尤其三子凤祥，字柳庵，以画竹出名，其墨竹酷似郑板桥之手笔。张太平：字拱辰，号乐园，别名银岭山樵。虽家世显达，然淡泊于功名利禄，隐居绥舆中，修筑亭园，藜杖芒鞋，徜徉山水，吟哦唱和，勤于丹青。书法师承颜鲁公，气魄宏大，功力深厚，且精于花鸟绘画，所作鸡、鸭、鸳鸯等栩栩如生，甚得天然的机趣。吴作樟与张太平为表兄弟，常应邀为乡亲作中堂、楹联。故一时有"吴作樟坐中堂，张太平列两旁"之语。

（2）宿州的书画布陈。"吴作樟坐中堂，张太平列两旁。"指吴作樟的中堂作品悬挂在堂屋的正中间，张太平的对幅作品分挂在中堂作品两旁。客观如实而又通俗形象地描述了当时本地室内书画陈设的格局，这也是古代居室正堂中国书画悬挂的标配。中国书画将料纸全开或比全开稍小而单独悬挂或并挂于对幅间之立轴条幅，通常称为"中堂"。"中堂"的内容可以是书法，也可以是绘画。而将料纸对开两幅大小相等的屏条成对悬挂者，通常称为"对幅"。"对幅"的内容如同"中堂"，可以是书法，也可以是绘画。如书法屏条对幅，称"字对"或"对联"。明清时，有两幅大小相等的绘画屏条成对悬挂，称"画对"。厅堂布置书画时，则需按尺幅大小、书画内容搭配，不能形制尺幅上中堂对幅同大小或内容上书画清一色。往往正中悬挂中堂立轴画，两边分挂"字对"；或中间悬挂中堂立轴书法，两侧悬挂"画对"。从"吴作樟坐中堂，张太平列两旁"这句民谣中，可见出宿州人不仅热爱书画，而且十分讲究书画装裱、悬挂的艺术，如同穿衣没有搭错，体现出宿州人书画审美的素养和能力。

（3）画家各有自己的擅长。相对而言，可能吴作樟更擅长书画大幅作品，张太平更擅长书画条幅作品。中堂，一般为一张整宣纸，尺幅比较大，需要创作者具有熟练的技法和整体把握作品布局的能力。条幅，一般为一张整宣纸对裁，相对小一些。中堂和条幅，不仅形制尺幅不同，而且创作规律和要求也有差异。

3."大宝家里画案大，全家围着练书画。爷爷挥笔《石门颂》，奶奶泼墨蟹鱼虾。爸爸勾染黄山松，妈妈工笔牡丹花。大宝画幅《八骏图》，奔向四个现代化。画乡人，爱书画，代代都是书画家。"这是一首20世纪80年代之后流传在萧县的一首民谣。从中我们可以看到改革开放之后，经济条件变好了，爱好书画的萧县人在家里添置了独特的家具大画案，一家三代围着画案练书习画，书法、绘画、工笔、写意，花鸟、山水，各有所好，形象地表现了书画之乡萧县人对书画的热爱，有鲜明的地域特征和时代特征。

4."竖用竹，横用花，鸟鱼替换撇捺，点换太阳蝴蝶小花，山水螺线画其他。"花鸟字的结构组合有一定的规律，即以文字为基本框架，将字的笔画用植物（竹、花、笋、松、梅等）、动物（鸟、鹰、鹤、蝶、蝙蝠、鱼、虾、蛙等）、自然景物（山、水、云、日、帆等）、想象传说事物（龙、凤等）和螺线等图案替代。此语为写花鸟字时，用动物、植物、山水、天体等形象图案替代汉字笔画的口诀，也是人们对花鸟字笔画巧妙地融字、画于一体的直观感受。

5."重切画山，轻扫画水。轻颤画龙身，重抖画螺线，前后错笔画成山。"此语为写花鸟字时，画动物、植物、山水、天体等形象图案的运笔方法，具体方法有切、扫、颤、抖、转、点、错笔等。

6."远看为花，近看为字，花中有字，字里藏花，花字相融。"梅花篆字的字里行间穿插梅花枝干，笔画周边或疏或密圈点镶嵌上不同角度的梅花作点缀，原本呆板单调的篆字笔画变得曼妙摇曳，婀娜多姿，色彩缤纷。此语为人们对梅花篆字花字相融、书画结合的直观感受，也是梅花篆字书写时要把握的准则及书写后应达到的独特效果。

7.“头如斗，国字脸；扫帚眉，鸭蛋眼；秤砣鼻，下端宽；血喷口，獠牙尖；络腮胡，耳毛翻；扬正气，眉宇间。”这是一首流传在灵璧县一带的关于灵璧钟馗画的民谣，概括了灵璧钟馗画中钟馗的面部特点，也可称为画钟馗头部的口诀。从中我们可以看到以下两点：

（1）灵璧钟馗画造型的特点："头如斗"，头大是古代中国人物画的特点，不像西画和现代美术那样写实，讲求人的头部与身体"站七坐五盘三半"的比例，尤其是画钟馗这种民间尊崇的亦人亦鬼亦神的人物，也要与古代《帝王图》画帝王一样，为突出其威严，头部要画得大一些；"国字脸"即方正脸型，为中国传统推崇的男性正派人物的标准面相，使人感觉大度，沉稳，有力量，通常被认为具有坚毅、刚强、果敢的性格；"扫帚眉、鸭蛋眼"，"扫帚眉"就是眉头聚在一起，眉尾却散得很开，像一支扫把的眉毛。"鸭蛋眼"，眼形大而圆，且眼珠白多黑少的眼睛，赫然有神。一般认为有这种眉眼的人个性强、脾气大、性格倔、爽直粗鲁，如李逵、张飞等形象都长着这样的眉眼；"秤砣鼻，下端宽"，指山根丰隆、鼻梁挺直、鼻翼饱满、端正沉稳的鼻型。一般认为这样鼻相的人，是自信心强，为人正直，宽厚大方、很靠得住的人；"血喷口，獠牙尖"，大而红的口，长而尖的牙，突出其狰狞恐怖、威武凶猛、让人望而生畏的一面，强调其驱鬼降魔的威力你，保佑善良平安的能力，目的在于给阴阳两界的魑魅魍魉等丑类以威慑；"络腮胡，耳毛翻"，从腮帮一直延伸到下巴的胡须名络腮胡。历史上，胡须厚重常被作为男子智慧、气力、气概、风度等的象征，如关公等的形象。耳毛不是顺势而下，而是与胡须一起向上翻扬，更增添形象的气势，令人想起中国绘画史上的"颊上三毛"的故事："顾长康画裴叔则，颊上益三毛。人问其故，顾曰：'裴楷俊朗有识具，正此是其识具。'看画者寻之，定觉益三毛如有神明，殊胜未安时。"当然，络腮胡也给人仪容不整、不修边幅等负面联想，这也与钟馗落魄文人的身份相合。

（2）灵璧钟馗画传神的要求：钟馗形象寄托了百姓的美好愿望，是正义、善良的化身，因此无论画其冠冕堂皇还是衣冠不整，都要有一身正气。这种正气在前述脸型、五官、胡须等形的一一描绘中要分别体现，正所谓"以形写神"；同时要"扬正气，眉宇间"，要求这种正气须在钟馗形象的眉宇间集中体现，正所谓"传神阿堵"。从上可见，灵璧钟馗画大胆夸张面部五官，面目狰狞，双目炯炯，鼻梁凸出，强调形象表情精神，与商周青铜器上的饕餮纹饰及后来百姓家大门上的门神年画异曲同工，这些形的特点、神的要求既符合传统文化，又适应百姓的民俗习惯和心理需求。

（七）有关宿州书画称誉的语词

1. 书画之乡：萧县的称誉。萧县有悠久的历史，春秋时期为萧国，秦置萧县至今，自古有"文献之邦"的美誉。萧县人书画源远流长，县境内出土的新石器和良渚文化的玉雕、彩陶，商周青铜器物上的图案和瑞兽图像，汉代以形写神的画像石刻，唐宋元时期"萧窑"陶瓷器物上的花鸟虫鱼，为萧县书画奠定了基础。明清以来，水墨写意大兴，萧县就出现了吴作樟、张太平、张逢臣、路荫南等卓越的书画家，作品都以浑厚豪放的风格见长。现代画家人才辈出，有法兰西学院艺术院终身院士朱德群，中国美协副主席刘开渠、教授王子云、王肇民、王青芳及安徽省美协名誉主席萧龙士等名扬海内外的一代大家和众多名家。受他们影响，萧县书画形成了深厚的群众基础，爱好者达3万多人，擅长书法丹青者达数千人，参加过县级以上展出者700多人，在市级以上报刊发表作品者达300多人，形成了一支规模浩大的民间书画队伍。各种规模的书画展经常举办，书画集出版近千部。书画社团众多，书画作品的风格多种多样。城区建有集书画创作、装裱、展览、交易、鉴赏于一体的书画艺术一条街。1980年，李苦禅为萧县题写了"国画之乡"的赞语，1981年，以"龙城画派"为基础，全国第一家县级画院——萧县书画院成立。鉴于萧县在美术事业特别是国画书法艺术方面所取得业绩，1993年，文化部命名萧县为"中国书画艺术之乡"。萧县农民画、萧县书画分别被列入省、市级非物质文化遗产名录。

2. 书法之乡：埇桥区的称誉。埇桥区历史悠久，文化底蕴厚重，书法艺术有渊源、有基础。因运河之便，宋代欧阳修、苏轼、蔡襄等文人大家多次行经停留，留下诗文墨宝，民间学书之风日盛；明清之交，周廷栋、贾善价、任柔节、牛北瞻等"埇上四子"及清知州高其佩、李清瑞等的书法名噪一时。受此遗风熏染，埇桥人历来崇尚书艺，民间能写善书者众多。新中国成立前后，有余松岭、梅雪峰、李亦庄等人书法名扬江淮。之后有李百忍、刘浚川、孟繁青、王少石、赵琦等知名书法大家。改革开放后，先后走出了李百忍、张良勋、李士杰等三任埇桥区籍贯的安徽省书法家协会主席。埇桥区现有中国书法家协会会员 20 余名，省级会员 200 余名，有 38 个基层书法家协会分会，会员多达 500 多人，形成了一支力量雄厚的书法创作队伍。具有一定水平的书法爱好者数千人，居全省之首。鉴于埇桥区弘扬中华传统书法艺术、对书法事业作出的贡献，经过严格的考察和评审，2008 年 3 月 22 日，中国书法家协会正式授予宿州市埇桥区"中国书法之乡"称号。此称号为全国首批全省首个。

3. 钟馗画之乡：灵璧县的称誉。钟馗的传说由来已久，有许多版本。一说钟馗的原型是从古代傩舞面具衍化嬗变而来。民间信奉钟馗为"镇宅祛灾，驱邪降福"之神，除夕、端午皆有悬挂钟馗画的习俗。灵璧钟馗画有悠久的历史，唐代吴道子给民间钟馗画画家以深远的影响。灵璧钟馗画始于宋，元祐年间灵璧置县时期，有一批画钟馗画的民间画家云集此地，初步形成钟馗画（民俗画）艺术中心。北宋画家杨斐所与灵璧画家友情深厚，传吴道子之法，为灵璧钟馗画奠定了良好的基础。南宋淮阴画家龚开，作钟馗形象怪诞，风格新奇，受其影响，灵璧钟馗画风为之一变。清初高其佩出任宿州知州，经常往来灵璧亲画钟馗画，提高了灵璧钟馗画创作水平。清代灵璧城内，画店林立，画商如云，乾隆《灵璧志略》记载当时盛况，"每岁可售数万纸"，"画工衣食于斯"。近代著名的民间钟馗画师有徐大前、王奎璧、翟光远、韩本贵等。1915 年，翟光远的钟馗画参加"巴拿马万国博览会"荣膺金奖，现收藏于故宫博物院。民国时期，全县有画店数十家。灵璧钟馗画技艺世代相传，现代擅长者众多，名家有尹玉麟、孙淮滨、赵英汉、陈光林等，在继承传统的基础上，表现技法有所创新。全县现有专营画店百余家。2003 年，文化部命名灵璧县为"中国民间艺术（钟馗画）之乡"。

方言反映特定的地域文化。宿州方言特有的书画语词显示出宿州地区特有的书画文化资源和特有的书画历史经验，也显示出宿州百姓特有的风土习俗、精神追求及心理积淀，是宿州社会文化生活一个重要方面的特殊反映。

（孟方撰稿）

八、宿州方言的鱼类词语及鱼文化

宿州地处黄河、淮河之间，是一个比较低洼的汇水之地，历史上曾是一望无际的茫茫湖水。千百年来逐步抬升成为低洼陆地，河、塘、沟、渠、汊密集网布，鱼资源非常丰富，人们在捕鱼、食鱼和用鱼祭祀等生产生活经历和相关言语活动中，给鱼注入了丰富多彩的民俗文化内涵，形成了一整套独特的鱼文化。宿州鱼类词语极为丰富，它映射着当地民俗文化的方方面面，涉及鱼的种类、渔具、捕鱼活动及鱼的烹制食用等，是宿州当地鱼文化及相关民俗文化的表征和载体。

（一）宿州方言中的鱼类词语

1. 鱼类词语

宿州当地的鱼类物种有：青鱼、草鱼、鲢鱼、鳙鱼、鲫鱼、鲤鱼、鳝鱼、鳜鱼、黑鱼、河蟹、虾、泥鳅、刀鳅、龟、鳖等等。其他水生动物有：青蛙、蟾蜍、水蚤、河螺、水蛭、蚂蟥等等。

当地方言中，部分鱼类的名称与其学名有很大不同。择其部分说明如下：

鲶鱼：鲇鱼。

麻泥丁子，学名船丁鱼，别名，爬地虎，一种小鱼，头宽身长，约十公分，爱趴地，味道鲜美。

火头：黑鱼。吃此鱼利于刀口愈合，当地动过手术的人，一般都会买来吃。

曹＝鱼：鲫鱼。当地奶水不足的女子，往往吃鲫鱼汤投奶，投奶即催奶。一般挑选若干巴掌大小的鲫鱼，洗净后整条放入盛有适量清水的锅中炖熟，即可食用。

刀鳅：一种形似泥鳅的鱼，细长，背上有一排刺。

混子：鲩鱼。

螺蛳混：青鱼。

鳌鲦子，学名条鲦，一般简称鳌子，一种柳叶鱼。很小，形体狭窄扁平，类似柳叶，鳞细整洁。当地一般将它杀过、洗干净后，用盐腌一段时间，取出晒干，放在鏊子上熥熟。

鮥鱼，也叫咯咯夜＝或角角夜＝，发出咯咯的叫声，学名黄颡鱼，肉嫩味鲜，当地人清炖或红烧。

胖头鱼，也叫黑鲢，学名鳙鱼。当地一般用它做鱼头尾汤。

白鲢，鲢鱼。

噘嘴鲢子，又叫花鲢或腰子，学名白丝鱼，当地一般清蒸。

鳊花，也叫鳊鱼，学名长春鳊。银白色，小头，大肚子，扁体，肉嫩味鲜。

季‟花鱼，学名鳜鱼。肉质细嫩，刺少而肉多，其肉呈瓣状，味道鲜美，鱼中之佳品。

葫芦片鱼，学名鳑鲏。

草鱼也叫草混，青混是青鱼，草鱼鳞小，青鱼鳞大；青鱼颜色比草鱼深，发青黑色；草鱼通常做开胃鱼头什么的，青鱼通常红烧。

其他水生动物的方言叫法与其学名也不一样，如：蜗里牛或蜗拉牛，学名螺蛳；歪歪或崴巴子，学名河蚌；花蛤蟆，学名青蛙；癞猴子，学名蟾蜍；长虫，学名蛇；等等。

2. 渔具词语

自古以来，宿州人一般都会捕鱼。捕鱼就要有渔具，渔具可谓五花八门，主要包括以下几种。

（1）渔网

"掇网子"，是最简单的渔网，圆形。将网穿在圆形的带有小把的铁圈上，绑一根长长的把子，站在岸边戳‟鱼。

"扒 [pa²¹²] 网子"，是一种半圆形的网。将网穿在带直边的半圆形铁圈上，小把在圆弧中心，绑一根长长的把子，站在岸边扒鱼。

"四支网"，一种长方形的网。用两根交叉的梁支起来，有把子。有一个配套工具，T 字形木杆，木杆头端有一可转动落于水面赶鱼或撸鱼的小竿子，用来把鱼往网里赶。

"撒网"，这种网比较长，上小底大，最下面缀有一圈铁脚子（奢侈点的用铜脚子），最上面有纲。撒出去成圆形，技术高的，可以根据地形撒成任意的形状。

还有一种叫"缳"的渔网，长方形，片状，四角有纲。这种网网眼大，阻力小，专门架设在湍急的河流上，能逮大鱼。

（2）虾笼

　　根据编制材料的不同，有竹编、柳编、蜡条编或苇篾编的虾笼，为长圆形，一头大，一头小，中间细，里面编有回笼，鱼儿只能进，不能出。有可能因形状像一个虾而得名，或因原来捕捉鱼虾的，是鱼虾笼的简称。

　　（3）罩

　　根据编制材料的不同，有竹编、蜡条编或铁丝编，圆台形状，上口小，底口大，上口编有一圈中间留有圆形缺口的线织网，以防鱼儿跳出来。捕鱼人双手持罩往水里一扣，扣在罩里的鱼儿就成了"瓮中之鳖"，任由你逮。

　　（4）渔叉

　　渔叉是铁制的，装木柄，有两齿，亦有三齿的，齿尖有回笼须。

　　（5）卡 [tɕhia⁴³⁴] 子

　　卡子是用大小长度约为火柴棒的一半左右的细竹枝削成的小签子。这种小签子两头尖，中间食指大小宽度的部分削掉只剩一层皮，富有弹性，可以弯过来，将两端尖头并在一起。

　　（6）渔钩

　　渔钩是垂钓时用于悬挂钓饵以吸引鱼上钩的工具。由柄头、钩柄、钩弯、钩尖、钩门、钩底六部分组成，每部分都有其特定的功能，是垂钓时的必备工具。现在渔钩种类繁多，有不锈钢的，有碳素材料的合金钢，大小型号分类也比较多。

　　3. 捕鱼词语

　　（1）掇 [tʂhuo²¹²] 鱼

　　捕鱼人拿着掇网子的手柄，站立岸边或船上，眼睛盯着水面，发现鱼后，立即伸出掇网子打捞。掇鱼时，动作要快，从水中快速捞出水面，若动作慢一点的话，鱼就跑掉了。

　　（2）扒 [pa²¹²] 鱼

　　捕鱼人拿着扒网子的手柄，站立岸边或船上，将扒网子伸入水中并触底，用力摁住，快速扒到水边，把鱼扒进拖在后面的网兜里，并提起来放到岸边倒出，让跟随捡鱼的人把鱼虾捡进筐篮里。这种捕鱼方式捉到的是蚂虾（虾子）、"麻泥丁"（爬地虎）、"蜗里牛"（田螺）、"歪歪"（河蚌）等。使用扒网比起掇网来有一定的技术性，扒网下到河心里往回扒的时候，既要有紧嘈慢网的速度，又不能中间停顿，要一直往岸边扒，若掌握不好，中间停顿下来，扒进网兜里的鱼就卧不住，会蹿出来逃离网兜，那样就前功尽弃了。

（3）赶鱼

捕鱼人左手架四支网，右手持 T 字形木杆，把鱼往四支网里赶。然后提网，拔下脖领上插的绰子，舀起网里的鱼往背后腰间系的鱼背篓里一倒。

（4）等鱼

一般在夏季汛期，小河小沟小渠流水潺潺，捕鱼人找到流水的河沟渠之较浅较窄处，从两岸向中间打堰，中间留出渔网或虾笼大小的缺口，在缺口放渔网或虾笼等渔具拦截鱼，这种方式就是等鱼。用虾笼拦截鱼时，将装有鱼饵的虾笼放上，大笼口对着上游，并在大笼口打上桩固定笼子。或晚上下笼，第二天清早起笼；或早上下笼，中午起笼，等等，关键看鱼量及捕鱼人的感觉。

（5）叉鱼

捕鱼人持叉，站立岸边或船上，见鱼即叉。此活儿最考验捕鱼人的眼力，不仅要从水花判断有没有鱼和鱼的大小，还要判断出鱼的运动方向，采取合适的提前出手时间，才能做到叉叉不空。

（6）罩鱼

捕鱼人入河中，双手握住渔罩，放入水中，稳好渔罩后，用手在渔罩内不停搅动。不一会儿，渔罩内的鱼儿被搅得晕头转向，便可一条一条把它们抓出来，装进鱼篓里。一般人们一字排开，依次向前方罩鱼。

（7）撒鱼

捕鱼人站在岸边或船上，将渔网举起，往河里、池塘里撒。技术高的，可以根据地形撒成任意的形状。然后，蹲在岸边，由远及近，连拉带拽，慢慢收网。"纲举目张"的成语即源于撒网。

（8）攉 [xuo^{212}] 鱼

打堰攉水逮鱼俗称攉鱼，就是看见某个水渠或沟的某个地方有鱼，可以在水沟里打道"堰"截住上游的水流，再在下边再打道"堰"，接着用盆或者水桶朝外舀水，直到把水舀干，捉到所有的鱼，这个过程就是攉鱼。

（9）卡鱼

将鱼卡子弯过来，套上一小截水草秸秆管子，中间塞进一粒麦子，上端用细绳子拴在长长的粗绳上。一根粗绳可以拴很多卡。鱼看到卡上的麦粒，就上去咬。水草秸秆做的管子一碰就断，卡的两端就会迅速弹开，撑住鱼的嘴。现在不用草秸秆管子了，将鱼卡子弯过来后，将两个尖尖的头直接插在麦粒上即可。

（10）钓鱼

一种使用钓竿、渔钩、渔线等工具，从江河湖海及水库中捕捉鱼类的活动。钓鱼曾是人类祖先获取食物的一种手段。随着生活条件的改善，钓鱼逐渐成为一种户外休闲、竞技均可的体育运动，男女老少都喜欢。钓鱼能亲近大自然，陶冶情操。钓鱼方法多种多样。

（11）诓鱼

河边诓鱼是小孩子常用的一种捕鱼方式。一般用一个旧洗脸盆或竹篮子、一块纱布、一条绳子和一个木棍，将纱布蒙上盆口或竹篮子，绕盆口或竹篮子口边系上绳子，绳子上端系上木棍，纱布中间再挖一个洞，诓鱼的工具就做成了；诓鱼时，在盆或竹篮子里放进滴上芝麻油的干粮、蚯蚓或骨头之类的食物，为使盆或竹篮子沉得快，再放进一块石头。过一段时间，将盆或竹篮子提起来，如果有鱼，拿出来即大功告成。

（12）逮螃蟹

逮螃蟹有摸螃蟹、掏螃蟹、钩螃蟹和照螃蟹等几种方法。摸螃蟹时，食指先摁它的壳背，再用拇指和中指卡它的两侧，才不被它的大钳子夹伤；掏螃蟹时，手伸进螃蟹洞窟里，巧妙地满把抓住蟹壳，大钳就夹不着人；钩螃蟹时，用一根略带弹性1米左右的竹竿，竿梢拴上一根长约1.5米的线绳，绳尾部拴上鸡鸭内脏或猪肉等钓饵，将饵甩入水中，使之沉底，将竿插入岸边，人在岸边来回巡视，一旦发现绳被拉直，即可轻轻提竿，待螃蟹即将提出水面时，迅速用网从水下捞出；照螃蟹，螃蟹喜欢光亮，在螃蟹夜间出没的岸边，用马灯或其他光源照岸边，待到螃蟹来集聚，及时捕捉。

后来，又有一些捕鱼者利用蓄电池，配上一些渔具，非法进行电鱼。

（二）宿州方言中的鱼文化

"鱼文化"在宿州人的饮食、风俗、器物等方面都有所表现。在表现为各种生熟美食的同时反映出了鱼的餐饮文化；在表现为各种鱼俗语、鱼图案的同时演化出了鱼的风俗文化；在表现为各种鱼佩饰、鱼造型的同时展现出了鱼的器物文化。

1. 鱼的餐饮文化

鱼的烹调方法，传统的有烩、烧、炖、蒸、煎、炸、腌方法等，例如：熬鱼、做葡萄鱼、烧杂鱼（几种鱼混在一起烧）、清蒸、老味鲤鱼（鲤鱼裹上面粉油炸后再红烧）、熏鱼、糖醋鱼、烧鱼块、烧万鱼（烧鱼子）等。还将鱼与其他食材一起，烹制成曹"鱼喝"饼（烧鲫鱼时锅周边贴上小面饼）、鱼炖豆腐、鱼咬羊、泥鳅钻豆腐、白萝卜鱼头汤等，别有一番风味。

铁板鱿鱼是当地传统的一道街边小吃，是用铁板把鱿鱼煎熟后，再用铁铲将鱿鱼切段，然后抹上特制酱做成。奶汁肥王鱼是用产自凤台县黑龙潭的肥王鱼配多种调味料精制而成，亦汤亦菜，汤汁乳白，具有"鲜、嫩、滑、爽"等特点，营养丰富，特别适合滋补食用。另外，浍河鲤鱼、香炸琵琶虾等也是当地名菜。

平常吃饭、宴请嘉宾都少不了鱼，当地有"无鱼不成席"的说法。因"鱼"与"余"同音，往往又象征吉祥物，如鲤鱼寓"得利有余"，鲢鱼寓"连年有余"，鳜鱼寓"富贵有余"。这些都是民族千百年来形成的情结，所以吃鱼也就有了很多的习俗。

大年三十吃年饭，不能缺少鱼，通常烧全鱼，寓意"年年有余"。吃法有讲究：从鱼头吃起，顺着吃到鱼尾，寓意"头尾顺利"；吃鱼不吃头尾，寓意"有头有尾"；端上桌只看不吃，或者不吃光，剩下一点，寓意"年年有余"；鲫鱼与鲤鱼同吃寓意大吉（鲫）大利（鲤）；吃鲢鱼寓意着连子连孙，等等。

当地还有"食鱼无反"之俗，就是吃鱼时不要翻转，因从前宿州境内湖泊众多，先人主要靠捕鱼为生，渔民忌讳，担心捕鱼时"翻船"。因此，吃鱼时不能说"翻"，图个吉利。流传到现在，捕鱼人不多了，但开车人多了，这个风俗仍在流传。

宴请宾客时，鱼作为一道主菜，意味着"连年有余"。当地有"喝鱼头尾"的习俗。酒鱼上桌要将鱼头朝向主宾，鱼尾对末席或称为（主）陪席，要喝头三尾四酒，即鱼头对着者喝三杯，鱼尾对着者喝四杯。接着，喝鱼头酒者（主宾）首先动筷夹鱼吃表示谢意（所谓"剪彩"），随后大家才可以动筷夹鱼吃。此后，喝鱼头酒者（主宾）相继变着花样把鱼眼、鱼脸、背鳍等不同部位敬献众人，分别说"高看一眼""给个面子""一帆风顺"等祝词，请各喝一杯或几杯，目的就在于让大家多喝几杯酒，以助酒兴。据传鱼头酒起源于宋朝开国皇帝赵匡胤。另外，还有鱼端上桌时的摆放，鱼头对着谁、尾对着谁，都有一定的讲究，而且摆下后不可再端动。

2. 鱼的风俗文化

在当地民俗文化中，处处可见鱼的踪迹，它是一个流传极广，又传为佳话的装饰形象，尤其是鲤鱼、鳜鱼和鲶鱼。因"鲤"与"利""礼"谐音，"鱼"与"余"谐音，吉祥图案"渔翁得利"、"吉庆有余"等中的主角都是鲤鱼。因"鳜"与"贵"谐音，吉祥图案"富贵有余"等中的主角都是鳜鱼。因"鲶"与"年"谐音，"橘"与"吉"谐音，吉祥图案"年年吉祥"中的主角是鲶鱼。吉祥图案"连年有余"图，是莲花与鲤鱼组成，借莲与"连"、鱼与"余"的谐音，表示生活优裕、财富有余的观念；"双鱼富贵"图，是以两条鲤鱼与盛开的牡丹花组合，寓意勃勃生机，给人们带来幸福美满、和谐昌盛之意；"双鱼戏珠"图，是用两条鱼、宝珠和浪花相组合，"珠"是财富的象征，浪花比喻财源滚滚来，有生意兴隆、得利丰厚之寓意。

鲤鱼作为礼物送人的习俗由来已久。春秋时，孔子的妻子生了个儿子，鲁国国君昭公闻之后随即派人送鲤鱼一条去贺喜。孔子感到十分荣耀，便给儿子取名为"鲤"，字伯鱼。从此，该风俗便延续下来。春节，男方给女方家送的礼物中要有鲤鱼；迎娶新娘的"四捎礼"中要有鲤鱼；送给媒人的答谢礼中要有鲤鱼；当地有"六十六吃块肉，七十三吃条鲤鱼猛一窜[tshuæ212]，七十七吃只鸡，八十八吃只鸭"之说，其中"七十三吃条鲤鱼猛一窜"，指老人七十三岁时，闺女要买条鲤鱼（须一顿能吃完的）给他（她）吃，让老人猛一窜，以跨过民间流传的 "七十三八十四阎王不接自己去"这道生死关。旧时，子女送鲤鱼给年到七十三岁的父母时须跨过院墙进家。

鲤鱼善跳跃。《本草纲目》说："鲤鱼为诸鱼之长，形状可爱，能神变，常飞跃江湖。"因此民间有"鲤鱼跳龙门"的传说并演化出"鱼龙变化"的成语。"鲤鱼跃龙门"为仕途得意、飞黄腾达的祝吉语。把形容夫妇恩爱和人对环境的谐调及事业的顺利，比喻为"如鱼得水"。把数尾金鱼与池塘、水草相组合，谓之"金玉满堂"，这是以"金鱼"谐"金玉"，是形容财富极多，也以此誉称家庭富有和有才学的人。

　　由于鱼有超强的繁殖能力，产卵多多，成活率高，有"多子多福""人丁兴旺"之意，在民间人们就借鱼来祝吉求子，作为生育繁衍的象征，或借鱼来谋求家族人多势盛。鱼崇拜背后的秘密实乃生殖崇拜。于是，也就产生了用多子的莲蓬、荷花、童子与鲤鱼组合成如"鲤鱼戏莲""童子抱鱼""童子骑鱼""鲤鱼撒子"等各种图案，多用在婚礼和生子的喜庆场合。

　　3. 鱼的器物文化

　　鱼是水生动物，它给予人类的感觉首先是形态美。大大的眼睛，圆圆的嘴，健壮的身体上有斑纹清晰的鱼鳞，在阳光下能炫耀出金色的亮光，这就是人们心目中鱼的形象。正因为鱼类具备这些特定的美，所以历来受到人们的喜爱和赞扬。

　　鱼纹饰图如石刻、木雕、玉雕、彩陶、纺织、刺绣和剪纸等工艺作品中，众多的鱼形，其形态生动，造型优美，都成为民间器物中的珍品。从鱼形缸、杯子，到鱼纹门锁、鱼形建筑等，都参考了鱼的天然造型；从鱼形编织器、鱼形木雕，到鱼形大理石雕刻、各种鱼形构件、鱼形雕塑等，都具有鱼的美术形态；从民间的鱼形花灯、鱼形剪纸、鱼形气球，到现代人们佩戴的各种鱼形装饰等等，无不带有强烈的鱼文化色彩。

　　鱼的"不瞑目""不离水"两大特性，被古人赋予了辟邪的含义，因此鱼也成为人们眼里守财、看家的符号，鱼不只是祥瑞之物，还是守护之神、镇宅之宝。钥匙和锁一般做成鱼形，就是利用鱼"不瞑目"的神性；门上的扣环，多有鱼饰作镇邪物；屋门、柜门、箱门等，大都有鱼形拉手，以示镇邪的功能。又因鱼长年生活在水中，所以在防火设计方面，建筑上面往往做出鱼的形象，取义"如鱼得水"，而"水克火"，能防火消灾。另外，鱼吃完后，取一些比较大的鱼骨头，串绳系于小孩手腕之上，以趋凶避邪，有防小孩惊吓、纳福纳禄之作用。

　　宿州市灵璧县是奇石之乡，灵璧石中各种形态、大小不一的鱼形石，尤受人们喜爱，作为案头装饰之物，这都是当地鱼文化的体现。

　　4. 本地与鱼有关的谚语和歇后语

　　（1）与鱼有关的谚语

　　鱼跳水，雨要来。

逮鱼摸虾，误了庄稼。

钓鱼要忍，拿鱼要狠。

臭鱼烂虾，送命冤家。

一条鱼腥一锅汤／一条鱼满锅腥。

鱼与熊掌，不可兼得。

水至清无鱼，水太浑走人。

放长线，钓大鱼。

任凭风浪起，稳坐钓鱼台。

哪有猫不吃鱼的／猫哪有不吃鱼的。

渔夫赶上鱼汛，猎手赶上兽群。

鱼不可离水，虎不可离岗。

虎不怕山高，鱼不怕水深。

活到七十三，吃闺女鲤鱼猛一窜。

不是鱼死，就是网破。

三天打鱼，两天晒网。

大鱼吃小鱼，小鱼吃虾米。

鱼找鱼，虾找虾，乌龟爱王八。

卖鱼人吃鱼肠，买鱼人吃鱼王。

一手拿不住两条鱼。

鲤鱼跳龙门。

又想吃鱼又怕腥。

不要浑水摸鱼。

贪食的鱼儿易上钩。

无风不钓鱼。

池里无鱼虾为大。

小鱼掀不起大浪。

到了网中都是鱼。

水清鱼自现。

如鱼得水。

（2）与鱼有关的歇后语

姜太公钓鱼——愿者上钩。

嗓子眼里卡鱼刺——上不上，下不下。

摸到泥鳅当鳝鱼——不知长短。

吃鱼不吐骨头——说话带刺儿。

鳄鱼流眼泪——假慈悲。

打鱼的网——心眼儿多（比喻很有心计）。

猫爪伸到鱼缸里——想捞一把。

猫不吃鱼——假斯文。

猫窝里藏干鱼——靠不住（不可靠）。

猫不吃咸鱼——假正经（假装正经）。

见猫就给鱼——投其所好。

猫嘴里掏泥鳅——夺人所好。

古老的鱼风鱼俗，是人们在长期社会实践和特定心理基础上逐渐形成的、将某些自然事物和文化事物视作吉祥的观念信仰。它看似是一种形式，实则表现了人们向往吉祥幸福、追求美好的情感和愿望。

（李鸿、唐爱华　撰稿）

第三节　宿州方言分类词表

说明：

（一）本词汇表收集的宿州市埇桥区方言词汇，按意义分为 28 类。词语的分类和排序基本依照中国社会科学院语言研究所方言研究室资料室编制的《汉语方言词语调查条目表》（《方言》2003 年第 1 期），不过具体条目有所增删。上文已经说过的条目本词汇表酌情收录。

（二）每条词先写汉字，后用国际音标注音，难理解的词条在标音后面加注释。对同音词或多义词进行解释时，不同的义项都用圆圈数码①②③标示。

（三）同义词排在一起，第一条顶格，其他各条都分行退格排列。

（四）词条里可有可无的字和音都加圆括弧表示。

（五）有些词本音不详，写的是同音字，在字右上角加"="表示。无同音字可写的，用方框"□"表示。

（六）条目后的括号内的"老"表示老的说法，"新"表示新起的说法。

（七）此表内容的排列顺序：天文、地理、时令时间、农业、植物、动物、房舍、器具用品、称谓、亲属、身体、疾病医疗、衣服穿戴、饮食、红白大事、日常生活、讼事、交际、商业交通、文化教育、文体活动、动作、位置、代词、形容词、副词介词、量词、数字等。

一、天文

太阳　$thæi^{42}iaŋ^0$

太阳地儿　$thæi^{42}iaŋ^0tir^{42}$　太阳照到的地方

　太阳地下　$thæi^{42}iaŋ^0ti^{42}çia^0$

朝阳　$tʂhɔ^{42}iaŋ^{55}$　向阳

背阴　$pei^{42}iɛ̃^{212}$

（日）蚀（喽）　$zֽ̩^{212-21}ʂ̩^{55}ləu^0$　日食

　天狗吃太阳　$thiæ̃^{212-21}kəu^{434}tʂʰ̩^{212-21}thæi^{42}iaŋ^0$

太阳晒耳　thæi⁴²iaŋ⁰ʂæi⁴²ər⁴³⁴　日晕

太阳光　thæi⁴²iaŋ⁰kuaŋ²¹²　阳光

月亮　yo²¹²⁻²ˡliaŋ⁰

　月朗ᵑ娘（老）　yo²¹²⁻²ˡlaŋ⁴³⁴⁻⁴⁴niaŋ⁰

月朗ᵑ地儿　yo²¹²⁻²ˡlaŋ⁰tir⁴²　月亮地儿（月亮照到的地方）

月食　yo²¹²⁻²ˡʂ̩⁵⁵

　天狗吃月朗ᵑ娘　thiæ̃²¹²⁻²ˡkəu⁴³⁴tʂʂ̩²¹²⁻²ˡyo²¹²⁻²ˡlaŋ⁴³⁴⁻⁴⁴niaŋ⁰

风圈　fəŋ²¹²⁻²⁴tɕyæ̃²¹²　月晕

星　ɕiŋ²¹²　星星

星宿　ɕiŋ²¹²⁻²⁴ɕy²¹²

勺子星　ʂuo⁵⁵tsʐ̩⁰ɕiŋ²¹²　北斗星

　把子星　pa⁴²tsʐ̩⁰ɕiŋ²¹²

大晃晃　ta⁴²xuaŋ⁴³⁴⁻³⁴xuaŋ⁰　启明星

天河　thiæ̃²¹²⁻²ˡxɤ⁵⁵　银河

拉油星　la²¹²⁻²ˡiəu⁵⁵ɕiŋ²¹²　流星（名词）

　贼星　tsei⁵⁵ɕiŋ²¹²

扫帚星　sɑɔ⁴²tʂu⁰ɕiŋ²¹²　彗星

地震　ti⁴²tʂẽ⁴²

　地动　ti⁴²tuŋ⁴²

风　fəŋ²¹²

大风　ta⁴²fəŋ²¹²

狂风　khuaŋ⁵⁵fəŋ²¹²

　恶风　ɣɤ²¹²⁻²⁴fəŋ²¹²

小风　ɕiɑɔ⁴³⁴⁻⁴⁴fəŋ²¹²　微风

旋风　suæ̃⁵⁵fəŋ²¹²

飕飕的风　səu⁴³⁴⁻³⁴səu⁰ti⁰fəŋ²¹²

飗飗的风　liəu²¹²⁻²⁴liəu⁰ti⁰fəŋ²¹²

迎风　iŋ⁵⁵fəŋ²¹²　顶风

顺风　ʂuẽ⁴²fəŋ²¹²

刮风　kua²¹²⁻²ˡfəŋ²¹²

风歇喽　fəŋ²¹²⁻²⁴tɕiɛ²¹²⁻²¹ləu⁰　风停了
　不刮喽　pu²¹²⁻²⁴kua²¹²⁻²¹ləu⁰
云彩　ỹẽ⁵⁵tshæi⁰　云
钩子云　kəu²¹²⁻²¹tsʅ⁰ỹẽ⁵⁵　像钩子的云彩
馒头云　mæ̃⁵⁵thəu⁰ỹẽ⁵⁵　像馒头的云彩
鱼鳞云　y⁵⁵liẽ⁵⁵ỹẽ⁵⁵　像鱼鳞的云彩
黑云　xei²¹²⁻²¹ỹẽ⁵⁵
乌云　u²¹²⁻²¹ỹẽ⁵⁵
烧霞喽　ʂɑɔ²¹²⁻²¹ɕia⁵⁵ləu⁰　火烧天
朝霞　tʂɑɔ²¹²⁻²¹ɕia⁵⁵　早霞
晚霞　uæ̃⁴³⁴⁻⁴⁴ɕia⁵⁵
雷　lei⁵⁵
打雷　ta⁴³⁴⁻⁴⁴lei⁵⁵
雷劈喽　lei⁵⁵phi²¹²⁻²¹ləu⁰　雷打了（大树被～）
打闪　ta⁴³⁴⁻³⁴ʂæ⁴³⁴　闪电
打炸雷　ta⁴³⁴⁻³⁴tʂa⁴²lei⁵⁵　响雷
打钩子闪打炸雷　ta⁴³⁴⁻⁴⁴kəu²¹²⁻²¹tsʅ⁰tʂæ̃⁴³⁴⁻³⁴ ta⁴³⁴⁻³⁴tʂa⁴²lei⁵⁵　电闪雷鸣
雨　y⁴³⁴
下雨啦／喽　ɕia⁴²y⁴³⁴la⁰/ləu⁰　下雨了
滴点喽　ti²¹²⁻²¹tiæ⁴³⁴⁻³⁴lɤ⁰ləu⁰　掉点（了）
小雨儿　ɕiɑɔ⁴³⁴⁻³⁴yr⁴³⁴　小雨
雾毛雨　u⁴²mɑɔ⁵⁵y⁴³⁴　毛毛雨
大雨　ta⁴²y⁴³⁴
暴雨　pɑɔ⁴²y⁴³⁴
连阴雨　liæ̃⁵⁵iẽ²¹²⁻²¹y⁴³⁴　接连多日阴雨
雷暴阵　lei⁵⁵pɑɔ⁴²tʂẽ⁴²　雷阵雨
面条子雨　miæ̃⁵⁵tthiɑɔ⁵⁵sʅ⁰y⁴³⁴　中雨，像下面条一样不断溜的雨
不下喽　pu²¹²⁻²¹ɕia⁴²ləu⁰　雨停了
虹　tɕiaŋ⁴²
出虹喽　tʂhu²¹²⁻²¹tɕiaŋ⁴²ləu⁰　出彩虹了

彩虹　tshæi⁴³⁴⁻⁴⁴xuŋ⁵⁵

淋着喽　liẽ⁵⁵tʂuo⁰ ləu⁰　淋雨了

冰凌　piẽ⁵⁵liŋ⁰　冰

　冬凉　tuŋ²¹²⁻²¹ liaŋ⁵⁵

琉琉　liəu⁵⁵liəu⁰　冰锥(挂在屋檐下的)

挂琉琉　kua⁴²liəu⁵⁵liəu⁰

上冻　ʂaŋ⁴²tuŋ⁴²　结冰

冷子　ləŋ⁴³⁴⁻³⁴tsɿ⁰　雹子

雪　suo²¹²

下雪　ɕia⁴²suo²¹²

小雪　siɑɔ⁴³⁴⁻⁴⁴suo²¹²

大雪　ta⁴²suo²¹²

鹅毛大片　ɣɤ⁵⁵mɑɔ⁵⁵ta⁴²phiæ̃⁴²　鹅毛大雪

盐粒子　iæ̃⁵⁵li²¹²⁻²¹tsɿ⁰　雪珠子(米粒状的雪)

雨夹雪　y⁴³⁴⁻⁴⁴tɕia²¹²⁻²⁴suo²¹²

雪化喽 suo²¹²⁻²¹xua⁴²ləu⁰　化雪了

露水　lu⁴²ʂuei⁴³⁴　露

上露　ʂɑŋ⁴²lu⁴²　下露

霜　ʂuɑŋ²¹²　霜

甜霜　thiæ̃⁵⁵ʂuaŋ²¹²　天刚冷时上的霜,轻微的霜

苦霜　khu⁴³⁴⁻⁴⁴ʂuaŋ²¹²　严霜,重霜

下霜　ɕia⁴²ʂuaŋ²¹²

雾　u⁴²

上雾　ʂaŋ⁴²u⁴²　起雾

雾散喽　u⁴² ʂæ̃⁴² ləu⁰　雾散了

天气　thiæ̃²¹²⁻²¹tɕhi⁴²　最近～不太好

　天　thiæ̃²¹²

晴天　tɕhiŋ⁵⁵thiæ̃²¹²

大晴天　ta⁴²tɕhiŋ⁵⁵thiæ̃²¹²

阴天　iẽ²¹²⁻²⁴thiæ̃²¹²

149

月黑头加阴天　yo²¹²⁻²⁴xei²¹²⁻²¹thəu⁵⁵tɕia²¹²⁻²¹i iẽ²¹²⁻²⁴thiæ̃²¹²　阴天的漆黑夜晚

热　zɤ²¹²　天气～

冷　ləŋ⁴³⁴　天气～

伏天　fu⁵⁵ thiæ̃²¹²

入伏　zu²¹²⁻²¹ fu⁵⁵

头伏　thəu⁵⁵ fu⁵⁵　初伏

中伏　tʂuŋ²¹²⁻²¹ fu⁵⁵

二伏　ər⁴² fu⁵⁵

三伏　sæ̃²¹²⁻²¹ fu⁵⁵　末伏

旱　xæ̃⁴²　天旱

淹喽　iæ̃²¹²ləu⁰　涝了

二、地理

平原　phiŋ⁵⁵yæ̃⁵⁵

平地　phiŋ⁵⁵ti⁴²

旱地　xæ̃⁴² ti⁴²

地　ti⁴²

庄稼地　tʂuɑŋ²¹²⁻²¹tɕia⁰ti⁴²

湖　xu⁵⁵　大面积农田叫"湖"（下～干活）

稻田　tɑɔ⁴² thiæ̃⁵⁵　水田

　稻地　tɑɔ⁴²ti⁴²

（菜）园子　tshæi⁴² yæ̃⁵⁵ tsɿ⁰　菜地

乱尸岗子　luæ̃⁴² ʂɿ²¹¹²⁻²¹ kɑŋ⁴³⁴⁻³⁴ tsɿ⁰　集中埋葬死者的场所

荒子　xuɑŋ²¹²⁻²¹ tsɿ⁰　荒地

礓泥拌子　tɕiɑŋ²¹²⁻²¹ ni⁵⁵ pæ̃⁴² tsɿ⁰　结成块的黏土

砂姜地　ʂa²¹²⁻²⁴ tɕiɑŋ²¹²⁻²¹ ti⁴²　含砂和姜石的土地

沙土地　ʂa²¹²⁻²⁴ thu⁴³⁴⁻³⁴ti⁴²

淤土地　yu²¹²⁻²¹thu⁴³⁴⁻³⁴ti⁴²　黑土地（淤泥土地）

坡地　pho²¹²⁻²¹ti⁴²

盐碱地　iæ̃⁵⁵tɕiæ̃⁴³⁴⁻³⁴ti⁴²

河滩地　xɤ⁵⁵tæ̃²¹²⁻²¹ti⁴²　滩地

山地　ʂæ̃²¹²⁻²¹ti⁴²　山上的农业用地

山　ʂæ̃²¹²

山二膀子　ʂæ̃²¹²⁻²¹ər⁴²phaŋ⁴³⁴⁻³⁴tsʐ̩⁰　山腰

山根儿　ʂæ̃²¹²⁻²⁴kẽr²¹²　山脚

　山根下　ʂæ̃²¹²⁻²⁴kẽr²¹²⁻²¹tɕia⁰

山坳　ʂæ̃²¹²⁻²¹ɣɑo⁴²　（山间的平地）

山沟　ʂæ̃²¹²⁻²⁴kəu²¹²　山涧（两山夹水）

山尖子　ʂæ̃²¹²⁻²⁴tsiæ̃²¹²⁻²¹tsʐ̩⁰　山头（山的顶部）

　山顶　ʂæ̃²¹²⁻²¹tiŋ⁴³⁴

地塄沟子　ti⁴²ʂaŋ²¹²⁻²⁴kəu²¹²⁻²¹tsʐ̩⁰　两块地之间的小界沟

河　xɤ⁵⁵

河来　xɤ⁵⁵lai⁰　河里：掉～了

　河里　xɤ⁵⁵li⁰

水沟　ʂuei⁴³⁴⁻⁴⁴kəu²¹²　水渠

　沟　kəu²¹²

淌水沟　thaŋ⁴³⁴⁻³⁴ʂuei⁴³⁴⁻⁴⁴kəu²¹²　小水沟

湖　xu⁵⁵　①被陆地围着的大片积水；②大面积农田叫"湖"

汪　uaŋ²¹²　小池塘

沟湾　kəu²¹²⁻²⁴uæ̃²¹²　水塘，水坑

池窝子　tʂʰʐ̩⁵⁵uo²¹²⁻²¹tsʐ̩⁰　小水池

海　xæi⁴³⁴

河沿儿　xɤ⁵⁵iæ̃r⁵⁵　河岸

大堤　ta⁴²ti²¹²　堤（沿河或沿海防水的建筑物）

坝子　pa⁴²tsʐ̩⁰　坝（河中拦水的建筑物）

河滩　xɤ⁵⁵tæ̃²¹²

水　ʂuei⁴³⁴

干净水　kæ̃²¹²⁻²¹tɕiŋ⁴²ʂuei⁴³⁴　清水

泥汁子水　ni⁵⁵tʂʐ̩²¹¹⁻²¹tsʐ̩⁰ʂuei⁴³⁴　浑水

雨水　y⁴³⁴⁻³⁴ʂuei⁴³⁴

泉水　tsuæ̃⁵⁵ ʂuei⁴³⁴

大水　ta⁴² ʂuei⁴³⁴　洪水：发～

凉水　liɑŋ⁵⁵ ʂuei⁴³⁴

冷水　ləŋ⁴³⁴⁻³⁴ ʂuei⁴³⁴

热水　zɤ²¹²⁻²¹ ʂuei⁴³⁴

温乎水　ue²¹¹⁻²¹ xu⁵⁵ ʂuei⁴³⁴　温水

开水　khæi²¹²⁻²¹ ʂuei⁴³⁴　煮沸的水

滚开水　kuẽ⁴³⁴⁻⁴⁴ khæi²¹²⁻²¹ ʂuei⁴³⁴

白开水　pei⁵⁵khæi²¹²⁻²¹ ʂuei⁴³⁴

　茶（旧）　tsha⁵⁵

开茶　khæi²¹²⁻²¹ ʂuei⁴³⁴　开水

凉茶　liɑŋ⁵⁵tsha⁵⁵

热茶　zɤ²¹²⁻²¹tsha⁵⁵

茶叶茶　tsha⁵⁵iɛ²¹²⁻²¹ tsha⁵⁵　茶叶泡的茶

石头　ʂʅ⁵⁵thəu⁰

大石头　ta⁴² ʂʅ⁵⁵thəu⁰　大石块

小石头　ɕiɑɔ⁴³⁴⁻⁴⁴ ʂʅ⁵⁵thəu⁰　小石块

条石　thiɑɔ⁵⁵ ʂʅ⁵⁵　条状的石块

板石　pæ̃⁴³⁴⁻⁴⁴ ʂʅ⁵⁵　板状的石块

料石　liɑɔ⁴² ʂʅ⁵⁵　加工过的石头

毛石　mɑɔ⁵⁵ ʂʅ⁵⁵　开采出来待进一步加工的石头

沙子　ʂa²¹²⁻²¹ tsʅ⁰

沙土　ʂa²¹²⁻²¹ thu⁴³⁴　含沙很多的土

面沙　miæ⁴² ʂa²¹²　含有大量粉状细沙的土

沙滩　ʂa²¹²⁻²¹ tæ̃²¹²

坷垃头子　khɤ la⁰thəu⁵⁵ tsʅ⁰　土块

土垃　thu⁴³⁴⁻⁴⁴ la²¹²/la⁰　土

土坯　thu⁴³⁴⁻⁴⁴ phi²¹²

砖坯　tʂuæ̃²¹²⁻²⁴ phi²¹²

砖　tʂuæ̃²¹²

整砖　tʂən⁴³⁴⁻⁴⁴ tʂuæ̃²¹²

半截砖　pæ̃⁴²tɕiɛ⁵⁵ tʂuæ̃²¹²

砖头子　tʂuæ̃²¹²thəu⁵⁵tsʅ⁰　碎砖

方砖　faŋ²¹²⁻²⁴ tʂuæ̃²¹²

花砖　xua²¹²⁻²⁴ tʂuæ̃²¹²

空心砖　khuŋ²¹²⁻²¹siɛ̃²¹²⁻²⁴ tʂuæ̃²¹²

城墙砖　tʂən⁵⁵tɕhiaŋ⁵⁵ tʂuæ̃²¹²

瓦　ua⁴³⁴

平瓦　phiŋ⁵⁵ ua⁴³⁴

脊瓦　tɕi²¹²⁻²¹ ua⁴³⁴

小瓦　ɕiɑɔ⁴³⁴⁻³⁴ ua⁴³⁴

筒瓦　thuŋ⁵⁵ ua⁴³⁴

琉璃瓦　liəu⁵⁵li⁰ua⁴³⁴

瓦当　ua⁴³⁴taŋ⁰

瓦片子　ua⁴³⁴⁻³⁵phiæ̃⁴²tsʅ⁰　碎瓦

灰　xuei²¹²　①灰尘；②身上的污垢；③建筑用的水泥或混凝土；④草木灰

青灰　tɕhiɛ̃²¹²⁻²⁴xuei²¹²　草木灰

醭⁼土　pu⁵⁵thu⁴³⁴　灰尘：～～杠烟（尘土飞扬）

泥　ni⁵⁵

稀泥糊子　ɕi²¹²⁻²¹ni⁵⁵xu²¹²tsʅ⁰　烂泥

金子　tɕiɛ̃²¹²⁻²¹ tsʅ⁰　金

狗头金　kəu⁴³⁴⁻⁴⁴thəu⁵⁵tɕiɛ̃²¹²　天然块金矿石通称，因形似狗头而得名

银子　iɛ̃⁵⁵ tsʅ⁰　银

铜　thuŋ⁵⁵

铁　thiɛ²¹²

锡　ɕi²¹²

铅　tɕhiæ̃²¹²

炭　thæ̃⁴²　煤

烟炭　iæ̃²¹²⁻²¹ thæ̃⁴²　有烟煤

无烟炭　u⁵⁵iæ̃²¹²⁻²¹ thæ̃⁴²　无烟煤

153

岗＝ kaŋ⁴³⁴　好的煤块

木炭　mu²¹²⁻²¹ tæ̃⁴²

栗炭　li²¹²⁻²¹ tæ̃⁴²

洋油　iaŋ⁵⁵ iəu⁵⁵　煤油

柴油　tʂhæi⁵⁵ iəu⁵⁵

汽油　tɕhi⁴² iəu⁵⁵

机油　tɕi²¹²⁻²¹ iəu⁵⁵　润滑油

石灰　ʂʅ⁵⁵ xuei²¹²

　　白灰　pei⁵⁵ xuei²¹²

石灰膏子　ʂʅ⁵⁵ xuei²¹² kɔ²¹²⁻²¹ tsʅ⁰

石灰块　ʂʅ⁵⁵ xuei²¹²⁻²¹ khuæi⁴²

水泥　ʂuei⁴³⁴⁻⁴⁴ ni⁵⁵

　　洋灰（老）　iaŋ⁵⁵ xuei²¹²

吸铁石　ɕi²¹²⁻²⁴ thiɛ²¹²⁻²¹ ʂʅ⁵⁵　磁石

　　磁铁　tshʅ⁵⁵ thiɛ²¹²

玉　y⁴²

汉白玉　xæ̃⁴² pei⁵⁵ y⁴²

城乡处所

地府＝ ti⁴² fu⁰　地方：他是什么～人？

城里　tʂhəŋ⁵⁵ li⁰　城市（对乡村而言）

城外　tʂhəŋ⁵⁵ uæi⁴²

街上　tɕiæi²¹²⁻²¹ ʂaŋ⁰

城墙　tʂhəŋ⁵⁵ tɕhiaŋ⁵⁵

城墙垛子　tʂhəŋ⁵⁵ tɕhiaŋ⁵⁵ tuo⁴² tsʅ⁰

城门　tʂhəŋ⁵⁵ mẽ⁵⁵

城门楼子　tʂhəŋ⁵⁵ mẽ⁵⁵ ləu⁵⁵ tsʅ⁰

壕沟　xɑɔ⁵⁵ kəu⁴³⁴

护城河　xu⁴² tʂhəŋ⁵⁵ xɤ⁵⁵

坞子　u⁴² tsʅ⁰　底下有稀泥的深水塘

关外　kuæ̃²¹²⁻²¹ uæi⁴²

东关 tuŋ²¹²⁻²⁴ kuæ̃²¹²

西关 ɕi²¹²⁻²⁴ kuæ̃²¹²

南关 næ̃⁵⁵ kuæ̃²¹²

北关 pei²¹²⁻²⁴ kuæ̃²¹²

巷子 ɕiaŋ⁴² tsʅ⁰

巷口儿 ɕiaŋ⁴² khəur⁴³⁴ 巷口

　巷口子 ɕiaŋ⁴² khəu⁴³⁴⁻³⁴ tsʅ⁰

庄 tʂuaŋ²¹² 乡村（对城市而言）

村子 tshuẽ²¹²⁻²¹ tsʅ⁰

山沟 ʂæ²¹²⁻²⁴ kəu²¹² 偏僻的山村

乡下 ɕiaŋ²¹²⁻²¹ ɕia⁰

乡来 ɕiaŋ²¹²⁻²¹ læi⁰ 乡村

乡旮旯儿 ɕiaŋ²¹²⁻²¹ ka⁵⁵ lar⁵⁵ 偏远的乡村

　乡旮旯子 ɕiaŋ²¹²⁻²¹ ka⁵⁵ la⁵⁵ tsʅ⁰

老家 laɔ⁴³⁴⁻⁴⁴ tɕia²¹² 家乡

集 tɕi⁵⁵

逢集 fəŋ⁵⁵ tɕi⁵⁵ 集镇开市

闭集 pi⁴² tɕi⁵⁵ 集镇休市

赶集 kæ̃⁴³⁴⁻⁴⁴ tɕi⁵⁵

　上集 ʂaŋ⁴² tɕi⁵⁵

街 tɕiæi²¹² 街道

路 lu⁴²

大路 ta⁴² lu⁴²

小路 ɕiaɔ⁴³⁴⁻²⁴ lu⁴²

官路 kuæ̃²¹²⁻²¹ lu⁴² 过去指称官方修的大道，也称官道

公路 kuŋ²¹²⁻²¹ lu⁴²

山路 ʂæ²¹²⁻²¹ lu⁴²

洋路 iaŋ⁵⁵ lu⁴²

铁路 thiɛ²¹²⁻²¹ lu⁴²

三、时令时间

春天　tʂhuẽ²¹²⁻²⁴ thiæ̃²¹²

夏天　ɕia⁴² thiæ̃²¹²

秋天　tɕhiəu²¹²⁻²⁴ thiæ̃²¹²

冬天　tuŋ²¹²⁻²⁴ thiæ̃²¹²

立春　li²¹²⁻²⁴ tʂhuẽ²¹²

打春　ta⁴³⁴⁻⁴⁴ tʂhuẽ²¹²

雨水　y⁴³⁴⁻³⁴ ʂuei⁴³⁴

惊蛰　tɕiŋ²¹²⁻²¹ tʂɤ²¹²

春分　tʂhuẽ²¹²⁻²⁴ fẽ²¹²

清明　tɕhiŋ²¹²⁻²¹ miŋ⁵⁵

谷雨　ku²¹²⁻²¹ y⁴³⁴

立夏　li²¹²⁻²¹ ɕia⁴²

小满　ɕiɑɔ⁴³⁴⁻³⁴ mæ̃⁴³⁴

芒种　mɑŋ⁵⁵ tʂuŋ⁴²

夏至　ɕia⁴² tʂʅ⁴²

小暑　ɕiɑɔ⁴³⁴⁻³⁴ tʂhu⁴³⁴

大暑　ta⁴² tʂhu⁴³⁴

立秋　li²¹²⁻²⁴ tɕhiəu²¹²

处暑　tʂhu⁴³⁴⁻³⁴ tʂhu⁴³⁴

白露　pei⁵⁵ lu⁴²

秋分　tɕhiəu²¹²⁻²⁴ fẽ²¹²

寒露　xæ⁵⁵ lu⁴²

霜降　ʂuɑŋ²¹²⁻²¹ tɕiɑŋ⁴²

立冬　li²¹²⁻²⁴ tuŋ²¹²

小雪　ɕiɑɔ⁴³⁴⁻⁴⁴ suo²¹²

大雪　ta⁴² suo²¹²

冬至　tuŋ²¹²⁻²¹ tʂʅ⁴²

交九　tɕiɑɔ²¹²⁻²¹ tɕiəu⁴³⁴　　进入初九

数九　ʂuo⁴³⁴⁻³⁴tɕiəu⁴³⁴　寒天：～～连天（泛指严寒天气）

小寒　ɕiɑɔ⁴³⁴⁻⁴⁴xæ̃⁵⁵

大寒　ta⁴²xæ̃⁵⁵

皇历　xuɑŋ⁵⁵li⁴²　历书

农历　nəŋ⁵⁵li⁴²

　阴历　iẽ²¹²⁻²¹li⁴²

公历　kuŋ²¹²⁻²¹li⁴²

　阳历　iɑŋ⁵⁵li⁴²

年三十儿　niæ̃⁵⁵sæ̃²¹²⁻²¹ʂʅ⁵⁵　腊月三十，当地称大年

　大年三十　ta⁴²niæ̃⁵⁵sæ̃²¹²⁻²¹ʂʅ⁵⁵

除夕　tʂhu⁵⁵ɕi²¹²　农历一年最后一天夜晚

年下　niæ̃⁵⁵ɕia⁰　腊月二十三以后至新年前

　年根底下　niæ̃⁵⁵kẽ²¹²⁻²¹ti⁴³⁴ɕia⁰

　年底　niæ̃⁵⁵ti⁴³⁴

新年　ɕiẽ²¹²⁻²¹niæ̃⁵⁵　春节

正月初一　tʂən²¹²⁻²⁴yo²¹²tʂhuo²¹²⁻²⁴i²¹²

（大）年初一　ta⁴²niæ̃⁵⁵tʂhuo²¹²⁻²⁴i²¹²

年初五儿　niæ̃⁵⁵tʂhuo²¹²⁻²¹ur⁴³⁴　破五

初六　tʂhuo²¹²⁻²¹liəu⁴²　正月初六。商店此日开张做买卖，旧时风俗小男孩
　拿着一个铜钱到店里说要买什么店主就卖什么给他，开张讨吉利。

正月十五　tʂən²¹²⁻²⁴yo²¹²ʂʅ⁵⁵u⁴³⁴　元宵节

　上元　ʂɑŋ⁴²yæ̃⁵⁵

二月二　ər⁴²yo²¹²⁻²¹ər⁴²　农历二月初二

　龙抬头　luŋ⁵⁵thæi⁵⁵thəu⁵⁵

（五）端午　u⁴³⁴⁻⁴⁴tuæ²¹²⁻²¹u⁰　端午节（农历五月初五），当地有"癞蛤蟆
　躲端午"之说

六月六　lu²¹²⁻²¹yo²¹²⁻²⁴lu²¹²　农历六月初六，当地有"六月六，晒红绿"的
　习俗

七夕　tɕhi²¹²⁻²⁴ɕi²¹²　农历七月初七的晚上

七月七　tɕhi²¹²⁻²¹yo²¹²⁻²⁴tɕhi²¹²

157

七巧　tɕhi²¹²⁻²¹ tɕhiɑɔ⁴³⁴

七月十五 tɕhi²¹²⁻²⁴ yo²¹² ʂʅ⁵⁵u⁴³⁴　农历七月十五

　鬼节 kuei⁴³⁴⁻⁴⁴tɕiɛ²¹²

八月十五　pa²¹²⁻²⁴ yo²¹² ʂʅ⁵⁵u⁴³⁴　农历八月十五

　中秋节 tʂuŋ²¹²⁻²⁴ tɕhiəu²¹²⁻²⁴ tɕiɛ²¹²

重阳节 tʂhuŋ⁵⁵ iaŋ⁵⁵ tɕiɛ²¹²　农历九月初九

　九月九　tɕiəu⁴³⁴⁻⁴⁴ yo²¹² tɕiəu⁴³⁴

腊八儿 la²¹²⁻²⁴par²¹²　农历腊月初八，当地此日有吃腊八饭的习俗

二十三　ər⁴²ʂʅ⁵⁵sæ̃²¹²　腊月二十三，当地此日有祭灶老爷的习俗，祭词为"灶
　　老爷，恁是一家之主，我是恁二叔，恁二婶没搁家，咱俩搁家剋糖瓜"

二十四　ər⁴²ʂʅ⁵⁵sʅ⁴²　腊月二十四，当地称为小年

闰年　yẽ⁴² niæ̃⁵⁵

今年　tɕiẽ²¹²⁻²¹ niæ̃⁵⁵

年时　niæ̃⁵⁵ ʂʅ⁰　去年

头年　thəu⁵⁵ niæ̃⁵⁵　年前

　年前边个儿　niæ̃⁵⁵ tɕhiæ̃⁵⁵piæ̃²¹²⁻²¹kɤr⁴²

明年　miŋ⁵⁵ niæ̃⁵⁵

来年　læi⁵⁵ niæ̃⁵⁵

前年　tɕhiæ̃⁵⁵ niæ̃⁵⁵

大前年　ta⁴² tɕhiæ̃⁵⁵ niæ̃⁵⁵

往年　uɑŋ⁴³⁴⁻⁴⁴niæ̃⁵⁵　以往的年头

后年　xəu⁴² niæ̃⁵⁵

大后年　ta⁴² xəu⁴² niæ̃⁵⁵

年年　niæ̃⁵⁵niæ̃⁰　每年

　论年　luẽ⁴²niæ̃⁵⁵

将过年　tɕiaŋ²¹²⁻²¹ kuo⁴² niæ̃⁵⁵　年初

上半年　ʂɑŋ⁴² pæ̃⁴²niæ̃⁵⁵

下半年　tɕia⁴²pæ̃⁴²niæ̃⁵⁵

成年　tʂhən⁵⁵ niæ̃⁵⁵　整年

正月　tʂən²¹²⁻²⁴ yo²¹²

腊月　la²¹²⁻²⁴ yo²¹²

闰月　yẽ⁴² yo²¹²

月初　yo²¹²⁻²⁴ tʂhuo²¹²⁻²⁴

月半　yo²¹²⁻²¹ pæ̃⁴²

月底　yo²¹²⁻²¹ti⁴³⁴

一个月　i²¹²⁻²⁴ kɤ⁴² yo²¹²

前个月　tɕhiæ̃⁵⁵ kɤ⁴² yo²¹²

前几个月　tɕhiæ̃⁵⁵ tɕi⁴³⁴⁻³⁴ kɤ⁴² yo²¹²

上个月　ʂaŋ⁴² kɤ⁴² yo²¹²

这个月　tʂɤ⁴² kɤ⁴² yo²¹²

下个月　ɕia⁴² kɤ⁴² yo²¹²

月月　yo²¹²⁻²⁴ yo²¹²　每月

　论月　luẽ⁴² yo²¹²

上旬　ʂaŋ⁴² suẽ⁵⁵

中旬　tʂuŋ²¹²⁻²¹ suẽ⁵⁵

下旬　ɕia⁴²suẽ⁵⁵

大尽　ta⁴²tɕiẽ⁴²　大建(农历三十天的月份)

小尽　ɕiɑo⁴³⁴⁻³⁴tɕiẽ⁴²　小建(农历二十九天的月份)

今儿个　tɕiẽr²¹²⁻²¹ kɤ⁰　今天

昨儿个　tsuor⁵⁵ kɤ⁰　昨天

明儿个　miŋr⁵⁵kɤ⁰　明天

后儿个　xəur⁴² kɤ⁰　后天

大后儿个　ta⁴² xəur⁴²kɤ⁰　大后天

第天　ti⁴² thiæ̃²¹²　第二天

前儿个　tɕhiæ̃r⁵⁵ kɤ⁰　前天

　才˭儿个　tshæir⁵⁵ kɤ⁰

大前儿个　ta⁴² tɕhiæ̃r⁵⁵ kɤ⁰　大前天

　大才˭儿个　tshæir⁵⁵ kɤ⁰

前儿天　tɕhiæ̃r⁵⁵ tɕi⁴³⁴⁻⁴⁴ thiæ̃²¹²

星期天　ɕiŋ²¹²⁻²¹ tɕhi²¹²⁻²⁴ thiæ̃²¹²

礼拜天　li⁴³⁴⁻³⁴ pæi⁴² thiæ̃²¹²

一个星期　i²¹²⁻²¹ kɤ⁴² ɕiŋ²¹²⁻²¹ tɕhi²¹²　一星期

　一个礼拜　i²¹²⁻²¹ kɤ⁴² li⁴³⁴⁻³⁴ pæi⁴²

整天　tʂəŋ⁴³⁴⁻⁴⁴ thiæ̃²¹²

　成天　tʂhəŋ⁵⁵ thiæ̃²¹²

天天　thiæ̃²¹²⁻²⁴ thiæ̃²¹²　每天

　论天　luẽ⁴²thiæ̃²¹²

十来天　ʂʅ⁵⁵ læi⁵⁵ thiæ̃²¹²　比十天稍多

清早起　tɕhiŋ²¹²⁻²¹tsɑo⁴³⁴⁻³⁴ tɕhi⁴³⁴　早晨

　大清早　ta⁴²tɕhiŋ²¹²⁻²¹tsɑo⁴³⁴

上午　ʂaŋ⁴² u⁴³⁴

傍晚儿　paŋ²¹² uæ̃r⁴³⁴

上傍晚儿　ʂaŋ⁴² paŋ²¹² uæ̃r⁴³⁴　傍晚的前半段

下傍晚儿　ɕia⁴² paŋ²¹² uæ̃r⁴³⁴　傍晚的后半段

下午　ɕia⁴² u⁴³⁴

半天　pæ⁴² thiæ̃²¹²

大半天　ta⁴² pæ⁴² thiæ̃²¹²

天胧明　thiæ̃²¹²⁻²¹ luŋ⁴³⁴⁻⁴⁴ miŋ⁵⁵　凌晨（天快亮的时候）

鸡叫头遍　tɕi²¹²⁻²¹ tɕiɑo⁴² thəu⁵⁵ phiæ⁴²

天放亮　thiæ̃²¹² faŋ⁴² liaŋ⁴²　天刚亮

一大早儿　i²¹²⁻²⁴ ta⁴² tsɑor⁴³⁴　日出前后的一段时间

前晌午　tɕhiæ̃⁵⁵ ʂaŋ⁴³⁴⁻³⁴ u⁴³⁴/uẽ⁰　午前

　前晌晚　tɕhiæ̃⁵⁵ ʂaŋ⁴³⁴⁻³⁴ uæ̃⁰

晌午　ʂaŋ⁴³⁴⁻³⁴ u⁴³⁴/uẽ⁰　中午

　晌晚　ʂaŋ⁴³⁴⁻³⁴ uæ̃⁰

傍晌晚　paŋ⁴² ʂaŋ⁴³⁴⁻³⁴ uæ̃⁰　正中午

后晌午　xəu⁴² ʂaŋ⁴³⁴⁻³⁴ u⁴³⁴/uẽ⁰　午后

后晌晚　xəu⁴² ʂaŋ⁴³⁴⁻³⁴ uæ̃⁰

傍晚儿　paŋ⁴² uæ̃r⁴³⁴　傍晚

（大）白天　ta⁴²pei⁵⁵ thiæ̃²¹²　白天

傍黑　paŋ⁴²xei²¹²⁻²⁴　黄昏（日落以后星出以前）

　临黑　liẽ⁵⁵ xei²¹²⁻²⁴

麻麻黑　ma⁵⁵ ma⁰ xei²¹²⁻²⁴　天刚黑

夜来／里　iɛ⁴² læi⁰／li⁰　夜晚（从天黑到天亮的一段时间）

　黑来／里　xei²¹²⁻²¹ læi⁰／li⁰

　晚黑　uæ̃⁴³⁴⁻⁴⁴xei²¹²　晚上

半夜　pæ̃⁴² iɛ⁴²

　黑更半夜　xei²¹²⁻²⁴ kəŋ²¹²⁻²¹ pæ̃⁴² iɛ⁴²

　半夜三更　pæ̃⁴² iɛ⁴²sã²¹²tɕiŋ⁵⁵

上半夜　ʂaŋ⁴² pæ̃⁴² iɛ⁴²

下半夜　ɕia⁴² pæ̃⁴² iɛ⁴²

成夜　tʂhən⁵⁵ iɛ⁴²　整夜

　一夜　i²¹²⁻²¹ iɛ⁴²

年份　niæ̃⁵⁵fẽ⁴²　指某一年

月份　yo²¹²⁻²¹fẽ⁴²　指某一月

日子　ʐʅ²¹²⁻²¹tsʅ⁰　指日期

啥时候　ʂa⁵⁵ʂʅ⁵⁵xəu⁰　什么时候（他～来？）

　□晚　tsaŋ⁵⁵／tʂaŋ⁵⁵uæ̃⁰

以前　i⁴³⁴⁻⁴⁴ tɕhiæ̃⁵⁵　先前

　从前　tshuŋ⁵⁵ tɕhiæ̃⁵⁵

后来　xəu⁴²læi⁵⁵

现在　ɕiæ̃⁴² tsæi⁴²

　这晚　tʂɤ⁴²uæ̃⁰

将来　tɕiaŋ²¹²⁻²¹ læi⁵⁵

　以后　i⁴³⁴⁻³⁴xəu⁴²

往后　uaŋ⁴³⁴⁻³⁴xəu⁴²

时候　ʂʅ⁵⁵xəu⁰

四、农业

耤子　tɕiaŋ⁴³⁴⁻³⁴ tsʅ⁰　耤

耩地　tɕiaŋ$^{434-34}$ti^{42}　播种

犁地　li^{55}ti^{42}　耕地；春耕

耙地　pa^{42}ti^{42}

午收　u$^{434-44}$ʂəu^{212}　夏收

午季　u$^{434-34}$tɕi^{0}

收麦　ʂəu$^{212-24}$mei^{212}

割麦　kɤ$^{212-24}$mei^{212}

麦季子　mei$^{212-21}$tɕi^{42}tʂʅ^{0}　收割麦子的时候

秋收　tɕhiəu$^{212-24}$ʂəu^{212}

　收秋　ʂəu$^{212-24}$tɕhiəu^{212}

收庄稼　ʂəu$^{212-24}$tʂuaŋ$^{212-21}$tɕia^{0}

早秋　tsɑɔ$^{434-44}$tɕhiəu^{212}

晚秋　uæ̃$^{434-44}$tɕhiəu^{212}

整地　tʂəŋ$^{434-34}$ti^{42}

耙地　pa^{42}ti^{42}

下种　ɕia^{42}tʂuŋ^{434}

栽稻　tsæi$^{212-21}$tɑɔ^{42}　插秧

稻草　tɑɔ^{42}tshɑɔ^{434}

薅草　xɑɔ$^{212-21}$tsɑɔ^{434}　把庄稼地的草拔掉

稻穗儿　tɑɔ^{42}sueir^{42}

割稻　kɤ$^{212-21}$tɑɔ^{42}　割稻子

割麦　kɤ$^{212-24}$mei^{212}

麦茬　mei^{212}tʂha^{55}　留在地上的麦秸

麦秸　mei$^{212-24}$tɕiɛ^{212}　没打过场的麦的秸秆

麦穰子　mei$^{212-24}$zaŋ^{55}tʂʅ^{0}　打过场的麦秸，留着喂牲口的

麦腿子　mei$^{212-21}$thei$^{434-34}$tʂʅ^{0}　盖房子用的麦秸

打场　ta$^{434-44}$tʂhaŋ^{55}　在场上将收割的麦子、豆子、稻子、高粱等脱粒

扬场　iaŋ^{55}tʂhaŋ^{55}　传统方式为用木锨类农具将脱粒后的麦子、豆子等农
　　作物上抛经风吹后扬除糠、细灰等杂物

捞场　lɑɔ$^{212-21}$tʂhaŋ^{55}　将初次打场后的农作物再重复脱粒

场　tʂhaŋ⁵⁵　场院，场地

耪地　phaŋ⁴³⁴⁻³⁴ti⁴²　锄地

松土　suŋ²¹²⁻²¹thu⁴³⁴

上粪　ʂaŋ⁴² fẽ⁴²　①施农家肥②将粪装上车

撒粪　sa⁴³⁴⁻³⁴ fẽ⁴²

粪池　fẽ⁴²tʂhʅ⁵⁵　粪坑

攒粪　tsæ⁴³⁴⁻³⁴ fẽ⁴²　积肥

拾粪　ʂʅ²¹²⁻²¹fẽ⁴²　捡拾家禽家畜等动物的粪便用作肥料

圈井　tɕyæ²¹²⁻²¹tɕiŋ⁴³⁴　土井边四周用砖圈上

农家肥　nuŋ⁵⁵tɕia²¹²⁻²¹fei⁵⁵　粪肥

大粪　ta⁴² fẽ⁴²　肥田用的人粪肥

牛粪　niəu⁵⁵fẽ⁴²　肥田用的牛粪肥

猪粪　tʂu²¹²⁻²¹fẽ⁴²　肥田用的猪粪肥

肥田肥　fei⁵⁵thiæ⁵⁵fei⁵⁵　化肥

硝铵　ɕiɑɔ⁴³⁴⁻³⁴ɣæ²¹²

碳铵　thæ⁴² ɣæ²¹²

复合肥　fu²¹²⁻²¹xɤ⁵⁵fei⁵⁵

磷肥　liẽ⁵⁵fei⁵⁵

浇水　tɕiɑɔ²¹²⁻²¹ʂuei⁴³⁴　灌水（使水入地）

　浇地　tɕiɑɔ²¹²⁻²¹ ti⁴²

放水　faŋ⁴² ʂuei⁴³⁴　排水（使水出地）

拎水　liẽ²¹²⁻²¹ʂuei⁴³⁴

提水　thi⁵⁵ ʂuei⁴³⁴

打水　ta⁴³⁴⁻³⁴ʂuei⁴³⁴　从井里或河里取水

井　tɕiŋ⁴³⁴　水井（浇地的水井和饮用的水井）

土井子　thu⁴³⁴⁻³⁴tɕhiŋ⁴³⁴⁻³⁴tsʅ⁰

砖井　tʂuæ²¹²⁻²¹tɕhiŋ⁴³⁴

四眼井　sʅ⁴²iæ⁴³⁴⁻³⁴tɕhiŋ⁴³⁴

甜水井　thiæ⁵⁵ʂuei⁴³⁴⁻³⁴tɕhiŋ⁴³⁴　水中含碱量小的井

苦水井　khu⁴³⁴⁻³⁴ʂuei⁴³⁴⁻³⁴tɕhiŋ⁴³⁴　水中含碱量大的井

水筲　ʂuei⁴³⁴⁻³⁴ʂɑɔ²¹²　水桶 (汲水用的木桶)

井绳　tɕhiŋ⁴³⁴⁻⁴⁴ʂən⁵⁵

辘轳井　lu²¹²⁻²¹lu⁰tɕiŋ⁴³⁴　带辘轳的井，深水井

把杆　pa⁴³⁴⁻⁴⁴kæ²¹²　从井里提水用的杠杆

大车　ta⁴²tʂhɤ²¹²　旧指牛拉的载重的木制大车

太平车　thæi⁴²phiŋ⁵⁵tʂhɤ²¹²　四个轮子的木车

土车子　thu⁴³⁴⁻³⁴tʂhɤ²¹²⁻²¹tsɿ⁰　轮子在车前部的独轮手推车

洪车子 xuŋ⁵⁵tʂhɤ²¹²⁻²¹tsɿ⁰　轮子在车中部的独轮手推车

拖车 thuo²¹²⁻²⁴tʂhɤ²¹²　底部似雪橇的木制架子，无轮，主要用于运输农具、

种子等小物件

马车　ma⁴³⁴⁻⁴⁴tʂhɤ²¹²　马拉的木车

驾辕　tɕia⁴²yæ̃⁵⁵　车辕

牛梭头　niəu⁵⁵suo²¹²⁻²¹thəu⁰　牛轭

牛笼头　niəu⁵⁵nuŋ⁵⁵thəu⁰　牛笼嘴

牛鼻子　niəu⁵⁵pi⁵⁵tsɿ⁰　①牛鼻子；②牛鼻桊儿 (穿在牛鼻子里的木棍儿或

金属环)

犁子　li⁵⁵tsɿ⁰　犁

犁辕　li⁵⁵yæ̃⁵⁵　犁身

犁把　li⁵⁵pa⁴²

犁铧头　li⁵⁵xua⁵⁵thəu⁰　犁铧的总称

犁铧面子　li⁵⁵xua⁵⁵miæ⁴²tsɿ⁰　犁铧翻土的那一面

耙　pa⁴²　耙子

耙框　pa⁴²khuɑŋ²¹²　耙子的框架

草铲　tshɑɔ⁴³⁴⁻³⁴tʂhæ⁴³⁴　锄草用的铲子

镢头　tɕyo²¹²⁻²¹thəu⁰　装有短木柄的用于砍伐棉花、玉米、高粱等植株的

铁制器具

簸箕　po⁴²tɕi⁰

粮食折子　liaŋ⁵⁵ʂɿ⁰tsɤ²¹²⁻²¹tsɿ⁰　踅子 (用高粱或芦苇的篾片、竹篾等编的粗

而长的席，可以围起来盛粮食)

囤 tuæ̃⁴²　一般指用踅子围起来的圆形或椭圆形的较高的储粮的器具

泥窝子　ni⁵⁵uo²¹²⁻²¹ tsʐ⁰　用混和有麦秸、米糠、土的泥制成的储粮器具

耢石　lɑɔ⁴²ʂʐ⁵⁵　碾场时挂在石磙后边帮助脱粒的一种簸箕状的扁平石头

石磙　ʂʐ⁵⁵kueˆ⁴³⁴　一般用于辗轧脱粒或平整场地的圆柱形石头

磨　mo⁴²　石磨

小磨子　ɕiɑɔ²¹²⁻²⁴mo⁴² tsʐ⁰

磨盘　mo⁴²phæ⁵⁵

磨棍　mo⁴²kueˆ⁴²　磨把儿

磨脐子　mo⁴²tɕhi⁵⁵ tsʐ⁰　磨脐儿（磨扇中心的铁轴）

筛子　ʂæi²¹²⁻²¹ tsʐ⁰　用于筛除小麦、豆子等农作物中的小杂物的器具

罗　luo⁵⁵　筛粉末状细物用的器具

　罗子　luo⁵⁵ tsʐ⁰

粗罗　tshu²¹²⁻²¹luo⁵⁵　网眼大的罗

细罗　ɕi⁴² luo⁵⁵　网眼小的罗

连枷　liæˆ⁵⁵tɕia⁰

碓　tei⁴²

碓窝子　tei⁴²uo²¹²⁻²¹ tsʐ⁰　①碓（指整体）；②碓臼

碓头　tei⁴²thəu⁵⁵　碓杵

钉钯　tiŋ²¹²⁻²¹pha⁵⁵

耙子　pha⁵⁵ tsʐ⁰　竹制的搂东西的器具

洋镐　iaŋ⁵⁵kɑɔ²¹²　镐（刨硬地用或劈柴用，一头尖形，一头扁小）

锄头　tʂhuo⁵⁵ thəu⁰　锄

铡　tʂa⁵⁵　铡刀

　铡头　tʂa⁵⁵thəu⁵⁵

镰　liæˆ⁵⁵　镰刀

扇刀　ʂæ⁴²tɑɔ²¹²

斧头　fu⁴³⁴⁻³⁴ thəu⁰

木锨　mu²¹²⁻²⁴ ɕiæˆ²¹²

铁锨　thiɛ²¹²⁻²⁴ ɕiæˆ²¹²

圆头锨　yæˆ⁵⁵thəu⁵⁵ɕiæˆ²¹²

平头锨　phiŋ⁵⁵thəu⁵⁵ɕiæˆ²¹²

铁锹　thiɛ²¹²⁻²⁴ tɕhiɑɔ²¹²

撮簸箕　tshuo²¹²⁻²¹po⁴²tɕi⁰　撮箕（撮垃圾用）

粪箕子　fẽ⁴² tɕi²¹²⁻²¹ tsʅ⁰

粪扒子　fẽ⁴² pa²¹²⁻²¹ tsʅ⁰

抓钩子　tʂua²¹²⁻²⁴kou²¹²⁻²¹tsʅ⁰　抓地的铁制工具，一般有三个或两个叉子

筐　khuaŋ²¹²

箩　luo⁵⁵

箔＝篮　pu⁵⁵læ̃⁰　箩筐

　箩箔＝篮　luo⁵⁵pu⁵⁵ læ̃⁰

扁担　piæ̃⁴³⁴⁻³⁴ tæ̃⁴²

挑挑子　thiɑɔ²¹²⁻²⁴ thiɑɔ²¹²⁻²¹ tsʅ⁰　挑担子

　担挑子　tæ̃⁴² thiɑɔ²¹²⁻²¹ tsʅ⁰

扫帚　sɑɔ⁴²tʂu⁰　扫帚（用竹枝扎成，比笤帚大，扫地用）

笤帚　thiɑɔ⁵⁵tʂu⁰　扫帚的一种，用高粱穗、黍子穗等绑成，扫地用

五、植物

庄稼　tʂuaŋ²¹²⁻²¹ tɕia⁰

粮食　liaŋ⁵⁵ʂʅ⁰

五谷　u⁴³⁴⁻⁴⁴ku²¹²

杂粮　tsa⁵⁵liaŋ⁵⁵

麦　mei²¹²

大麦　ta⁴² mei²¹²

芒大麦　uaŋ⁵⁵ ta⁴² mei²¹²　一种麦芒长、麦粒长的大麦

米大麦　mi⁴³⁴⁻³⁴ ta⁴² mei²¹²　一种麦芒短、麦粒圆的大麦

荞麦　tɕhiɑɔ⁵⁵mei²¹²

麦茬　mei²¹²⁻²¹tʂha⁵⁵

小米　ɕiɑɔ⁴³⁴⁻³⁴mi⁴³⁴

谷　ku²¹²　谷子（指植株，籽实是小米儿）

龙秫秫棒子　luŋ⁵⁵ ʂu⁵⁵ ʂu⁰paŋ⁴² tsʅ⁰　玉米

　油秫秫棒子　iəu⁵⁵ ʂu⁵⁵ ʂu⁰paŋ⁴² tsʅ⁰

玉秫秫　y⁴² ʂu⁵⁵ʂu⁰

大秫秫　ta⁴² ʂu⁵⁵ʂu⁰

秫秫　ʂu⁵⁵ʂu⁰　高粱

小秫秫　ɕiɑɔ⁴³⁴⁻⁴⁴ʂu⁵⁵ʂu⁰

稻　tɑɔ⁴²　①指植株；②稻子（指籽实）

米　mi⁴³⁴　稻的籽实去壳后

糯米　nuo⁴² mi⁴³⁴

江米　tɕiaŋ²¹²⁻²¹mi⁴³⁴

大米　ta⁴² mi⁴³⁴　相对糯米而言

好面　xɑɔ⁴³⁴⁻³⁴miæ̃⁴²　白面

头破面　thəu⁵⁵pho⁴²miæ̃⁴²　第一遍打出来的面

二破面　ər⁴²pho⁴²miæ̃⁴²　第二遍打出来的面

杂面　tsa⁵⁵miæ̃⁴²

豆杂面　təu⁴²tsa⁵⁵miæ̃⁴²

龙秫秫面　luŋ⁵⁵ ʂu⁵⁵ ʂu⁰ miæ̃⁴²　玉米面

棉花　miæ̃⁵⁵ xua²¹²

棉籽　miæ̃⁵⁵ tsʅ⁴³⁴

棉籽油　miæ̃⁵⁵ tsʅ⁰iəu⁵⁵

棉桃儿　miæ̃⁵⁵thɑɔr⁵⁵　棉花桃儿

麻秸　ma⁵⁵tɕiɛ²¹²　麻秆

麻　ma⁵⁵　用来织布、做麻袋、纳鞋底的麻，纤维细

苘　tɕhiŋ⁴³⁴　不能织布，用来做绳子的麻，纤维粗

芝麻　tʂʅ²¹²⁻²¹ ma⁵⁵

转莲　tʂuæ̃⁴² liæ̃⁵⁵　①向日葵；②葵花子儿

红芋　xuŋ⁵⁵y⁴²　白薯（列举本地各种白薯品种名）

白芋　pei⁵⁵ y⁴²

地蛋　ti⁴²tæ̃⁴²　马铃薯

地豆　ti⁴²təu⁴²

土豆　thu⁴³⁴⁻³⁴təu⁴²

毛芋头　mɑɔ⁵⁵y⁴² thəu⁰　芋（指这种植物）

167

山药　şæ̃$^{212-21}$yo$^{212-24}$　山药（学名叫薯蓣）

　山药蛋　şæ̃$^{212-24}$yo^{0}tæ̃^{42}

藕　ɣəu^{434}

莲子　liæ̃^{55}tsɿ^{434}　莲蓬的子

莲蓬　liæ̃^{55}phəŋ^{55}

莲花　liæ̃^{55}xua^{212}

　荷花　xɣ^{55}xua^{212}

藕叶　ɣəu$^{434-44}$·iɛ^{212}　荷叶

豆子　təu^{42}tsɿ^{0}　特指黄豆

青豆　tɕhiŋ$^{212-21}$təu^{42}

绿豆　lu$^{212-21}$təu^{42}

黑豆　xei$^{212-21}$təu^{42}

红小豆　xuŋ^{55}ɕiɑ$^{434-34}$təu^{42}

豌豆　uæ̃$^{212-21}$təu^{42}

大豌豆　ta^{42}uæ̃$^{212-21}$təu^{42}　圆的豌豆

小豌豆　ɕiɑ$^{434-44}$uæ̃$^{212-21}$təu^{42}　扁的豌豆

豆角子　təu^{42}tɕyo$^{212-21}$tsɿ^{0}　豇豆（细长条的）

梅豆　mei^{55}təu^{42}　四季豆

　四角梅　sɿ^{42}tɕyo$^{212-21}$mei^{55}

扁豆　piæ̃$^{434-34}$təu^{42}

蚕豆　tshæ̃^{55}təu^{42}

茄子　tɕhiɛ^{55}tsɿ^{0}

黄瓜　xuɑŋ^{55}kua^{0}

甜瓜　thiæ̃^{55}kua^{0}

菜瓜　tshæi^{42}kua^{0}

丝瓜　sɿ$^{212-24}$kua^{0}

苦瓜　khu$^{434-34}$kua^{0}

南瓜　nɑŋ^{55}kua^{0}

　老南瓜　lɑ$^{434-34}$nɑŋ^{55}kua^{0}

北瓜　pei$^{212-24}$kua^{0}　奶油色的瓜，做菜吃

毛冬瓜 mɑɔ⁵⁵tuŋ²¹²⁻²¹kua⁰ 冬瓜

葫芦 xu⁵⁵lu⁰

瓠子 xu⁴²tsʅ⁰

葱 tshuŋ²¹²

葱须子 tshuŋ²¹²⁻²⁴ɕy²¹²⁻²¹ tsʅ⁰ 葱的须，当地人用于治感冒

洋蒜 iɑŋ⁵⁵ suæ̃⁴² 洋葱

葱叶 tshuŋ²¹²⁻²⁴iɛ²¹²

葱白 tshuŋ²¹²⁻²¹pei⁵⁵

蒜 suæ̃⁴² 指蒜这种植物

蒜头 suæ̃⁴²thəu⁰ 蒜的鳞茎，由蒜瓣构成

蒜苗 suæ̃⁴²miɑɔ⁵⁵ 蒜的花茎

青蒜 tɕhiŋ²¹²⁻²¹suæ̃⁴² 嫩的蒜梗和蒜叶

蒜泥 suæ̃⁴²ni⁵⁵ 将大蒜去皮捣碎成的泥状物

　蒜糜子 suæ̃⁴²mi⁵⁵tsʅ⁰

韭菜 tɕiəu⁴³⁴⁻³⁴ tshæi⁴²

韭黄 tɕiəu⁴³⁴⁻⁴⁴xuɑŋ⁵⁵

苋菜 ɕiæ⁴²tshæi⁴²

洋柿子 iɑŋ⁵⁵ ʂʅ⁴² tsʅ⁰ 西红柿

姜 tɕiɑŋ²¹²

柿子椒 ʂʅ⁴²tsʅ⁰tɕiɑɔ²¹²

秦▪椒 tshiẽ⁵⁵tɕiɑɔ²¹² 辣椒

青辣椒 tɕhiŋ²¹²⁻²¹la²¹²⁻²⁴tɕiɑɔ²¹²

红辣椒 xuŋ⁵⁵ la²¹²⁻²⁴tɕiɑɔ²¹²

辣椒面儿 la²¹²⁻²⁴tɕiɑɔ²¹²⁻²¹miæ̃r⁴² 辣椒粉

胡椒 xu⁵⁵ tɕiɑɔ²¹²

花椒 xua²¹²⁻²⁴tɕiɑɔ²¹²

大料 ta⁴²liɑɔ⁴² 包括花椒、八角、肉桂等

菠菜 po²¹²⁻²¹ tshæi⁴²

白菜 pei⁵⁵ tshæi⁴²

大白菜 ta⁴² pei⁵⁵ tshæi⁴²

小白菜　ɕiɑɔ⁴³⁴⁻³⁴pei⁵⁵tshæi⁴²

抱菜　pɑɔ⁴²tshæi⁴²　包菜

莴笋　uo²¹²⁻²¹sẽ⁴³⁴　莴笋（指茎部）

　莴苣　uo²¹²⁻²¹tɕyo⁰

莴苣叶　uo²¹²⁻²¹tɕyo⁰iɛ²¹²

菜　tshæi⁴²

芹菜　tɕiẽ⁵⁵tshæi⁴²

芫荽　iæ̃⁵⁵suei⁰

　香菜　ɕiaŋ²¹²⁻²¹tshæi⁴²

老萝卜　lɑɔ⁴³⁴⁻⁴⁴luo⁵⁵pu⁰　萝卜

辣萝卜　la²¹²⁻²¹luo⁵⁵pu⁰　红皮萝卜

青萝卜　tɕhiŋ²¹²⁻²¹luo⁵⁵pu⁰　皮、肉都是绿色的萝卜，当地当水果吃

萝卜壳　luo⁵⁵pu⁰khɤ²¹²　干透无水分的萝卜，当地泡水喝以治胃病

糠喽　khaŋ²¹²⁻²¹ləu⁰　萝卜失去水分空心

萝卜缨子　luo⁵⁵pu⁰iŋ²¹²⁻²¹tsʅ⁰

萝卜干儿　luo⁵⁵pu⁰kæ̃r²¹²

胡萝卜　xu⁵⁵luo⁵⁵pu⁰

胡萝卜干儿　xu⁵⁵luo⁵⁵pu⁰kæ̃r²¹²

苤蓝疙瘩　pie⁴³⁴⁻⁴⁴la⁰kɤ²¹²⁻²¹ta⁰　苤蓝

茭瓜　kɑɔ²¹²⁻²⁴kua²¹²　茭白

空心菜　khuŋ²¹²⁻²⁴ɕiẽ²¹²⁻²¹tshæi⁴²　蕹菜

香荠菜　ɕiaŋ²¹²⁻²¹tɕi⁴²tshæi⁴²　荠菜

木耳菜　mu²¹²⁻²¹ɚ⁴³⁴⁻³⁴tshæi⁴²

　掐菜　tɕia²¹²⁻²¹tshæi⁴²

洋绿豆　iaŋ⁵⁵lu²¹²⁻²¹təu⁴²　秋葵

树　ʂu⁴²

树林　ʂu⁴²liẽ⁵⁵

　树林子　ʂu⁴²liẽ⁵⁵tsʅ⁰

树苗　ʂu⁴²miɑɔ⁵⁵

　树苗子　ʂu⁴²miɑɔ⁵⁵tsʅ⁰

树骨碌子　ʂu⁴²ku²¹²⁻²¹lu⁰tsʅ⁰　树干

树梢　ʂu⁴²ʂɑɔ²¹²

树根　ʂu⁴²kẽ²¹²

树叶　ʂu⁴²iɛ²¹²

树枝　ʂu⁴²tʂʅ²¹²

栽树　tsæi²¹²⁻²¹ʂu⁴²　种树（动宾）

杀树　ʂa²¹²⁻²¹ ʂu⁴²　砍树（动宾）

宣═树　ɕyæ̃²¹²⁻²¹ʂu⁴²　削去树皮

松树　suŋ²¹²⁻²¹ʂu⁴²

柏树　pei²¹²⁻²¹ʂu⁴²

松针　suŋ²¹²⁻²⁴tʂẽ²¹²

松球　suŋ²¹²⁻²¹tɕiəu⁵⁵

松香　suŋ²¹²⁻²⁴ɕiaŋ²¹²

松子　suŋ²¹²⁻²¹ tsʅ⁴³⁴

杉树　ʂæ̃²¹²⁻²¹ʂu⁴²

水杉　ʂuei⁴³⁴⁻⁴⁴ʂæ̃²¹²

杉条　ʂæ̃²¹²⁻²¹tiɑɔ⁵⁵

桑树　saŋ²¹²⁻²¹ ʂu⁴²

桑葚子　saŋ²¹²⁻²¹ ʂẽ⁴²tsʅ⁰　桑葚儿

桑叶　saŋ²¹²⁻²⁴·iɛ²¹²

白杨树　pei⁵⁵iaŋ⁵⁵ʂu⁴²　杨树

杨柳树　iaŋ⁵⁵liəu⁴³⁴⁻³⁴ʂu⁴²　柳树

插杨树条子　tʂha²¹²⁻²¹iaŋ⁵⁵ʂu⁴²thiɑɔ⁵⁵tsʅ⁰

插柳树条子　tʂha²¹²⁻²¹liəu⁴³⁴⁻³⁴ʂu⁴²thiɑɔ⁵⁵tsʅ⁰

白腊条子　pei⁵⁵la²¹²⁻²¹thiɑɔ⁵⁵ tsʅ⁰　一种灌木，长不大，去皮后呈白色，一
　　般用于编箩筐

泡桐树　phɑɔ²¹²⁻²¹ thuŋ⁵⁵ʂu⁴²　桐树

梧桐树　u⁵⁵thuŋ⁵⁵ʂu⁴²

法桐　fa²¹²⁻²¹thuŋ⁵⁵　法国梧桐

楝枣子　liæ⁴²tsɑɔ⁴³⁴⁻³⁴tsʅ⁰　苦楝树

白果树　pei⁵⁵kuo⁴³⁴⁻³⁴ʂu⁴²　银杏树

椿树　tʂhuẽ²¹²⁻²¹ʂu⁴²

香椿树　ɕiaŋ²¹²⁻²⁴tʂhuẽ²¹²⁻²¹ʂu⁴²

槐树　xuæi⁵⁵ʂu⁴²　指国槐

槐豆子树　xuæi⁵⁵təu⁴²tsʅ⁰ʂu⁴²

槐豆子　xuæi⁵⁵təu⁴²tsʅ⁰　槐树的果实

　槐米　xuæi⁵⁵mi⁴³⁴

洋槐树　iaŋ⁵⁵xuæi⁵⁵ʂu⁴²　刺槐

洋槐花　iaŋ⁵⁵xuæi⁵⁵xua²¹²　刺槐的花

榆树　y⁵⁵ʂu⁴²

榆钱子　y⁵⁵tɕhiæ̃⁵⁵tsʅ²¹²

竹子　tʂu²¹²⁻²¹tsʅ⁰

竹笋　tʂu²¹²⁻²¹ɕyẽ⁴³⁴/suẽ⁴³⁴

竹竿子　tʂu²¹²⁻²⁴kæ̃²¹²⁻²¹tsʅ⁰　竹竿儿

竹叶子　tʂu²¹²⁻²⁴iɛ²¹²⁻²¹tsʅ⁰　竹叶儿

竹篾子　tʂu²¹²⁻²⁴miɛ²¹²⁻²¹tsʅ⁰　篾片（竹子劈成的薄片）

篾黄　miɛ²¹²⁻²¹xuaŋ⁵⁵

篾青　miɛ²¹²⁻²⁴tɕhiŋ²¹²

圪针　kɤ⁵⁵tʂẽ⁰　刺（名词）

瓜果梨枣　kua²¹²⁻²¹kuo⁴³⁴⁻³⁴li⁵⁵tsɔ⁴³⁴　水果的俗称

水果儿　ʂuei⁴³⁴⁻³⁴kuor⁴³⁴　水果

干果　kæ̃²¹²⁻²¹kuo⁴³⁴

桃　thɔ⁵⁵

黄桃　xuaŋ⁵⁵thɔ⁵⁵

杏　ɕiŋ⁴²

李子　li⁴³⁴⁻³⁴tsʅ⁰

苹果　phiŋ⁵⁵kuo⁴³⁴

沙果　ʂa²¹²⁻²¹kuo⁴³⁴

枣子　tsɔ⁴³⁴⁻³⁴tsʅ⁰　枣儿

梨　li⁵⁵　梨子

酥梨　su²¹²⁻²¹li⁵⁵

柿子　ʂʅ⁴²tsʅ⁰

烘柿　xuŋ²¹²⁻²¹ʂʅ⁴²

溇柿　læ̃⁴³⁴⁻³⁴ʂʅ⁴²

柿饼　ʂʅ⁴²piŋ⁴³⁴

石榴　ʂʅ⁵⁵liəu⁰

石榴籽子　ʂʅ⁵⁵liəu⁰tsʅ⁴³⁴⁻³⁴tsʅ⁰　石榴籽

橘子　tɕy²¹²⁻²¹tsʅ⁰

橘子皮　tɕy²¹²⁻²¹tsʅ⁰phi⁵⁵

金橘　tɕiẽ²¹²⁻²⁴tɕy²¹²

橙子　tʂhəŋ⁵⁵tsʅ⁰

荔枝　li⁴²tʂʅ²¹²

芒果　mɑŋ⁵⁵kuo⁴³⁴

菠萝　po²¹²⁻²¹luo⁵⁵

青果　tɕhiŋ²¹²⁻²¹kuo⁴³⁴　橄榄

白果　pei⁵⁵kuo⁴³⁴　银杏

毛栗　mɑɔ⁵⁵li⁰　栗子

核桃　xɤ⁵⁵thɑɔ⁰

西瓜　ɕi²¹²⁻²⁴kua⁰

打瓜　ta⁴³⁴⁻⁴⁴kua²¹²　一种白瓜黑子的西瓜，专用来收瓜子

西瓜子　ɕi²¹²⁻²⁴kua²¹²⁻²¹tsʅ⁴³⁴

南瓜子　nɑŋ⁵⁵kua²¹²⁻²¹tsʅ⁴³⁴

瓜子儿　kua²¹²⁻²¹tsʅr⁴³⁴　瓜子

小瓜子　ɕiɑɔ⁴³⁴⁻⁴⁴kua²¹²⁻²¹tsʅ⁰　甜瓜一类的小瓜

荸荠　pi⁵⁵tɕiəu⁰/ tɕhiəu⁰

甘蔗　kæ̃²¹²⁻²¹tʂa⁴³⁴

　甜甘蔗　thiæ̃⁵⁵kæ̃²¹²⁻²¹tʂa⁴³⁴

花生　xua²¹²⁻²⁴ʂəŋ²¹²

花生米　xua²¹²⁻²⁴ʂəŋ²¹²⁻²¹mi⁴³⁴

花生皮　xua²¹²⁻²⁴ʂəŋ⁰phi⁵⁵　花生米外面的红皮

花生壳儿　xua²¹²⁻²⁴ʂəŋ²¹²⁻²⁴khɤr²¹²　花生壳

酸楂　suæ̃²¹²⁻²⁴tʂa²¹²　山楂

桂花　kuei⁴²xua²¹²

菊花　tɕy²¹²⁻²⁴ xua²¹²

梅花　mei⁵⁵xua²¹²

凤仙花　fəŋ⁴²ɕiæ̃²¹²⁻²⁴xua²¹²

荷花　xɤ⁵⁵xua²¹²

　莲花　liæ̃⁵⁵xua²¹²

荷叶　xɤ⁵⁵iɛ²¹²

水仙花　ʂuei⁴³⁴⁻³⁴ɕiæ̃⁴³⁴⁻³⁴xua²¹²　水仙（花）

茉莉花　mo⁴²li⁴² xua²¹²

喇叭花　la⁴³⁴⁻³⁴pa⁰ xua²¹²　牵牛花

万年青　uæ̃⁴² niæ̃⁵⁵ tɕhiŋ²¹²

仙人掌　ɕiæ̃⁴³⁴⁻³⁴zə̃⁵⁵tʂaŋ⁴³⁴

花骨朵儿　xua²¹²⁻²¹ku²¹²⁻²⁴təur⁰ / thəur⁰　花蕾

花瓣子　xua²¹²⁻²¹pæ̃⁴² tsʅ⁰　花瓣儿

花心儿　xua²¹²⁻²⁴ɕiẽr²¹²　花蕊

苇子　uei⁴³⁴⁻³⁴ tsʅ⁰　芦苇

香菇　ɕiaŋ²¹²⁻²⁴ku²¹²

蘑菇　mo⁵⁵ ku⁰

　蛾子（老）　ɤɤ⁵⁵ tsʅ⁰

青苔　tɕhiŋ²¹²⁻²⁴tæi²¹²

地衣　ti⁴²i²¹²

　地角皮　ti⁴²tɕyo²¹²⁻²¹phi⁵⁵

绿曩⁼　lu²¹²⁻²⁴naŋ²¹²　水放长了，容器边生长的绿色苔状物

芝草子　tsʅ²¹²⁻²¹tsɑo⁴³⁴⁻³⁴tsʅ⁰　可以染红指甲的一种花

以下为当地人食用的几种野生植物：

堇堇菜　tɕie⁴³⁴⁻³⁴tɕie⁴³⁴⁻³⁴tshæi⁴²　紫花地丁

山嘴子　ʂæ̃²¹²⁻²¹tsuei⁴³⁴⁻³⁴tsʅ⁰　一种野菜，学名不详

野小蒜　iɛ⁴³⁴⁻³⁴ɕiɑo⁴³⁴⁻³⁴suæ̃⁴²

猫耳朵棵子　mɑɔ^{55} ər$^{434-34}$ tuo^{0} khuo$^{212-21}$ tsʅ^{0}　车前草

羊蹄棵子　iaŋ^{55} thi^{55} khuo$^{212-21}$ tsʅ^{0}　学名"齿果酸模"

（黄）蒿棵子　xuaŋ^{55} xɑɔ^{212} khuo$^{212-21}$ tsʅ^{0}　蒿子

灯笼棵子　təŋ$^{212-21}$ luŋ^{55} khuo$^{212-21}$ tsʅ^{0}　益母草

甜刺芽　thiæ̃^{55} tshʅ^{42} ia^{55}　大蓟

刺芽　tshʅ^{42} ia^{55}　小蓟

猫拉眼　mɑɔ^{55}la^{0}iæ̃^{434}　泽漆

婆婆丁　pho^{55}pho^{0}tiŋ^{212}　蒲公英

马莲菜　ma$^{434-44}$liæ̃^{55}tshæi^{42}　马齿苋

灰灰菜　xuei$^{212-21}$xuei^{0} tshæi^{42}　藜科一年生草本植物，当地人一般蒸着吃

刺刺芽　tshʅ^{42}tshʅ^{0}ia^{55}　菊科植物，医学上又名小蓟草

苗扫帚　miɑɔ^{55}sɑɔ^{42}tʂu^{0}　药名叫车前子，可以入药，可以做笤帚扫地

六、动物

畜生　tʂhu^{42} ʂəŋ^{0}

牲口　ʂəŋ$^{212-21}$ khəu^{0}

骚马　sɑɔ$^{212-21}$ ma^{434}　公马

母马　mu$^{434-34}$ma^{434}

骒马　khuo^{42} ma^{434}

骟马　ʂæ̃^{42}ma^{434}

劁马　tɕhiɑɔ$^{212-21}$ma^{434}

牤牛　maŋ$^{212-21}$ȵiəu^{55}　公牛

老犍　lɑɔ$^{434-44}$tɕiæ^{212}　犍牛（阉过的公牛）

舐＝牛　ʂʅ^{42}ȵiəu^{55}　母牛

黄牛　xuaŋ^{55}niəu^{55}

牛犊子　niəu^{55}tu^{55} tsʅ^{0}　牛犊

驴　ly^{55}

叫驴　tɕiɑɔ^{42}ly^{55}　公驴

草驴　tshɑɔ$^{434-44}$ly^{55}　母驴

骡子　luo^{55} tsʅ^{0}

驴骡　ly⁵⁵luo⁵⁵　骡子的一种，马父驴母

马骡　ma⁴³⁴⁻³⁴ luo⁵⁵　骡子的一种，驴父马母

骆驼　luo²¹²⁻²¹thuo⁵⁵

骚虎头　saɔ²¹²⁻²¹xu⁰thəu⁵⁵　公山羊

水羊　ʂuei⁴³⁴⁻³⁴iaŋ⁵⁵　母羊

绵羊　miæ⁵⁵ iaŋ⁵⁵

山羊　ʂæ̃²¹²⁻²¹iaŋ⁵⁵

羊羔子　iaŋ⁵⁵kaɔ²¹²⁻²¹tsʅ⁰　羊羔

狗　kəu⁴³⁴

伢狗　ia⁵⁵kəu⁴³⁴ 公狗

母狗　mu⁴³⁴⁻³⁴kəu⁴³⁴

小狗儿　çiaɔ⁴³⁴⁻³⁴kəur⁴³⁴　脱奶后的幼犬

哈巴狗　xa⁴³⁴pa⁰kəu⁴³⁴

狼狗　laŋ⁵⁵ kəu⁴³⁴

猫　maɔ⁵⁵

　狸猫　li⁵⁵maɔ⁵⁵

郎猫　laŋ⁵⁵ maɔ⁵⁵　公猫

米⁼猫　mi⁴³⁴⁻³⁴ maɔ⁵⁵　母猫

伢猪　ia⁵⁵ tʂu²¹²　公猪

母猪　mu⁴³⁴⁻⁴⁴tʂu²¹²

小猪子　çiaɔ⁴³⁴⁻⁴⁴ tʂu²¹²⁻²¹ tsʅ⁰　猪崽

劁猪　tɕhiaɔ²¹²⁻²⁴tʂu²¹²　阉猪（动宾）

骟猪　ʂæ̃⁴²tʂu²¹²

兔子　tu⁴² tsʅ⁰

家兔　tɕia²¹²⁻²¹tu⁴²

野兔　iɛ⁴³⁴⁻³⁴tu⁴²

鸡　tɕi²¹²

野鸡　iɛ⁴³⁴⁻⁴⁴tɕi²¹²

公鸡　kuŋ²¹²⁻²⁴tɕi²¹²　成年的打鸣的公鸡

小公鸡儿　çiaɔ⁴³⁴⁻⁴⁴ kuŋ²¹²⁻²⁴tɕir²¹²　未成年的小公鸡

劁鸡　tɕhiɑɔ²¹²⁻²⁴tɕi²¹²　阉鸡（动宾）

母鸡　mu⁴³⁴⁻⁴⁴tɕi²¹²

媰蛋鸡　fæ̃⁴²tæ̃⁴²tɕi²¹²　下蛋的母鸡

抱窝鸡　pɑɔ⁴²uo²¹²⁻²⁴tɕi²¹²　经常趴在窝里但不下蛋的母鸡

小鸡儿　ɕiɑɔ⁴³⁴⁻³⁴tɕir²¹²

鸡蛋　tɕi²¹²⁻²¹tæ̃⁴²

望＝蛋　uaŋ⁴²tæ̃⁴²　没有受精的鸡蛋；孵了 21 天不出小鸡的鸡蛋

　枉蛋　uaŋ⁴³⁴⁻³⁴tæ̃⁴²

媰蛋　fæ̃⁴²tæ̃⁴²　下蛋

抱小鸡儿　pɑɔ⁴²ɕiɑɔ⁴³⁴⁻⁴⁴tɕir²¹²　孵（～小鸡儿）

　抱窝儿　pɑɔ⁴²uor²¹²

鸡冠子　tɕi²¹²⁻²⁴kuæ̃²¹²⁻²¹tsɿ⁰　鸡冠

鸡爪子　tɕi²¹²⁻²¹tʂua⁴³⁴⁻³⁴tsɿ⁰

鸡膀子　tɕi²¹²⁻²¹paŋ⁴³⁴⁻³⁴tsɿ⁰　鸡翅

鸭子　ia²¹²⁻²¹ts⁰

　扁嘴儿　piæ̃⁴³⁴⁻³⁴tsueir⁴³⁴

野鸭子　iɛ⁴³⁴⁻⁴⁴ia²¹²⁻²¹tsɿ⁰

公鸭　kuŋ²¹²⁻²⁴ia²¹²

母鸭　mu⁴³⁴⁻³⁴ia²¹²

老母鸭　lɑɔ⁴³⁴⁻³⁴mu⁴³⁴⁻⁴⁴ia²¹²　把蠢笨、不灵活的人称为老母鸭

小鸭子　ɕiɑɔ⁴³⁴⁻³⁴ia²¹²⁻²¹tsɿ⁰

青皮　tshiŋ²¹²⁻²¹phi⁵⁵　鸭蛋

鹅　ɣɤ⁵⁵

鹅蛋　ɣɤ⁵⁵tæ̃⁴²

野兽　iɛ⁴³⁴⁻³⁴ʂəu⁴²

狮子　ʂɿ²¹²⁻²¹tsɿ⁰

老虎　lɑɔ⁴³⁴⁻³⁴xu⁴³⁴

　（旧）大虫　ta⁴²tʂhuŋ⁵⁵

母老虎　mu⁴³⁴⁻³⁴lɑɔ⁴³⁴⁻³⁴xu⁴³⁴　雌虎

刺猬　tshɿ⁴²uæi⁰

狼　laŋ⁵⁵

猴子　xəu⁵⁵ tsʐ⁰

熊　ɕyŋ⁵⁵

豹子　pɑɔ⁴² tsʐ⁰　豹

狐狸　xu⁵⁵li⁰/li⁴²

黄狼子　xuaŋ⁵⁵ laŋ⁵⁵ tsʐ⁰　黄鼠狼

老鼠　lɑɔ⁴³⁴⁻³⁴tʂhu⁴³⁴

蛇　ʂa⁵⁵/tʂha⁵⁵

长虫　tʂhaŋ⁵⁵tʂhuŋ⁰　蛇

花长虫　xua²¹²⁻²¹tʂhaŋ⁵⁵tʂhuŋ⁰　花斑蛇

屋龙　u²¹²⁻²¹luŋ⁵⁵　生活在人家宅子里的一种红色花斑蛇，当地称为镇宅之蛇

马蛇子　ma⁴³⁴⁻⁴⁴ʂɤ⁵⁵/ʂa⁵⁵tsʐ⁰　小蜥蜴

鸟儿　niɑɔr⁴³⁴

老鸹　lɑɔ⁴³⁴⁻⁴⁴kua²¹²　乌鸦

麻喳子　ma⁵⁵tʂa⁵⁵ tsʐ⁰　喜鹊

小小□儿　ɕiɑɔ⁴³⁴⁻³⁴ɕiɑɔ⁴³⁴⁻⁴⁴ʂueir⁰/ʐueir⁰　麻雀

　小小儿　ɕiɑɔ⁴³⁴⁻³⁴ɕiɑɔr⁰　麻雀

（小）燕子　ɕiɑɔ⁴³⁴⁻³⁴iæ̃⁴² tsʐ⁰　燕子

大雁　ta⁴²iæ̃⁴²　雁

斑鸠　pæ²¹²⁻²¹tɕiəu⁰

鸽子　kɤ²¹²⁻²¹ tsʐ⁰

鹌鹑　ɣæ̃²¹²⁻²¹tʂhuẽ⁰

猫呱呱　mɑɔ⁵⁵ ku²¹²⁻²¹ku⁰　布谷鸟，叫声为"嘎嘎嘎咕　ka⁵⁵ka⁵⁵ka⁵⁵ku²¹²"。

啄木鸟　tʂuo⁵⁵ mu²¹²⁻²¹niɑɔ⁴³⁴

　叨树虫　tɑɔ²¹²⁻²¹ʂu⁴²tʂhuŋ⁵⁵

猫儿头　mɑɔ⁵⁵ər⁰thəu⁵⁵　猫头鹰

　夜猫子　iɛ⁴² mɑɔ²¹²⁻²¹ tsʐ⁰

夜鹰　iɛ⁴²iŋ²¹²

鹦鹉　iŋ²¹²⁻²¹u⁰

八哥儿　pa²¹²⁻²¹kɤr⁴³⁴

鹤　xɣ⁵⁵

老鹰　lɑɔ⁴³⁴⁻⁴⁴iŋ²¹²　鹰

野鸡　iɛ⁴³⁴⁻⁴⁴tɕi²¹²

野鸭　iɛ⁴³⁴⁻⁴⁴ia²¹²

洼⁼子　ua⁴²tsʅ⁰　鸬鹚

鱼鹰　y⁵⁵iŋ²¹²

鳖⁼虎子　piɛ²¹²⁻²¹xu⁴³⁴⁻³⁴tsʅ⁰　蝙蝠

膀子　paŋ⁴³⁴⁻³⁴tsʅ⁰　翅膀

嘴　tsuei⁴³⁴

鸟窝　niɑɔ⁴³⁴⁻⁴⁴uo²¹²

蚕　tshæ⁵⁵

蚕蛹子　tshæ⁵⁵ʐuŋ⁴³⁴⁻³⁴tsʅ⁰　蚕蛹

蚕沙　tshæ⁵⁵ʂa⁴²　家蚕的屎

罗罗蛛　luo⁵⁵luo⁰tʂu²¹²　蜘蛛

蚂蚁　ma⁴³⁴⁻³⁴ꞏi⁴³⁴

蝼蛄　ləu⁵⁵ku⁰

土鳖子　tu⁴³⁴⁻⁴⁴piɛ²¹²⁻²¹tsʅ⁰　土鳖（可入药，又叫地鳖）

毛蛐蛐　mɑɔ⁵⁵tɕhy⁴²tɕhy⁰　蚯蚓

蛐蜓　tɕhy⁴³⁴⁻³⁴ꞏiæ̃⁰

蚰子　iəu⁵⁵tsʅ⁰　蝈蝈

蜗拉牛　u²¹²⁻²¹la⁰niəu⁵⁵　蜗牛

屎壳郎　ʂʅ⁴³⁴⁻³⁴kɣ²¹²⁻²¹/khɣ²¹²⁻²¹laŋ⁵⁵　蜣螂

大将军　ta⁴²tɕiaŋ⁴²tɕyẽ⁰　蜣螂用作中药时的名称

蜈蚣　u⁵⁵ku²¹²

蚰蜓　iəu⁵⁵ꞏiæ̃⁰

蝎子　ɕiɛ²¹²⁻²¹tsʅ⁰

　蝎虎子　ɕiɛ²¹²⁻²¹xu⁴³⁴⁻³⁴tsʅ⁰

草鞋底　tshɑɔ⁴³⁴⁻³⁴ɕiɛ⁵⁵ti⁴³⁴　百足虫

爬墙虎儿　pha⁵⁵tshiaŋ⁵⁵xur⁰/xur⁴³⁴　壁虎

　歇壁虎　ɕiɛ²¹²⁻²⁴pi²¹²⁻²¹xu⁴³⁴

蝎虎　$\varepsilon i\varepsilon^{212-21}xu^{434}$

毛虫　$mɑɔ^{55}tʂhuŋ^{55}$

　毛刺子　$mɑɔ^{55}la^{55}tsʅ^{0}$

米虫　$mi^{434-34}tʂhuŋ^{55}$　肉虫（米里的米色虫）

面虫　$miæ̃^{42}tʂhuŋ^{55}$

麦牛子　$mei^{212-21}ɣəu^{55}tsʅ^{0}$　米、面里长的一种黑色、硬壳的小虫

　麦蚰子　$mei^{212-21}iəu^{55}tsʅ^{0}$

蚴子　$ni^{42}tsʅ^{0}$　蚜虫

蝇子　$iŋ^{55}tsʅ^{0}$　苍蝇

绿头蝇　$lu^{212}thəu^{55}iŋ^{55}$　绿头苍蝇

麻蝇　$ma^{55}iŋ^{55}$　大苍蝇

饭蝇　$fæ̃^{42}iŋ^{55}$　一种黑色的小苍蝇

蚊子　$uẽ^{55}tsʅ^{0}$

虱子　$ʂʅ^{212-21}tsʅ^{0}$

虮子　$tɕi^{434-34}tsʅ^{0}$　虱子的卵，白色

老母猪　$lɑɔ^{434-34}mu^{434-44}tʂu^{212}$　喝血多、肥大的虱子

尸虱　$ʂʅ^{434-34}ʂʅ^{212}$　尸体上长的虱子

阴虱　$iẽ^{212-24}ʂʅ^{212}$　阴部生的虱子

臭虫　$tʂhəu^{42}tʂhuŋ^{0}$

虼子　$kɤ^{212-21}tsʅ^{0}$　跳蚤

牛蜢　$niəu^{55}məŋ^{434}$　牛虻

皮厢=子　$phi^{55}ɕiaŋ^{212}tsʅ^{0}$　蟋蟀

　皮镪=子　$phi^{55}tɕhiaŋ^{212}tsʅ^{0}$

灶马　$tsɑɔ^{42}ma^{0}$　灶蟋蟀（状似蟋蟀，常出没于厨房）

蚂蚱　$ma^{212-21}tʂa^{55}$　蝗虫

砍头螂　$khæ̃^{434-44}thəu^{55}laŋ^{55}$　螳螂

叠=了猴子　$tiɛ^{55}lə^{0}xəu^{55}tsʅ^{0}$　蝉

知了儿　$tʂʅ^{212-21}liɑɔʴ^{434-34}$

伏凉　$fu^{55}liaŋ^{55}$　青色的知了，天凉时叫

蜜蜂　$mi^{212-21}fəŋ^{212}$

马蜂　ma⁴³⁴⁻⁴⁴fəŋ²¹²

蜇人　tʂɤ²¹²⁻²¹zẽ⁵⁵　（马蜂）蜇人

马蜂窝　ma⁴³⁴⁻⁴⁴fəŋ²¹²⁻²⁴uo²¹²　蜂窝

蜜　mi²¹²　蜂蜜

萤火虫　iŋ⁵⁵xuo⁴³⁴⁻⁴⁴tʂhuŋ⁵⁵

放屁虫　faŋ⁴²phi⁴²tʂhuŋ⁵⁵　臭大姐

花大姐　xua²¹²⁻²¹ta⁴²tɕiɛ⁴³⁴　瓢虫

蛾子　ɣɤ⁵⁵tsɿ⁰

蝴蝶子　xu⁵⁵tiɛ⁵⁵tsɿ⁰　蝴蝶

光⁼光⁼蜓　kuaŋ²¹²⁻²¹kuaŋ²¹²⁻²⁴thiŋ²¹²　蜻蜓

山水牛　ʂæ̃²¹²⁻²¹ʂuei⁴³⁴⁻³⁴niəu⁵⁵　一种昆虫，学名桑天牛

金壳郎　tɕiẽ²¹²⁻²¹khɤ⁰laŋ⁵⁵　学名金龟子

鱼　y⁵⁵　鱼儿

鲤鱼　li⁴³⁴⁻⁴⁴y⁵⁵

　拐子　kuæi⁴³⁴⁻³⁴tsɿ⁰　小的鲤鱼

鳜鱼　kuei⁴²y⁵⁵

　鲫⁼花鱼　tɕi⁴²xua²¹²⁻²¹y⁵⁵

曹⁼鱼　tshɑɔ⁵⁵y⁵⁵　鲫鱼

鳊鱼　piæ̃⁴³⁴⁻⁴⁴y⁵⁵

　鳊花　piæ̃⁴³⁴⁻⁴⁴xuã²¹²

混子　xuẽ⁴²tsɿ⁰　草鱼

　青混　tɕhiŋ²¹²⁻²¹xuẽ⁴²　青鲩

　螺蛳混　luo⁵⁵sɿ⁰xuẽ⁴²

草混　tshɑɔ⁴³⁴⁻³⁴xuẽ⁴²　草鲩

鲢子　liæ̃⁵⁵tsɿ⁰　鲢鱼

花鲢　xua²¹²liæ̃⁵⁵　鳙鱼

黑鲢　xei²¹²⁻²¹liæ̃⁵⁵

噘嘴鲢子　tɕyo²¹²⁻²¹tshuei⁴³⁴liæ̃⁵⁵tsɿ⁰　白丝鱼

大鳖⁼子　ta⁴²tshæ̃²¹²⁻²¹ tsɿ⁰

鳖⁼条子　tshæ̃²¹²⁻²¹thiɑɔ⁵⁵tsɿ⁰

咯咯夜＝/角角夜＝ kɤ²¹²⁻²¹kɤ⁰iɛ⁴² 黄颡鱼，咯咯地叫唤

带鱼 tæi⁴² y⁵⁵

鲈鱼 lu⁵⁵ y⁵⁵

鲶鱼 niæ⁴² y⁵⁵ 鲇鱼

火头 xuo⁴³⁴⁻⁴⁴thəu⁵⁵ 黑鱼

墨鱼 mei·²¹²⁻²¹ y⁵⁵

鱿鱼 iəu⁵⁵ y⁵⁵

家鱼 tɕia²¹²⁻²¹y⁵⁵

金鱼 tɕiẽ²¹²⁻²¹ y⁵⁵

泥鳅 ni⁵⁵tɕhiəu⁰/ tɕiəu⁰

刀鳅 taɔ²¹²tɕhiəu⁰/ tɕiəu⁰ 像泥鳅的一种鱼，体型细而长，背上有倒刺，
　　嘴巴又尖又细

黄鳝 xuaŋ⁵⁵ ʂæ̃⁴²

　鳝鱼 ʂæ̃⁴²y⁵⁵

白鳝 pei⁵⁵ʂæ̃⁴² 鳗鱼

咸鱼 ɕiæ⁵⁵ y⁵⁵ 鲞 (剖开晒干的鱼)

鳞 liẽ⁵⁵ 鱼鳞

鱼刺 y⁵⁵ tʂhŋ⁴²

鱼鳔儿 y⁵⁵piɑɔr⁴²

鱼翅 y⁵⁵tʂhŋ⁴² 鳍

鱼腮 y⁵⁵sæi²¹²

鱼子 y⁵⁵tsŋ⁴³⁴ 鱼的卵

鱼苗儿 y⁵⁵miɑɔ⁵⁵

鱼秧子 y⁵⁵iaŋ²¹²⁻²¹tsŋ⁰

钓鱼 tiɑɔ⁴²y⁵⁵

钓鱼竿 tiɑɔ⁴²y⁵⁵kæ̃²¹²

渔钩 y⁵⁵kəu²¹² 钓鱼钩儿

渔篓子 y⁵⁵ləu⁴³⁴⁻³⁴tsŋ⁰

渔网 y⁵⁵uaŋ⁴³⁴

蚂虾 ma⁴³⁴⁻⁴⁴ɕia²¹² 虾

虾仁儿 $\varphi ia^{212-21}z\tilde{e}r^{55}$ （鲜）虾仁儿

虾米 $\varphi ia^{212-21}mi^{434}$ （干）虾米

虾子 $\varphi ia^{212-21}ts\gamma^{434}$ 虾的卵，干制后做调味品

乌龟 $u^{212-24}kuei^{212}$

老鳖 $lao^{434-44}pi\varepsilon^{212}$ 甲鱼

  王八 $ua\eta^{55}pa^0$

  青鱼 $t\varphi hi\eta^{212-21}y^{55}$

螃蟹 $pha\eta^{55}\varphi i\mathfrak{e}i^0$/ $pha\eta^{55}\varphi i\varepsilon^0$

蟹黄儿 $\varphi i\mathfrak{e}i^{42}$/ $\varphi i\varepsilon^{42}xuar^{55}$ 蟹黄

花蛤蟆 $xua^{212-21}x\gamma^{55}ma^0$ 青蛙

蛤蟆蝌子 $x\gamma^{55}ma^0 kh\gamma^{212-21}ts\gamma^0$ 蝌蚪

癞了猴子 $l\mathfrak{e}i^{55}l\mathfrak{e}^0 x\mathfrak{e}u^{55}ts\gamma^0$ 蟾蜍

  癞蛤蟆 $l\mathfrak{e}i^{42}x\gamma^{55}ma^0$

蚂蟥 $ma^{434-34}xua\eta^{55}$ 水蛭

蜗拉牛 $u^{212-21}la^0ni\mathfrak{e}u^{55}$ 蜗牛；螺蛳

崴＝把子 $u\mathfrak{e}i^{434-34}pa^{42}ts\gamma^0$ 蚌，蛤蜊

  崴＝把壳儿 $u\mathfrak{e}i^{434-34}pa^{42}kh\gamma^{212}$

  崴＝不壳儿 $u\mathfrak{e}i^{434-34}pu^0kh\gamma^{212}$

崴＝把子油 $u\mathfrak{e}i^{434-34}pa^{42}ts\gamma^0 i\mathfrak{e}u^{55}$ 蛤蜊油

  崴＝把壳儿油 $u\mathfrak{e}i^{434-34}pa^{42}kh\gamma^{212-21}i\mathfrak{e}u^{55}$

  崴＝不壳儿油 $u\mathfrak{e}i^{434-34}pu^0kh\gamma^{212-21}i\mathfrak{e}u^{55}$

七、房舍

房子 $fa\eta^{55}ts\gamma^0$ 住宅

盖屋 $k\mathfrak{e}i^{42}u^{212}$ 造房子

屋 u^{212} （整座）房子；（单间）屋子

院子 $y\mathfrak{e}^{42}ts\gamma^0$

当院 $ta\eta^{212-21}y\tilde{\mathfrak{e}}^{42}$

院墙 $y\mathfrak{e}^{42}t\varphi hia\eta^{55}$

土墙 $thu^{434-34}t\varphi hia\eta^{55}$

砖墙　tʂuæ²¹²⁻²¹tɕhiaŋ⁵⁵

土坯墙　thu⁴³⁴⁻⁴⁴phi²¹²⁻²¹tɕhiaŋ⁵⁵　制成长方形的坯子垒起来的墙

板打墙　pæ⁴³⁴⁻³⁴ta⁴³⁴⁻⁴⁴tɕhiaŋ⁵⁵　两边夹板，中间填土，用夯夯实而成

叠墙　tiɛ⁵⁵tɕhiaŋ⁵⁵　用带草的泥堆成墙，然后抹平

篱笆墙　li⁵⁵pa⁰tɕhiaŋ⁵⁵

石墙　ʂʅ⁵⁵ɕhiaŋ⁵⁵　石头砌成的墙

影壁墙　iŋ⁴³⁴⁻³⁴pi⁴²tɕhiaŋ⁵⁵　影壁

营坊　iŋ⁵⁵faŋ²¹²　店面内侧的房屋，用作账房和居住

外间　uæi⁴²tɕiæ²¹²

里间　li⁴³⁴⁻³⁴tɕiæ²¹²

堂屋　thaŋ⁵⁵u²¹²　正房

偏房　phiæ²¹²⁻²¹faŋ⁵⁵　厢房

东屋　tuŋ²¹²⁻²⁴u²¹²

西屋　ɕi²¹²⁻²⁴u²¹²

北屋　pei²¹²⁻²⁴u²¹²

草屋　tshɑɔ⁴³⁴⁻³⁴u²¹²

道人帽　tɑɔ⁴²zẽ⁵⁵mɑɔ⁴²　一种像道士帽子的单屋面的房子

客厅　khei²¹²⁻²⁴thiŋ²¹²

平房　phiŋ⁵⁵faŋ⁵⁵

楼房　ləu⁵⁵faŋ⁵⁵

洋房　iaŋ⁵⁵faŋ⁵⁵　旧指新式楼房

茅草屋　mɑɔ⁵⁵tshɑɔ⁴³⁴⁻³⁴u²¹²

棚　phəŋ⁵⁵

草庵子　tshɑɔ⁴³⁴⁻⁴⁴ɣæ²¹²⁻²¹tsʅ⁰

地窖子　ti⁴²tɕiɑɔ⁴²tsʅ⁰

楼上　ləu⁵⁵ʂaŋ⁴²

楼下　ləu⁵⁵ɕia⁴²

门楼子　mẽ⁵⁵ləu⁵⁵tsʅ⁰　门楼儿（大门儿上边牌楼式的顶）

楼梯　ləu⁵⁵thi²¹²

梯子　thi²¹²⁻²¹tsʅ⁰

阳台（新）iaŋ⁵⁵ thæi⁵⁵

  晒台（老）ʂæi⁴² thæi⁵⁵

草房 tshɑɔ⁴³⁴⁻³⁴faŋ⁵⁵ 用茅草搭起的房子

屋脊 u²¹²⁻²⁴tɕi²¹² 房脊

屋顶 u²¹²⁻²¹tiŋ⁴³⁴ 房顶（站在～上）

屋檐儿 u²¹²⁻²¹iæ̃r⁵⁵ 房檐儿

大梁 ta⁴²liaŋ⁵⁵ 梁

  脊棒 tɕi²¹²⁻²¹pɑŋ⁴²

桁条 ɕiŋ⁵⁵thiɑɔ⁵⁵ 梁的一种

檩子 liŋ⁴³⁴⁻³⁴tsʅ⁰

撑子 tʂhən²¹²⁻²¹tsʅ⁰

椽子 tʂhuæ̃⁵⁵ tsʅ⁰

柱 tʂu⁴²

石墩子 ʂʅ⁵⁵tuẽ²¹²⁻²¹tsʅ⁰ 柱下石

台阶 thæi⁵⁵ tɕiɛ²¹² 台阶儿

  踏步 tha²¹²⁻²¹pu⁴²

天花板 thiæ̃²¹²⁻²¹xua²¹²⁻²¹pæ̃⁴³⁴

天棚 thiæ̃²¹²⁻²¹¹phən⁵⁵ 纸质的天花板

大门 ta⁴²mẽ⁵⁵ 正门

偏门 phiæ̃²¹²⁻²¹mẽ⁵⁵

后门 xəu⁴²mẽ⁵⁵

角门儿 tɕyo²¹²⁻²¹mẽr⁵⁵ 边门儿

门欠⁼子 mẽ⁵⁵tɕhiæ⁴² tsʅ⁰ 门坎儿

门后 mẽ⁵⁵ xəu⁴² 门扇的后面

门插子 mẽ⁵⁵tʂha²¹²⁻²¹ tsʅ⁰ 门栓

  门鼻子 mẽ⁵⁵pi⁵⁵ tsʅ⁰

  门镣子 mẽ⁵⁵liɑɔ⁴³⁴⁻³⁴ tsʅ⁰

门扇 mẽ⁵⁵ʂæ⁴²

锁 suo⁴³⁴

钥匙 yo²¹²⁻²¹tʂhʅ⁰

窗户　tʂhuaŋ²¹²⁻²¹ xu⁰　窗子

　　窗棂子　tʂhuaŋ²¹²⁻²¹liŋ⁵⁵ tsʅ⁰

窗台　tʂhuaŋ²¹²⁻²¹ thæi⁵⁵

走廊　tsəu⁴³⁴⁻⁴⁴laŋ⁵⁵

过道　kuo⁴²taɔ⁴²

楼道　ləu⁵⁵ taɔ⁴²

楼板　ləu⁵⁵ pæ⁴³⁴

锅屋　kuo²¹²⁻²⁴u²¹²　厨房

灶　tsaɔ⁴²

　　锅台　kuo²¹²⁻²¹ thæi⁵⁵

茅厕　maɔ⁵⁵ tshʅ⁴²　厕所

磨屋　mo⁴²u²¹²　磨房

马棚　ma⁴³⁴⁻⁴⁴phəŋ⁵⁵

牛圈　niəu⁵⁵ tɕyæ⁴²

牲口棚　ʂəŋ²¹²⁻²¹khəu⁰ phəŋ⁵⁵

猪圈　tʂu²¹²⁻²¹tɕyæ⁴²

猪槽　tʂu²¹²⁻²¹tshaɔ⁵⁵

马槽　ma⁴³⁴⁻⁴⁴tshaɔ⁵⁵

牛槽　niəu⁵⁵tshaɔ⁵⁵

羊圈　iaŋ⁵⁵tɕyæ⁴²

狗窝　kəu⁴³⁴⁻³⁴uo²¹²

鸡窝　tɕi²¹²⁻²¹uo²¹²

鸡笼　tɕi²¹²⁻²¹luŋ⁵⁵

鸡圈　tɕi²¹²⁻²¹ tɕyæ⁴²

鹅窝　ɣɤ⁵⁵ uo²¹²

鸟笼　niaɔ⁴³⁴⁻³⁴ luŋ⁵⁵

　　鸟笼子　niaɔ⁴³⁴⁻³⁴ luŋ⁵⁵ tsʅ⁰

柴火垛　tʂhæi⁵⁵xuo⁰tuo⁴²　柴草垛

麦穰垛　mei²¹²⁻²¹zaŋ⁴³⁴⁻³⁴tuo⁴²

秫秸垛　ʂu⁵⁵tɕiɛ²¹²⁻²¹tuo⁴²

秫秸穧子　ʂu⁵⁵tɕiɛ²¹²⁻²¹ tshæ̃⁵⁵tsʅ⁰

八、器具、用品

家具　tɕia²¹²⁻²¹ tɕy⁴²

加壮　tɕia²¹²⁻²¹tʂuaŋ⁴²　结实：这床才～～来！

柜子　kuei⁴²tsʅ⁰

钱柜　tɕhiæ̃⁵⁵kuei⁴²

衣柜　i²¹²⁻²¹kuei⁴²

鞋柜　ɕiɛ⁵⁵kuei⁴²

书柜　ʂu²¹²⁻²¹kuei⁴²

柜台　kuei⁴²thæi⁵⁵　营业用的柜子

橱子　tʂhu⁵⁵tsʅ⁰

菜橱子　tshæi⁴²tʂhu⁵⁵tsʅ⁰　用来盛放碗筷、剩余菜饭等的一种柜子

桌子　tʂuo²¹²⁻²¹tsʅ⁰

圆桌　yæ̃⁵⁵tʂuo²¹²

八仙桌子　pa²¹²⁻²⁴ɕiæ̃²¹²⁻²⁴tʂuo²¹²⁻²¹tsʅ⁰　方桌

马杌　ma⁴³⁴⁻⁴⁴u²¹²　一种小方桌，平时放在大桌子下面，人少时拿出来使用

案板　ɣæ̃⁴²pæ̃⁴³⁴

条几　thiɑo⁵⁵tɕi²¹²　条案（一种狭长的桌）

书条　ʂu²¹² thiɑo⁵⁵　放书的条几

茶几子　tʂha⁵⁵ tɕi²¹²⁻²¹tsʅ⁰　茶几

办公桌　pæ̃⁴²kuŋ²¹²tʂuo²¹²

八仙桌　pa²¹²⁻²⁴ɕiæ̃²¹²⁻²⁴tʂuo²¹²　饭桌；大方桌

桌布　tʂuo²¹²⁻²¹pu⁴²　台布（铺在桌面上的布）

抽屉　tʂhəu²¹²⁻²¹thi⁰

　抽肚儿　tʂhəu²¹²⁻²¹tur⁴³⁴

椅子　i⁴³⁴⁻³⁴tsʅ⁰

躺椅　thɑŋ⁴³⁴⁻³⁴ i⁴³⁴

睡椅　ʂuei⁴² i⁴³⁴

椅背儿　i⁴³⁴⁻³⁴peir⁴²　椅子背儿

凳子　təŋ⁴² tsʅ⁰

大板凳　ta⁴² pæ̃⁴³⁴⁻³⁴ təŋ⁴²　板凳(长条形的)

方凳　faŋ²¹²⁻²¹ təŋ⁴²

小板凳儿　ɕiɑɔ⁴³⁴⁻³⁴pæ̃⁴³⁴⁻³⁴təŋr⁴²

圆凳　yæ̃⁵⁵ təŋ⁴²

高凳子　kɑɔ²¹²⁻²¹təŋ⁴² tsʅ⁰

马扎子　ma⁴³⁴⁻³⁴ tʂa²¹¹⁻²¹ tsʅ⁰　马扎

　马褡子　ma⁴³⁴⁻³⁴ ta²¹¹⁻²¹ tsʅ⁰

床　tʂhuɑŋ⁵⁵

铺板　phu⁴²pæ̃⁴³⁴　铺板(一块块的木板,用来拼搭床铺)

软床子　yæ̃⁴³⁴⁻³⁴tʂhuɑŋ⁵⁵ tsʅ⁰

棕绷子　tsuŋ²¹²⁻²⁴pəŋ²¹²⁻²¹tsʅ⁰

棕床子　tsuŋ²¹²⁻²¹ tʂhuɑŋ⁵⁵tsʅ⁰

竹床　tʂu²¹²⁻²¹ tʂhuɑŋ⁵⁵

板床　pæ̃⁴³⁴⁻⁴⁴ tʂhuɑŋ⁵⁵

床框　tʂhuɑŋ⁵⁵khuaŋ²¹²　床沿

炕房　khaŋ⁴²faŋ⁵⁵　用于烘烤烟叶或孵小鸡的房子

帐子　tʂaŋ⁴² tsʅ⁰

帐钩　tʂaŋ⁴²kəu²¹²

帐檐儿　tʂaŋ⁴²iæ̃r⁵⁵

毯子　thæ̃⁴³⁴⁻³⁴tsʅ⁰

被　pei⁴²　被子

被窝儿　pei⁴²uor²¹²　为睡觉叠成的长筒形的被子

被里　pei⁴²li⁴³⁴

被面　pei⁴²miæ̃⁴²

被套　pei⁴²thɑɔ⁴²　棉花胎(棉被的胎)

　棉花套子　miæ̃⁴²xua⁰thɑɔ⁴²tsʅ⁰

被单子　pei⁴²tæ̃²¹²tsʅ⁰　床单

　被袱子　pei⁴² fu²¹²⁻²¹ tsʅ⁰

褥子　zu²¹²⁻²¹ tsʅ⁰

凉席子　liaŋ⁵⁵ɕi⁵⁵ tsʅ⁰

草席　tshɔ⁴³⁴⁻³⁴ɕi⁵⁵　草编的席子

竹席子　tʂu²¹²⁻²¹ɕi⁵⁵ tsʅ⁰　竹篾编的席子

枕头　tʂẽ⁴³⁴⁻³⁴ thəu⁰

枕套　tʂẽ⁴³⁴⁻³⁴ thɔ⁴²

　枕头套子　tʂẽ⁴³⁴⁻⁴⁴ thəu⁰ thɔ⁴² tsʅ⁰

　枕头皮子　tʂẽ⁴³⁴⁻⁴⁴ thəu⁰phi⁵⁵ tsʅ⁰

枕头芯儿　tʂẽ⁴³⁴⁻⁴⁴ thəu⁰ɕiẽr²¹²

梳妆台　ʂuo²¹²⁻²⁴tʂuaŋ²¹²⁻²¹ thæi⁵⁵

粉妆盒子　fẽ⁴³⁴⁻³⁴tʂuaŋ²¹²⁻²¹xɤ⁵⁵tsʅ⁰　梳妆盒

镜子　tɕiŋ⁴² tsʅ⁰

皮箱子　phi⁵⁵ɕiaŋ²¹²⁻²¹tsʅ⁰　手提箱

衣架　i²¹²⁻²¹tɕia⁴²　立在地上的衣服架子

衣服撑子　i²¹²⁻²¹fu⁰tʂhəŋ²¹²⁻²¹tsʅ⁰　晾衣架

尿盆　sei²¹²⁻²¹phẽ⁵⁵

尿壶　sei²¹²⁻²¹xu⁵⁵

尿罐子　sei²¹²⁻²¹kuæ⁴² tsʅ⁰

夜壶　iɛ⁴²xu⁵⁵

痰盂子　thæ⁵⁵ y⁵⁵ tsʅ⁰　痰盂

手炉　ʂəu⁴³⁴⁻⁴⁴ lu⁵⁵

香炉　ɕiaŋ²¹²⁻²¹lu⁵⁵

火盆　xuo⁴³⁴⁻³⁴ phẽ⁵⁵

焐壶　u⁴²xu⁵⁵　汤壶 (盛热水后放在被中取暖用的)

焐脚壶　u⁴²tɕyo²¹²⁻²¹xu⁵⁵

暖瓶　nuæ⁴³⁴⁻⁴⁴ phiŋ⁵⁵　暖水瓶

暖壶　nuæ⁴³⁴⁻³⁴xu⁵⁵　保暖用的旧式茶壶

风箱　fəŋ²¹²⁻²⁴ɕiaŋ²¹²

火柱　xuo⁴³⁴⁻³⁴tʂu⁴²

火钩　xuo⁴³⁴⁻⁴⁴kəu²¹²

火钳　xuo⁴³⁴⁻⁴⁴tɕhiæ⁵⁵

火筷子　xuo⁴³⁴⁻³⁴khuæi⁴²tsʅ⁰

火铲　xuo⁴³⁴⁻³⁴tʂhæ⁴³⁴　铲炉灰用的铲子

　火铲子　xuo⁴³⁴⁻³⁴tʂhæ̃⁴³⁴⁻³⁴tsʅ⁰

　煤铲子　mei⁵⁵tʂhæ̃⁴³⁴⁻³⁴tsʅ⁰

柴草　tʂhæi⁵⁵tshɑɔ⁴³⁴

稻草　tɑɔ⁴²tshɑɔ⁴³⁴　稻秆

麦秸　mei²¹²⁻²⁴tɕiɛ²¹²

高粱秆儿　kɑɔ²¹²⁻²¹liaŋ⁵⁵kæ̃r⁴³⁴

格当莛子　kɤ⁵⁵taŋ⁰thiŋ⁵⁵tsʅ⁰　高粱秆上端

秫秸　ʂu⁵⁵tɕiɛ²¹²

豆草　təu⁴²tshɑɔ⁴³⁴

豆叶　təu⁴²·iɛ²¹²

红芋叶　xuŋ⁵⁵y⁴²iɛ²¹²

红芋梗子　xuŋ⁵⁵y⁴²kəŋ⁴³⁴⁻³⁴tsʅ⁰

豆秸　təu⁴²tɕiɛ²¹²

锯末　tɕy⁴²mo²¹²

刨花　pɑɔ⁴²xua²¹²

洋火　iaŋ⁵⁵xuo⁴³⁴　火柴

锅□子　kuo²¹²⁻²¹tɕhiaŋ⁴²tsʅ⁰　地锅子，用来放锅的

　锅壳郎⁼子　kuo²¹²⁻²⁴khɤ²¹²⁻²¹laŋ⁵⁵tsʅ⁰

锅灰　kuo²¹²⁻²⁴xuei²¹²　锅烟子

青灰　tɕhiŋ⁴³xuei²¹²　烧柴火剩下的渣子叫青灰，从前放在篮子里淋水，灰
　水洗衣服

烟筒　iæ̃²¹²⁻²¹thuŋ⁴³⁴　烟囱

锅　kuo²¹²

铝锅　ly⁴³⁴⁻³⁴kuo²¹²

砂锅　ʂa²¹²⁻²⁴kuo²¹²

大锅　ta⁴²kuo²¹²

小锅　ɕiɑɔ⁴³⁴⁻³⁴kuo²¹²

鏊子　ɣɑɔ⁴²tsʅ⁰　一种烙饼用的圆形平底锅，略带穹隆状

翻批子　fæ̃²¹²⁻²⁴pi²¹²⁻²¹tsɿ⁰　翻烙饼的小棍

锅盖　kuo²¹²⁻²¹kær⁴²

　锅拍　˝kuo²¹²⁻²⁴phei²¹²

锅铲子　kuo²¹²⁻²¹tʂhæ̃⁴³⁴⁻³⁴tsɿ⁰

茶壶　tʂha⁵⁵xu⁵⁵　水壶 (烧开水用)

　炊壶　tshuei²¹²⁻²¹xu⁵⁵

砂茶壶　ʂa²¹²⁻²¹tʂha⁵⁵xu⁵⁵

铁茶壶　thiɛ²¹²⁻²¹tʂha⁵⁵xu⁵⁵

瓷茶壶　tshɿ⁵⁵tʂha⁵⁵xu⁵⁵

碗　uæ̃⁴³⁴

海碗　xæi⁴³⁴⁻³⁴uæ̃⁴³⁴　大碗

盆　phẽ⁵⁵

茶碗　tʂha⁵⁵uæ̃⁴³⁴　茶杯 (瓷的带把儿的)

茶盅　tʂha⁵⁵tʂuŋ²¹²

碟子　tiɛ⁵⁵tsɿ⁰

盘子　phæ̃⁵⁵tsɿ⁰

勺子　ʂuo⁵⁵tsɿ⁰　饭勺 (盛饭用的)

调羹　thiɑo⁵⁵kəŋ²¹²　羹匙 (瓷的 , 小的)

汤勺儿　thaŋ²¹²⁻²¹ʂuor⁵⁵

筷子　khuæi⁴²tsɿ⁰

筷笼子　khuæi⁴²luŋ⁵⁵tsɿ⁰　放筷子用的器具

茶盘子　tʂha⁵⁵phæ̃⁵⁵tsɿ⁰　茶托 (瓷的碟形的)

酒杯　tɕiəu⁴³⁴⁻⁴⁴pei²¹²

酒盅　tɕiəu⁴³⁴⁻³⁴tʂuŋ²¹²

牛眼泡儿　niəu⁵⁵iæ̃⁴³⁴⁻⁴⁴phɑor²¹²　小酒盅

酒壶　tɕiəu⁴³⁴⁻⁴⁴xu⁵⁵　酒壶 (茶壶形的)

酒坛子　tɕiəu⁴³⁴⁻⁴⁴thæ̃⁵⁵tsɿ⁰

坛子　thæ̃⁵⁵tsɿ⁰

罐子　kuæ̃⁴²tsɿ⁰

瓢　phiɑo⁵⁵　瓢 (舀水用的)

笊篱　tʂɑɔ⁴²li⁰

　捞笊　lau²¹²⁻²¹tʂɑɔ⁴²

瓶　phiŋ⁵⁵　瓶子

瓶盖儿　phiŋ⁵⁵kæir⁴²

瓶椎子　phiŋ⁵⁵tʂuei²¹²⁻²¹tsʅ⁰　瓶塞

擦子　tsha²¹²⁻²¹tsʅ⁰　礤床，把瓜、萝卜等擦成丝儿的器具，在木版、竹板等中间钉一块金属片，片上凿开许多小窟窿，使翘起的鳞状部分成为薄片

大刀　ta⁴² tɑɔ²¹²

菜刀　tshæi⁴² tɑɔ²¹²

石刀　ʂʅ⁵⁵tɑɔ²¹²　又写作"食刀"，即铁刀

案板　ɣæ̃⁴² pæ̃⁴³⁴　一种集桌子、砧板、面案于一体的家具

水桶　ʂuei⁴³⁴⁻³⁴thuŋ⁴³⁴　挑水用的桶

水筲　ʂuei⁴³⁴⁻³⁴ʂɑɔ²¹²

药碾子　yo²¹²niæ̃⁴³⁴⁻³⁴tsʅ⁰　研船（铁制研药材用具，船形）

馍筐　mo⁵⁵khuaŋ²¹²　盛放馒头的筐子

笼　luŋ⁵⁵　蒸笼

箅列子　pi⁴² liɛ²¹²⁻²¹ tsʅ⁰　箅子（蒸食物用的）

水缸　ʂuei⁴³⁴⁻⁴⁴kaŋ²¹²

恶水缸　ɣɤ²¹²⁻²¹ ʂuei⁴³⁴⁻⁴⁴kaŋ²¹²　泔水缸

恶水　ɣɤ²¹²⁻²¹ ʂuei⁴³⁴　泔水；脏水

抹布　ma²¹²⁻²¹pu⁴²

拖把　thuo²¹²⁻²¹pa⁴³⁴

刨子　pɑɔ⁴² tsʅ⁰

斧头　fu⁴³⁴⁻⁴⁴thəu⁰　斧子

锛　pẽ⁴²　锛子

锯　tɕy⁴²　锯子

凿子　tsuo⁵⁵ tsʅ⁰　凿子

尺棒子　tʂhʅ²¹²⁻²¹paŋ⁴² tsʅ⁰　尺子

拐尺　kuæi⁴³⁴⁻³⁴tʂhʅ²¹²　曲尺

折尺　tʂɤ²¹²⁻²⁴tʂhʅ²¹²

卷尺　tɕyæ̃⁴³⁴⁻³⁴tʂhʅ²¹²

墨斗　mei²¹²⁻²¹təu⁴³⁴

墨斗线　mei²¹²⁻²¹təu⁴³⁴ɕiæ̃⁴²　墨线

洋钉　iaŋ⁵⁵tiŋ²¹²　钉子

钳子　tɕhiæ⁵⁵tsʅ⁰

老虎钳子　lɑɔ⁴³⁴⁻³⁴xu⁴³⁴⁻³⁴tɕhiæ⁵⁵tsʅ⁰　老虎钳

钉锤子　tiŋ²¹²⁻²¹tʂhuei⁵⁵tsʅ⁰

镊子　niɛ²¹²tsʅ⁰

绳子　ʂəŋ⁵⁵tsʅ⁰

苘绳　tɕhiŋ²¹²⁻²¹ʂəŋ⁵⁵　苘麻制作的绳子

麻绳　ma⁵⁵ʂəŋ⁵⁵　苎麻制作的绳子

靠链　khɑɔ⁴²liæ̃⁴²　合叶

铰链　tɕiɑɔ⁴³⁴⁻³⁴liæ̃⁴²

瓦刀　ua⁴²tɑɔ²¹²

泥抹子　ni⁵⁵mo⁴³⁴⁻³⁴tsʅ⁰　抹子

托泥板　thuo²¹²⁻²¹ni⁵⁵pæ̃⁴³⁴　泥板（瓦工用来盛抹墙物的木板）

麻搭　ma⁵⁵ta²¹²　麻刀（抹墙用的碎麻，放在泥灰中增加凝聚力）

泥兜子　ni⁵⁵təu²¹²⁻²¹tsʅ⁰　灰兜子、灰斗子

錾子　tsæ⁴²tsʅ⁰

砧子　tʂẽ²¹²⁻²¹tsʅ⁰　打铁时垫铁块用的砧子

剃头刀　thi⁴²thəu⁵⁵tɑɔ²¹²　剃刀

推子　thei²¹²⁻²¹tsʅ⁰

条剪　thiɑɔ⁵⁵tɕiæ̃⁴³⁴　理发剪

摩=梳　mo⁵⁵ʂuo²¹²　木制梳子；梳子的统称

篦子　pi⁴²tsʅ⁰　竹制的细齿梳子，用来篦头皮屑、虱子等

荡刀布　taŋ⁴²tɑɔ²¹²⁻²¹pu⁴²　鐾刀布

剃头挑子　thi⁴²thəu⁵⁵thiɑɔ²¹²⁻²¹tsʅ⁰　剃头挑子好似货郎担，剃头的一头挑着
　　煤灶、热水，一头挑着椅子、工具，穿街过巷，可以随时随地提供服务

缝纫机　fəŋ⁵⁵zẽ⁴²tɕi²¹²

剪子　tɕiæ̃⁴³⁴⁻³⁴tsʅ⁰

熨斗　ye̠⁴²təu⁴³⁴

烙铁　luo²¹²⁻²⁴thiɛ²¹²

弹花弓子　thæ̃⁵⁵xua²¹² kuŋ²¹²⁻²¹tsʅ⁰　弹棉花用的弓子

　弓子　kuŋ²¹²⁻²¹tsʅ⁰

弹棉锤　thæ̃⁵⁵miæ̃⁵⁵tʂhuei⁵⁵　弹棉花用的锤子

纺车子　faŋ⁴³⁴⁻³⁴tʂhɤ²¹²⁻²¹tsʅ⁰　放线车

织布机　tsʅ²¹²⁻²¹ pu⁴² tɕi²¹²　织布机(旧式的)

织布梭子　tsʅ²¹²⁻²¹ pu⁴² suo²¹²⁻²¹ tsʅ⁰　梭(织布用的)

线锤子　ɕiæ̃⁴² tʂhuei⁵⁵ tsʅ⁰

　线拐子　ɕiæ̃⁴²kuæi⁴³⁴⁻³⁴ tsʅ⁰

线团子　ɕiæ̃⁴² thuæ̃⁵⁵ tsʅ⁰　大的线球

线蛋子　ɕiæ̃⁴² tæ̃⁴² tsʅ⁰　小的线球

东西　tuŋ²¹²⁻²¹ɕi⁰

洗脸水　ɕi⁴³⁴⁻³⁴liæ̃⁴³⁴⁻³⁴ʂuei⁴³⁴

洗脸盆子　ɕi⁴³⁴⁻³⁴ liæ̃⁴³⁴⁻⁴⁴ phẽ⁵⁵ tsʅ⁰　脸盆

盆架子　phẽ⁵⁵tɕia⁴² tsʅ⁰　脸盆架

木盆儿　mu²¹²⁻²¹phẽr⁵⁵　澡盆

胰子　i⁵⁵ tsʅ⁰　肥皂

　香胰子　ɕiaŋ²¹²⁻²¹ i⁵⁵ tsʅ⁰　香皂

　洋胰子　iaŋ⁵⁵ i⁵⁵ tsʅ⁰　肥皂

皂角　tsɑo⁴²tɕyo²¹²

灰水子　xuei²¹²⁻²¹ʂuei⁴³⁴⁻³⁴tsʅ⁰　旧时清灰淋过水后，可用来洗衣服

洗衣粉　ɕi⁴³⁴⁻⁴⁴ i²¹²⁻²¹fẽ⁴³⁴

手袱子　ʂəu⁴³⁴⁻⁴⁴ fu²¹²⁻²¹ tsʅ⁰　毛巾

手捏子　ʂəu⁴³⁴⁻³⁴ niɛ²¹²⁻²¹tsʅ⁰　手帕

脚盆　tɕyo²¹²⁻²¹phẽ⁵⁵　洗脚用的盆

抹脚布　ma²¹²⁻²⁴ tɕyo²¹²⁻²¹pu⁴²　擦脚布

汽灯　tɕhi⁴² təŋ²¹²　汽油灯，煤油打气加压喷成雾

蜡烛　la²¹²⁻²⁴ tʂu²¹²

油灯 iəu⁵⁵təŋ²¹² 煤油灯 (有玻璃罩的)

灯捻子 təŋ²¹²⁻²¹niæ̃⁴³⁴⁻³⁴tsʅ⁰ 灯芯

　灯芯儿 təŋ²¹²⁻²⁴ɕiẽr²¹²

灯罩 təŋ²¹²⁻²¹tʂɑo⁴²

马提灯 ma⁴³⁴⁻⁴⁴thi⁵⁵təŋ²¹² 桅灯

灯草 təŋ²¹²⁻²¹tshɑo⁴³⁴

灯油 təŋ²¹²⁻²¹iəu⁵⁵

煤油 mei⁵⁵iəu⁵⁵

　（老）洋油 iaŋ⁵⁵iəu⁵⁵

灯笼 təŋ²¹²⁻²¹luŋ⁵⁵

提包 thi⁵⁵pɑo²¹² 手提包

书包 ʂu²¹²⁻²⁴pɑo²¹²

票夹子 phiɑo⁴²tɕia²¹²⁻²¹tsʅ⁰ 钱包

私章 sʅ²¹²⁻²⁴tʂaŋ²¹² 图章 (私人用的)

望远镜 uaŋ⁴²yæ̃⁴³⁴⁻³⁴tɕiŋ⁴²

糨子 tɕiaŋ⁴²tsʅ⁰ 糨糊

顶锥 tiŋ⁴³⁴⁻⁴⁴tʂuei²¹² 顶针儿

　木顶子 mu²¹²⁻²¹tiŋ⁴³⁴⁻³⁴tsʅ⁰

线轴儿 ɕiæ̃⁴²tʂur⁵⁵

针鼻儿 tʂe̠²¹²⁻²¹pir⁵⁵ 针上引线的孔

针尖 tʂe̠²¹²⁻²⁴tɕiæ̃²¹²

针脚 tʂe̠²¹²⁻²⁴tɕyo²¹²

穿针 tʂhuæ̃²¹²⁻²⁴tʂe̠²¹² 穿针 (动宾)

锥子 tʂuei²¹²⁻²¹tsʅ⁰

耳挖子 ər⁴³⁴⁻⁴⁴ua²¹²⁻²¹tsʅ⁰

搓板 tshuo²¹²⁻²¹pæ̃⁴³⁴ 洗衣板儿

棒槌 paŋ⁴²tʂhuei⁰

捶衣棍儿 tʂhuei⁵⁵i²¹²⁻²¹kuẽr⁴²

鸡毛掸子 tɕi²¹²⁻²¹mɑo⁵⁵tæ̃⁴³⁴⁻³⁴tsʅ⁰

扇子 ʂæ̃⁴²tsʅ⁰

芭蕉扇　pa²¹²⁻²⁴tɕiɑɔ²¹²⁻²¹ʂæ̃⁴²　蒲扇

纸扇　tʂʅ⁴³⁴⁻³⁴ʂæ̃⁴²

拐棍儿　kuæi⁴³⁴⁻³⁴kuẽr⁴²　拐杖（中式的）

擦腚纸　tsha²¹²⁻²¹tiŋ⁴²tʂʅ⁴³⁴　手纸

九、称谓

男人　næ̃⁵⁵ zə̃⁵⁵

　外头人　uæi⁴²thəu⁰zə̃⁵⁵

　爷们儿　iɛ⁵⁵mẽr⁰

女人　ny⁴³⁴⁻⁴⁴ zə̃⁵⁵

　屋来／里人　u²¹²⁻²¹læi⁰/li⁰zə̃⁵⁵

　家来／里人　tɕia²¹²⁻²¹læi⁰/li⁰zə̃⁵⁵

小毛孩儿　ɕiɑɔ⁴³⁴⁻⁴⁴mɑɔ⁵⁵xæir⁵⁵　婴儿（刚生下不久的）

小孩儿　ɕiɑɔ⁴³⁴⁻⁴⁴xæir⁵⁵　小孩子

泼小子　pho²¹²⁻²¹ɕiɑɔ⁴³⁴⁻⁴⁴tsʅ⁰　男孩儿

　破小子　pho⁴²ɕiɑɔ⁴³⁴⁻⁴⁴tsʅ⁰

小丫头　ɕiɑɔ⁴³⁴⁻⁴⁴ia²¹²⁻²¹thəu⁰　女孩儿

妮子　ni⁵⁵tsʅ⁰

有年人　iəu⁴³⁴⁻⁴⁴niæ̃⁵⁵ zə̃⁵⁵　老年人

老头子　lɑɔ⁴³⁴⁻⁴⁴thəu⁵⁵tsʅ⁰　对老年男子的贬称

老马子　lɑɔ⁴³⁴⁻³⁴ma⁴³⁴⁻³⁴ tsʅ⁰　老太婆

小伙子　ɕiɑɔ⁴³⁴⁻³⁴xuo⁴³⁴⁻³⁴tsʅ⁰

城里人儿　tʂhən⁵⁵li⁰ zə̃⁵⁵

街滑子　tɕiɛ²¹²⁻²¹xua⁵⁵tsʅ⁰　农村人对住在集镇中的人的贬称

乡下人儿　ɕiaŋ²¹²⁻²¹ɕia⁴²zə̃r⁵⁵　乡下人

　乡来人儿　ɕiaŋ²¹²⁻²¹læi⁰zə̃r⁵⁵

　老冤　lɑɔ⁴³⁴⁻³⁴yæ²¹²　城里人对农村人的贬称

一家子　i²¹²⁻²⁴tɕia²¹²⁻²¹tsʅ⁰　一家子（同宗同姓的）

外地人　uæi⁴² ti⁴² zə̃⁵⁵

侉子　khua⁴³⁴⁻³⁴tsʅ⁰　对来自北方的外地人称呼

蛮子 mæ⁵⁵tsʅ⁰ 对来自南方的外地人的称呼

当地人 taŋ²¹²⁻²¹ti⁴²zẽ⁵⁵ 本地人

外国人 uæi⁴²kuei²¹²⁻²¹zẽ⁵⁵

洋人 iaŋ⁵⁵zẽ⁵⁵

自己人 tsʅ⁴²tɕi⁰zẽ⁵⁵

　自家人 tsʅ⁴²tɕia⁰zẽ⁵⁵

外□儿 uæi⁴²phiɚ⁴³⁴ 外人(不是自己人)

客 khei²¹² ①客人；②闺女婿

一属的 i²¹²⁻²¹ʂu⁵⁵ti⁰ 同庚

内行 nei⁴²xaŋ⁵⁵

外行 uæi⁴²xaŋ⁵⁵

同行 thuŋ⁵⁵xaŋ⁵⁵

半拉子 pæ⁴²la⁵⁵tsʅ⁰ 半瓶醋(比喻性说法)

　半吊子 pæ⁴²tiɑɔ⁴²tsʅ⁰

　二百五 ər⁴²pei²¹²⁻²¹u⁴³⁴

中人 tʂuŋ²¹²⁻²¹zẽ⁵⁵ 荐头(介绍佣人、奶妈等的介绍人)

寡汉条 kua⁴³⁴⁻³⁴xæ̃⁴²thiɑɔ⁵⁵ 单身汉

光棍儿 kuaŋ²¹²⁻²¹kuɚ̃⁴²

老姑娘 lɑɔ⁴³⁴⁻³⁴ku²¹²⁻²¹niaŋ⁰

小来的 ɕiɑɔ⁴³⁴⁻³⁴læi⁵⁵ti⁰ 童养媳

团儿媳子 thuæ̃⁵⁵ər⁵⁵ɕi²¹²⁻²¹tsʅ⁰ 童养媳；受气的媳妇

二婚头 ər⁴²xuẽ²¹²⁻²¹thəu⁵⁵

寡妇 kua⁴³⁴⁻³⁴fu⁰

婊子 piɑɔ⁴³⁴⁻³⁴tsʅ⁰

姘头 piẽ²¹²⁻²¹thəu⁵⁵

　野男人 iɛ⁴³⁴⁻³⁴næ̃⁵⁵zẽ⁵⁵

　野女人 iɛ⁴³⁴⁻³⁴ny⁴³⁴⁻³⁴zẽ⁵⁵

私房孩子 sʅ²¹²⁻²¹faŋ⁰xæi⁵⁵tsʅ⁰ 私生子

犯人 fæ⁴²zẽ⁰ 囚犯

暴发户儿 pɑɔ⁴²fa²¹²⁻²¹xuɚ⁴²

发横财的　fa²¹²⁻²¹xuŋ⁴²tshæi⁵⁵ti⁰

搜抠儿　səu²¹²⁻²¹khəur²¹²　吝啬鬼

　搜屎抠子　səu²¹²⁻²⁴pi²¹²⁻²⁴khəu²¹²⁻²¹tʂʅ⁰

　抠屎搜　khəu²¹²⁻²⁴pi²¹²⁻²⁴səu²¹²

　抠子手　khəu²¹²⁻²¹tʂʅ⁰ʂəu⁴³⁴

　属母狗的　ʂu⁵⁵mu⁴³⁴⁻³⁴kəu⁴³⁴⁻³⁴ti⁰

　窟里拔蛇　khu²¹²⁻²¹li⁴³⁴⁻⁰pa⁵⁵ʂɤ⁵⁵

败家子　pæi⁴²tɕia²¹²⁻²¹tʂʅ⁴³⁴

　败家星　pæi⁴²tɕia²¹²⁻²⁴ɕiŋ²¹²

　败货头　pæi⁴²xuo⁰thəu⁵⁵

要饭的　iɑɔ⁴²fæ⁴²ti⁰　乞丐

要饭花子　iɑɔ⁴²fæ̃⁴²xua²¹²⁻²¹tʂʅ⁰

跑江湖的　phɑɔ⁴³⁴⁻³⁴tɕiaŋ²¹²⁻²¹xu⁵⁵ti⁰　走江湖的

骗子　phiæ̃⁴²tʂʅ⁰

拐子　kuæi⁴³⁴⁻³⁴tʂʅ⁰

青皮　tshiŋ²¹²⁻²¹phi⁵⁵　①流氓；②鸭蛋

地痞　ti⁴²phi⁴³⁴

二流子　ər⁴²liəu⁵⁵tʂʅ⁰

老拐子　lɑɔ⁴³⁴⁻³⁴kuæi⁴³⁴⁻³⁴tʂʅ⁰　拍花子的（专门拐带小孩的）

土匪　thu⁴³⁴⁻³⁴fei⁴³⁴

强盗　tɕhiaŋ⁵⁵tɑɔ⁴²

贼　tsei⁵⁵

小偷儿　ɕiɑɔ⁴³⁴⁻³⁴thəur²¹²　扒手

　俩夹　lia⁴³⁴⁻³⁴tɕia²¹²

高买　kɑɔ²¹²⁻²¹mæi⁴³⁴　小偷的头儿

花子头　xua²¹²⁻²¹tʂʅ⁰thəu⁵⁵　叫花子的头儿

乞丐头子　tɕhi²¹²⁻²¹kæi⁵³thəu⁵⁵tʂʅ⁰

干活儿　kæ̃⁴²xuor⁵⁵　工作

　做活儿　tsu⁴²xuor⁵⁵

做伙计　tsu⁴²xuo⁴³⁴⁻³⁴tɕi⁰　指过去在城里人家干活

当大领 taŋ$^{212-21}$ta^{42}liŋ^{434} 指过去到农村人家干活

工人 kuŋ$^{212-21}$zẽ^{55}

雇工 ku^{42}kuŋ^{212}

大领 ta^{42}liŋ^{434} 长工

短工 tuæ$^{434-44}$kuŋ^{212}

零工 liŋ^{55}kuŋ^{212}

农民 luŋ^{55}miẽ^{55}

庄稼人 tʂuaŋ$^{212-21}$tɕia^{0}zẽ^{55}

生意人 ʂəŋ$^{212-21}$i^{0}zẽ^{55} 做买卖的

老板 laɔ$^{434-34}$pæ̃^{434}

小老板 ɕiaɔ$^{434-34}$laɔ$^{434-34}$pæ̃^{434} 老板的儿子

东家 tuŋ$^{212-21}$tɕia^{0} 有雇工的人家

老板娘 laɔ$^{434-34}$pæ̃$^{434-34}$niaŋ^{55}

伙计 xuo$^{434-34}$tɕi^{42} ①伙计(店员或长工)；②工厂同事之间的称呼；③朋
　　友的俗称

徒弟 thu^{55}ti^{0} 学徒

做小生意的 tsuo^{42}ɕiaɔ$^{434-34}$ʂəŋ$^{212-21}$i^{42}ti^{0} 小贩

小摊贩 ɕiaɔ$^{434-34}$thæ$^{212-21}$fæ^{42} 摊贩

私塾先生 sʅ$^{212-21}$ʂu^{55}ɕiæ$^{212-21}$ʂəŋ^{0}(私塾)教书先生

老师 laɔ$^{434-34}$ʂʅ^{212}(学校)教员

学生 ɕyo^{55}ʂəŋ^{0}

同学 thuŋ^{55}ɕyo^{55}

　学友(老) ɕyo^{55}iəu^{434}

朋友 phəŋ^{55}iəu^{0}

兵 piŋ^{212}

　当兵的 taŋ$^{212-24}$piŋ^{212}ti^{0}

吃皇粮的 tʂh^{212-2i}xuaŋ^{55}liaŋ^{55}ti^{0} 对当兵的、衙门里的官员的称呼

警察 tɕiŋ$^{434-44}$tsha^{55}

马路橛子 ma$^{434-34}$lu^{42}tɕyo^{55}tsʅ^{0} 对警察的贬称

医生 i$^{212-24}$ʂəŋ^{0}

（看病）先生　khæ⁴²piŋ⁴²ɕiæ̃²¹²⁻²¹ʂən²¹²

大夫　tæi⁴²fu⁰

开汽车的　khæi²¹²⁻²¹tɕhi⁴²tʂhɤ²¹²⁻²¹ti⁰　司机

机司　tɕi²¹²⁻²¹sʅ²¹²

手艺人　ʂəu⁴³⁴⁻³⁴i⁴²zɛ̃⁵⁵

木匠　mu²¹²⁻²¹tɕiŋ⁰/tɕiaŋ⁰

瓦匠　ua⁴²tɕiaŋ⁴²　瓦匠（砌墙、抹墙的）

泥水匠　ni⁵⁵ʂuei⁴³⁴⁻³⁴tɕiaŋ⁴²

锡匠　ɕi²¹²⁻²¹tɕiaŋ⁴²

焊锡壶的　xæ⁴²ɕi²¹²⁻²¹xu⁵⁵ti⁰

铜匠　thuŋ⁵⁵tɕiaŋ⁴²

打铜锁的　ta⁴³⁴⁻⁴⁴thuŋ⁵⁵suo⁴³⁴⁻³⁴ti⁰

铁匠　tiɛ²¹²⁻²¹tɕiaŋ⁴²

打铁的　ta⁴³⁴⁻⁴⁴thiɛ²¹²⁻²¹ti⁰

补锅的　pu⁴³⁴⁻³⁴kuo²¹²⁻²¹ti⁰

把碗锢露锅的　pa⁴³⁴⁻³⁴uæ̃⁴³⁴⁻³⁴ku⁴²lu⁴²kuo²¹²⁻²¹ti⁰

焊洋铁壶的　xæ⁴²iaŋ⁵⁵thiɛ²¹²⁻²¹xu⁵⁵ti⁰

银匠　iɛ̃⁵⁵tɕiaŋ⁴²

裁缝　tshæi⁵⁵fən⁰

剃头的　thi⁴²thəu⁵⁵ti⁰　理发员（调查旧名称）

杀猪的　ʂa²¹²⁻²⁴tʂu²¹²⁻²¹ti⁰　屠户

脚夫　tɕyo²¹²⁻²⁴fu²¹²　搬运夫的旧称

脚行　tɕyo²¹²⁻²¹xaŋ⁵⁵　搬运行业

挑夫　thiɑɔ²¹²⁻²⁴fu²¹²

轿夫　tɕiɑɔ⁴²fu⁰

抬轿的　thæi⁵⁵tɕiɑɔ⁴²ti⁰

拉洋车的　la²¹²⁻²¹iaŋ⁵⁵tʂhɤ²¹²ti⁰

推车的　thei²¹²⁻²⁴tʂhɤ²¹²ti⁰　推洪车的人

摆船的　pæi⁴³⁴⁻⁴⁴tʂhuæ̃⁵⁵ti⁰　艄公

撑船的　tʂhən²¹²⁻²¹tʂhuæ̃⁵⁵ti⁰

车把式　tṣhɤ²¹²⁻²¹pa⁴³⁴⁻³⁴ʂʅ⁴²　常赶牛车、马车的人

管家　kuæ̃⁴³⁴⁻⁴⁴tɕia⁰

　账房先生　tṣaŋ⁴²faŋ⁵⁵ɕiæ̃²¹²⁻²¹ʂəŋ⁰

相公　ɕiaŋ⁴²kuŋ⁰　①旧时指营业员、跟账房先生学徒的人；②社会上对两性
　人的贬称

佮伙计　kɤ²¹²⁻²¹xuo⁴³⁴⁻³⁴tɕi⁰　有股份的合作人

大厨儿　ta⁴²tṣhur⁵⁵　厨师

　厨子　tṣhu⁵⁵tsʅ⁰

喂牲口的　uei⁴²ʂəŋ²¹²⁻²¹khəu⁴³⁴⁻³⁴ti⁰　饲养员

奶妈子　næi⁴³⁴⁻⁴⁴ma²¹²⁻²¹tsʅ⁰　奶妈

佣人　zuŋ⁴²zẽ⁰　仆人

女佣人　ny⁴³⁴⁻³⁴zuŋ⁴²zẽ⁰　女仆

丫头子　ia²¹²⁻²¹thəu⁵⁵tsʅ⁰　丫环

　拾掇丫子　ʂʅ⁵⁵təu⁰ia²¹²⁻²¹tsʅ⁰

收生婆　ʂəu²¹²⁻²⁴ʂəŋ²¹²⁻²¹pho⁵⁵　接生婆

和尚　xɤ⁵⁵ʂaŋ⁰

尼姑儿　ni⁵⁵kur²¹²　尼姑

道人　tɑɔ⁴²zẽ⁵⁵　道士(出家的道教徒)

　老道　lɑɔ⁴³⁴⁻³⁴tɑɔ⁴²

道士　tɑɔ⁴²ʂʅ⁴²　火居的道教徒

十、亲属

长辈儿　tṣaŋ⁴³⁴⁻³⁴peir⁴²　长辈

上辈　ʂaŋ⁴²pei⁴²

祖上　tsu⁴³⁴⁻³⁴ʂaŋ⁰

老白毛　lɑɔ⁴³⁴⁻⁴⁴pei⁵⁵mɑɔ⁵⁵　对曾祖父以上辈分的老人的称呼，相当于"老
　祖宗"

老太爷　lɑɔ⁴³⁴⁻³⁴thæi⁴²iɛ⁵⁵　曾祖父

老太　lɑɔ⁴³⁴⁻³⁴thæi⁴²　曾祖母

爷爷（新）iɛ⁵⁵iɛ⁰　祖父

老爷（旧）lɑɔ^434-34 iɛ^55

奶奶 næ^434-34 næ^0 祖母

外老爷 uæi^42 lɑɔ^434-44 iɛ^55 外祖父

朗⁼娘 lɑŋ^434-44 niɑŋ^55 外祖母

达（旧）ta^55 父亲

　爹 tiɛ^212

　爸（新）pa^55

娘（旧）niɑŋ^55 母亲

　妈（新）ma^212

老丈人 lɑɔ^434-34 tʂaŋ^42 zẽ^0 岳父

老岳父 lɑɔ^434-34 yo^212-21 fu^42

丈母娘 tʂaŋ^42 mu^0 niɑŋ^55 岳母

老岳母 lɑɔ^434-34 yo^212-21 mu^434

公公 kuŋ^212-21 kuŋ^0 夫之父

老公公 lɑɔ^434-44 kuŋ^212-21 kuŋ^0

婆婆 pho^55 pho^0 夫之母

　老婆婆 lɑɔ^434-44 pho^55 pho^0

晚爹 uæ^434-44 tiɛ^212 继父

　晚达⁼ uæ^434-44 ta^55

晚娘 uæ^434-44 niɑŋ^55 继母

大爷 ta^42 iɛ^55 ①伯父；②排行老大的孩子对其父亲的称呼（本地特殊的
　称呼）

大大爷 ta^42 ta^42 iɛ^55

二大爷 ər^42 ta^42 iɛ^55

大娘 ta^42 niɑŋ^55 伯母

叔 ʂu^434 叔父

小大 ɕiɑɔ^434-44 ta^55 最小的叔叔

　小叔 ɕiɑɔ^434-34 ʂu^434

婶子 ʂẽ^434 tsɿ^0 叔母

舅 tɕiəu^42 舅父

妗子 tɕie᷈⁴² tsʅ⁰ 舅母

姑 ku²¹² 姑妈

姨 i⁵⁵ 姨妈

姑父 ku²¹²⁻²¹fu⁴² 姑妈之夫

姨父 i⁵⁵fu⁰ 姨妈之夫

岳父 yo²¹²⁻²¹fu⁴² 姻伯（弟兄的岳父、姐妹的公公）

亲家 tɕhiŋ⁴² tɕia⁰ 姻伯（姐妹的公公）

姑奶 ku²¹²⁻²¹næ᷈⁴³⁴ 姑奶奶（父之姑母）

姨奶 i⁵⁵ næ᷈⁴³⁴ 姨奶奶（父之姨母）

奶母 nai⁴³⁴⁻³⁴mu⁴³⁴ 奶娘。当地有"人生七父八母"之说，第八母指奶母，
　　没有奶父

平辈 phiŋ⁵⁵ pei⁴²

两口子 liaŋ⁴³⁴⁻³⁴ khəu⁴³⁴ tsʅ⁰ 夫妻

男人 næ⁵⁵ zə̃⁰ 丈夫

　俺对象 ɣæ᷈⁴³⁴⁻³⁴ tuei⁴² ɕiaŋ⁴²

　俺外头人 ɣæ᷈⁴³⁴⁻³⁴ uæi⁴² kthəu⁰zə̃⁵⁵

女人 n̩y⁴³⁴⁻⁴⁴ zə̃⁰ 妻子

　媳妇 ɕi⁵⁵fu⁰

　家里人 tɕia²¹²⁻²¹ li⁰zə̃⁵⁵

小老婆 ɕiɑo⁴³⁴⁻³⁴lɑo⁴³⁴⁻⁴⁴ pho⁰

老大伯子 lɑo⁴³⁴⁻³⁴ ta⁴² pei²¹²⁻²¹ tsʅ⁰ 大伯子（夫之兄）

小叔子 ɕiɑo⁴³⁴⁻³⁴ s̩u⁴³⁴⁻³⁴ tsʅ⁰ 夫之弟

大姑子 ta⁴² ku²¹²⁻²¹ tsʅ⁰ 夫之姐

　婆家姐 pho⁵⁵ tɕia²¹²⁻²¹ tɕiɛ⁴³⁴

小姑子 ɕiɑo⁴³⁴⁻⁴⁴ ku²¹²⁻²¹ tsʅ⁰ 夫之妹

　婆家妹子 pho⁵⁵ tɕia²¹²⁻²¹ mei⁴² tsʅ⁰

内兄弟 nei⁴²ɕyŋ²¹²⁻²¹ ti⁴² 妻之兄弟

内兄 nei⁴²ɕyŋ²¹² 妻之兄

内弟儿 nei⁴² tiər⁴² 内弟（妻之弟）

大姨子 ta⁴² i⁵⁵ tsʅ⁰

小姨子　ɕiaɔ$^{434-44}$ i^{55} tsʅ^{0}

兄弟　ɕyŋ$^{212-21}$ ti^{0}　弟兄

姊妹　tsʅ$^{434-34}$ mei^{42}　①姐妹的合称；②兄弟姐妹的合称

哥　kɤ^{434}　哥哥

嫂子　saɔ$^{434-34}$ tsʅ^{0}

兄弟　ɕyŋ$^{212-21}$ ti^{0}　弟弟

弟妹　ti^{42} mei^{42}　弟媳

姐姐　tɕiɛ^{434} tɕiɛ^{0}

　姐　tɕiɛ^{434}

姐夫　tɕiɛ$^{434-34}$fu^{0}

妹妹　mei^{42} mei^{0}

　妹儿　meir^{42}

妹夫　mei^{42} fu^{0}

堂兄弟儿　thaŋ^{55} ɕyŋ$^{212-21}$ tir^{0}　堂兄弟

堂兄　thaŋ^{55} ɕyŋ$^{212-21}$

堂弟　thaŋ^{55}ti^{42}

堂姊妹　thaŋ^{55}tsʅ$^{434-34}$ mei^{42}

堂姐　thaŋ^{55} tɕiɛ^{434}

堂妹　thaŋ^{55}mei^{42}

表兄弟儿　piaɔ$^{434-44}$ ɕyŋ$^{212-21}$ tir^{42}/tir^{0}　表兄弟

老表　laɔ$^{434-34}$piaɔ^{434}

内表　nei^{42}piaɔ^{434}　姑表

外表　uai^{42}piaɔ^{434}　姨表

姑表兄弟儿　ku$^{212-21}$piaɔ$^{434-44}$ ɕyŋ$^{212-21}$ tir^{42}/tir^{0}　对姑妈生的儿子的统称

姨表兄弟儿　i^{55}piaɔ$^{434-44}$ ɕyŋ$^{212-21}$ tir^{42}/tir^{0}　对姨妈生的儿子的统称

表哥　piaɔ$^{434-44}$ kɤ^{434}　表兄

表嫂　piaɔ$^{434-34}$ saɔ^{434}

表弟　piaɔ$^{434-34}$ ti^{42}

表姊妹　piaɔ$^{434-34}$ tsʅ$^{434-34}$ mei^{42}

表姐　piaɔ$^{434-34}$ tɕiɛ^{434}

表妹　piɑɔ⁴³⁴⁻³⁴ mei⁴²

晚辈儿　uæ̃⁴³⁴⁻³⁴peir⁴²　晚辈

儿女　ər⁵⁵ ȵy⁴³⁴　子女 (儿子和女儿的总称)

跟着的　kẽ²¹²⁻²¹tʂuo⁰ti⁰　孩子

儿　ər⁵⁵　儿子

大儿　ta⁴²ər⁵⁵　大儿子

小儿　ɕiɑɔ⁴³⁴⁻⁴⁴ər⁵⁵　小儿子

收拾的　ʂəu²¹²⁻²¹ʂʅ⁰ ti⁰　养子

　要人家的　iɑɔ⁴² zẽ⁵⁵tɕia⁰ti⁰

儿媳子　ər⁵⁵ɕi²¹²⁻²¹ tsʅ⁰　儿之妻

闺女　kuẽ²¹²⁻²¹ ȵy⁴³⁴　女儿

　丫头　ia²¹²⁻²¹thəu⁰

门婿　mẽ⁵⁵ɕy⁴²　女婿

　客　khei²¹²

姑爷　ku²¹²⁻²¹iɛ⁵⁵

孙子　suẽ²¹²⁻²¹tsʅ⁰

孙儿　suẽr²¹²

孙媳妇　suẽ²¹²⁻²¹ ɕi²¹²⁻²¹fu⁰

孙女儿　suẽ²¹²⁻²¹ nyr⁴³⁴

孙女婿　suẽ²¹²⁻²¹ ȵy⁴³⁴⁻⁴⁴ ɕy²¹²

重孙儿　tʂhuŋ⁵⁵ suẽr²¹²　重孙

重孙女儿　tʂhuŋ⁵⁵ suẽ²¹²⁻²¹ nyr⁴³⁴　重孙女

外孙儿　uæi⁴² suẽr²¹²　女之子

外孙女儿　uæi⁴² suẽ²¹²⁻²¹ nyr⁴³⁴　女之女

外甥儿　uæi⁴² ʂəȵr²¹²　姐妹之子

外甥女儿　uæi⁴² səŋ²¹²⁻²¹ nyr⁴³⁴　姐妹之女

侄儿　tʂʅɻ⁵⁵　侄子

侄女儿　tʂʅ⁵⁵ nyr⁰

内侄儿　nei⁴²tʂʅɻ⁵⁵　妻的兄弟之子

内侄女儿　nei⁴² tʂʅ⁵⁵ nyr⁰　妻的兄弟之女

连襟　liæ⁵⁵ tɕiẽ²¹²

　　一担挑　i²¹²⁻²¹tæ⁴²thiɑɔ²¹²

亲家　tɕhiŋ⁴² tɕia⁰　亲家翁

亲家母　tɕhiŋ⁴² tɕia⁰ mu⁴³⁴

亲戚　tɕhiẽ²¹²⁻²¹tɕhi⁰

　　亲亲　tɕhiẽ²¹²⁻²¹ tɕhiẽ²¹²⁻²⁴

走亲戚　tsəu⁴³⁴⁻³⁴ tɕhiẽ²¹²⁻²¹tɕhi⁰

　　走亲亲　tsəu⁴³⁴⁻³⁴ tɕhiẽ²¹²⁻²¹ tɕhiẽ²¹²⁻²⁴

遛门子　liəu²¹²⁻²¹mẽ⁵⁵ tsɿ⁰

　　串门子　tʂhuæ⁴²mẽ⁵⁵ tsɿ⁰

带来的　tæi⁴²læi⁵⁵ti⁰　带犊儿（妇女改嫁带的儿女）

爷们儿　iɛ⁵⁵ mẽr⁰　男子通称，不分辈分

娘儿们　niɑŋ⁵⁵ mẽr⁰　妇女通称

□ nia⁴²　骂人的口头语，相当于"娘的"

娘家　niɑŋ⁵⁵ tɕia⁰

婆家　pho⁵⁵ tɕia⁰

男家　næ⁵⁵ tɕia⁰　从外人角度说，婚姻关系中的男方

女家　ny⁴³⁴⁻³⁴ tɕia⁰　从外人角度说，婚姻关系中的女方

朗ᵌ娘家　laŋ⁴³⁴⁻⁴⁴niɑŋ⁵⁵ tɕia⁰　姥姥家

老丈人家　lɑɔ⁴³⁴⁻³⁴tʂaŋ⁴² zẽ⁵⁵ tɕia⁰　岳父家

十一、身体

身子　ʂẽ²¹²⁻²¹ tsɿ⁰　身体

条子　thiɑɔ⁵⁵ tsɿ⁰　身材

　　身架　ʂẽ²¹²⁻²¹ tɕia⁴²

头　thəu⁵⁵

疙瘩头　kɤ²¹²⁻²¹ta⁰thəu⁵⁵　奔儿头（前额生得向前突）

老扁头　lɑɔ⁴³⁴⁻³⁴piæ⁴³⁴⁻³⁴ thəu⁵⁵　后脑扁平的头

把子头　pa⁴²tsɿ²¹²⁻²¹thəu⁵⁵　脑袋往后突出的头

秃头　thu²¹²⁻²¹ thəu⁵⁵　秃头（头发掉光了的头）

秃子　thu²¹²⁻²¹tsʅ⁰

谢顶　ɕie⁴²tiŋ⁴³⁴　秃顶 (掉了大量头发的头)

　败顶　pæi⁴² tiŋ⁴³⁴

头顶　thəu⁵⁵ tiŋ⁴³⁴

后脑勺　xəu⁴² nɑɔ⁴³⁴⁻⁴⁴ ʂuo⁵⁵　后脑勺子

　脑末勺子　nɑɔ⁴³⁴⁻³⁴mo⁰ʂuo⁵⁵ tsʅ⁰

脖了 / 喽颈子　po⁵⁵lɤ⁰/ləu⁰ kəŋ⁴³⁴⁻⁴⁴ tsʅ⁰　颈

　胳了 / 喽绷子　kɤ⁵⁵ lɤ⁰/ ləu⁰pəŋ⁴³⁴⁻³⁴ tsʅ⁰

后脑勺子　xəu⁴²nɑɔ⁴³⁴⁻³⁴ʂuo⁵⁵tsʅ⁰　后脑窝子 (颈后凹处)

头发　thəu⁵⁵ fa⁰

　头毛衣　thəu⁵⁵mɑɔ⁵⁵i⁰⁻

少白头　ʂɑɔ⁴²pei⁵⁵ thəu⁵⁵

掉头发　tiɑɔ⁴²thəu⁵⁵fa⁰

额了头子　ɣɤ²¹²⁻²¹ lɤ⁰ thəu⁵⁵ tsʅ⁰　额

　额拉头子　ɣɤ²¹²⁻²¹ la⁰ thəu⁵⁵ tsʅ⁰

囟门子　ɕiẽ⁴² mẽ⁵⁵ tsʅ⁰　囟门

鬓角　piẽ⁴²tɕyo²¹²

辫子　piæ̃⁴² tsʅ⁰

攥髻　tsuæ̃⁴³⁴⁻³⁴tɕi⁴²　中老年女子盘在脑后的鬏

刘海　liəu⁵⁵xæi⁵⁵　刘海儿

　前牙子　tɕhiæ̃⁵⁵·ia⁵⁵tsʅ⁰

鸭尾巴　ia²¹²⁻²¹i⁴³⁴⁻³⁴pa⁻⁵　小男孩脑后留的头发。男孩子头上小方块留头发，脑后头发不剃，叫鸭尾巴。过去特别娇宠的小男孩的发式是 "刘海配鸭尾巴"。

脸　liæ̃⁴³⁴

颧骨　tɕhyæ⁵⁵ku⁰

酒窝儿　tɕiəu⁴³⁴⁻⁴⁴ uor²¹²　酒窝

人中　zẽ⁵⁵tsuŋ²¹²

腮帮子　sæi²¹²⁻²⁴ paŋ²¹² tsʅ⁰

眼　iæ̃⁴³⁴　眼睛

眼眶子　iæ̃⁴³⁴⁻³⁴kuaŋ⁴²tsๅ⁰

眼珠子　iæ̃⁴³⁴⁻⁴⁴tʂu²¹²⁻²¹tsๅ⁰　眼珠儿

白眼珠儿　pei⁵⁵iæ̃⁴³⁴⁻³⁴tʂur²¹²

黑眼珠儿　xei²¹²⁻²¹iæ̃⁴³⁴⁻³⁴tʂur²¹²

瞳仁儿　thuŋ⁵⁵zẽr⁵⁵

眼角儿　iæ̃⁴³⁴⁻⁴⁴tɕyor²¹²

眼圈儿　iæ̃⁴³⁴⁻⁴⁴tɕhyæ̃r²¹²

眼泪　iæ̃⁴³⁴⁻³⁴lei⁴²

毛屎糊　mɑɔ⁵⁵ʂๅ⁴³⁴⁻⁴⁴xu²¹²　眼眵

眼皮儿　iæ̃⁴³⁴⁻³⁴phir⁵⁵

单眼皮儿　tæ̃²¹²⁻²¹iæ̃⁴³⁴⁻³⁴phir⁵⁵

双眼皮儿　ʂuaŋ²¹²⁻²¹iæ̃⁴³⁴⁻⁴⁴phir⁵⁵

眼眵毛　iæ̃⁴³⁴⁻⁴⁴ʂๅ⁵⁵mɑɔ⁵⁵　眼睫毛

眉毛　mei⁵⁵mɑɔ⁰

皱眉头　tsəu⁴²mei⁵⁵thəu⁰

鼻子　pi⁵⁵tsๅ⁰

浓鼻子　nuŋ⁵⁵pi⁵⁵tsๅ⁰　鼻涕（液体）

浓鼻筒　nuŋ⁵⁵pi⁵⁵thuŋ⁴³⁴　常流浓鼻涕的鼻孔，往往代指经常流浓鼻涕的小孩

鼻疙疤　pi⁵⁵kɤ²¹²⁻²¹pa⁻⁵　干鼻涕（鼻垢）

鼻孔　pi⁵⁵khuŋ⁴³⁴

鼻毛　pi⁵⁵mɑɔ⁵⁵

鼻子尖儿　pi⁵⁵tsๅ⁰tɕiæ̃r²¹²　鼻子尖儿（鼻子顶端）

鼻子尖　pi⁵⁵tsๅ⁰tɕiæ̃²¹²　嗅觉灵敏

眼尖　iæ̃⁴³⁴⁻⁴⁴tɕiæ̃²¹²　视觉灵敏

耳朵尖　ər⁴³⁴⁻⁴⁴tuo⁰tɕiæ̃²¹²　听觉灵敏

鼻梁子　pi⁵⁵liaŋ⁵⁵tsๅ⁰　鼻梁儿

酒糟鼻子　tɕiəu⁴³⁴⁻³⁴tsɑɔ²¹²⁻²¹pi⁵⁵tsๅ⁰

嘴　tsuei⁴³⁴

嘴唇儿　tsuei⁴³⁴⁻⁴⁴tɕhuẽr⁵⁵　嘴唇

　嘴唇子　tsuei⁴³⁴⁻⁴⁴tɕhuẽ⁵⁵tsๅ⁰

唾沫（子）　thu⁴³⁴⁻⁴⁴ mo²¹²⁻²¹ tsʅ⁰　唾沫

唾沫星子　thu⁴²mo²¹²⁻²⁴ɕiŋ²¹² tsʅ⁰　唾沫星儿

口水　khəu⁴³⁴⁻⁴⁴ ʂuei⁴³⁴　涎水

舌头　ʂɤ⁵⁵thəu⁰

舌苔　ʂɤ⁵⁵thæi²¹²

秃舌子　thu²¹²⁻²¹ʂɤ⁵⁵ tsʅ⁰　大舌头（口齿不清）

牙　ia⁵⁵　牙齿

门牙　mẽ⁵⁵ ia⁵⁵

槽牙　tshɑɔ⁵⁵·ia⁵⁵　大牙

虎牙　xu⁴³⁴⁻⁴⁴ia⁵⁵

豁牙子　xuo²¹²⁻²¹ ia⁵⁵ tsʅ⁰　豁牙

牙屎　ia⁵⁵ ʂʅ⁴³⁴　牙垢

牙花子　ia⁵⁵xua²¹²⁻²¹ tsʅ⁰　牙床

火牙　xuo⁴³⁴⁻³⁴ia⁵⁵　牙齿上火

虫牙　tʂhuŋ⁵⁵ ia⁵⁵　蛀牙

耳朵　ər⁴³⁴⁻³⁴ tɑɔ⁰/tuo⁰/ təu⁰

耳门子　ər⁴³⁴⁻⁴⁴mẽ⁵⁵tsʅ⁰　外耳

　耳门儿　ər⁴³⁴⁻⁴⁴mẽr⁵⁵

耳眼子　ər⁴³⁴⁻³⁴·iæ̃⁴³⁴⁻³⁴tsʅ⁰　耳朵眼儿

耳尿儿　ər⁴³⁴⁻³⁴ sueir⁰　耳屎

　耳□　ər⁴³⁴⁻³⁴tshuẽ⁰

耳背　ər⁴³⁴⁻³⁴pei⁴²　耳朵听不清

耳聋　ər⁴³⁴⁻³⁴luŋ⁵⁵

嗓子　sɑŋ⁴³⁴⁻³⁴ tsʅ⁰　喉咙

喉结　xəu⁵⁵tɕiɛ⁵⁵

胡子　xu⁵⁵tsʅ⁰

连边胡子　liæ̃⁵⁵ piæ̃²¹²⁻²¹ xu⁵⁵ tsʅ⁰　络腮胡子

　猫胡子脸　mɑɔ⁵⁵xu⁵⁵ tsʅ⁰ liæ̃⁴³⁴

八字胡子　pa²¹²⁻²¹tsʅ⁴²xu⁵⁵ tsʅ⁰

噘嘴胡子　tɕyo²¹²⁻²¹tsuei⁴³⁴⁻³⁴xu⁵⁵tsʅ⁰

人丹胡　$z\tilde{e}^{55}t\tilde{æ}^{212-21}xu^{55}$　日本人鼻子下面的胡子

下巴　$\varphi ia^{42}pa^{0}$

　下巴颏子　$\varphi ia^{42}pa^{0}kh\gamma^{212-21}ts\gamma^{0}$

肩膀杠儿　$t\varphi i\tilde{æ}^{212-21}pa\eta^{0}k\tilde{æ}r^{42}$　肩膀

锹板子骨　$\varphi i\tilde{æ}^{212-21}p\tilde{æ}^{434-34}ts\gamma^{0}ku^{212}$　肩胛骨

塌肩膀子　$tha^{212-24}t\varphi i\tilde{æ}^{212-21}pa\eta^{434-34}ts\gamma^{0}$　溜肩膀儿

胳膊　$k\gamma^{212-21}pa^{0}$

胳膊肘子　$k\gamma^{212-21}pa^{0}ts\vartheta u^{434-34}ts\gamma^{0}$　胳膊肘儿

胳肢窝儿　$k\gamma^{212-21}ts\gamma^{212-21}uor^{212}$　胳肢窝

胳膊弯　$k\gamma^{212-21}pa^{0}u\tilde{æ}^{212}$

手腕子　$s\vartheta u^{434-34}u\tilde{æ}^{434-34}ts\gamma^{0}$

左手　$tsuo^{434-34}s\vartheta u^{434}$

右手　$i\vartheta u^{42}s\vartheta u^{434}$

手指头儿　$s\vartheta u^{434-34}ts\gamma^{0}th\vartheta ur^{55}$　手指

　手指头子　$s\vartheta u^{434-34}ts\gamma^{0}th\vartheta u^{55}ts\gamma^{0}$

关节　$ku\tilde{æ}^{212-24}t\varphi i\varepsilon^{212}$　（指头）关节

手指缝儿　$s\vartheta u^{434-34}ts\gamma^{0}f\vartheta\eta r^{42}$

茧子　$t\varphi ia\eta^{434-34}ts\gamma^{0}$　手趼子

大拇手指头子　$ta^{42}mu^{434-34}s\vartheta u^{434-34}ts\gamma^{0}th\vartheta u^{55}ts\gamma^{0}$　大拇指

二拇手指头子　$\vartheta r^{42}mu^{434-34}s\vartheta u^{434-34}ts\gamma^{0}th\vartheta u^{55}ts\gamma^{0}$　食指

中指　$ts u\eta^{212-21}ts\gamma^{434}$

三拇手指头子　$s\tilde{æ}^{212-21}mu^{434-34}s\vartheta u^{434-34}ts\gamma^{0}th\vartheta u^{55}ts\gamma^{0}$

无名指　$u^{55}mi\eta^{55}ts\gamma^{434}$

小拇手指头子　$\varphi iao^{434-34}mu^{434-34}s\vartheta u^{434-34}ts\gamma^{0}th\vartheta u^{55}ts\gamma^{0}$　小拇指

手指盖子　$s\vartheta u^{434-34}ts\gamma^{0}k\tilde{æ}i^{55}ts\gamma^{0}$　指甲

皮锤　$phi^{55}ts huei^{55}$　拳头

手掌　$s\vartheta u^{434-34}ts a\eta^{434}$

耳巴子　$\vartheta r^{434-34}pa^{212-21}ts\gamma^{0}$　巴掌（打一～）

手心　$s\vartheta u^{434-44}\varphi i\tilde{e}^{212}$

　手里　$s\vartheta u^{434-34}li^{434}$

手面　ʂəu⁴³⁴⁻³⁴miæ̃⁴²　手背

腿　thei⁴³⁴　整条腿

大腿　ta⁴² thei⁴³⁴

大腿根儿　ta⁴² thei⁴³⁴⁻³⁴kẽr²¹²

小腿　ɕiɑɔ⁴³⁴⁻³⁴ thei⁴³⁴

腿肚子　thei⁴³⁴ tu⁴² tsʅ⁰

胫骨　tɕiŋ⁴² ku²¹²　小腿内侧的长骨

　　迎面骨　iŋ⁵⁵ miæ̃⁴² ku²¹²

胳了拜⁼子　khɤ²¹²⁻²¹ lə⁰ pæi⁴² tsʅ⁰　膝盖

胯骨　khua⁴³⁴⁻³⁴ ku²¹²

腿裆　thei⁴³⁴⁻³⁴tɑŋ²¹²　裆（两条腿的中间）

腚　tiŋ⁴²　屁股

　　腚板子　tiŋ⁴²pæ̃⁴³⁴⁻³⁴ tsʅ⁰

　　腚帮子　tiŋ⁴²pɑŋ²¹²⁻²¹tsʅ⁰

腚眼子　tiŋ⁴² iæ⁴³⁴⁻³⁴ tsʅə⁰　肛门

腚沟子　tiŋ⁴²kəu²¹²⁻²¹tsʅ⁰　屁股沟儿

尾巴骨　i⁴³⁴⁻³⁴pa⁻⁵ku²¹²　尾骨

鸡巴　tɕi²¹²⁻²¹ pa⁰　男阴

　　鸡㞗子　tɕi²¹²⁻²¹ka⁵⁵ tsʅ⁰

　　屌　tiɑɔ⁴³⁴

小鸡子　ɕiɑɔ⁴³⁴⁻³⁴ tɕi²¹²⁻²¹tsʅ⁰　鸡鸡（赤子阴）

　　小鸡㞗子　ɕiɑɔ⁴³⁴⁻³⁴ tɕi²¹²⁻²¹ka⁵⁵ tsʅ⁰

屄　pi²¹²　①女阴；②詈词

㞊屄　khɑɔ²¹²⁻²¹ pi²¹²　交合

　　㞗　zʅ²¹²

　　攮　nɑŋ⁴³⁴

　　剋　khei⁵⁵

雄⁼　ɕyŋ⁵⁵　精液

脚脖子　tɕyo²¹²⁻²¹po⁵⁵tsʅ⁰　脚腕子

滑腿疙瘩　xua⁵⁵thei⁴³⁴⁻³⁴kɤ²¹²⁻²¹ta⁰　踝子骨

脚　tɕyo²¹²

脚丫子　tɕyo²¹²⁻²⁴ia²¹²⁻²¹tsʅ⁰

　脚丫巴子　tɕyo²¹²⁻²⁴ia²¹²⁻²⁴pa²¹²⁻²¹tsʅ⁰

赤脚　ʂʅ²¹²⁻²⁴/tʂhʅ²¹²⁻²⁴tɕyo²¹²

光脚　kuaŋ²¹²⁻²⁴tɕyo²¹²

　光脚巴子　kuaŋ²¹²⁻²⁴tɕyo²¹²⁻²⁴pa²¹²⁻²¹tsʅ⁰

脚面子　tɕyo²¹²⁻²¹miæ̃⁴²tsʅ⁰　脚背

脚掌　tɕyo²¹²⁻²¹tʂaŋ⁴³⁴

脚心　tɕyo²¹²⁻²⁴ɕiẽ²¹²

脚尖儿　tɕyo²¹²⁻²⁴tɕiæ̃r²¹²　脚尖

脚趾头子　tɕyo²¹²⁻²¹tsʅ⁰thəu⁵⁵tsʅ⁰　脚趾头

脚趾盖子　tɕyo²¹²⁻²¹tsʅ⁰kæi⁵⁵tsʅ⁰　脚趾甲

脚后跟儿　tɕyo²¹²⁻²¹xəu⁴²kẽr²¹²　脚跟（儿）

脚印儿　tɕyo²¹²⁻²¹iẽr⁴²

鸡眼　tɕi²¹²⁻²¹iæ̃⁴³⁴　鸡眼（一种脚病）

心口窝儿　ɕiẽ²¹²⁻²¹kəu⁰uor²¹²　心口儿

胸脯　ɕyŋ²¹²⁻²¹phu⁵⁵

肋巴骨　lei²¹²⁻²⁴pa⁰ku²¹²　肋骨

妈头子　ma²¹²⁻²¹thəu⁵⁵tsʅ⁰　乳头

奶　næi⁴³⁴　奶汁

　妈　ma²¹²⁻²¹

　妈水子　ma²¹²⁻²¹ʂuei⁴³⁴⁻³⁴tsʅ⁰

肚子　tu⁴²tsʅ⁰　肚子（腹部）

小肚子　ɕiɑɔ⁴³⁴⁻³⁴tu⁴²tsʅ⁰　小肚子（小腹）

肚（脐）眼儿　tu⁴²tɕhi⁵⁵iæ̃r⁴³⁴　肚脐眼儿

　肚眼子　tu⁴²iæ̃⁴³⁴⁻³⁴tsʅ⁰

腰　iɑɔ²¹²

脊梁　tɕi²¹²⁻²¹liaŋ⁵⁵　脊背

脊梁骨　tɕi²¹²⁻²¹liaŋ⁵⁵ku²¹²

旋　suæ̃⁵⁵　头发旋儿（毛发呈旋涡状的地方）

双旋儿 ʂuɑŋ$^{212-21}$ suæ̃r^{55}

窝攥 uo$^{212-21}$tsuæ̃^{434} 结过婚的妇女盘起的头发

手纹儿 ʂəu$^{434-44}$uẽr^{55} 指纹的统称

斗 təu^{434} 圆形的指纹。当地谚语：一斗穷二斗富，三斗开个杂粮铺，四斗卖豆腐。

簸箕 po^{42}tɕi^{212} 箕(簸箕形的指纹)。当地谚语：十个簸箕往上翻，不坐朝廷就做官。

寒毛 xæ̃^{55}mɑɔ^{55}

汗毛儿 xæ̃^{42}mɑɔr^{55} 身上的体毛

寒毛孔 xæ̃^{55}mɑɔ^{55} khuŋ^{434} 寒毛眼

痣 tʂʅ^{42} 各种痣的统称

大痣 ta^{42}tʂʅ^{42} 黑色，上面长汗毛的大痣

雀子 tshuo$^{212-21}$tsɿ^{0} 小痣

麻雀蛋 ma^{55} tshuo$^{212-21}$tæ̃^{42} 雀斑

骨头 ku$^{212-21}$thəu^{0}

筋 tɕiẽ^{212}

血 ɕiɛ^{212}

血管 ɕiɛ$^{212-21}$kuæ̃^{434}

脉 mei^{212} 经脉

五脏六腑 u$^{434-34}$tsɑŋ^{42} liəu^{42}fu^{434}

心 ɕiẽ^{212}

肝 kæ̃^{212}

肺 fei^{42}

胆 tæ̃^{434}

脾 phi^{55}

肚子 thu^{434}tsɿ^{0} 胃（内）

肚子 thu^{42}tsɿ^{0} 肚皮（外）

肾 ʂẽ^{42}

腰子 iɑɔ$^{212-21}$ tsɿ^{0}

肠子 tʂhɑŋ^{55} tsɿ^{0} 肠

大肠　ta⁴²tʂhaŋ⁵⁵

小肠　ɕiɑɔ⁴³⁴⁻⁴⁴tʂhaŋ⁵⁵

盲肠　maŋ⁵⁵tʂhaŋ⁵⁵

十二、疾病与医疗

有病　iɔu⁴³⁴⁻³⁴piŋ⁴²　病了

　　不调和　pu²¹²⁻²¹thiɑɔ⁵⁵xuɔ⁰

小病　ɕiɑɔ⁴³⁴⁻³⁴piŋ⁴²

大病　ta⁴²piŋ⁴²　重病

好点啦　xɑɔ⁴³⁴⁻³⁴tiæ̃r⁴³⁴la⁰　病轻了

病重啦　piŋ⁴²tʂuŋ⁴²la⁰　病厉害了

病好啦　piŋ⁴²xɑɔ⁴³⁴⁻³⁴la⁰　痊愈了

请先生　tɕhiŋ⁴³⁴⁻⁴⁴ɕiæ²¹¹⁻²¹²ʂən⁰　请医生

瞧病　tɕhiɑɔ⁵⁵piŋ⁴²　看病，治病

治病　tʂɿ⁴²piŋ⁴²　医病

号脉　xɑɔ⁴²mei²¹²

开方子　khæi²¹²⁻²⁴faŋ²¹²tsɿ⁰　开药方子

偏方　phæ²¹²⁻²⁴faŋ²¹²

拿药　na⁵⁵yo²¹²　指拿西药

抓药　tʂua²¹²⁻²⁴yo²¹²　指拿中药

　　抓草药　tʂua²¹²⁻²¹tshɑɔ⁴³⁴⁻⁴⁴yo²¹²

买药　mæi⁴³⁴⁻³⁴yo²¹²　买药（西药）

药店　yo²¹²⁻²¹tiæ⁴²　中药铺

药房　yo²¹²⁻²¹faŋ⁵⁵　西药店铺

药引子　yo²¹²⁻²¹iẽ⁴³⁴⁻³⁴tsɿ⁰

药罐子　yo²¹²⁻²¹kuæ⁴²tsɿ⁰

熬药　ɣɑɔ⁵⁵yo²¹²　煎药（动宾）

药膏　yo²¹²⁻²⁴kɑɔ²¹²　药膏（西药）

膏药　kɑɔ²¹²⁻²⁴yo²¹²　膏药（中药）

药面儿　yo²¹²miæ̃r⁴²　药粉

丹　tæ̃²¹²　中药四大类之一

丸　uæ̃⁵⁵　中药四大类之一

膏　kɑɔ²¹²　中药四大类之一

散　sæ̃⁴³⁴　中药四大类之一

抹药膏　mo⁴³⁴⁻⁴⁴yo²¹²⁻²⁴kɑɔ²¹²　搽药膏

　抹药膏子　mo⁴³⁴⁻³⁴yo²¹²⁻²⁴kɑɔ²¹²tsʅ⁰

上药　ʂaŋ⁴²yo²¹²　上药（动宾）

发汗　fa²¹²⁻²¹xæ̃⁴²

去风邪　tɕhy⁴²fən²¹²⁻²¹ɕie⁵⁵　去风

去火　tɕhy⁴²xuo⁴³⁴

去湿　tɕhy⁴²ʂʅ²¹²　去湿气

解毒　tɕiɛ⁴³⁴⁻⁴⁴tu⁵⁵　去毒

消化食儿　ɕiɑɔ²¹²⁻²¹xua⁴²ʂʅ⁵⁵　消食

扎针　tʂa²¹²⁻²⁴tʂẽ²¹²　针灸

搬罐子　pæ̃²¹²⁻²¹kuæ̃⁴²tsʅ⁰　拔火罐子

艾熏　ɣæi⁴²ɕyẽ²¹²

拉稀　la²¹²⁻²⁴ɕi²¹²　泻肚

拉肚子　la²¹²⁻²¹tu⁴²tsʅ⁰

屙稀屎　ɣɤ²¹²⁻²¹ɕi²¹²⁻²¹ʂʅ⁴³⁴

发烧　fa²¹²⁻²⁴ʂɑɔ²¹²

　发热　fa²¹²⁻²⁴zɤ²¹²

发冷　fa²¹²⁻²⁴lən⁴³⁴

起鸡皮疙瘩　tɕhi⁴³⁴⁻⁴⁴tɕi²¹²phi⁵⁵kɤ²¹²⁻²¹ta⁰

伤风　ʂaŋ²¹²⁻²⁴fən²¹²

受凉　ʂəu⁴²laŋ⁵⁵

咳嗽　khɤ²¹²⁻²¹sɑɔ⁰/səu⁰

气喘　tɕhi⁴²tʂhuæ̃⁴³⁴

气管炎　tɕhi⁴²kuæ̃⁴³⁴⁻⁴⁴iæ̃⁵⁵

中暑　tʂuŋ²¹²⁻²¹tʂhu⁴³⁴

上火　ʂaŋ⁴²xuo⁴³⁴

积着啦　tçi²¹²⁻²¹ tʂuo⁰la⁰　（指小孩）积滞

肚子疼　thu⁴³⁴⁻³⁴tsʅ⁰ thən⁵⁵

心口疼　çiẽ²¹²khou⁴³⁴ thən⁵⁵　胸口疼

头晕　thəũ⁵⁵yẽ²¹²

晕车　yẽ²¹²⁻²⁴tʂhɤ²¹²

晕船　yẽ²¹²⁻²¹tʂhuæ̃⁵⁵

头疼　thəũ⁵⁵thən⁵⁵

恶心　ɣɤ̃²¹²⁻²⁴çiẽ²¹²　要呕吐

哕　yo⁴³⁴　吐了（呕吐）

干哕　kæ²¹²⁻²¹yo⁴³⁴

小肠气　çiɑɔ⁴³⁴⁻⁴⁴tʂhaŋ⁵⁵tçhi⁰　疝气

掉叠゠兜　tiɑɔ⁴²tie⁵⁵təu⁰　脱肛

　掉叠゠子　tiɑɔ⁴²tie⁵⁵tsʅ⁰

掉气　tiɑɔ⁴²tçhi⁴²　子宫脱垂（女子）

发疟子　fa²¹²⁻²⁴yo²¹²⁻²¹tsʅ⁰　疟疾发作

霍乱　xuo²¹²⁻²¹luæ⁴²

生瘟　ʂəŋ²¹²⁻²⁴uẽ²¹²　发瘟疫

出疹子　tʂhu²¹²⁻²¹tʂẽ⁴³⁴⁻³⁴tsʅ⁰　（出）麻疹

出水痘　tʂhu²¹²⁻²¹tʂuei⁴³⁴⁻³⁴təu⁴²　（出）水痘

出天花　tʂhu²¹²⁻²¹tiæ̃²¹²⁻²⁴xua²¹²　（出）天花

种痘　tʂuŋ⁴²təu⁴²

伤寒　ʂaŋ²¹²⁻²¹xæ̃⁵⁵

黄疸　xuɑŋ⁵⁵tæ̃⁴³⁴

　黄病　xuɑŋ⁵⁵piŋ⁴²

肝炎　kæ̃²¹²iæ̃⁵⁵

肺炎　fei⁴²iæ̃⁵⁵

　肺病　fei⁴²piŋ⁴²

胃病　uei⁴²piŋ⁴²

心口疼　çiẽ²¹²⁻²¹thəu⁴³⁴⁻⁴⁴thən⁵⁵

阑尾炎　læ̃⁵⁵uei˙⁴³⁴⁻⁴⁴iæ̃⁵⁵

216

盲肠炎　mɑŋ⁵⁵ tʂhaŋ⁵⁵ iæ̃⁵⁵

痨病　lɑɔ⁵⁵ piŋ⁴²　中医指结核病

肺痨　fei⁴²lɑɔ⁵⁵　肺结核

痨病壳子　lɑɔ⁵⁵ piŋ⁴²khɤ²¹²⁻²¹tsɿ⁰　严重的肺结核病人

害眼　xæi⁴²iæ̃⁴³⁴　生眼病

磕着啦　khɤ²¹²⁻²¹tʂuo⁰ lɑ⁰　跌伤

　摔着啦　ʂuæi²¹²⁻²¹ tʂuo⁰ lɑ⁰

碰着啦　phən⁴²tʂuo⁵⁵ lɑ⁰　碰伤

蹭破皮儿　tshən⁴²pho⁴²phir⁵⁵

刺个口子　la⁴³⁴⁻³⁴ kɤ⁰ khou⁴³⁴⁻³⁴ tsɿ⁰

出血　tʂhu²¹²⁻²¹ɕiɛ²¹²

　淌血　thaŋ⁴³⁴⁻³⁴ɕiɛ²¹²

瘀血　y²¹²⁻²⁴ɕiɛ²¹²

　青啦　tɕhiŋ²¹²⁻²¹ lɑ⁰

肿啦　tʂuŋ⁴³⁴ lɑ⁰　红肿

溃脓　xuei⁴² nuŋ⁵⁵

脓肚子　nuŋ⁵⁵ tu⁴³⁴⁻³⁴ tsɿ⁰　脓包

结疙渣　tɕiɛ²¹²⁻²¹ kɤ²¹²⁻²¹tʂa⁰　①结痂；②也指食品上面又薄又脆的部分

疤瘌　pa²¹²⁻²¹ lɑ⁰　疤

蛤蟆瘟　xɤ⁵⁵mɑ⁰uɛ̃²¹²　腮腺炎

　老鼠疮　lɑɔ⁴³⁴⁻⁴⁴tʂhu⁰tʂhuaŋ²¹²

长疮　tʂhaŋ⁴³⁴⁻³⁴tʂhuaŋ²¹²

砍头疮　khæ⁴³⁴⁻⁴⁴thou⁵⁵ tʂhuaŋ²¹²　位于颈椎处长的疮，当地人认为此处是砍头的位置

手够　ʂəu⁴³⁴⁻³⁴kəu⁴²　指在手可以够到的背部位置长的疮

长疔　tʂaŋ⁴³⁴⁻³⁴ tiŋ²¹²　手指头和眼角长的疮都叫长疔

痔疮　tʂɿ⁴² tʂhuaŋ²¹²

疥　tɕiɛ⁴²　疥疮

癣　suæ̃⁴³⁴

痱子　fei⁴²tsɿ⁰

汗斑　xæ̃⁴²pæ̃²¹²

瘊子　xəu⁵⁵tʂ֝ʅ⁰　分刺瘊和肉瘊

　刺瘊子　tʂʅ⁴²xəu⁵⁵tʂʅ⁰

　公瘊子　kuŋ²¹²⁻²¹xəu⁵⁵tʂʅ⁰

　肉瘊子　zəu⁴²xəu⁵⁵tʂʅ⁰

　母瘊子　mu⁴³⁴⁻⁴⁴xəu⁵⁵tʂʅ⁰

痦子　u⁴²tʂə⁰　长毛的痣

小小虫゠蛋　ɕiɔ⁴³⁴⁻³⁴ɕiɔ⁴³⁴⁻³⁴tʂhuŋ⁵⁵tæ̃⁴²　雀斑

　麻雀蛋　ma⁵⁵tɕhyo²¹²⁻²¹tæ̃⁴²

粉刺　fẽ⁴³⁴⁻³⁴tʂhʅ⁴²

狐臭　xu⁵⁵tʂ̢həu⁴²

　烂狐子味　læ̃⁴²xu⁵⁵tʂʅ⁰uei⁴²

　狐□子味儿　xu⁵⁵pu⁵⁵tʂʅ⁰ueir⁴²

臭嘴　tʂ̢həu⁴²tsuei⁴³⁴　口臭，说话不好听或说不好听的话

　嘴臭　tsuei⁴³⁴tʂ̢həu⁴²

粗胳了绷子　tʂhu²¹²⁻²¹kɤ⁵⁵lə⁰pəŋ⁴³⁴⁻³⁴tʂʅ⁰　大脖子（甲状腺肿大）

瞎鼻子　ɕia²¹²⁻²¹pi⁵⁵tʂʅ⁰　鼻子不灵（嗅觉不灵）

齉鼻子　naŋ⁴²pi⁵⁵tʂʅ⁰　鼻子不通气，发音不清

　呲轰鼻子　tʂʅ²¹²⁻²¹xuŋ⁰pi⁵⁵tʂʅ⁰

□鼻子　naŋ²¹²⁻²¹pi⁵⁵tʂʅ⁰　皱眉头

水蛇腰　ʂuei⁴³⁴⁻⁴⁴ʂɤ⁵⁵iɑ²¹²　指腰细长（贬义）

　杨柳腰　iaŋ⁵⁵liəu⁴³⁴⁻⁴⁴cɑi²¹²　当地有"杨柳腰，细挑挑"之说

鸭嗓子　ia²¹²⁻²¹saŋ⁴³⁴tʂʅ⁰　公鸭嗓儿（嗓音沙哑）

　公鸡嗓　kuŋ²¹²⁻²⁴tɕi²¹²⁻²¹saŋ⁴³⁴

独眼龙　tu⁵⁵iæ⁴³⁴luŋ⁵⁵　一只眼儿（一只眼睛是瞎的），当地俗语：独眼龙去
　　过江，又叫蚂虾攮一枪（形容人很倒霉、雪上加霜）

鸡宿眼　tɕi²¹²⁻²⁴ɕy²¹²⁻²¹iæ̃⁴³⁴　夜盲症

近视眼　tɕiẽ⁴²ʂʅ⁴²iæ̃⁴³⁴

花眼　lɑɔ⁴³⁴⁻³⁴xua²¹²⁻²¹iæ̃⁴³⁴　老花眼

远视（眼）　yæ̃⁴³⁴⁻³⁴ʂʅ⁴²iæ̃⁴³⁴　远视眼

肿眼泡儿　tʂuŋ⁴³⁴⁻³⁴ ˙iæ̃⁴³⁴⁻⁴⁴phɑɒr²¹²　鼓眼泡儿

斜眼子　ɕiæi⁵⁵iæ̃⁴³⁴tsɻ⁰

斗鸡眼儿　tou⁴²tɕi²¹²⁻²¹iæ̃r⁴³⁴　内斜视

见风流泪眼　tɕiæ̃⁴²fuŋ²¹²liou⁵⁵lei⁴²iæ̃⁴³⁴　羞明

睁眼瞎　tʂəŋ²¹²⁻²¹ iæ̃⁴³⁴ɕia²¹²

羊羔疯　iɑŋ⁵⁵kɑɒ²¹²⁻²⁴fəŋ²¹²　癫痫

掉魂　tiɑɒ⁴²xuæ̃⁵⁵　惊风（小儿病）。当地小孩子因受惊吓而"掉魂"的治
　　　疗方法是，由老人拉着笤帚并将受惊吓的孩子的衣服放在笤帚上，边
　　　走边喊着受惊吓孩子的名字"某某某家来吧"，以期将孩子的魂儿喊
　　　回来

吓着啦　ɕia²¹²⁻²¹tʂuo⁵⁵la⁰　受到惊吓

夜啼郎　iɛ⁴²thi⁵⁵lɑŋ⁵⁵　晚上哭闹不睡觉的小孩。当地治疗方法是在大街的
　　　墙上、电线杆上贴上写着"天皇皇，地皇皇，我家有个夜啼郎，行路
　　　君子念三遍，一觉睡到大天亮"的纸条

抽风　tʂhəu²¹²⁻²⁴fəŋ²¹²　小孩子着凉了，出现短暂的呼吸困难

中风　tsuŋ²¹²⁻²⁴fəŋ²¹²

瘫啦　thæ²¹²la⁰　瘫痪

瘫子　thæ²¹²⁻²¹tsɻ⁰　瘫痪的人

罗锅子　luo⁵⁵kuo²¹²⁻²¹tsɻ⁰　罗锅儿

聋子　luŋ⁵⁵tsɻ⁰

哑巴　ia⁴³⁴⁻⁴⁴pa⁰

结巴子　tɕiɛ²¹²⁻²¹pa⁰tsɻ⁰　结巴

瞎子　ɕia²¹²⁻²¹tsɻ⁰

憨子　xæ²¹²⁻²¹tsɻ⁰　傻子

傻子　ʂa⁴³⁴⁻³⁴tsɻ⁰　比憨子轻微一些

瘸子　tɕhyo⁵⁵tsɻ⁰　腿残者

佝胳膊　tɕyo⁴²kɤ²¹²⁻²¹pa⁰　手残者（手变形）

残疾　tshæ⁵⁵tɕi⁵⁵

秃子　thu²¹²⁻²¹tsɻ⁰　头发脱光的人

麻子　ma⁵⁵tsɻ⁰　①人出天花后留下的疤痕；②脸上有麻子的人

豁子　xuo²¹²⁻²¹ tsʅ⁰　豁嘴

　　豁牙子　xuo²¹²⁻²¹ia⁵⁵tsʅ⁰

六甲儿　liəu⁴²tɕiar²¹²　六指

　　六指儿　liəu⁴² tʂʅr⁴³⁴

左撇子　tsuo⁴³⁴⁻⁴⁴phiɛ²¹²⁻²¹tsʅ⁰

　　左撇拉子　tsuo⁴³⁴⁻⁴⁴phiɛ²¹²⁻²¹la²¹²⁻²¹tsʅ⁰

二叶子　ər⁴²iɛ²¹²tsʅ⁰　双性人

七孽子　tɕhi⁴² iɛ²¹²tsʅ⁰　指蛮横、鲁莽、缺心眼的男人

　　孽子包　iɛ²¹²tsʅ⁰ pɑɔ²¹²

缺叶子　tɕyo²¹²⁻²¹ iɛ²¹²tsʅ⁰　缺心眼

十三、衣服与穿戴

穿戴　tʂhuæ̃²¹²⁻²¹ tæi⁴²

打扮　ta⁴³⁴⁻³⁴pæ̃⁰

衣裳　i²¹²⁻²¹ʂaŋ⁰　衣服（总称内外衣内外裤）

制服　tsʅ⁴²fu⁵⁵

洋服　iɑŋ⁵⁵ fu⁵⁵　西装

长衫　tʂhaŋ⁵⁵ʂæ̃²¹²

大褂　ta⁴²kua⁴²　单的长衫

马褂　ma⁴³⁴⁻³⁴kua⁴²　短褂子

马夹儿　ma⁴³⁴⁻⁴⁴tɕiar⁵⁵　背心

旗袍　tɕhi⁵⁵ phɑɔ⁵⁵　一种传统女装

棉衣　miæ̃⁵⁵ i²¹²　包括棉袄、棉裤、棉袍

棉裤　miæ̃⁵⁵khu⁴²

棉袍　miæ̃⁵⁵phɑɔ⁵⁵

棉袄　miæ̃⁵⁵ɣɑɔ⁴³⁴

皮袄　phi⁵⁵ ɣɑɔ⁴³⁴

大氅　ta⁴²tʂhaŋ⁴³⁴　大衣

短大衣　tuæ̃⁴³⁴⁻³⁴ta⁴² i²¹²

　　二五大衣　ər⁴²u⁴³⁴ta⁴² i²¹²

衬衣 tʂhẽ⁴²i̯²¹² 衬衫

褂子 kua⁴²tsʅ⁰ 外衣

大褂子 ta⁴²kua⁴²tsʅ⁰ 长的有袖的外衣

小褂 ɕia⁴³⁴⁻³⁴kua⁴² 短的外衣

内衣 nei̯⁴²·i̯²¹²

褂头子 kua⁴²tʂha⁵⁵tsʅ⁰ 短褂，短上衣

领子 liŋ⁴³⁴⁻³⁴tsʅ⁰

坎肩 khæ̃⁴³⁴⁻³⁴tɕiæ̃²¹²

  坎夹儿 khæ̃⁴³⁴⁻³⁴tɕiar²¹²

汗衫 xæ̃⁴²ʂæ̃²¹² 针织圆领衫

卫生衣 uei̯⁴²ʂəŋ²¹⁻²¹i̯²¹² 秋冬穿的厚的带绒的内衣

春秋衫 tʂhuẽ²¹²⁻²⁴tɕhiəu²¹²⁻²⁴ʂæ̃²¹² 棉的羊毛衫

毛线衣（新）mɑɔ⁵⁵ɕiæ̃⁴⁴²i̯²¹² 毛线织的衣服

  毛冷衣（老）mɑɔ⁵⁵ləŋ⁴³⁴⁻⁴⁴i̯²¹²

  毛绒衣（老）mɑɔ⁵⁵zuŋ⁵⁵i̯²¹²

夹袄 tɕia²¹²⁻²¹ɣɑɔ⁴³⁴ 秋天穿的双层上衣

夹裤 tɕia²¹²⁻²¹khu⁴² 秋天穿的双层裤子

背心子 pei̯⁴²ɕiẽ²¹²tsʅ⁰

衣襟子 i̯²¹²tɕiẽ²¹²tsʅ⁰ 衣襟儿

大襟 ta⁴²tɕiẽ²¹²

小襟 ɕiɑɔ⁴³⁴tɕiẽ²¹²

对襟儿 tuei̯⁴²tɕiẽr²¹²

领子 liŋ⁴³⁴⁻³⁴tsʅ⁰

袖子 ɕiəu⁴²tsʅ⁰

长袖 tʂhaŋ⁵⁵ɕiəu⁴²

半截儿袖 pæ̃⁴²tɕiɛr⁵⁵ɕiəu⁴² 短袖

裙子 tɕhyẽ⁵⁵tsʅ⁰

衬裙 tʂhẽ⁴²tɕhyẽ⁵⁵

裤子 khu⁴²tsʅ⁰

单裤 tæ̃²¹²khu⁴²

夹袄　tɕia²¹²⁻²¹ɣɑɔ⁵⁵

夹裤　tɕia²¹²⁻²¹khu⁴²

裤头子　khu⁴²thəu⁵⁵tsʅ⁰　裤衩儿(贴身穿的)

　　裤衩子　khu⁴²tʂha⁴³⁴⁻³⁴tsʅ⁰

裤扎子　khu⁴²tʂa⁵⁵tsʅ⁰　短裤(穿在外面的)

毛蹄子　mɑɔ⁵⁵thi⁵⁵tsʅ⁰　连脚蹬(小孩)

露裆裤　ləu⁴²tɑŋ²¹²⁻²¹khu⁴²　开裆裤

带裆裤　tæi⁴²tɑŋ²¹²⁻²¹khu⁴²　死裆裤(相对开裆裤而言)

裤裆　khu⁴²tɑŋ²¹²

裤腰子　khu⁴²iɑɔ²¹²tsʅ⁰　裤腰

裤腰带　khu⁴²iɑɔ²¹²⁻²¹tæi⁴²　布做的腰带

裤腿儿　khu⁴²thueir⁴³⁴　裤脚

口袋　khəu⁴³⁴⁻⁴⁴tæir²¹²　衣服上的口袋

兜兜儿　təu²¹²⁻²¹təur²¹²⁻²⁴　贴身穿的肚兜

盘扣　pæ̃⁵⁵khəu⁴²　中式纽扣的一种

扣弭子　khəu⁴²mi⁵⁵tsʅ⁰　扣襻(中式的)

扣子　khəu⁴²tsʅ⁰　扣(西式的)

扣子眼儿　khəu⁴²tsʅ⁰iær⁴³⁴　扣眼儿(西式的)

鞋　ɕiæi⁵⁵/ɕiɛ⁵⁵

鞋靫子　ɕiæi⁵⁵sa²¹²⁻²¹tsʅ⁰　拖鞋

鞋踏子　ɕiæi⁵⁵tha²¹²tsʅ⁰

单鞋　tæ̃²¹²⁻²¹ɕiæi⁵⁵

棉鞋　miæ̃⁵⁵ɕiæi⁵⁵

皮鞋　phi⁵⁵ɕiæi⁵⁵

毡鞋　tʂæ̃²¹²⁻²¹ɕiæi⁵⁵

毛嗡=子　mɑɔ⁵⁵uəŋ²¹²⁻²¹tsʅ⁰　用麻绳和芦花编的冬天穿的鞋

　　毛窝子　mɑɔ⁵⁵uo²¹²⁻²¹tsʅ⁰

高底毛嗡=子　kɑɔ²¹²⁻²¹ti⁴³⁴mɑɔ⁵⁵uəŋ²¹²⁻²¹tsʅ⁰　用麻绳和芦花编的冬天穿的鞋,底是高跟的,用木头加工成的

　　高底窝子　kɑɔ²¹²⁻²¹ti⁴³⁴mɑɔ⁵⁵uo²¹²⁻²¹tsʅ⁰

牛毛窝子　niəu⁵⁵ mɑɔ⁵⁵uo²¹²⁻²¹tsʅ⁰　用麻绳和牛毛编的冬天穿的鞋

布鞋　pu⁴²ɕiæi⁵⁵

鞋底儿　ɕiæi⁵⁵ tir⁴³⁴

鞋帮儿　ɕiæi⁵⁵ pɑŋr²¹²

鞋楦　ɕiæi⁵⁵ɕyæ̃⁴²　鞋楦子

　鞋拔子　ɕiæi⁵⁵pa⁵⁵tsʅ⁰

胶鞋　ɕiæi⁵⁵　雨鞋(橡胶做的)

油鞋　iəu⁵⁵ɕiæi⁵⁵　用桐油油过的棉布鞋

钉油鞋　tiŋ²¹²⁻²¹iəu⁵⁵ɕiæi⁵⁵　用桐油油过底子钉钉的棉布鞋

木踏子　mu²¹²⁻²⁴tha²¹²⁻²¹tsʅ⁰　木底鞋

鞋带子　ɕiæi⁵⁵tæi⁴² tsʅ⁰　鞋带儿

袜子　ua²¹²tsʅ⁰

袜子撑子　ua²¹²tsʅ⁰tʂhən²¹² tsʅ⁰　补袜子用的板子

线袜　ɕiæ̃⁴² ua²¹²

丝袜　sʅ²¹²⁻²⁴ua²¹²

长袜　tʂhaŋ⁵⁵ua²¹²

袜头子　ua²¹²⁻²¹thəu⁵⁵ tsʅ⁰　短袜

袜带　ua²¹²⁻²¹tæi⁴²　长袜用的吊带

小脚鞋　ɕiɑɔ⁴³⁴⁻⁴⁴tɕyo²¹²⁻²¹ɕiɛ⁵⁵　弓鞋(旧时裹脚妇女穿的鞋)

裹脚布　kuo⁴³⁴⁻⁴⁴tɕyo²¹²⁻²¹pu⁴²　旧时妇女裹脚的布

绑腿　pɑŋ⁴³⁴⁻³⁴thei⁴³⁴　裹腿(老年人冬天绑在棉裤腿外用的)

扎腿带子　tʂa²¹²⁻²¹thuei⁴³⁴tæi⁴²tsʅ⁰　冬天为了保暖扎在裤脚上的带子，短的

帽子　mɑɔ⁴² tsʅ⁰

皮帽　phi⁵⁵mɑɔ⁴²

礼帽　li⁴³⁴⁻³⁴mɑɔ⁴²　用呢子制的有帽檐的帽子

瓜皮帽　kua²¹²⁻²¹phi⁵⁵mɑɔ⁴²

帽垫儿　mɑɔ⁴²tiæ̃r⁴²　半球形布制作的帽子

军帽　tɕyẽ²¹²⁻²¹mɑɔ⁴²

大檐帽　ta⁴²iæ̃⁵⁵ mɑɔ⁴²　大盖帽，主要指公检法执法人员戴的帽子

牛逼帽　niəu⁵⁵pi²¹²mɑɔ⁴²　外国女兵戴的船形帽，谐称

草帽　tshɑɔ⁴³⁴mɑɔ⁴²　麦秸编的帽子

斗笠　təu⁴³⁴li⁴²　竹子编制挡雨或遮阳的帽子

蓑衣　suo²¹²⁻²¹;²¹²⁻²⁴i

油鞋　iəu⁵⁵ɕiɛ⁵⁵　桐油浸泡透了的鞋，雨天穿

帽檐儿　mɑɔ⁴²iæ̃r⁵⁵

三块瓦帽子　sæ̃²¹²⁻²¹khuæi⁴²ua⁴³⁴mɑɔ⁴²tsʅ⁰　额头、左右耳朵都可以放下来保
　　暖的棉帽

苏式帽　su²¹²⁻²¹ʂʅ⁴²mɑɔ⁴²　军人戴的棉帽，来自苏联

狗套头　kəu⁴³⁴thɑɔ⁴²thəu⁵⁵　毛线织的套在头上一般只露出两只眼睛的帽子

首饰　ʂəu⁴³⁴⁻⁴⁴ʂʅ²¹²

手镯　ʂəu⁴³⁴tʂuo⁵⁵　镯子

戒指　tɕiæi⁴²tʂʅ⁰

　镏子　liəu²¹²⁻²¹tsʅ⁰

狗脖子　kəu⁴³⁴po⁵⁵tsʅ⁰　有钱人家小孩戴的项圈

项链　ɕiaŋ⁴²liɛn⁰

项圈　ɕiaŋ⁴²tɕhyæ²¹²

百家锁　pei²¹²⁻²⁴tɕia²¹²suo⁴³⁴　百家锁（小儿佩戴的）

别针　piɛ⁵⁵tʂɛ̃²¹²　别针儿

攥〟叉子　tsuæ̃⁴³⁴⁻⁴⁴tʂha²¹²tsʅ⁰　U形叉子，用于盘发髻的妇女插在发髻上的

发夹子　fa²¹²⁻²⁴tɕia²¹²⁻²¹tsʅ⁰　发卡

簪子　tsæ̃²¹²⁻²¹tsʅ⁰

包网子　pɑɔ²¹²uaŋ⁴³⁴tsʅ⁰　妇女套在头上固定头发的网子

耳环　ər⁴³⁴⁻⁴⁴xuæ̃⁵⁵

耳坠子　ər⁴³⁴tʂuei⁴²tsʅ⁰

胭脂　iæ̃²¹²⁻²¹tʂʅ⁴³⁴

粉　fẽ⁴³⁴

口红　khəu⁴³⁴xuŋ⁵⁵　旧时妇女用的一种染唇的红纸

雪花膏　sy⁴³⁴xua²¹²⁻²¹kɑɔ²¹²

梳头油　ʂuo²¹²⁻²¹thəu⁵⁵iəu⁵⁵

围裙　uei⁵⁵tɕhyẽ⁰

围嘴子　uei⁵⁵tsuei⁴³⁴⁻³⁴tsʅ⁰　围嘴儿

裢子　tɕiɛ⁴²tsʅ⁰　尿布

手捏子　ʂəu⁴³⁴⁻⁴⁴niɛ²¹²⁻²¹ tsʅ⁰　手绢儿

围巾　uei⁵⁵tɕiɛ̃²¹²

手套子　ʂəu⁴³⁴⁻³⁴thɑɔ⁴²tsʅ⁰　手套

眼镜　iæ̃⁴³⁴⁻³⁴tɕiŋ⁴²

伞　sæ̃⁴³⁴

布伞　pu⁴²sæ̃⁴³⁴

油布伞　油桐油的布伞

纸伞　tsʅ⁴³⁴⁻³⁴ sæ̃⁴³⁴　伞面用纸做成并涂上桐油的伞

洋伞　iɑŋ⁵⁵sæ̃⁴³⁴　现在常用的伞

蓑衣　suo²¹²⁻²⁴ i²¹²

席夹子　ɕi⁵⁵tɕia⁵⁵ tsʅ⁰　是一种用秫秸或芦苇秆皮子编成的有沿的能遮阳挡
　　　雨的帽子，晴雨两用，为六边六角形

麻包片　ma⁵⁵pɑɔ²¹²phiæ⁴²　披在身上挡雨的麻袋

雨衣　y⁴³⁴⁻⁴⁴i²¹²　雨衣（新式的）

手表　ʂəu⁴³⁴⁻³⁴piɑɔ⁴³⁴

座钟　tsuo⁴²tʂuŋ²¹²

闹钟　nɑɔ⁴²tʂuŋ²¹²

挂钟　kua⁴²tʂuŋ²¹²

十四、饮食

吃饭　tʂhʅ²¹²⁻²¹ fæ̃⁴²

清早饭　tɕhiŋ²¹²⁻²¹tsɑɔ⁴³⁴⁻³⁴ fæ̃⁴²　早饭

晌午／晚饭　ʂɑŋ⁴³⁴⁻³⁴u⁰/uæ̃⁰fæ̃⁴²　午饭

晚饭　uæ̃⁴³⁴⁻³⁴ fæ̃⁴²

　黑来饭　xei²¹²⁻²¹læi⁰ fæ̃⁴²

吃零嘴子　tʂhʅ²¹²⁻²¹liŋ⁵⁵ tsuei⁴³⁴⁻³⁵tsʅ⁰　打尖（途中吃点东西）

吃的　tʂhʅ²¹²⁻²¹tei⁰/ti⁰　食物

零嘴子　liŋ⁵⁵ tsuei⁴³⁴⁻³⁴tsʅ⁰　零食

果子　kuo⁴³⁴tsʅ⁰　点心（糕饼之类食品）

点心　tiæ̃⁴³⁴ɕin⁰

糕点　kɑɔ²¹²⁻²¹tiæ̃⁴³⁴

茶点　tʂha⁵⁵tiæ̃⁴³⁴

干饭　kæ²¹²⁻²¹fæ⁴²　米饭

剩饭　ʂəŋ⁴²fæ⁴²　吃剩下的饭

煳啦　xu⁵⁵la⁰　（饭）煳了

馊啦　sɔu²¹²la⁰　（饭）馊了

盛饭　tʂhəŋ⁵⁵fæ⁴²　将饭盛到碗里

　　盛碗　tʂhəŋ⁵⁵uæ̃⁴³⁴

硌＂巴　kɤ²¹²⁻²¹pa⁰　锅巴

稀饭　ɕi²¹²⁻²¹fæ⁴²　掺和了面粉的稀饭

稠稀饭　tʂhɔu⁵⁵ɕi²¹²⁻²¹fæ⁴²　能插住筷子的稀饭

米茶　mi⁴³⁴⁻⁴⁴tʂha⁵⁵　很稀的稀饭

腊八粥　la²¹²⁻²⁴pa²¹²⁻²⁴tʂu²¹²

　　腊八饭　la²¹²⁻²⁴pa²¹²⁻²¹fæ⁴²　当地有"吃罢腊八饭就把年来办"之说

米粥　mi⁴³⁴⁻⁴⁴tʂu²¹²　米稀饭

米汤　mi⁴³⁴⁻⁴⁴thɑŋ²¹²　煮饭滗出来的米汁

米糊子　mi⁴³⁴⁻⁴⁴xu⁵⁵tsʅ⁰　给小孩吃的用米磨成的粉做的糊状食物

二沫头　ər⁴²mo²¹²⁻²¹thɔu⁵⁵　很稠很稠的稀饭，插着筷子不倒，过去皇家赈
　　灾时的粥需要达到这个标准

面疙瘩茶　miæ̃⁴²kɤ²¹²⁻²¹ta⁰tʂha⁵⁵　很稀的面疙瘩稀饭

粽子　tsuŋ⁴²tsʅ⁰

面　miæ̃⁴²　面粉

好面　xɑɔ⁴³⁴miæ̃⁴²　小麦面粉

杂面　tsa⁵⁵miæ̃⁴²　小麦以外其他粮食磨成的面粉

面条子　miæ̃⁴²thiɑɔ⁵⁵tsʅ⁰　面条儿

挂面　kua⁴²miæ̃⁴²　机器压制出来的干面条

湿挂面　ʂʅ²¹²kua⁴²miæ̃⁴²　机器压制出来的没晾干的面

手擀面　ʂɔu⁴³⁴⁻³⁴kæ⁴³⁴⁻³⁴miæ̃⁴²

烙馍　luo²¹²⁻²⁴luo²¹²⁻²¹mo⁵⁵　烙饼

面叶子　miæ̃⁴²iɛ²¹²tsʅ⁰　面片儿

面鱼子　miæ̃⁴²y⁵⁵tsʅ⁰　带汤的鱼状面食

面疙瘩　miæ̃⁴²kɤ²¹²⁻²¹ta⁰

干切面　kæ²¹²⁻²¹tɕhiɛ²¹²⁻²¹miæ̃⁴²　机制的宽的干面条

面皮子　miæ̃⁴²phi⁵⁵tsʅ⁰

汤面　thaŋ²¹²⁻²¹miæ̃⁴²　带汤的面条

面糊子　miæ̃⁴²xu⁵⁵tsʅ⁰　用面做成的糊状食物

肉馅子　zou⁴²ɕiæ̃⁴²tsʅ⁰

臊子　sɑɔ⁴²tsʅ⁰　肉末

高庄馒头　kɑɔ²¹²⁻²⁴tʂuaŋ²¹²mæ⁵⁵thəu⁰　比普通馒头高许多的馒头

馍　mo⁵⁵　统称（所有的馒头、花卷）

卷子　tɕyæ̃⁴³⁴⁻³⁴tsʅ⁰

馒头　mæ⁵⁵thəu⁰　圆的馍

糖三角儿　thaŋ⁵⁵sæ²¹²⁻²⁴tɕyor²¹²　中间放糖的三角形包子

　糖三尖　thaŋ⁵⁵sæ²¹²⁻²⁴tɕiæ²¹²

角子　tɕyo²¹²⁻²¹tsʅ⁰　大的素饺子

包子　pɑɔ²¹²⁻²¹tsʅ⁰　圆的有馅的面食

糖糕　thaŋ⁵⁵kɑɔ²¹²　用糖做馅的油炸的圆形面食

油香　iəu⁵⁵ɕiaŋ²¹²　由油、盐、葱花和成的面糊放在勺子里炸出来的食品

油旋子　iəu⁵⁵ɕyæ̃⁴²tsʅ⁰　用油炸出来的薄的饼，有时也可有豆腐丁之类的馅儿

肉合子　zəu⁴²xɤ⁵⁵tsʅ⁰　一种面食，在鏊子上熥出来的，中间有肉和粉丝做的馅儿

油馍　iəu⁵⁵mo⁵⁵　一种面食，由油、盐、葱花和成的面在锅中煎出

壮馍　tʂuaŋ⁴²mo⁵⁵　外壳很硬，里面很软的圆形面食

火上＝　xuo⁴³⁴⁻⁴⁴ʂaŋ⁴²　火烧

油酥馍　iəu⁵⁵su²¹²⁻²¹mo⁵⁵　在鏊子上贴的馍

缸贴子　kaŋ²¹²⁻²¹thiɛ²¹²⁻²¹tsʅ⁰　在缸内用火烤出来的馍

捆打　kuei²¹²⁻²¹ta⁴³⁴⁻⁴⁴　由手拍出圆形再在鏊子上熥熟的面食

喝⁼饼子 xɤ²¹²⁻²¹piŋ⁴³⁴⁻³⁴tsʅ⁰ 一种面食，炒菜时一块一块地贴在铁锅的四边

油喝⁼饼 iəu⁵⁵xɤ²¹²⁻²¹piŋ⁴³⁴

扁食 piæ⁴³⁴⁻⁴⁴ʂʅ⁰ 素饺子，月牙形

窝窝头 uo²¹²uo⁰thəu⁵⁵ 用五谷杂粮为原料制作的面食。当地俗语：～～～蘸
　　辣椒，越吃越添膘

油条 iəu⁵⁵thiɑɔ⁵⁵

烧饼 ʂɑɔ²¹²⁻²¹piŋ⁴³⁴

烙馍 luo²¹²⁻²¹mo⁵⁵ 烙饼（名词）

花卷儿 xua²¹²⁻²¹tɕyæ̃r⁴³⁴

饺子 tɕiɑɔ⁴³⁴⁻³⁴tsʅ⁰ 饺子的总称

馅子 ɕiæ⁴²tsʅ⁰（饺子）馅儿

馄饨 xuẽ⁵⁵tuẽ⁰

猫耳朵 mɑɔ⁵⁵ər⁴³⁴⁻³⁴tuo⁰ 肉多的馄饨

蛋糕 tæ̃⁴²kɑɔ²¹²

鸡蛋糕 tɕi²¹²⁻²¹tæ̃⁴²kɑɔ²¹²

鸡蛋膏 tɕi²¹²⁻²¹tæ̃⁴²kɑo²¹²⁻²⁴

糖圆子 thaŋ²¹²⁻²⁴yæ̃⁵⁵tsʅ⁰ 元宵（用干粉淋水反复多次摇成，有馅）

汤圆 thaŋ²¹²⁻²⁴yæ̃⁵⁵ 用湿粉团搓成的，有的有馅，有的无馅

月饼 yo²¹²⁻²¹piŋ⁴³⁴

饼干 piŋ⁴³⁴⁻⁴⁴kæ²¹²

云片 yn⁵⁵phiæ̃⁴²

小京果 ɕiɑɔ⁴³⁴⁻⁴⁴tɕiŋ²¹²⁻²¹kuo⁴³⁴

大京蜜 ta⁴²tɕiŋ²¹²⁻²⁴mi²¹²

羊角蜜 iaŋ⁵⁵tɕyo²¹²⁻²⁴mi²¹² 面点，白色，形状像羊角，里面是蜂蜜

三刀子 sæ²¹²⁻²⁴tɑɔ²¹²tsʅ⁰

蚂蚱腿 ma²¹²⁻²¹tʂa⁰thuei⁴³⁴ 一种像蝗虫腿的油炸条形面食

寸金 tshuẽ⁴²tɕin²¹² 属于精细糕点，长约一寸，色金黄

口酥 khəu⁴³⁴⁻⁴⁴su²¹² 到口即碎的糕点

麻片 ma⁵⁵phiæ⁴² 属于精细糕点

酥糖 su²¹²⁻²¹thaŋ⁵⁵ 属于精细糕点

麻糖　ma⁵⁵thaŋ⁵⁵　米糖用芝麻裹上的一种糖果

月饼　yo²¹²⁻²¹piŋ⁴³⁴

引角　iŋ⁴³⁴⁻⁴⁴tɕyo⁰　酵子 (发酵用的面团)

　面头　miæ̃⁴²thəu⁵⁵

椒糊子　tɕiɑɔ²¹²⁻²¹xu⁵⁵tsʅ⁰

面疙瘩　miæ̃⁴²kɤ²¹²⁻²¹ta⁰

辣汤　la²¹²⁻²⁴thaŋ²¹²

臕汤　sa⁵⁵thaŋ²¹²　当地一种放鸡、鸡蛋、鳝丝、海带等做成的咸汤

油茶　iəu⁵⁵tʂha⁵⁵　一种放入熟花生米、千张丝等佐料水煮而成的咸味面食

肉丁　zəu⁴²tiŋ²¹²

肉片　zəu⁴²phiæ̃⁴²

肉丝　zəu⁴²sʅ²¹²

肉块　zəu⁴²khuæi⁴²

肉馅子　zəu⁴²ɕiæ̃⁴²tsʅ⁰

肉末　zəu⁴²mo²¹²

肉皮　zəu⁴²phi⁵⁵

肉松　zəu⁴²suŋ²¹²

肘子　tʂəu⁴³⁴⁻³⁴tsʅ⁰　猪腿靠近身体的部位

猪蹄子　tʂu²¹²⁻²¹thi⁵⁵tsʅ⁰　猪蹄儿

　猪夹子　tʂu²¹²⁻²⁴tɕia²¹²⁻²¹tsʅ⁰

里脊　li⁴³⁴⁻⁴⁴tɕi²¹²

蹄筋　thi⁵⁵tɕiẽ²¹²

牛口条　niəu⁵⁵khəu⁴³⁴⁻⁴⁴thiɑɔ⁵⁵　牛舌头

口条　khəu⁴³⁴⁻⁴⁴thiɑɔ⁵⁵　猪舌头

下水　ɕia⁴²ʂuei⁰/ ʂuæi⁰　猪牛羊的内脏

肺　fei⁴²　猪的肺

肠子　tʂhaŋ⁵⁵tsʅ⁰　猪的肠子

猪大肠　tʂu²¹²⁻²¹ta⁴²tʂhaŋ⁵⁵

猪小肠　tʂu²¹²⁻²¹ɕiɑɔ⁴³⁴⁻⁴⁴tʂhaŋ⁵⁵

筒子骨　thuŋ⁵⁵tsʅ⁰ku²¹²　腔骨 (猪的)

排骨　pæi⁵⁵ku²¹²　排骨（猪的）

百叶　pei²¹²⁻²⁴iɛ²¹²　牛肚儿（带毛状物的那种）

牛肚子　niəu⁵⁵tu⁴³⁴⁻³⁴tsʅ⁰　牛肚儿（光滑的那种）

猪肝　tʂu²¹²⁻²⁴kæ̃²¹²　肝（猪的）

腰子　iɑɔ²¹²⁻²¹tsʅ⁰　腰子（猪的）

鸡杂儿　tɕi²¹²⁻²¹tsar⁵⁵

鸡胘　tɕi²¹²⁻²⁴tʂuɛr²¹²

鸡屎包子　tɕi²¹²⁻²¹ʂʅ⁴³⁴pɑɔ²¹²tsʅ⁰　鸡嗉子

　　鸡醭⁼食　tɕi²¹²⁻²⁴pu⁵⁵ʂʅ⁰

　　鸡胃　tɕi²¹²⁻²¹uei⁴²　鸡嗉子，不能吃

猪血　tʂu²¹²⁻²⁴ɕiɛ²¹²

鸡血　tɕi²¹²⁻²⁴ɕiɛ²¹²

炒鸡蛋　tʂhɑɔ⁴³⁴⁻⁴⁴tɕi²¹²⁻²¹tæ̃⁴²

荷巴⁼/妈⁼蛋　xɤ⁵⁵pa⁰/ma⁰tæ̃⁴²　①荷包蛋（油炸的）；②水煮的鸡蛋，不带壳

水煮鸡蛋　ʂuei⁴³⁴⁻³⁴tʂu⁴³⁴⁻⁴⁴tɕi²¹²⁻²¹tæ̃⁴²　煮鸡子儿（连壳煮的鸡蛋）

鸡蛋糕子　tɕi²¹²⁻²¹tæ̃⁴²kɑɔ²¹²⁻²¹tsʅ⁰　蛋羹（加水调匀蒸的）

松花蛋　suŋ²¹²⁻²⁴xua²¹²⁻²¹tæ̃⁴²

变蛋　piæ̃⁴²tæ̃⁴²

咸鸡蛋　ɕiæ̃⁵⁵tɕi²¹²⁻²¹tæ̃⁴²

　　咸青皮　ɕiæ̃⁵⁵tɕhiŋ²¹²⁻²¹phi⁵⁵　咸鸭蛋

香肠　ɕiaŋ²¹²⁻²¹tʂhɑŋ⁵⁵

菜　tsæi⁴²　（下饭的）菜

素菜　su⁴²tsæi⁴²

荤菜　xuɛ̃²¹²⁻²¹tsæi⁴²

咸菜　tɕiæ̃⁵⁵tshæi⁴²

豆腐　təu⁴²fu⁰

豆腐皮儿　təu⁴²fu⁰phir⁵⁵　豆腐皮（可以用来做腐竹的）

腐竹　fu²¹²⁻²⁴tʂu²¹²

豆皮　təu⁴²phi⁵⁵　千张（薄的豆腐干片）

豆干　təu⁴² kæ̃²¹²　豆腐干儿

豆泡儿　təu⁴²phɑɔr²¹²　豆腐泡儿

豆脑儿　təu⁴² nɑɔr⁴³⁴　豆腐脑儿

豆浆　təu⁴²tɕiaŋ²¹²

豆汁　təu⁴²tʂʅ²¹²　里面勾兑糯米粉的豆浆

豆腐卤　təu⁴² fu⁰ lu⁴³⁴　豆腐乳

粉条儿　fẽ⁴³⁴⁻⁴⁴ thiɑɔr⁵⁵　白薯做的，粗条的

粉皮儿　fẽ⁴³⁴⁻⁴⁴ phir⁵⁵　粉皮 (绿豆做的 , 片状的)

面筋　miæ̃⁴²tɕiẽ²¹²

凉粉　liaŋ⁵⁵ fẽ⁴³⁴　凉粉 (绿豆做的、凝冻状的)

藕粉　ɣəu⁴³⁴⁻³⁴ fẽ⁴³⁴

粉面子　fẽ⁴³⁴⁻³⁴miæ̃⁴² tsʅ⁰　芡粉

木耳　mu²¹²⁻²¹ər⁴³⁴

银耳　iẽ⁵⁵ər⁴³⁴

金金菜　tɕiẽ²¹²⁻²¹tɕiẽ⁰ tshæi⁴²　黄花菜

海参　xæi⁴³⁴⁻³⁴ ʂẽ²¹²/ ʂẽ⁰

海带　xæi⁴³⁴⁻³⁴ tæi⁴²

味道　uei⁴²tɑɔ⁰　滋味 (吃的滋味)

味儿　ueir⁴²　①滋味 (吃的滋味)；②气味 (闻的气味)

色　ʂei²¹²　颜色

猪油　tʂu²¹²⁻²¹iəu⁵⁵　荤油

素油　su⁴² iəu⁵⁵

花生油　xua²¹²⁻²¹ʂəŋ⁰ iəu⁵⁵

香油　ɕiaŋ²¹²⁻²¹iəu⁵⁵　芝麻油

盐　iæ̃⁵⁵

大盐　ta⁴² iæ̃⁵⁵　粗盐

酱油儿　tɕiaŋ⁴² iəur⁵⁵　酱油

　酱油子　tɕiaŋ⁴² iəu⁵⁵tsʅ⁰

麻酱　ma⁵⁵ tɕiaŋ⁴²　芝麻酱

甜面酱　thiæ̃⁵⁵ miæ̃⁴²tɕiaŋ⁴²

豆瓣儿酱　təu⁴²pæ̃r⁴²tɕiaŋ⁴²　豆豉

辣椒酱　la²¹²⁻²⁴tɕiɔ²¹²tɕiaŋ⁴²

蚕豆酱　tshæ̃⁵⁵təu⁴²tɕiaŋ⁴²

醋　tshu⁴²

料酒　liɔ⁴²tɕiəu⁴³⁴

红糖　xuŋ⁵⁵thaŋ⁵⁵

白糖　pei⁵⁵thaŋ⁵⁵

冰糖　piŋ²¹²⁻²¹thaŋ⁵⁵

糖果儿　thaŋ⁵⁵kuor⁴³⁴　糖块（一块块用纸包装好的）

米糖　mi⁴³⁴⁻⁴⁴thaŋ⁵⁵

米花糖　mi⁴³⁴⁻⁴⁴xua²¹²⁻²¹thaŋ⁵⁵

红芋糖　xuŋ⁵⁵y⁴²thaŋ⁵⁵　红薯熬成的糖

梨膏糖　li⁵⁵kɔ²¹²⁻²¹thaŋ⁵⁵　梨子熬成的糖

花生糖　xua²¹²⁻²¹ʂəŋ⁰thaŋ⁵⁵　用花生做成的糖

麦芽糖　mei²¹²⁻²¹ia⁵⁵thaŋ⁵⁵　用大麦芽熬成的糖

佐料　tsuo⁴³⁴⁻³⁴liɔ⁴²　作料

八角　pa²¹²⁻²⁴kɤ²¹²/tɕyo²¹²

元茴　yæ⁵⁵xuei⁵⁵　大茴香

桂皮　kuei⁴²phi⁵⁵

花椒　xua²¹²⁻²⁴tɕiɔ²¹²

胡椒面儿　xu⁵⁵tɕiɔ²¹²⁻²¹miæ̃r⁴²　胡椒粉

小茴香　ɕiɔ⁴³⁴⁻⁴⁴xuei⁵⁵ɕiaŋ²¹²　茴香

烟　iæ̃²¹²

旱烟　xæ⁴²iæ̃²¹²

老烟叶　lɔ⁴³⁴⁻³⁴iæ̃²¹²⁻²⁴iɛ²¹²

烟丝　iæ̃²¹²⁻²⁴sɿ²¹²

烟卷儿　iæ̃²¹²⁻²¹tɕyæ̃r⁴³⁴　香烟

洋烟　iaŋ⁵⁵iæ̃²¹²

纸烟　tʂɿ⁴³⁴⁻³⁴iæ̃²¹²

水烟袋　ʂuei⁴³⁴⁻⁴⁴iæ̃²¹²⁻²¹tæi⁴²　水烟袋（铜制的）

老烟袋　lɑɔ⁴³⁴⁻⁴⁴ iæ²¹²⁻²¹tæi⁴²　旱烟袋（细竹杆儿做的烟具）

烟盒儿　iæ²¹²⁻²¹xɤɤ⁵⁵　烟盒（装香烟的金属盒，有的还带打火机）

烟油子　iæ²¹²⁻²¹ iəu⁵⁵ tsɿ⁰

烟灰　iæ²¹²⁻²⁴ xuei²¹²

火刀　xuo⁴³⁴⁻⁴⁴tɑɔ²¹²　火镰（旧时取火用具）

火石　xuo⁴³⁴⁻⁴⁴ ʂɿ⁵⁵　用火镰打火的那种石头

纸媒子　tʂɿ⁴³⁴⁻⁴⁴ mei⁵⁵ tsɿ⁰　纸媒儿

茶　tʂha⁵⁵　①（沏好的）茶；②白开水

茶叶茶　tʂha⁵⁵ iɛ²¹²⁻²¹ tʂha⁵⁵　放了茶叶的茶

茶叶　tʂha⁵⁵ iɛ²¹²

开水　khæi²¹²⁻²¹ʂuei⁴³⁴

　开茶　khæi²¹²⁻²¹ tʂha⁵⁵

沏茶　tsh ²¹²⁻²¹ tʂha⁵⁵　沏茶（动宾）

写゠茶　ɕiɛ⁴³⁴⁻⁴⁴ tʂha⁵⁵　倒茶

酒　tshiəu⁴³⁴　①酒的统称；②白酒

米酒　mi⁴³⁴⁻³⁴tɕhiəu⁴³⁴　江米酒

黄酒　xuɑŋ⁵⁵tɕiəu⁰

十五、红白大事

红白喜事　xuŋ⁵⁵pei⁵⁵ɕi⁴³⁴⁻³⁴ʂɿ⁴²　丧事、喜事的统称

　红白事　xuŋ⁵⁵pei⁵⁵ʂɿ⁴²

亲事　tshiɛ̃²¹²⁻²¹ ʂɿ⁴²

作媒　tʂuo²¹²⁻²¹ mei⁵⁵

说亲　ʂuo²¹²⁻²⁴ tshiɛ̃²¹²　旧泛称或专指为男方做媒

说婆家　ʂuo²¹²⁻²¹ pho⁵⁵ tɕia²¹²　专指为女方做媒

媒人　mei⁵⁵ zɛ̃⁰

　媒家婆儿　mei⁵⁵ tɕia²¹²⁻²¹ phor⁵⁵

相亲　ɕiɑŋ²¹²⁻²⁴ tshiɛ̃²¹²　男女双方见面、看是否合意

　见面儿　tɕiæ⁴² miær⁴²

长相　tʂɑŋ²¹²⁻²¹ ɕiɑŋ⁴²　相貌

年龄　niæ̃⁵⁵ liŋ⁰

年纪　niæ̃⁵⁵ tɕiẽ⁰/tɕi⁰

提亲　thi⁵⁵tɕiẽ²¹²

订亲　tiŋ⁴²tɕiẽ²¹²　订婚

过启儿　kuo⁴²tɕhir⁴³⁴　下彩礼

　过红　kuo⁴²xuŋ⁵⁵

下柬儿　ɕia⁴²tɕiæ̃r⁴³⁴

好日子　xɑɔ⁴³⁴⁻⁴⁴ʐ̩²¹²⁻²¹tsʅ⁰　喜期，结婚的日子

喜酒　sei⁴³⁴⁻³⁴tɕiəu⁴³⁴⁻⁴⁴

拉嫁妆　la²¹²⁻²¹tɕia⁴²tʂuaŋ⁰　过嫁妆

　抬嫁妆　thæi⁵⁵tɕia⁴²tʂuaŋ⁰

娶媳妇　tɕhy⁴³⁴⁻⁴⁴ɕi⁵⁵fu⁰　男子娶亲

　娶女人　tɕhy⁴³⁴⁻³⁴ny⁴³⁴⁻⁴⁴zẽ⁰

出阁　tʂhu²¹²⁻²⁴kɤ²¹²　女子出嫁

　出门子　tʂhu²¹²⁻²¹mẽ⁵⁵tsʅ⁰

嫁闺女　tɕia⁴²kuẽ²¹²⁻²¹/kuei²¹²⁻²¹ȵy⁰

　闺女出阁　kuẽ²¹²⁻²¹/kuei²¹²⁻²¹ȵy⁰tʂhu²¹²⁻²⁴kɤ²¹²

　闺女出门子　kuẽ²¹²⁻²¹/kuei²¹²⁻²¹ȵy⁰tʂhu²¹²⁻²¹mẽ⁵⁵tsʅ⁰

成亲　tʂhən⁵⁵tɕiẽ²¹²　结婚

花轿　xua²¹²⁻²¹tɕiɑɔ⁴²

拜堂　pæi⁴²thaŋ⁵⁵

新郎官　ɕiẽ²¹²⁻²¹laŋ⁵⁵kuæ²¹²　新郎

新女婿　ɕiẽ²¹²⁻²⁴ny⁴³⁴⁻³⁴ɕy⁴²

新娘子　ɕiẽ²¹²⁻²¹niaŋ⁵⁵tsʅ⁰　新娘

新媳（妇）　ɕiẽ²¹²⁻²⁴ɕi²¹²⁻²¹fu⁰　新媳妇

鸳鸯客　iæ̃²¹²⁻²¹iaŋ⁰khei²¹²　伴娘

洞房　tuŋ⁴²faŋ⁵⁵

　新房　ɕiẽ²¹²⁻²¹faŋ⁵⁵

交杯酒　tɕiɑɔ²¹²⁻²¹pei²¹²⁻²¹tɕiəu⁴³⁴⁻⁴⁴

滚床　kuŋ⁴³⁴⁻⁴⁴tʂhaŋ⁵⁵　暖房，让亲朋好友的小男孩在婚床上打滚玩耍

回门　xuei⁵⁵ mɛ̃⁵⁵　女子婚后三天回娘家，当地有办回门宴的习俗

改嫁　kæi⁴³⁴⁻³⁴ tɕia⁴²　寡妇再嫁

后续　xəu⁴² ɕy⁴²　后娶

续弦　ɕy⁴² ɕyæ⁵⁵　后娶（从男方说）

填房　thiæ⁵⁵ faŋ⁵⁵　填房（从女方说）

老大闺女　lɑɔ⁴³⁴⁻³⁴ ta⁴² kuei²¹²⁻²¹ ny⁰　老姑娘

有啦　iəu⁴³⁴⁻³⁴ la⁰　怀孕了

　怀啦　xuæi⁵⁵ la⁰

孕妇　yɛ̃⁴² fu⁴²

大肚子　ta⁴² tu⁴² tsɿ⁰

老母蛐　lɑɔ⁴³⁴⁻⁴⁴ mu²¹² iəu⁵⁵　①母蝗虫；②对孕妇的蔑称

掉啦　tiɑɔ⁴² la⁰　小产

小月子　ɕiɑɔ⁴³⁴⁻³⁴ yo²¹²⁻²¹tsɿ⁰

添孩子　tiæ̃²¹²⁻²¹ xæi⁵⁵ tsɿ⁰　生孩子

　扒毛孩　pa²¹²⁻²¹ mɑɔ⁵⁵ xæi⁵⁵

接生　tɕiɛ²¹²⁻²⁴ ʂəŋ²¹²

　收生　ʂəu²¹²⁻²⁴ ʂəŋ²¹²

衣胞　i²¹²⁻²⁴ pɑɔ²¹²（胎盘）

坐月子　tsuo⁴² yo²¹²⁻²¹ tsɿ⁰

满月儿　mæ̃⁴³⁴⁻⁴⁴ yor²¹²⁻²¹

头胎　thəu⁵⁵ thæi²¹²

一对双双　i²¹²⁻²⁴ tuei⁴²/tei⁴² ʂuaŋ⁴² ʂuaŋ⁰　双胞胎

打胎　ta⁴³⁴⁻⁴⁴ thæi²¹²

腹中无爷　fu⁴² tʂuŋ²¹²⁻²¹ u⁵⁵ iɛ⁵⁵　遗腹子

吃妈　tʂʅ²¹²⁻²⁴ ma²¹²　吃奶

　吃妈头子　tʂʅ²¹²⁻²⁴ ma²¹²⁻²¹ thəu⁵⁵ sɿ⁰

妈头子　ma²¹²⁻²¹ thəu⁵⁵ tsɿ⁰　奶头

尿床　niɑɔ⁴² tʂhuaŋ⁵⁵　小孩子尿床

屙床　ɣɤ²¹²⁻²¹ tʂhuaŋ⁵⁵　小孩大便拉在床上

尿裤子　niɑɔ⁴² khu⁴² tsɿ⁰　小孩子尿湿裤子

屙裤子　$\gamma\gamma^{212-21}$ khu^{42} tsl^0　小孩子大便拉在裤子上

将 tɕiaŋ ①动物生崽：~小狗子；②詈词，老驴~的

生日　ʂəŋ$^{212-24}$ zʅ^{212}

　生时　ʂəŋ$^{212-21}$ ʂʅ^{55}

做寿　tsu^{42} ʂəu^{42}　过寿

上寿　ʂaŋ^{42} ʂəu^{42}　祝寿

寿星　ʂəu^{42} ɕiŋ^{212}

白事　pei^{55} ʂʅ^{42}　丧事

报丧　pɑɔ^{42} saŋ^{212}

奔丧　pə̃^{42} saŋ^{212}

烧纸　ʂɑɔ$^{212-21}$ tʂʅ^{434}　到丧家或坟地烧香祭奠亡人

死啦　sʅ^{212} la^0　去世

　了啦　liɑɔ^{434} la^0

　　毁啦　xuei^{434} la^0

老啦　lɑɔ^{434} la^0　老了；老人去世

丢啦　tiəu$^{212-21}$ la^0　小孩死了

脐风　tɕhi^{55} fəŋ^{212}　新生儿脐带破伤风

灵床　liŋ^{55} tʂhuaŋ^{55}

活 ⁼xuo^{55}　棺材

　枋子　faŋ$^{212-21}$tsl^0

寿材　ʂəu^{42} tsæi^{55}　生前预制的棺材

入殓　zu$^{212-21}$ liæ̃^{42}

灵堂　liŋ^{55} thaŋ^{55}

灵棚　liŋ^{55} phəŋ^{55}

佛堂　fu^{55} thaŋ^{55}

守灵　ʂəu$^{434-44}$ liŋ^{55}

做七　tsu^{42} tɕhi^{212}

守孝　ʂəu$^{434-34}$ ɕiɑɔ^{42}

穿孝　tshuæ̃$^{212-21}$ ɕiɑɔ^{42}　戴孝

破孝　pho^{42} ɕiɑɔ^{42}　撕布给送礼烧纸的亲友；为参加丧事的至亲晚辈制作

丧服

孝子　ɕiɑɔ⁴²tsʐ̩⁴³⁴

孝孙　ɕiɑɔ⁴² suẽ²¹²⁻²¹

出殡　tshu²¹²⁻²¹piŋ⁴²

摔老盆　ʂuæi²¹²⁻²¹lɑɔ⁴³⁴⁻⁴⁴phẽ⁵⁵　当地灵柩出门时由主孝子摔掉灵前烧纸的
　　瓦盆，叫作"摔老盆"。

送葬　suŋ⁴²tsɑŋ⁴²

幡　fæ̃²¹²　招魂幡

哀棍　ɣæi²¹²⁻²¹kuẽ⁴²　哭丧棒

社火　ʂɤ⁴² xuo⁰　纸扎（用纸扎的人、马、房子等）

纸钱　tʂʐ̩⁴³⁴⁻⁴⁴tɕhiæ̃⁵⁵

箔　po²¹²　一种敷上金属薄片或粉末的纸钱

老林　lɑɔ⁴³⁴⁻⁴⁴liẽ⁵⁵　坟地（坟墓所在的地方）

坟　fẽ⁵⁵　坟墓

碑　pei²¹²

墓碑　mu⁴² pei²¹²

上坟　ʂɑŋ⁴² fẽ⁵⁵

　添坟　thiæ²¹²fẽ⁵⁵

　烧纸　ʂɑɔ²¹²⁻²¹tsʐ̩⁴³⁴

大老执　ta⁴² lɑɔ⁴³⁴⁻³⁴tʂʐ̩²¹²　婚丧喜事总管

自尽　tsʐ̩⁴²tɕiẽ⁴²　自杀

跳井　thiɑɔ⁴²tɕiŋ⁴³⁴　投井（自尽）

跳河　thiɑɔ⁴²xɤ⁵⁵　投水（自尽）

上吊　ʂɑŋ⁴² tiɑɔ⁴²

喝药　xɤ²¹²⁻²⁴ yo²¹²　喝药自杀

喝大烟膏子　xɤ²¹²⁻²¹ ta⁴² iæ̃²¹²⁻²⁴ kɑɔ²¹²⁻²¹ tsʐ̩⁰　吃大烟膏子自杀

骨头　ku²¹²⁻²¹thəu⁰　尸骨

骨灰盒儿　ku²¹²⁻²⁴xuei²¹²⁻²¹xɤr⁵⁵　骨灰坛子

天老爷　thiæ̃²¹²⁻²¹lɑɔ⁴³⁴⁻³⁴iɛ⁵⁵　老天爷

　老天　lɑɔ⁴³⁴⁻³⁴ tiæ²¹²

灶老爷　tsɑɔ⁴² lɑɔ⁴³⁴⁻⁴⁴ iɛ⁵⁵　灶王爷

佛　fu⁵⁵

菩萨　phu⁵⁵sa²¹²

观（世）音菩萨　kuæ̃²¹²⁻²¹ʂɿ⁵⁵iɛ̃²¹² phu⁵⁵sa²¹²

　观音老母　kuæ̃²¹²⁻²¹iɛ̃²¹² lɑɔ⁴³⁴⁻³⁴ mu⁴³⁴

土地老爷　thu⁴³⁴⁻³⁴ ti⁴² lɑɔ⁴³⁴⁻⁴⁴ iɛ⁵⁵

关老爷　kuæ̃²¹²⁻²¹ lɑɔ⁴³⁴⁻⁴⁴ iɛ⁵⁵　对关云长的尊称

城隍老爷　tʂhəŋ⁵⁵xuaŋ⁵⁵ lɑɔ⁴³⁴⁻⁴⁴ iɛ⁵⁵

城隍奶奶　tʂhəŋ⁵⁵xuaŋ⁵⁵ næ²¹²⁻²¹ næ̃⁰

蚂蚱神　ma²¹²⁻²¹tʂa⁰ ʂẽ⁵⁵　蝗虫神

姑子庙　ku²¹²⁻²¹ tsɿ⁰ miɑɔ⁴²　尼姑庵

土地庙　thu⁴³⁴⁻³⁴ ti⁴²miɑɔ⁴²

关帝庙　kuæ̃²¹²⁻²¹ti⁴²miɑɔ⁴²

城隍庙　tʂhəŋ⁵⁵xuaŋ⁵⁵ miɑɔ⁴²

蚂蚱庙　ma⁴³⁴⁻³⁴tʂa⁰ miɑɔ⁴²　蝗虫庙

阎王　iæ̃⁵⁵ uaŋ⁰

祠堂　tshɿ⁵⁵thaŋ⁵⁵

香案子　ɕiaŋ²¹²⁻²¹ɣæ̃⁴² tsɿ⁰　香案

摆供　pæi⁴³⁴⁻³⁴kuŋ⁴²　上供

蜡台　la²¹²⁻²¹thæi⁵⁵　烛台

蜡烛　la²¹²⁻²⁴tʂu²¹²　蜡烛（敬神的那种）

香炉　ɕiaŋ²¹²⁻²¹lu⁵⁵

烧香　ʂɑɔ²¹²⁻²⁴ɕiaŋ²¹²

进香　tɕiɛ̃⁴²ɕiaŋ²¹²

上香　ʂaŋ⁴²ɕiaŋ²¹²

签　tshiæ̃²¹²　签诗（印有谈吉凶的诗文的纸条）

抽签　tʂhəu²¹²⁻²⁴tshiæ̃²¹²　求签

庙会　miɑɔ⁴²xuei⁴²

念经　niæ̃⁴²tɕiɛ̃²¹²

拆字　tʂhei²¹²⁻²¹tsɿ⁴²　测字

阴阳先生　iɛ̃²¹²⁻²¹iaŋ⁵⁵ɕiæ̃²¹²⁻²¹ʂəŋ⁰　风水先生

　　阴阳三儿　iɛ̃²¹²⁻²¹iaŋ⁵⁵sæ̃r²¹²

看风水　khæ⁴²fəŋ²¹²⁻²¹ʂuei⁴³⁴

打卦　ta⁴³⁴⁻³⁴kua⁴²

　　算卦　suæ⁴²kua⁴²

算命　suæ⁴²miŋ⁴²

算命先生　suæ⁴²miŋ⁴²ɕiæ̃²¹²⁻²¹ʂəŋ⁰

　　算命瞎子　suæ⁴²miŋ⁴²ɕia²¹²⁻²¹tsʅ⁰

相面的　ɕiaŋ⁴²miæ̃⁴²ti⁰　看相的

师波⁼子　ʂʅ²¹²⁻²¹po²¹²⁻²¹tsʅ⁰　巫婆

下神　ɕia⁴²ʂɛ̃⁵⁵　跳神

许愿　ɕy⁴³⁴⁻⁴⁴yæ⁴²

还愿　xuæ⁵⁵yæ⁴²

拴小孩　ʂuæ̃²¹²⁻²¹ɕiɑɔ⁴³⁴⁻⁴⁴xæi⁵⁵　当地指结婚多年没小孩的人家到庙里求观
　　音菩萨赐予小孩

十六、日常生活

穿衣服　tʂhuæ̃²¹²⁻²⁴ˑi²¹²⁻²¹fu⁰

　　穿衣裳　tʂhuæ̃²¹²⁻²⁴ˑi²¹²⁻²¹ʂaŋ⁰

脱衣裳　thuo²¹²⁻²⁴i²¹²⁻²¹ʂaŋ⁰

脱鞋　thuo²¹²⁻²¹ɕiɛ⁵⁵

弥⁼拉弥⁼拉　mi⁵⁵la⁰mi⁵⁵la⁰　比量

做衣服　tsu⁴²i²¹²⁻²¹fu⁰

绲边　miæ̃⁴³⁴⁻⁴⁴piæ̃²¹²　贴边（缝在衣服里子边上的窄条）

绲翘　miæ̃⁴³⁴⁻⁴⁴tɕiɑɔ⁴²　缲边儿

纳鞋底　na²¹²⁻²¹ɕiɛ⁵⁵ti⁴³⁴　纳鞋底子

钉扣子　tiŋ⁴²khəu⁴²tsʅ⁰

绣花　ɕiəu⁴²xua²¹²　绣花儿

补补丁　pu⁴³⁴⁻³⁴pu⁴³⁴⁻⁴⁴tiŋ⁰　打补丁

套被子　thɑɔ⁴²pei⁴²tsʅ⁰　做被卧

洗衣服　ɕi⁴³⁴⁻⁴⁴i²¹²⁻²¹ fu⁰

洗一货 ⁼　ɕi⁴³⁴⁻⁴⁴i²¹²⁻²¹xuo⁴²　洗一水（一次）

再 ⁼tsæi⁴²　投（用清水漂洗）

　摆　pæi⁴³⁴

晒衣服　ʂæi⁴²i²¹² fu⁰

晾衣服　liaŋ⁴²i²¹² fu⁰

浆衣服　tɕiaŋ⁴²i²¹² fu⁰

熨衣服　yẽ⁴²i²¹² fu⁰

　烫衣裳　thaŋ⁴²i²¹²⁻²¹ʂaŋ⁰

烧锅　ʂɑɔ²¹²⁻²⁴kuo²¹²　生火

做饭　tsu²¹²⁻²¹ fæ̃⁴²　做饭（总称）

淘米　thɑɔ⁵⁵ mi⁴³⁴

发面　fa²¹²⁻²¹ miæ̃⁴²

和面　xuo⁵⁵ miæ̃⁴²

搋面　tʂhuæi⁴² miæ̃⁴²　揉面

擀面条　kæ̃⁴³⁴⁻³⁴ miæ̃⁴² thiɑɔ⁵⁵

拽面　tʂuæi⁴² miæ̃⁴²　抻面条

蒸馍　tʂəŋ²¹²⁻²¹mo⁵⁵　蒸馒头

择菜　tʂei⁵⁵tshæi⁴²

做菜　tsu⁴²tshæi⁴²　做菜（总称）

炒菜　tʂhɑɔ⁴³⁴⁻³⁴tshæi⁴²

烧汤　ʂɑɔ²¹²⁻²⁴thaŋ²¹²　做汤

氽汤　tshæ̃²¹²⁻²⁴thaŋ²¹²

熬汤　ɣɑɔ⁵⁵thaŋ²¹²

㷇汤　xu²¹²⁻²⁴thaŋ²¹²

饭好喽　fæ̃⁴²xɑɔ⁴³⁴⁻³⁴ləu⁰　饭好了（包括饭菜）

带性 ⁼儿　tæi⁴² ɕiŋr²¹　（饭）生；馍未蒸透

盛饭　tʂhəŋ⁵⁵fæ̃⁴²

吃饭　tʂhŋ̩²¹²⁻²¹ fæ̃⁴²

　剋饭　khei⁵⁵ fæ̃⁴²

叨﹦菜　tɑɔ²¹²⁻²¹ tshæi⁴²　搛菜

盛汤　tʂhən⁵⁵thɑŋ²¹²　舀汤

吃（清）早饭　tʂh²¹²⁻²⁴ tɕhiŋ²¹²⁻²¹ tsɑɔ⁴³⁴⁻³⁴ fæ⁴²　吃早饭

吃晌午/晚饭　tʂh²¹²⁻²¹ ʂɑŋ⁴³⁴⁻⁴⁴ u⁰/uæ⁰ fæ⁴²

吃黑来饭　tʂh²¹²⁻²¹xei²¹²⁻²¹læi⁰ fæ⁴²　吃晚饭

吃零嘴子　tʂh²¹²⁻²¹liẽ⁵⁵tsuei⁴³⁴⁻³⁴ tsʅ⁰　吃零食

使筷子　ʂʅ⁴³⁴⁻³⁴khuæi⁴² tsʅ⁰　用筷子

肉不烂　zəu⁴²pu²¹²⁻²¹læ̃⁴²

嚼不动　tsuo⁵⁵ pu²¹²⁻²¹tuŋ⁴²

噎住啦　iɛ²¹²⁻²¹ tʂu⁴²la⁰　（吃饭）噎住了

嗝喽/拉　kɤ⁵⁵ ləu⁰/la⁰　打嗝儿（吃饭后）

撑着喽　tʂhən²¹²⁻²¹tʂuo⁵⁵ləu⁰　（吃得太多了）撑着了

嘴没味儿　tsuei⁴³⁴⁻³⁴mei⁴²ueir⁴²

喝茶　xɤ²¹²⁻²¹ tʂa⁵⁵

喝酒　xɤ²¹²⁻²¹ tɕiəu⁴³⁴

吸烟　ɕi²¹²⁻²⁴ iæ²¹²　抽烟

抽大烟　tʂəu²¹²⁻²¹ta⁴²iæ̃²¹²　抽鸦片烟

吸老海　ɕi²¹²⁻²¹lɑɔ⁴³⁴⁻³⁴xai⁴³⁴　吸海洛因

饿啦　ɤɤ⁴² la⁰　饿了

唵　ɣæ̃⁴³⁴　手抓粉状食物送嘴里吃

起来　tɕhi⁴³⁴⁻⁴⁴ læi⁰　起床

洗手　ɕi⁴³⁴⁻³⁴ ʂəu⁴³⁴

洗脸　ɕi⁴³⁴⁻⁴⁴ liæ̃⁴³⁴

漱嘴　su⁴²tsuei⁴³⁴　漱口

刷牙　ʂua²¹²⁻²¹ia⁵⁵

梳头　ʂuo²¹²⁻²¹thəu⁵⁵

梳辫子　ʂuo²¹²⁻²¹piæ̃⁴²tsʅ⁰

窝攥﹦　uo²¹²⁻²¹tsuæ̃⁴³⁴　梳髻

剪手指盖子　tɕiæ⁴³⁴⁻³⁴ʂəu⁴³⁴⁻³⁴tʂʅ⁰kæi⁴²tsʅ⁰　剪指甲

挖耳头　ua²¹²⁻²¹ ər⁴³⁴⁻⁴⁴thəu⁰　掏耳朵

洗澡　ɕi⁴³⁴⁻³⁴ tsɑɔ⁴³⁴

搌澡　tʂæ̃⁴³⁴⁻³⁴ tsɑɔ⁴³⁴　擦澡

搓澡　tshuo²¹²⁻²¹tsɑɔ⁴³⁴

搓灰　tshuo²¹²⁻²⁴xuei²¹²　洗澡时搓去身上的脏污

尿　suei²¹²　小便

尿　niɑɔ⁴²　解小便

尿尿　niɑɔ⁴² suei²¹²　解小便

屎橛子　ʂʅ⁴³⁴⁻⁴⁴ tɕyo⁵⁵ tsʅ⁰　大便

　屎　ʂʅ⁴³⁴

屙屙　pa⁴³⁴⁻³⁴pa⁰　（小儿）大便

屙屎　ɣɤ²¹²⁻²¹ʂʅ⁴³⁴　解大便

　屙屙屙　ɣɤ²¹²⁻²¹pa⁴³⁴⁻³⁴pa⁰

乘凉　tʂhən⁵⁵liaŋ⁵⁵

晒太暖儿　ʂæi⁴²tæi⁴²nuæ̃r⁴³⁴　晒太阳

烤火儿　khɑɔ⁴³⁴⁻³⁴xuor⁴³⁴　烤火（取暖）

洋火　iaŋ⁵⁵xuo⁴³⁴　火柴

点灯　tiæ̃⁴³⁴⁻⁴⁴təŋ²¹²

　对（着）灯　tei⁴²tʂuo⁵⁵ təŋ²¹²

吹灯　tʂhuei²¹²⁻²⁴təŋ²¹²　熄灯

歇晌　ɕiɛ²¹² ʂaŋ⁴³⁴　歇歇（休息一会儿）

打盹儿　ta⁴³⁴⁻³⁴ tuẽr⁴³⁴

打哈哈　ta⁴³⁴⁻⁴⁴xa²¹²xa⁰　打哈欠

困啦　kuẽ⁴²la⁰

叠被　tiɛ⁵⁵pei⁴²　铺床

睡啦　ʂuei⁴² la⁰　躺下了

歇啦　ɕiɛ²¹² la⁰　歇息了

歪一会儿　uæi²¹²⁻²⁴i²¹²⁻²¹hueir⁵⁵

睡着啦　ʂuei⁴² tʂuo⁵⁵la⁰　睡着了

打呼噜　ta⁴³⁴⁻⁴⁴ xu²¹²⁻²¹lu⁰　打呼

睡不着　ʂuei⁴² pu⁰ tʂuo⁵⁵

睡晌午 / 晚觉　ʂuei⁴²ʂaŋ⁴³⁴⁻³⁴u⁰/uæ̃⁰tɕiɑɔ⁴²　睡午觉

昂脸睡　ɣaŋ⁵⁵liæ̃⁴³⁴ ʂuei⁴²　仰面睡

立棱⁼着睡　li²¹²⁻²¹ləŋ⁵⁵tʂuo⁰ ʂuei⁴²　侧着睡

趴着睡　pha²¹²⁻²¹tʂuo⁰ ʂuei⁴²

落枕　luo²¹²⁻²¹tʂə̃⁴³⁴

抽筋　tʂhəu²¹²⁻²¹tɕiə̃²¹²la⁰

　拧筋儿　niŋ⁴² tɕiə̃r²¹²

做梦　tsu⁴²məŋ⁴²

发癔症　fa²¹²⁻²¹i⁴²tʂəŋ⁴²

　说梦话　ʂuo²¹²⁻²¹məŋ⁴²xua⁴²

魇住啦　iæ̃⁴³⁴⁻³⁴ tʂu⁴²la⁰　梦魇

熬夜　ɣɑɔ⁵⁵iɛ⁴²

夜游　iɛ⁴² iəu⁵⁵

下湖　ɕia⁴² xu⁵⁵　下田，下地 (去田地里干活)

干活儿　kæ⁴²xuor⁵⁵　上工

歇歇子　ɕiɛ²¹²⁻²⁴ɕiɛ²¹²⁻²¹tsɿ⁰　中间休息

收工　ʂəu²¹²⁻²⁴kuŋ²¹²

出去啦　tʂhu²¹²⁻²¹ɕy⁰la⁰　出去了

回家啦　xuei⁵⁵tɕia²¹²la⁰　回家了

家□　tɕia²¹²⁻²¹ kaŋ⁵⁵　回家

逛逛　kuaŋ⁴²kuaŋ⁰　逛街

遛遛　liəu²¹²⁻²¹liəu⁻⁵　散步

摊　thæ²¹²　轮：~ 到他

下迁　ɕia⁴²ɕiæ̃²¹²　下放

十七、讼事

打官司　ta⁴³⁴⁻⁴⁴ kuæ̃²¹²⁻²¹ sɿ²¹²⁻²⁴

吃官司　tshɿ²¹²⁻²⁴kuæ̃²¹²⁻²¹ sɿ²¹²⁻²⁴

告状　kɑɔ⁴² tʂuaŋ⁴²　告状 (动宾)

原告儿　yæ⁵⁵ kɑɔr⁴²　原告

被告儿　pei⁴²kaɔr⁴²　被告

状子　tʂuaŋ⁴²tsʅ⁰

坐堂　tsuo⁴²thaŋ⁵⁵

退堂　thei⁴²thaŋ⁵⁵

过堂　kuo⁴²thaŋ⁵⁵　犯人受审

断案　tuæ̃⁴²ɣæ̃⁴²　问案

证人　tʂəŋ⁴²zẽ⁵⁵

人证　zẽ⁵⁵tʂəŋ⁴²

物证　u²¹²⁻²¹tʂəŋ⁴²

对质　tei⁴²tʂʅ²¹²

对证　tei⁴²tʂəŋ⁴²

刑事　ɕiŋ⁵⁵ʂʅ⁴²

民事　miẽ⁵⁵ʂʅ⁴²

家务事　tɕia²¹²⁻²¹u⁴²ʂʅ⁴²　家务事 (清官难断 ~)

刑名师爷　ɕiŋ⁵⁵miŋ⁵⁵ʂʅ²¹²⁻²¹iɛ⁵⁵　当官的幕僚

讼师　kuŋ⁴²ʂʅ²¹²　帮人打官司、辩护的人

律师　ly²¹²⁻²⁴ʂʅ⁴²

代写书信的　tæi⁴²tɕiɛ⁴³⁴ʂu²¹²ɕiẽ⁴²ti⁰　代书 (代人写状子的)

服　fu⁵⁵

不服　pu²¹²⁻²¹fu⁵⁵

上诉　ʂaŋ⁴²su⁴²

判决　phæ̃⁴²tɕyo²¹²　宣判

翻供　fæ̃²¹²⁻²¹kuŋ⁴²

认供　zẽ⁴²kuŋ⁴²　招认

串供　tʂuæ̃⁴²kuŋ⁴²

逼供　pi²¹²⁻²¹kuŋ⁴²

画供　xua⁴²kuŋ⁴²　在供词上画押

诱供　iəu⁴²kuŋ⁴²

口供　khəu⁴³⁴⁻³⁴kuŋ⁴²

供状　kuŋ⁴²tʂuaŋ⁴²　手写的供词

供　kuŋ⁴² 供 (～出同谋)

同伙　thuŋ⁵⁵xu⁴³⁴ 同谋

　　一伙的　i²¹²⁻²¹xu⁴³⁴ti⁰

初犯　tʂhuo²¹²⁻²¹fæ⁴²

故犯　ku⁴²fæ⁴²

误杀　u⁴²ʂa²¹² 误犯

误伤　u⁴²ʂaŋ²¹²

犯法　fæ⁴²fa²¹²⁻²⁴

犯罪　fæ⁴²tsuei⁴²

栽赃　tsæi²¹²⁻²⁴tsaŋ²¹²

诬告　u²¹²⁻²¹kɑɔ⁴²

陷害　çiæ⁴²xæi⁴²

连坐　liæ⁵⁵tsuo⁴²

保释　pɑɔ⁴³⁴⁻⁴⁴ʂʅ²¹²

取保　tɕhy⁴³⁴⁻³⁴pɑɔ⁴³⁴

抓起来　tʂua²¹²⁻²¹tɕhi⁴³⁴⁻⁴⁴læi⁰ 逮捕

　　逮起来　tei⁵⁵/ tæi⁴³⁴⁻³⁴tɕhi⁴³⁴⁻⁴⁴læi⁰

押送　ia²¹²⁻²¹suŋ⁴² 押解

囚车　tɕhiəu⁵⁵tʂhɤ²¹²

青天大老爷　tɕhiŋ²¹²⁻²⁴thiæ²¹²⁻²¹ta⁴²lɑɔ⁴³⁴iɛ⁰ 青天老爷

赃官　tsaŋ²¹²⁻²⁴kuæ̃²¹²

收钱　ʂəu²¹²⁻²¹tɕhiæ⁵⁵ 受贿

送钱　suŋ⁴²tɕhiæ⁵⁵ 行贿

罚款　fa⁵⁵kuæ̃⁴³⁴

砍头　khæ̃⁴³⁴⁻⁴⁴thəu⁵⁵ 斩首

枪毙　tɕhiaŋ²¹²⁻²¹piɛ⁴³⁴

　　枪崩喽　tɕhiaŋ²¹²⁻²¹pəŋ⁵⁵ləu⁰

　　崩喽　pəŋ²¹²ləu⁰

亡命牌　uaŋ⁵⁵miŋ⁴²phæi⁵⁵ 斩条 (插在死囚背后验明正身的木条)

拷打　khɑɔ⁴³⁴⁻³⁴ta⁴³⁴

打板子　ta⁴³⁴⁻³⁴pæ̃⁴³⁴⁻³⁴tsʅ⁰　打屁股 (旧时刑罚)

上夹棍儿　ʂaŋ⁴²tɕia⁵⁵kuẽr⁴²

上枷　ʂaŋ⁴²tɕia²¹²

手铐　ʂəu⁴³⁴⁻³⁴khɑɔ⁴²

脚镣　tɕyo²¹²⁻²¹liɑɔ⁵⁵

捆起来　khuẽ⁴³⁴⁻³⁴tɕhi⁴³⁴⁻³⁴læi⁰　绑起来

关起来　kuæ̃⁴³⁴⁻³⁴tɕhi⁴³⁴⁻⁴⁴læi⁰　囚禁起来

蹲黑屋儿　tuẽ²¹²⁻²¹xei²¹²⁻²⁴ur²¹²　坐牢

　蹲监狱　tuẽ²¹²⁻²¹tɕiæ̃²¹²⁻²⁴y²¹²

　蹲蹲儿　tuẽ²¹²⁻²⁴tuẽr⁰

　坐班房　tsuo⁴²pæ̃²¹²⁻²¹faŋ⁵⁵

探监　thæ̃⁴²tɕiæ̃²¹²

越狱　yo²¹²⁻²⁴y²¹²

立字据　li²¹²⁻²¹tsʅ⁴²tɕy⁴²

画押　xua⁴²ia²¹²

按手印儿　ɣæ̃²¹²⁻²¹ʂəu⁴³⁴⁻³⁴iẽr⁴²　按手印

捐　tɕyæ̃²¹²　地方摊派的要交的钱粮

税　ʂuei⁴²　按规定要交的国税

地租　ti⁴²tsu²¹²

地契　ti⁴²tɕhi⁴²

　地约　ti⁴²yo²¹²

交税　tɕiɑɔ²¹²⁻²¹ʂuei⁴²　纳税

牌照　phæi⁵⁵tʂɑɔ⁴²　执照

通知　thuŋ²¹²⁻²⁴tʂʅ²¹²

告示　kɑɔ⁴²ʂʅ⁰

路条　lu⁴²thiɑɔ⁵⁵

命令　miŋ⁴²liŋ⁴²

官印　kuæ̃²¹²⁻²¹iẽ⁴²　印 (官方图章)

　官防　kuæ̃²¹²⁻²¹faŋ⁵⁵

图章　thu⁵⁵tʂaŋ²¹²

公章　kuŋ²¹²⁻²⁴tsaŋ²¹²

私章　sɿ²¹²⁻²⁴tʂaŋ²¹²

私访　sɿ²¹²⁻²¹faŋ⁴³⁴

委付　uei⁴³⁴⁻³⁴fu⁴²　交代 (把经手的事务移交给接替的人)

　委托　uei⁴³⁴⁻⁴⁴tuo²¹²

上任　ʂaŋ⁴²zɤ⁴²

不干啦　pu²¹²⁻²¹kæ̃⁴²la⁰　不干了；卸任

撤职　tshɤ²¹²⁻²⁴tʂɿ²¹²　罢免

档案（新）taŋ²¹²⁻²¹ɣæ̃⁴²　案卷

　卷宗（老）tɕyæ̃⁴²tsuŋ²¹²

传票（新）tʂhuæ̃⁵⁵phiɑɔ⁴²

　签（老）tɕhiæ̃²¹²

十八、交际

来往　læi⁵⁵uaŋ⁴³⁴

瞧人　tɕhiɑɔ⁵⁵zɤ̃⁵⁵　看人 (去看望人)

拜访　pæi⁴²faŋ⁴³⁴

　拜会　pæi⁴²xuei⁴²

回拜　xuei⁵⁵pæi⁴²

客　khei²¹²　客人

请客　tshiŋ⁴³⁴⁻⁴⁴khei²¹²

坐席　tsuo⁴²ɕi⁵⁵　赴宴，当地正宗的酒席是"三八席"，即八个凉菜、八

　个炒菜、八个烧菜

　吃大桌　tʂhɿ²¹²⁻²¹ta⁴²tʂuo²¹²

一桌酒席　i²¹²⁻²⁴tʂuo²¹²tɕiəu⁴³⁴⁻⁴⁴ɕi⁵⁵

宴席　iæ̃⁴²ɕi⁵⁵

招待　tsɑɔ²¹²⁻²¹tæi⁴²

接待　tɕie²¹²⁻²¹tæi⁴²

男客　næ̃⁵⁵khei²¹²

　男宾　næ̃⁵⁵piẽ²¹²

女客　ny⁴³⁴⁻⁴⁴khei²¹²

　女宾　ny⁴³⁴⁻⁴⁴piɛ̃²¹²

送礼　suŋ⁴²li⁴³⁴

礼物　li⁴³⁴⁻⁴⁴u²¹²

礼品　li⁴³⁴⁻³⁴phiɛ̃⁴³⁴

人情世事　zɛ̃⁴⁴tɕhiŋ⁵⁵ʂʅ⁴²ʂʅ⁴²　人情

做客　tsu⁴²khei²¹²

待客　tæi⁴²khei²¹²

陪客　phei⁵⁵khei²¹²

送客　suŋ⁴²khei²¹²

慢走　mæ̃⁴²tsəu⁴³⁴　不送了（主人说的客气话）

留步　liəu⁵⁵pu⁴²　留步（客人说的客气话）

谢谢　ɕiɛ⁴²ɕiɛ⁰

不客气　pu²¹²⁻²⁴khei²¹²⁻²¹tɕhi⁰

请帖　tɕhiŋ⁴³⁴⁻⁴⁴thiɛ²¹²

送请帖　suŋ⁴²tɕhiŋ⁴³⁴⁻⁴⁴thiɛ²¹²　下请帖

入座儿　zu²¹²⁻²¹tsuor⁴²　入席

上菜　ʂaŋ⁴²tshæi⁴²

端菜　tuæ̃²¹²⁻²¹tshæi⁴²

倒酒　tɔ⁴²tɕiəu⁴³⁴　斟酒

　写ᵇ酒　ɕiɛ⁴³⁴⁻³⁴tɕiəu⁴³⁴

劝酒　tɕyæ̃⁴²tɕiəu⁴³⁴

耗深点儿　xɔ⁴²tshɛ̃²¹²⁻²¹tiæ⁴³⁴　喝深一点

干喽　kæ̃²¹²⁻²¹ləu⁰　干杯

划拳　xua⁵⁵tɕhyæ̃⁵⁵　行酒令

敲杠子　tɕhiɔ⁴²kaŋ⁴²tsʅ⁰　即敲杠子老虎鸡，一种行酒令的方式

不对付　pu²¹²⁻²¹tei⁴²/tuei⁴²fu⁰/xu⁰　（他们俩人）不和

有茬儿　iəu⁴³⁴⁻⁴⁴tʂhar⁵⁵　有矛盾

对头　tei⁴²/tuei⁴²thəu⁰　冤家

　对头星　tei⁴²/tuei⁴²thəu⁰ɕiŋ²¹²

不平　pu²¹²⁻²¹phiŋ⁵⁵　不平（路见～）

冤枉　yæ̃²¹²⁻²¹uɑŋ⁰

接话把子　tɕiɛ²¹²⁻²¹xua⁴²pa⁴²tsʅ⁰　插嘴

　多嘴儿　tuo²¹²⁻²¹ tsueir⁴³⁴

挑刺儿　thiɑɔ⁴³⁴⁻³⁴tshʅɻ⁴²　吹毛求疵

找事儿　tʂɑɔ⁴³⁴⁻³⁴sʅɻ⁴²

做作　tsu⁴² tsuo⁰

　假兹 ⁼　tɕia⁴³⁴⁻⁴⁴tsʅ²¹²

拿架子　na⁵⁵tɕia⁴²tsʅ⁰　摆架子

　拿劲　na⁵⁵tɕiẽ⁴²

讹人　ɣɤ⁵⁵zẽ⁵⁵

装憨　tʂuaŋ²¹²⁻²⁴ xæ̃²¹²　装傻

出洋相儿　tʂhu²¹²⁻²¹ iaŋ⁵⁵ɕiaŋr⁴²　出洋相

丢丑　tiəu²¹²⁻²¹ tʂhəu⁴³⁴　丢人

喝大蛋　xɤ²¹² ta⁴² tæ̃⁴²　帮腔

小巴结　ɕiɑɔ⁴³⁴⁻⁴⁴ ₋pa²¹²⁻²¹tɕi⁰　巴结

　巴结狗　pa²¹²⁻²¹tɕi⁰kəu⁴³⁴

吹牛皮　tʂhuei²¹²⁻²¹ niəu⁵⁵phi⁵⁵

溜门子　liəu²¹²⁻²¹ mẽ⁵⁵ tsʅ⁰　串门儿

套近乎　thɑɔ⁴² tɕiẽ⁴² xu⁰　拉近乎

看起　khæ̃⁴² tɕhi⁴³⁴　看得起

看不起　khæ̃⁴² pu⁰ tɕhi⁴³⁴

　白眼　pei⁵⁵iæ̃⁴³⁴

佮伙儿　kɤ²¹¹⁻²¹ xuor⁴³⁴

　佮伙计　kɤ²¹¹⁻²¹ xuo⁴³⁴ tɕi⁰

答应　ta²¹²⁻²¹iŋ⁴³⁴

　应　iŋ⁴³⁴

不答应　pu²¹²⁻²⁴ ta²¹²⁻²¹iŋ⁴³⁴

撵出去　niæ̃⁴³⁴⁻⁴⁴tʂhu²¹²⁻²¹tɕhy⁰

十九、商业、交通

字号　tsʅ⁴²xɑɔ⁴²

招牌　tʂɑɔ²¹²⁻²¹phæi⁵⁵

　广告（新）　kuaŋ⁴³⁴⁻³⁴kɔ⁴²

　幌子（老）　xuaŋ⁴³⁴⁻³⁴tsʅ⁰

开小店　khæi²¹²⁻²¹ɕiɑɔ⁴³⁴⁻³⁴tiæ̃⁴²　开铺子

店铺儿　tiæ̃⁴²phur⁴²　铺面（商店的门面）

门面　mẽ⁵⁵miæ̃⁴²

出摊子　tʂhu²¹²⁻²⁴thæ̃²¹²⁻²¹tsʅ⁰　摆摊子

跑小买卖　phɑɔ⁴³⁴⁻³⁴ɕiɑɔ⁴³⁴⁻³⁴mæi⁴³⁴⁻³⁴mæi⁴²　跑单帮

做买卖　tsu⁴²mæi⁴³⁴⁻³⁴mæi⁴²　做生意

旅店　ly⁴³⁴⁻³⁴tiæ̃⁴²

　旅馆　ly⁴³⁴⁻³⁴kuæ̃⁴³⁴

　客栈　khei²¹²⁻²¹tʂæ̃⁴²

货栈　xuo⁴²tʂæ̃⁴²

饭馆（子）fæ̃⁴²kuæ̃⁴³⁴⁻³⁴tsʅ⁰　饭馆

饭店　fæ̃⁴²tiæ̃⁴²

下馆子　ɕia⁴²kuæ̃⁴³⁴⁻³⁴tsʅ⁰

跑堂的　phɑɔ⁴³⁴⁻⁴⁴thaŋ⁵⁵ti⁰　堂倌儿

布店　pu⁴²tiæ̃⁴²

广货店　kuaŋ⁴³⁴⁻⁴⁴xuo⁴²tiæ̃⁴²　百货店

杂货店　tsa⁵⁵xuo⁴²tiæ̃⁴²

油盐店　iæ̃⁵⁵tiæ̃⁴²

粮店　liaŋ⁵⁵tiæ̃⁴²

瓷器店　tshʅ⁵⁵tɕhi⁴²tiæ̃⁴²

文具店　uẽ⁵⁵tɕy⁴²tiæ̃⁴²

茶馆儿　tʂha⁵⁵kuæ̃r⁴³⁴　过去指专门烧开水卖开水的店铺

理发店　li⁴³⁴⁻⁴⁴fa²¹²tiæ̃⁴²

　剃头铺儿（旧）　thi⁴²thəu⁵⁵phur⁴²

剃头　thi^{42} thəu^{55}　理发

剪头　tɕiæ$^{434-44}$ thəu^{55}

光脸　kuaŋ$^{212-21}$ liæ^{434}　刮脸

光胡子　kuaŋ$^{212-21}$ xu^{55} tsʅ^{0}　刮胡子

肉铺儿　zəu^{42} phur^{42}

肉搭子　zəu^{42}ta$^{212-21}$ tsʅ^{0}　挂猪肉的架子

杀猪　ʂa$^{212-24}$ tʂu^{212}

油坊　iəu^{55} faŋ^{212}　榨油、卖油的店铺（一般前店后坊）

当铺儿　taŋ^{42} phur^{42}　当铺

当东西　taŋ^{42}tuŋ$^{212-21}$ɕi^{0}

赁房子　liɛ$^{434-44}$ faŋ^{55} tsʅ^{0}　租房子

当房子　taŋ^{42} faŋ^{55} tsʅ^{0}　典房子

炭铺　thæ^{42} phu^{42}　煤铺

炭行　thæ^{42} xaŋ^{55}

炭球　thæ^{42} tɕhiəu^{55}　煤球

炭块　thæ^{42} khuæi^{42}　成块的煤

煤矸石　mei^{55}kæ$^{212-21}$ʂʅ^{55}

港　⁻kaŋ^{434}　好的煤块

蜂窝煤　fuŋ^{212} uo^{212} mei^{55}

和炭　xuo^{55} thæ^{42}　和煤

粮食行　liaŋ^{55}ʂʅ^{0} xaŋ^{55}

牛行　niəu^{55} xaŋ^{55}

开张　khæi$^{212-21}$ tʂaŋ^{212}　开业

歇业　ɕiɛ$^{212-24}$iɛ^{212}　停业

关门儿　kuæ$^{212-21}$mɛr^{55}　①关了门；②商店停业

盘柜　phæ^{55}kuei^{42}　盘点

漏柜　ləu^{42} kuei^{42}　管账的、小伙计把钱放进自己腰包，不入账

柜台　kuei^{42}thæi^{55}

要价　iɔ^{42} tɕia^{42}　开价

还价　xuæ^{55} tɕia^{42}

讨价　thɑɔ⁴³⁴⁻³⁴ tɕia⁴²

便宜　phiæ̃⁵⁵i⁰　便宜（价钱）

贱　tɕiæ̃⁴²

贵　kuei⁴²　贵（价钱）

公道　kuŋ²¹²⁻²¹tɑɔ⁰　便宜（价钱）

包圆儿　pɑɔ²¹²⁻²¹ yæ̃r⁵⁵　剩下的全部买了

买卖好　mæi⁴³⁴⁻³⁴mæi⁰xɑɔ⁴³⁴

买卖差　mæi⁴³⁴⁻³⁴mæi⁰tʂha⁴²　买卖清淡

工钱　kuŋ²¹²⁻²¹tɕhiæ̃⁵⁵

老本儿　lɑɔ⁴³⁴⁻³⁴ pẽr⁴³⁴　本钱

保本儿　pɑɔ⁴³⁴⁻³⁴ pẽr⁴³⁴

赚钱　tʂuæ̃⁴² tshiæ̃⁵⁵

　赚　tʂuæ̃⁴²

折本儿　ʂɤ⁵⁵ pẽr⁴³⁴　亏本

　赔喽　phei⁴² ləu⁰

　折喽　ʂɤ⁵⁵ ləu⁰

盘缠　phæ̃⁵⁵ tʂhæ̃⁰　路费

利钱　li⁴² tshiæ̃⁵⁵　利息

　利　li⁴²

　息　ɕi²¹²

印子钱　iẽ⁴²tsʅ⁰ tshiæ̃⁵⁵　高利贷

运气好　yẽ⁴²tɕhi⁰ xɑɔ⁴³⁴

走运　tsəu⁴³⁴⁻³⁴ yẽ⁴²

该　kæi²¹²　①欠（～他三元钱）；②应该

差　tʂha²¹²　欠

短　thuæ⁴³⁴

少　ʂɑɔ⁴³⁴

押金　ia²¹²⁻²⁴ tɕiẽ²¹²

　押板（金）　ia²¹²⁻²¹ pæ̃⁴³⁴⁻⁴⁴ tɕiẽ²¹²

开支　khæi²¹²⁻²⁴tsʅ²¹²　开消

入账　zu²¹²⁻²¹tʂaŋ⁴²　收账 (记收入的账)

支出　tʂʅ²¹²⁻²⁴tʂhu²¹²　出账 (记付出的账)

欠账　tɕhiæ̃⁴²tʂaŋ⁴²

要账　iɑɔ⁴² tʂaŋ⁴²

　讨账　thɑɔ⁴³⁴⁻³⁴ tʂaŋ⁴²

　讨钱　thɑɔ⁴³⁴⁻⁴⁴ tɕhiæ̃⁵⁵

赊账　ʂɤ²¹²⁻²¹ tʂaŋ⁴²　暂时没支付的账

坏账　xuæi⁴² tʂaŋ⁴²　烂账 (要不来的账)

发票　fa²¹²⁻²¹phiɑɔ⁴²

字据　tsʅ⁴²tɕy⁴²

收据　ʂəu²¹²⁻²¹ tɕy⁴²

飞子　fei²¹²⁻²¹tsʅ⁰

存钱　tsuẽ⁵⁵ tɕhiæ̃⁵⁵　存款 (存下的钱)

整头儿　tʂəŋ⁴³⁴⁻⁴⁴thəur⁵⁵　整钱 (如十元、百元的钱)

零钱　liŋ⁵⁵ tɕhiæ̃⁵⁵

钱　tɕhiæ̃⁵⁵　钞票 (纸币)

　票子　phiɑɔ⁴²tsʅ⁰

毛角儿　mɑɔ²¹²⁻²⁴kɤr²¹²　硬币

铜板儿　thuŋ⁵⁵pæ̃⁴³⁴

　铜角子　thuŋ⁵⁵ kɤr²¹²⁻²¹ tsʅ⁰

　制钱　tʂʅ⁴² tshiæ̃⁵⁵

银元　iẽ⁵⁵yæ̃⁵⁵

　袁大头　yæ̃⁵⁵ta⁴²thəu⁵⁵　币面有袁世凯的银元

　大洋　ta⁴²iaŋ⁵⁵

　现洋　ɕiæ̃⁴²iaŋ⁵⁵　也说现大洋

　钢洋　kaŋ²¹²⁻²¹ iaŋ⁵⁵　银元的俗称

一文钱　i²¹²⁻²¹uẽ⁵⁵ tshiæ̃⁵⁵　一分钱的十分之一

一分钱　i²¹²⁻²⁴uẽ²¹²⁻²¹ tshiæ̃⁵⁵

一角钱　i²¹²⁻²⁴tɕyo²¹²⁻²¹ tshiæ̃⁵⁵

一毛钱　i²¹²⁻²¹mɑɔ⁴³⁴⁻⁴⁴tshiæ̃⁵⁵

一块钱　i²¹²⁻²¹khuæi⁴²tshiæ̃⁵⁵

十块钱　ʂ̩⁵⁵khuæi⁴²tshiæ̃⁵⁵

一百块钱　i²¹²⁻²⁴pei²¹²⁻²¹khuæi⁴²tɕhiæ̃⁵⁵

一张票子　i²¹²⁻²⁴tʂaŋ²¹²⁻²¹phiɑɔ⁴²tʂʅ⁰　一张钞票

一个铜角子　i²¹²⁻²¹kɤ⁴²thuŋ⁵⁵kɤ²¹²⁻²¹tʂʅ⁰　一个铜子儿

斤　tɕiẽ²¹²

两　liaŋ⁴³⁴

钱　tshiæ̃⁵⁵　①一两的十分之一；②货币

分　fẽ²¹²

毫　xɑɔ̃⁵⁵

算盘　suæ̃⁴²phæ̃⁰

天平　thiæ̃²¹²⁻²¹phiŋ⁵⁵

戥子　təŋ⁴³⁴⁻³⁴tʂʅ⁰　戥子（等子）

秤　tʂhəŋ⁴²

磅秤　paŋ⁴²tʂhəŋ⁴²

台秤　thæi⁵⁵tʂhəŋ⁴²

钩子秤　kəu²¹²⁻²¹tʂʅ⁰tʂhəŋ⁴²

秤盘儿　tʂhəŋ⁴²phæ̃r⁵⁵　秤盘

秤星儿　tʂhəŋ⁴²ɕiẽr⁴²

秤杆　tʂhəŋ⁴²kiæ⁴³⁴　秤杆儿

秤钩子　tʂhəŋ⁴²kəu²¹²⁻²¹tʂʅ⁰

秤砣儿　tshəŋ⁴²thuor⁵⁵　秤锤

秤毫衣　tshəŋ⁴²xɑɔ⁵⁵i⁰　秤毫

头高　thou⁵⁵kɑɔ²¹²　（称物时）秤尾高

　　高点头　kɑɔ²¹²⁻²¹tiæ⁴³⁴⁻⁴⁴thəu⁵⁵

头低　thou⁵⁵ti²¹²　（称物时）秤尾低

以下为计量单位：

斛　xu⁵⁵　五斗为一斛

石　tæ̃⁴²　十斗为一石

斗　təu⁴³⁴　十升为一斗

升 ʂəŋ²¹²

方斗 faŋ²¹²⁻²¹ təu⁴³⁴ 方形的斗

圆斗 yæ̃⁵⁵ təu⁴³⁴ 圆形的斗

合 kɤ²¹²

勺 ʂuo²¹²

铁道 thiɛ²¹²⁻²¹taɔ⁴² 铁路

　洋路 iaɑŋ⁵⁵lu⁴²

火车 xuo⁴³⁴⁻⁴⁴ tʂhɤ²¹²

　铁牛（旧） thiɛ²¹²⁻²¹ niəu⁵⁵

公路 kuŋ²¹²⁻²¹ lu⁴²

　官路 kuæ̃²¹²⁻²¹ lu⁴²

汽车 tɕhi²¹²⁻²¹ tʂɤ²¹²

客车 khei²¹²⁻²⁴ tʂhɤ²¹² 载客的大汽车

货车 xuo⁴² tʂhɤ²¹² 货车（指汽车的）

公共汽车 kuŋ²¹²⁻²¹ kuŋ⁴²tɕhi⁴²tʂhɤ²¹²

小汽车 ɕia⁴³⁴⁻³⁴ tɕi⁴²tʂhɤ²¹²

　小卧车 ɕiaɔ⁴³⁴⁻³⁴ uo⁴² tʂhɤ²¹²

　小包车 ɕiaɔ⁴³⁴⁻⁴⁴ paɔ²¹²⁻²⁴ tʂhɤ²¹²

　老鳖盖儿 laɔ⁴³⁴⁻⁴⁴ piɛ²¹²⁻²¹kæi⁴²

　小轿车 ɕiaɔ⁴³⁴⁻³⁴tɕiaɔ⁴² tʂhɤ²¹²

摩托（车） mo⁵⁵ thuo⁰ tʂhɤ²¹²

三轮摩托 sæ̃²¹²⁻²¹ luẽ⁵⁵ mo⁵⁵thuo⁰

三轮儿 sæ̃²¹²⁻²¹luẽr⁵⁵ 三轮车（载人的）

架车子 tɕia⁴²tʂhɤ²¹²⁻²¹tsʅ⁰ 木制二轮平板车（拉货的）

洋车子 iaɑŋ⁵⁵ tʂhɤ²¹¹⁻²¹ tsʅ⁰ 自行车

洪车（子） xuŋ⁵⁵ tʂhɤ²¹¹⁻²¹ tsʅ⁰ 独轮车，轻便，承货多，轮子在中间

土车子 thu⁴³⁴⁻⁴⁴ tʂhɤ²¹²⁻²¹ tsʅ⁰ 木制独轮车，轮子小，平的，轮子在前

太平车 thæi⁴²phiŋ⁵⁵ tʂhɤ²¹² 木制四轮大车

拖车 thuo²¹²⁻²¹ tʂhɤ²¹²

船 tʂhuæ̃⁵⁵

帆　fæ̃²¹²

桅　uei⁵⁵　桅杆

舵　tuo⁴²

桨　tɕiɑŋ⁴³⁴

划子　xua⁵⁵tsʐ⁰

竹篙　tʂu²¹²⁻²⁴kɑɔ²¹²　篙

跳板　thiɑɔ⁴² pæ̃⁴³⁴　跳板 (上下船用)

跳　thiɑɔ⁴²

帆船　fæ̃²¹²⁻²¹ tʂhuæ̃⁵⁵

鱼鹰船　y⁵⁵ iŋ²¹²⁻²¹tʂhuæ̃⁵⁵　当地一种捕鱼的小船

渡船　tu⁴² tʂhuæ̃⁵⁵

轮船　luẽ⁵⁵tʂhuæ̃⁵⁵

过摆渡　kuo⁴²phæi⁴³⁴⁻³⁴ tu⁴²　坐船过河

渡口　tu⁴² khəu⁴³⁴

河沿儿　xɤ⁵⁵ iɛr⁵⁵　河沿

　河涯　xɤ⁵⁵iæi⁵⁵

河堤　xɤ⁵⁵ ti²¹²

河边上　xɤ⁵⁵piæ̃²¹²⁻²¹ʂɑŋ⁰

河滩　xɤ⁵⁵thæ̃²¹²

岸　yæ̃⁴²

二十、文化教育

学校　ɕyo⁵⁵ɕiɑɔ⁴²

　学堂　ɕyo⁵⁵ thɑŋ⁵⁵

洋学堂　iɑŋ⁵⁵ɕyo⁵⁵ thɑŋ⁵⁵　旧指洋务运动期间创办的新式学校

孔庙　khuŋ⁴³⁴⁻³⁴miɑɔ⁴²　老百姓对学宫的称呼

上学　ʂɑŋ⁴²ɕyo⁵⁵　①开始上小学；②去学校上课

上小学　ʂɑŋ⁴²ɕiɑɔ⁴³⁴⁻⁴⁴ɕyo⁵⁵

上初中　ʂɑŋ⁴² tʂhuo²¹²⁻²⁴ tʂuŋ²¹²

放学　fɑŋ⁴² ɕyo⁵⁵　上完课回家

256

下学（旧）　$\varphi ia^{42}\varphi yo^{55}$

逃学　$tha\mathfrak{I}^{55}\varphi yo^{55}$

辍学　$t\mathfrak{s}huo^{212-21}\varphi yo^{55}$

幼儿园　$i\mathfrak{I}u^{42}\mathfrak{I}r^{55}y\widetilde{æ}^{55}$　幼儿园 (年龄较大)

幼稚园　$i\mathfrak{I}u^{42}t\mathfrak{s}\mathfrak{l}^{42}y\widetilde{æ}^{55}$　托儿所 (年龄较小)

幼稚班　$i\mathfrak{I}u^{42}t\mathfrak{s}\mathfrak{l}^{42}p\widetilde{æ}^{212}$

学前班　$\varphi yo^{55}t\varphi hi\widetilde{æ}^{55}p\widetilde{æ}^{212}$

半年级　$p\widetilde{æ}^{42}ni\widetilde{æ}^{55}t\varphi i^{55}$

义学　$i^{42}\varphi yo^{55}$　旧时一种免费学校，资金来源为地方公益金或私人筹资

私塾　$s\mathfrak{l}^{212-21}\mathfrak{s}u^{55}$　旧时私人所办的学校

学费　$\varphi yo^{55}fei^{42}$

学麦　$\varphi yo^{55}mei^{212}$　过去没钱时以麦子做学费

学杂费　$\varphi yo^{55}tsa^{55}fei^{42}$

放假　$fa\mathfrak{y}^{42}t\varphi ia^{434}$

暑假　$t\mathfrak{s}hu^{434-34}t\varphi ia^{434}$

寒假　$x\widetilde{æ}^{55}t\varphi ia^{434}$

放麦假　$fa\mathfrak{y}^{42}mei^{212-21}t\varphi ia^{434}$　以前农村中小学放的收麦子假

豆子假　$t\mathfrak{I}u^{42}ts\mathfrak{l}^{0}t\varphi ia^{434}$　以前农村中小学放的收豆子假

请假　$t\varphi hi\mathfrak{y}^{434-34}t\varphi ia^{434}$

课堂　$khuo^{42}tha\mathfrak{y}^{55}$　教室

老师　$la\mathfrak{I}^{434-34}\mathfrak{s}\mathfrak{l}^{212}$

教书先生　$t\varphi ia\mathfrak{I}^{212-24}\mathfrak{s}u^{212}\varphi i\widetilde{æ}^{212-21}\mathfrak{s}\mathfrak{I}\mathfrak{y}^{0}$

上课　$\mathfrak{s}a\mathfrak{y}^{42}khuo^{42}$

下课　$\varphi ia^{42}khuo^{42}$

补课　$pu^{434-34}khuo^{42}$

讲台　$t\varphi ia\mathfrak{y}^{434-44}th\widetilde{æ}i^{55}$

黑板　$xei^{212-21}p\widetilde{æ}^{434}$

粉笔　$f\mathfrak{e}^{434-44}pi^{55}$

黑板擦子　$xei^{212-21}p\widetilde{æ}^{434}tsha^{212-21}ts\mathfrak{l}^{0}$　板擦儿

点名册　$ti\widetilde{æ}^{434-44}mi\mathfrak{y}^{55}tsh\mathfrak{r}^{42}$

戒尺　tɕiæi⁴²tʂʅ²¹²

教棍　tɕiɑɔ⁴² kuẽ⁴²

教鞭　tɕiɑɔ⁴² piæ²¹²

笔记本　pi⁵⁵ tɕi⁴² pẽ⁴³⁴

日记本　ʐʅ²¹²⁻²¹tɕi⁴² pẽ⁴³⁴

练习本　liæ⁴² ɕi⁵⁵ pẽ⁴³⁴

本子　pẽ⁴³⁴⁻³⁴tsʅ⁰

书　ʂu²¹²

课本儿　khuo⁴² pẽr⁴³⁴　课本

铅笔　tɕhiæ²¹²⁻²¹pi⁵⁵

橡皮　ɕiɑŋ⁴²phi⁵⁵

刨笔刀　pɑɔ⁴²pi⁵⁵tɑɔ²¹²　铅笔刀（指旋着削的那种）

铅笔搜＂子　tɕhiæ²¹²⁻²¹pi⁵⁵ səu²¹²⁻²¹ tsʅ⁰

圆规　yæ⁵⁵ kuei²¹²

分规　fẽ²¹²⁻²⁴kuei²¹²

三角板　sæ²¹²⁻²⁴tɕyo²¹²⁻²¹ pæ⁴³⁴

镇纸　tʂẽ⁴²tʂʅ⁴³⁴

作文本　tsuo²¹²⁻²¹uẽ⁵⁵pẽ⁴³⁴

大字本儿　ta⁴²tsʅ⁴² pẽr⁴³⁴　大字本

小字本儿　ɕiɑɔ⁴³⁴⁻³⁴tsʅ⁴² pẽr⁴³⁴

模帖　mu⁵⁵thiɛ²¹²　红模子

钢笔　kɑŋ²¹²⁻²¹pi⁵⁵

　自来水笔　tsʅ⁴²læi⁵⁵ ʂuei⁴³⁴⁻⁴⁴pi⁵⁵

原子笔　yæ⁵⁵ tsʅ⁰pi⁵⁵　圆珠笔

毛笔　ma⁵⁵ pi⁵⁵

笔帽　pi⁵⁵ mɑɔ⁴²

笔套子　pi⁵⁵ thɑɔ⁴² tsʅ⁰

笔筒　pi⁵⁵ thuŋ⁴³⁴

砚台　iæ⁴²thæi⁰

磨墨　mo⁵⁵mei²¹²　研墨（动宾）

撽墨　zæ̃⁴³⁴⁻⁴⁴ mei²¹²

墨盒儿　mei²¹² xɤr⁵⁵

墨汁　mei²¹²⁻²⁴ tʂʅ²¹²

膏笔　kɑɔ⁴²pi⁵⁵　拵笔

墨水儿　mei²¹²⁻²¹ ʂueir⁴³⁴　墨水儿（钢笔用的）

墨盂儿　mei²¹²⁻²¹yr⁵⁵　盛水洗毛笔的器皿

书包　ʂu²¹²⁻²⁴ kɑɔ²¹²

读书人　tu⁵⁵ʂu²¹²⁻²¹zɤ̃⁵⁵

　识字的　ʂʅ²¹²⁻²¹tsʅ⁴²ti⁰

不识字的　pu²¹²⁻²⁴ ʂʅ²¹²⁻²¹tsʅ⁴²ti⁰

　睁眼瞎子　tʂən²¹²⁻²¹iæ⁴³⁴⁻⁴⁴ɕia²¹²⁻²¹ tsʅ⁰

白丁　pei⁵⁵tiŋ²¹²

念书　niæ̃⁴²ʂu²¹²　读书

复习　fu²¹²⁻²¹ ɕi⁵⁵

背书　pei⁴²ʂu²¹²

唱书歌子　tʂhaŋ⁴² ʂu²¹⁻²⁴kɤ²¹²⁻²¹tsʅ⁰　拖长腔调大声读书

报　pɑɔ⁴²　报考

考　khɑɔ⁴³⁴

考场　khɑɔ⁴³⁴⁻⁴⁴ tʂhaŋ⁴³⁴

入场　zu²¹²⁻²¹ tʂhaŋ⁴³⁴　进考场

考试　khɑɔ⁴³⁴⁻³⁴ ʂʅ⁴²

考卷　khɑɔ⁴³⁴⁻³⁴ tɕyæ̃⁴³⁴

一百分　i²¹²⁻²¹ pei²¹²⁻²⁴ fẽ²¹²　满分

（大）鸭蛋　ta⁴² ia²¹²⁻²¹ tæ⁴²　零分

第一名　ti⁴²i²¹²⁻²¹miŋ⁵⁵　头名

老末儿　lɑɔ⁴³⁴⁻⁴⁴mor²¹²　末名

　小末儿　ɕiɑɔ⁴³⁴⁻⁴⁴mor²¹²

毕业　pi⁴² iɛ²¹²⁻²⁴

肄业　i⁴²iɛ²¹²

结业　tɕiɛ²¹²⁻²⁴ iɛ²¹²

毕业证　pi⁴²iɛ²¹²⁻²¹tʂəŋ⁴²

文凭　uẽ⁵⁵phiŋ⁵⁵

大字儿　ta⁴²tsʐ⁴²　大楷

小字儿　ɕiɑɔ⁴³⁴⁻³⁴tsʐ⁴²　小楷

字帖　tsʐ⁴²thiɛ²¹²

摹帖　mo⁵⁵thiɛ²¹²　临帖

　描仿　miɑɔ⁵⁵faŋ⁴³⁴

　描红　miɑɔ⁵⁵xuŋ⁵⁵

涂掉　thu⁵⁵tiɑɔ⁴²　涂了

写白字　ɕiɛ⁴³⁴⁻⁴⁴pæi⁵⁵tsʐ⁴²

白字先生　pæi⁵⁵tsʐ⁴²ɕiæ̃²¹²⁻²¹ʂəŋ⁰　常读错字或写错字的人

倒下笔回　cɑɔ⁴²ɕia⁴²pi⁵⁵xuei⁵⁵　写字笔顺不对

漏字　ləu⁴²tsʐ⁴²　掉字

草稿儿　tshaɔ⁴³⁴⁻³⁴kaɔr⁴³⁴　草稿

打草稿儿　ta⁴³⁴⁻⁴⁴tshɑɔ⁴³⁴⁻³⁴kaɔr⁴³⁴　起稿子

誊写　thəŋ⁵⁵ɕiɛ⁴³⁴　誊清

　誊抄　thəŋ⁵⁵tʂhɑɔ²¹²

一点儿　i²¹²⁻²¹tiæ̃r⁴³⁴　一点

一横　i²¹²⁻²¹xuŋ⁴²

一竖　i²¹²⁻²¹su⁴²

一撇　i²¹²⁻²⁴phiɛ²¹²

一捺　i²¹²⁻²⁴na²¹²

一勾　i²¹²⁻²⁴kəu²¹²

一挑　i²¹²⁻²¹thiɑɔ⁴³⁴

一画儿　i²¹²⁻²¹xuar⁴²　一画（王字是四画）

一笔　i²¹²⁻²¹pi⁵⁵

偏旁儿　phiæ̃²¹²⁻²¹phaŋr⁵⁵

单人旁儿　tæ̃²¹²⁻²¹zẽ⁵⁵phaŋr⁵⁵　立人儿（亻）

双人旁儿　ʂuaŋ²¹²⁻²¹zẽ⁵⁵phaŋr⁵⁵　双立人儿（彳）

弯弓张　uæ̃²¹²⁻²⁴kuŋ²¹²⁻²⁴tʂaŋ²¹²

立早章　li$^{212-21}$tsɑɔ$^{434-44}$tʂaŋ^{212}

禾字旁　xuo^{55}tsʅ^{42}phaŋ^{55}

大方框　ta^{42}faŋ$^{212-21}$khuaŋ^{42}　四框栏儿（囗）

宝盖头儿　pɑɔ$^{434-34}$kæi^{42}thəur^{55}　宝盖儿（宀）

秃宝盖儿　thu$^{212-21}$pɑɔ$^{434-34}$kæir^{42}　秃宝盖儿（冖）

竖心旁（忄）　ʂu^{42}ɕiẽ$^{212-21}$phaŋ^{55}

大犬旁　ta^{42}ɕyæ̃$^{434-44}$phaŋ^{55}　反犬旁（犭）

　犬犹旁　ɕyæ̃$^{434-44}$iəu^{55}phaŋ^{55}

单搭耳　tæ̃$^{212-24}$ta$^{212-21}$ər^{434}　单耳刀儿（卩）

双搭耳　ʂuaŋ$^{212-24}$ta$^{212-21}$ər^{434}　双耳刀儿（阝）

反文旁（攵）　fæ̃$^{434-44}$uẽ^{55}phaŋ^{55}

窄玉旁　tʂei$^{212-24}$y$^{212-21}$phaŋ^{55}　斜玉儿（王）

踢＝土旁　thi$^{212-21}$thu$^{434-44}$phaŋ^{55}　提土旁（土）

竹字头儿（⺮）　tʂu$^{212-21}$tsʅ^{42}thəur^{55}

火字旁儿　xuo$^{434-34}$tsʅ^{42}phaŋr^{55}　火字旁

四点水儿　sʅ^{42}tiæ̃$^{434-34}$ʂueir^{434}　四点（灬）

三点水儿（氵）　sæ̃$^{212-21}$tiæ̃$^{434-34}$ʂueir^{434}

两点水儿（冫）　liaŋ$^{434-34}$tiæ̃$^{434-34}$ʂueir^{434}

病字旁儿　piŋ^{42}tsʅ^{42}phaŋr^{55}　病旁儿（疒）

走之儿（辶）　tsəu$^{434-44}$tʂʅr^{212}

绞丝旁儿　tɕiɑɔ$^{434-44}$sʅ$^{212-21}$phaŋr^{55}　绞丝旁（纟）

踢＝手旁　thi$^{212-21}$ʂəu$^{434-44}$phaŋ^{55}　提手旁（扌）

草字头儿　tshɑɔ$^{434-34}$tsʅ^{42}thəur^{55}　草字头（艹）

二十一、文体活动

风筝　fəŋ$^{212-21}$tʂəŋ$^{212-24}$

藏老梦＝儿　tshaŋ^{55}lɑɔ^{0}məŋr^{42}　捉迷藏（寻找预先藏匿在某个角落的同伴）

踢毽子　thi$^{212-21}$tɕyæ̃^{42}tsʅ^{0}　踢毽儿

拾子儿　ʂʅ^{55}tsʅr^{0}　抓子儿（用几个小沙包或石子儿，扔起其一，做规定动
　作后再接住）

弹琉琉蛋儿　thæ̃⁵⁵liəu⁵⁵liəu⁰ tær⁴²　弹球儿

　弹琉子儿　thæ̃⁵⁵liəu⁵⁵ tsʅ⁴³⁴

漂瓦儿　piɑɔ²¹²⁻²¹uar⁴³⁴　打水漂儿（在水面上掷瓦片）

跳圈儿　thiɑɔ⁴² tɕhyær²¹²　跳房子

踢老瓦儿　thi²¹²⁻²¹lɑɔ⁴³⁴⁻³⁴uar⁴³⁴　划四个方框，按一定的规则单脚踢破瓦片玩

翻线　fæ̃²¹²⁻²¹ɕiæ̃⁴²　翻绳（两人轮换翻动手指头上的细绳，变出各种花样）

跳绳　thiɑɔ⁴²ʂəŋ⁵⁵

弹碗渣　thæ̃⁵⁵uæ̃⁴³⁴⁻⁴⁴tʂa²¹²　弹碎碗片，一般女孩子玩

打陀螺子　ta⁴³⁴⁻⁴⁴ thuo⁵⁵luo⁵⁵tsʅ⁰

推铁环　thei²¹²⁻²⁴thiɛ²¹²⁻²¹xuæ̃⁵⁵

斗鸡　təu⁴²tɕi²¹²

划拳　xua⁵⁵tɕhyæ̃⁵⁵

敲杠子老虎　tɕhiɑɔ²¹²⁻²¹kɑŋ⁴²tsʅ⁰lɑɔ⁴³⁴⁻³⁴xu⁰　酒桌间的游戏，规则是老虎吃鸡，
　　鸡吃虫，杠子打老虎

破谜儿　pho⁴²mir⁴²　出谜语

猜谜儿　tsæi⁰ mir⁴²　猜谜语

不倒翁儿　pu²¹²⁻²¹ tɑɔ⁴³⁴⁻⁴⁴ uəŋr²¹²　不倒翁

牌九　phæi⁵⁵tɕiəu⁴³⁴　一种民间游戏工具，常用于赌博

推牌九　thei²¹²⁻²¹ phæi⁵⁵tɕiəu⁴³⁴　用牌九做游戏或赌博

麻将　ma⁵⁵tɕiaŋ⁴²

爬子牌　pha⁵⁵tsʅ⁰ phæi⁵⁵　扑克

　爬思牌　pha⁵⁵sʅ⁰ phæi⁵⁵　扑克牌的洋泾浜英语说法

上六　ʂaŋ⁴²liəu⁴²　画横竖六条线交叉，然后摆棋子，通过挑子、夹子等方
　　式来玩。

憋死牛　piɛ²¹²⁻²¹sʅ⁴³⁴⁻⁴⁴niəu⁵⁵　一种简单的棋类游戏，大多为幼儿所玩

掷色子　tʂʅ⁴²ʂei²¹²⁻²¹ tsʅ⁰　一种通过抛掷色子的点数来算输赢的游戏

代宝　tæi⁴²pɑɔ⁴³⁴　即压宝，赌博的一种，赌博的人猜测宝上所指的方向下注

炮　phɑɔ⁴²　爆竹

放炮　faŋ⁴²phɑɔ⁴²　放鞭炮

天地炮　thiæ̃²¹²⁻²¹ti⁴²phɑɔ⁴²

双响炮　ʂuaŋ²¹²⁻²¹ ɕiaŋ⁴³⁴⁻³⁴ phɑɔ⁴²　二踢脚

闪光雷　ʂæ⁴³⁴⁻⁴⁴ kuaŋ²¹²⁻²¹ lei⁵⁵

土炮子　thu⁴³⁴⁻³⁴ phɑɔ⁴² tsʅ⁰

烟火　iæ²¹²⁻²¹xuo⁴³⁴　烟花

放花筒　faŋ⁴² xua²¹²⁻²¹thuŋ⁴³⁴　放花炮

放烟花　faŋ⁴² iæ²¹²⁻²¹ xua²¹²⁻²⁴　放焰火

提拉筋儿　ti⁵⁵lɑ⁰tɕiɛ̃r²¹²　一种小孩子玩的简易烟花

放奇物子　faŋ⁴²tɕhi⁵⁵ xu⁴² tsʅ⁰　一种钻天烟花，有的响，有的不响

抬花轿　thæi⁵⁵xua²¹²⁻²¹tɕiɑɔ⁴²

老鹰抓小鸡　lɑɔ⁴³⁴⁻⁴⁴ iŋ²¹²tʂua²¹²⁻²¹ɕiɑɔ⁴³⁴⁻⁴⁴tɕi²¹²　一种儿童游戏。一个小孩
　　装成老鹰，另外一个小孩装成老母鸡，其他小孩都装成小鸡儿

丢手捏子　tiəu²¹²⁻²¹ʂəu⁴³⁴⁻⁴⁴niɛ²¹²⁻²¹tsʅ⁰　丢手绢

指天星过天河　tʂʅ⁴³⁴⁻⁴⁴thiæ²¹²⁻²¹ɕiɛ̃²¹²⁻²¹kuo⁴² thiæ²¹²⁻²¹xɤ⁵⁵　用手蒙着一小孩
　　子的眼睛，其他小孩指着天空做各种动作，让蒙着眼睛的猜

点点豆豆　tiæ⁴³⁴⁻³⁴tiæ⁰təu⁴²təu⁰　做选人集体游戏时一边用手点数小朋友，
　　一边念"点点豆豆，鸡毛狗肉"之类的歌谣

挤棉油　tɕi⁴³⁴⁻⁴⁴miæ̃⁵⁵iəu⁵⁵　挤油儿

哧宝哧　tshʅ⁴²pɑɔ⁴³⁴⁻³⁴tshʅ⁴²　幼儿定输赢的一种小游戏，嘴里说"哧宝哧"，
　　手上出石头、剪子、布定出输赢

琉嘣嘣　liəu⁵⁵ pəŋ⁵⁵ pəŋ⁰　一种可以吹响的玻璃玩具

玩琉琉嘣儿嘣儿　uæ̃⁵⁵liəui⁵⁵liəu⁰pəŋr⁵⁵pəŋr⁵⁵

摔皮卡　ʂuæi²¹²⁻²¹phi⁵⁵kha⁴³⁴　用纸折成宝摔着玩，也叫"打宝"

九连环　tɕiəu⁴³⁴⁻⁴⁴liæ̃⁵⁵xuæ̃⁵⁵　一种传统民间的智力玩具，用九个圆环相连
　　成串，以解开为胜

东西南北　tuŋ²¹²næ̃⁵⁵ɕi²¹²pei²¹²　一种写上"东、南、西、北"和其他词语
　　的幼儿折纸玩具

玩沙包　uæ̃⁵⁵ʂa²¹²⁻²¹ pɑɔ²¹²

跳皮筋儿　thiɑɔ²¹² phi⁵⁵tɕiɛ̃r²¹²

象棋　ɕiaŋ⁵⁵ tɕhi⁵⁵

下棋　ɕia⁴² tɕhi⁵⁵　下象棋。基本规则：马走日字，象走田，车走直路，炮

翻山，小卒过河一杠烟

老将　laɔ⁴³⁴⁻³⁴ tɕiaŋ⁴²　将，帅

　将　tɕiaŋ⁴²

　帅　ʂuæi⁴²

士　ʂʅ⁴²

象　ɕiaŋ⁴²　象，相

车　tɕy²¹²

马　ma⁴³⁴

炮　phaɔ⁴²

兵　piŋ²¹²

卒　tsu⁵⁵

拱卒　kuŋ⁴³⁴⁻⁴⁴tsu⁵⁵

撑士　tʂhəŋ²¹²⁻²¹ ʂʅ⁴²　上士（士走上去）

下士　ɕia⁴² ʂʅ⁴²　落士（士走下来）

飞象　fei²¹²⁻²¹ɕiaŋ⁴²

落象　luo²¹²⁻²¹ɕiaŋ⁴²　象回到原位

将军ɕiaŋ²¹²⁻²⁴ tɕyẽ²¹²

崴老将　uæi⁴³⁴⁻³⁴ laɔ⁴³⁴⁻³⁴ tɕiaŋ⁴²　挪将棋子

上马　ʂaŋ⁴²ma⁴³⁴

支炮　tʂʅ²¹²⁻²¹phaɔ⁴²

别象眼　phiɛ⁵⁵ tɕiaŋ⁴²iæ̃⁴³⁴

绊马腿　pæ̃⁴² ma⁴³⁴⁻³⁴thei⁴³⁴

围棋　uei⁵⁵tɕhi⁵⁵

黑子　xei²¹²⁻²¹tsʅ⁴³⁴

白子　pei⁵⁵ tsʅ⁴³⁴

和棋　xuo⁵⁵ tɕhi⁵⁵

拔河　pa⁵⁵xɤ⁵⁵

凫水儿　fu⁴²ʂueir⁴³⁴　游泳

　打扑通　ta⁴³⁴⁻⁴⁴phu²¹²⁻²¹thuŋ⁵⁵

仰泳　iaŋ⁴³⁴⁻³⁴ zuŋ⁴³⁴

蛙泳　ua⁵⁵ zuŋ⁴³⁴

自由泳　tsʅ⁴²iəu⁵⁵zuŋ⁴³⁴

扎猛子　tsh²¹²⁻²¹məŋ⁴³⁴⁻³⁴tsʅ⁰　潜水

踩水　tsæi⁴³⁴⁻³⁴ʂuei⁴³⁴

打球　ta⁴³⁴⁻⁴⁴tɕhiəu⁵⁵

踢球　thi²¹²⁻²¹tɕhiəu⁵⁵

弹球　tæ̃⁵⁵tɕhiəu⁵⁵　乒乓球

　克郎 / 罗 = 球　khei²¹²⁻²¹laŋ⁵⁵/ luo⁻⁵ tɕhiəu⁵⁵

篮球　læ̃⁵⁵tɕhiəu⁵⁵

排球　phæi⁵⁵tɕhiəu⁵⁵

足球　tɕy²¹²⁻²¹tɕhiəu⁵⁵

羽毛球　y⁴³⁴⁻⁴⁴mɑɔ⁵⁵tɕhiəu⁵⁵

康乐球　khaŋ²¹²⁻²⁴lɤ²¹²⁻²¹tɕhiəu⁵⁵

打尜子　ta⁴³⁴⁻⁴⁴ka⁵⁵tsʅ⁰　一种儿童游戏，用两头削尖的小木棒敲打着玩，可
　　两人或团队对抗比赛

跳远　thiɑɔ⁴²yæ̃⁴³⁴

跳高　thiɑɔ⁴²kɑɔ²¹²

翻跟头　fæ̃²¹²⁻²⁴kẽ²¹²⁻²¹thəu⁰

打车骨轮子　ta⁴³⁴⁻⁴⁴tʂhɤ²¹²⁻²¹ku²¹²⁻²⁴luẽ²¹²⁻²¹tsʅ⁰　打车轮子 (连续翻好几个
　　跟头)

竖墙根儿　ʂu⁴²tɕhaŋ⁵⁵kẽ²¹²　倒立

玩 / 耍狮子　uæ̃⁵⁵/ ʂua⁴³⁴⁻⁴⁴ʂʅ²¹²⁻²¹tsʅ⁰　舞狮子

玩旱船　uæ̃⁵⁵xæ̃⁴²tʂhuæ̃⁵⁵　跑旱船

踩高跷儿　tshæi⁴³⁴⁻⁴⁴kɑɔ²¹²⁻²⁴tɕhiɑɔr²¹²

玩杂技　uæ̃⁵⁵tsa⁵⁵ɕi⁴²

　耍杂技　ʂua⁴³⁴⁻⁴⁴tsa⁵⁵ɕi⁴²

　耍把式　ʂua⁴³⁴⁻³⁴pa⁴³⁴⁻³⁴ʂʅ⁴²

　玩把戏　uæ̃⁵⁵pa⁴³⁴⁻³⁴ɕi⁴²

对打　thei⁴²ta⁴³⁴　对打 (含对刀、对枪等)

对刀　thei⁴²tɑɔ²¹²

耍刀　ʂua⁴³⁴⁻⁴⁴ tɑɔ²¹²

玩刀山　uæ̃⁵⁵ tɑɔ²¹²⁻²¹ sæ̃²¹²

打架　ta⁴³⁴⁻³⁴tɕia⁴²

　拽架　tʂuæi⁴² tɕia⁴²

　剐架　khei⁵⁵ tɕia⁴²

耍枪　ʂua⁴³⁴⁻⁴⁴ tɕhiɑŋ²¹²

对花枪　thei⁴² xua²¹²⁻²⁴tɕhiɑŋ²¹²

扭秧歌儿　niəu⁴³⁴⁻⁴⁴ iɑŋ²¹²⁻²¹ kɤr²¹²

打腰鼓　ta⁴³⁴⁻⁴⁴iɑɔ²¹²⁻²¹ ku⁴³⁴

跳舞　thiɑɔ⁴² u⁴³⁴

拉洋片的　la²¹²⁻²¹iɑŋ⁵⁵phiæ̃⁴²ti⁰　木偶戏

　玩戳巴人子的　uæ̃⁵⁵tʂuo²¹²⁻²¹pa⁰zẽ⁵⁵tsʅ⁰ti⁰

大戏　ta⁴²ɕi⁴²　大型戏曲，角色多、乐器多、演唱内容复杂

京戏　ɕiŋ²¹²⁻²¹ ɕi⁴²　京剧

二黄　ər⁴²xuɑŋ⁵⁵

梆子戏　pɑŋ²¹²⁻²¹ tsʅ⁰ɕi⁴²

坠子　tʂuei⁴² tsʅ⁰

拉魂腔　la²¹²⁻²¹ xuẽ⁵⁵ tɕhiɑŋ²¹²　泗州戏

大鼓　ta⁴²ku⁴³⁴

丝弦　sʅ²¹²⁻²¹ ɕiæ̃⁵⁵

花鼓　xua²¹²⁻²¹ ku⁴³⁴

渔鼓儿　y⁵⁵ kur⁴³⁴

话剧　xua⁴²tɕy⁴²

戏园子　ɕi⁴² yæ̃⁵⁵ tsʅ⁰　戏院

戏台　ɕi⁴²thæi⁵⁵

戏子　ɕi⁴² tsʅ⁰　演员

　唱戏的　tʂhɑŋ⁴²ɕi⁴²

玩魔术　uæ̃⁵⁵mo⁵⁵ʂu⁴²　变戏法（魔术）

说书　ʂuo²¹²⁻²⁴ʂu²¹²

黑头　xei²¹²⁻²¹thəu⁵⁵　梆子戏的花脸

花面　xua²¹²⁻²¹miæ̃⁴²　京剧的花脸，演正面角色的叫铜锤花面，演反面角
　　色的叫架子花面

丑儿　tshəur⁴³⁴　小丑

须生　çy²¹²⁻²⁴ʂəŋ²¹²　老生

小生　çiɑɔ⁴³⁴⁻⁴⁴ʂəŋ²¹²

武生　u⁴³⁴⁻⁴⁴ʂəŋ²¹²

武旦　u⁴³⁴⁻³⁴tæ̃⁴²　刀马旦

老旦　lɑɔ⁴³⁴⁻³⁴tæ̃⁴²

青衣　tçhiẽ²¹²⁻²⁴ːi²¹²

彩旦　tshæi⁴³⁴⁻³⁴tæ̃⁴²

花旦　xua²¹²⁻²¹tæ̃⁴²

小旦　çiɑɔ⁴³⁴⁻³⁴tæ̃⁴²

相声　çiaŋ⁴²ʂəŋ²¹²

双簧　ʂuaŋ²¹²xuɑŋ⁵⁵

唱戏　tʂhaŋ⁴²çi⁴²

戏迷　çi⁴²mi⁵⁵

跑龙套的　pha⁴³⁴⁻⁴⁴luŋ⁵⁵thɑɔ⁴²ti⁰

唱歌　tʂhaŋ⁴²kɣ²¹²

　唱唱　tʂhaŋ⁴²tʂhaŋ⁴²

二十二、动作

站　tʂæ̃⁴²

蹲　tuẽ²¹²

跌倒啦　tiɛ²¹²⁻²¹tɑɔ⁴³⁴la⁰　跌倒了

　摔倒啦　ʂuæi²¹²⁻²¹tɑɔ⁴³⁴la⁰

　趴倒啦　pha²¹²⁻²¹tɑɔ⁴³⁴la⁰

爬　pha⁵⁵

爬马□　pha⁵⁵ma⁴³⁴⁻⁴⁴ka²¹²　小孩在地上爬

摇头　iɑɔ⁵⁵thəu⁵⁵

点头　tiæ̃⁴³⁴⁻⁴⁴thəu⁵⁵

昂头　ɣɑŋ^{55} thəu^{55}　抬头

峨起头　ɣɤ^{55} tɕhi^{0} thəu^{55}

恁$^{=}$头　nẽ$^{434-44}$ thəu^{55}　低头

耷拉头　ta$^{434-44}$ la^{0} thəu^{55}

回头　xuei^{55}thəu^{55}

扭头　niəu$^{434-44}$ thəu^{55}　脸转过去

睁眼　tʂəŋ$^{212-21}$ iæ̃^{434}

瞪眼　təŋ^{42} iæ̃^{434}

搁$^{=}$宁$^{=}$眼儿　kɤ$^{212-21}$niŋ^{55} iæ̃r^{434}　闭眼

搁$^{=}$□眼　kɤ$^{212-21}$ tɕi^{-5} iæ̃^{434}

瞎着眼　ɕia$^{212-21}$tʂɤ^{0} iæ̃^{434}　～～睡觉

挤眼儿　tɕi$^{434-34}$iæ̃r^{434}

眨眼　tʂa$^{434-34}$iæ̃^{434}

碰见　phəŋ^{42} tɕiæ̃^{42}　遇见

看见　khæ̃^{42} tɕiæ̃^{42}

望　uɑŋ^{42}

瞅　tʂhəu^{434}

看　khæ̃^{42}

□ sa^{55}　眼睛乱转，四处看

淌眼泪　thɑŋ$^{434-34}$ iæ̃$^{434-34}$ lei^{42}　流眼泪

卖瓜子　mæi^{42}kua$^{212-21}$tsɿ^{434}

哭咾　khu$^{212-21}$lɑɔ^{0}　哭了

张嘴　tʂɑŋ$^{212-21}$tsei^{434}

抿嘴　miẽ$^{434-34}$ tsei^{434}　闭嘴

努嘴　nuŋ$^{434-34}$ tsei^{434}

噘嘴　tɕyo$^{212-21}$tsei^{434}

举手　tɕy$^{434-34}$ ʂəu^{434}

摆手　pæi$^{434-34}$ ʂəu^{434}

撒手　sa$^{212-21}$ ʂəu^{434}

伸手　tshẽ$^{212-21}$ ʂəu^{434}

动手　tuŋ^{42} ʂəu^{434}　只许动口，不许~

招手　tʂaɔ$^{212-21}$ ʂəu^{434}

拍啪儿　phei$^{212-24}$phar^{212}　拍手；鼓掌

背剪手　pei^{42}tɕiæ̃$^{434-34}$ ʂəu^{434}　背着手儿

□手　tɕhia^{42} ʂəu^{434}　叉着手儿（两手交叉在胸前）

　　□腰　tɕhia^{42} iɑɔ^{212}

袖手　ɕiəu^{42} ʂəu^{434}　笼着手（双手交叉伸到袖筒里）

醭 ⁼拉　phu^{55}la^{0}　拨拉

捂着　u$^{434-44}$tʂuo^{0}　捂住

摩拉　mu^{55}la^{0}　摩挲（用手~猫背）

搊　tshuo^{212}/tshəu^{212}　用手托着向上

把屎　pa$^{434-34}$ ʂʅ^{434}　抱持小儿双腿、哄他大便

把尿　pa$^{434-34}$ sei^{212}/niɑɔ^{42}

扶着　fu^{55} tʂuo^{0}

弹指　thæ̃^{55} tʂʅ^{434}　弹指头

攥皮锤　tsuæ̃$^{434-44}$phi^{55}tʂhuei^{55}　攥起拳头

踮脚　tiæ̃^{42}tɕyo^{212}　跥脚

欠着脚　tɕhiæ̃^{42} tʂuo^{0}tɕyo^{212}　踮脚

大腿摽在二腿上　ta^{42} thei$^{434-34}$ piɑɔ^{42} tsæi^{42} ər^{42} thei$^{434-34}$ ʂɑŋ^{0}　跷二郎腿

蜷腿　tɕhyæ̃^{55} thei^{434}

合撒 ⁼　xɤ^{55}sa^{0}　抖腿

踢腿　thi$^{212-21}$ thei^{434}

弯腰　uæ̃$^{212-24}$iɑɔ^{212}

伸腰　tʂhẽ$^{212-24}$iɑɔ^{212}

　　伸懒腰　tʂhẽ$^{212-21}$ læ̃$^{434-44}$iɑɔ^{212}

撑腰　tʂhəŋ$^{212-24}$iɑɔ^{212}　支持

□腰　tɕhia^{42} iɑɔ^{212}　叉腰（两个娘们儿~~吵架）

撅腚　tɕyo$^{212-21}$ tiŋ^{42}　撅屁股

捶背　tʂhuei^{55} pei^{42}

擤（鼻子）　ɕiŋ$^{434-44}$ pi^{55} tsʅ^{0}　擤（鼻涕）

吸溜鼻子　çi²¹²⁻²¹lisu⁰ pi⁵⁵ tsʅ⁰　吸溜鼻涕

淌浓鼻子　thɑŋ⁴³⁴⁻⁴⁴nuŋ⁵⁵ pi⁵⁵ tsʅ⁰

打嚏喷　ta⁴³⁴⁻³⁴thi⁴²phẽ⁰　打喷嚏

闻　uẽ⁵⁵　用鼻子 ~

嫌　çiæ̃⁵⁵　嫌弃

　烦　fæ̃⁵⁵

哭　khu²¹²⁻²¹

　卖瓜子　mæi⁴²kua²¹²⁻²¹ tsʅ⁴³⁴　哭的诙谐说法

扔 zǝŋ²¹²　把没用东西 ~ 了

　板 ⁼ pæ̃⁴³⁴

　撂 liɑɔ⁴²

抛斯 ⁼ phɑɔ²¹²⁻²¹ sʅ⁰　浪费

说　ʂuo²¹²⁻²¹

跑　phɑɔ⁴³⁴

走　tsǝu⁴³⁴

　□（腿）　kɑŋ⁵⁵ tei⁴³⁴/ tuei⁴³⁴

搁　kɤ²¹²　放（~在桌上）

掺　tʂhæ̃²¹²　酒里 ~ 水

拾掇　ʂʅ⁵⁵ ta⁰（老派）/ ʂʅ⁵⁵tǝu⁰（新派）　收拾（东西）

挑　thiɑɔ²¹²　选择

拣　tɕiæ̃⁴³⁴

提拉　ti⁵⁵la⁰　提起（东西）

拎起来　lie²¹²⁻²¹tɕhi⁴³⁴⁻⁴⁴læi⁰

拾起来　ʂʅ⁵⁵ tɕhi⁴³⁴⁻⁴⁴læi⁰　捡起来

治治　tʂʅ⁴²tʂʅ⁰　称称

擦掉　tsha²¹²⁻²¹tiɑɔ⁴²

　抹去　ma²¹² tɕhy⁰

丢啦　tisu²¹² la⁰　丢失

　掉啦　tiɑɔ⁴² la⁰

没有啦　mei⁴²isu⁴³⁴ la⁰　没有了

忘　uaŋ⁴² 落（因忘而把东西遗放在某处）

找着啦　tsɑ⁴³⁴⁻⁴⁴ tʂuo⁵⁵ la⁰　找着了

藏（起来）　tshaŋ⁵⁵ tɕhi⁴³⁴⁻⁴⁴ læi⁰　把东西藏起来

迷起来　mi⁵⁵ tɕhi⁴³⁴⁻⁴⁴ læi⁰　把人或东西藏起来

码起来　ma⁴³⁴⁻³⁴ tɕhi⁴³⁴⁻⁴⁴ læi⁰

堆起来　tei²¹²⁻²¹ tɕhi⁴³⁴⁻⁴⁴ læi⁰

砌　tɕhi²¹²　（用砖、石）垒（墙）

踩墙　tshæi⁴³⁴⁻⁴⁴tɕhiaŋ⁵⁵　（用泥）垒（墙）

搭补゠手　ta²¹²⁻²¹pu⁰ʂəu⁴³⁴　帮忙

　搭把手　ta²¹²⁻²¹pa⁰ʂəu⁴³⁴

参乎　tshæ̃²¹²xu⁰　参与

戳屙参　tʂhuo²¹²⁻²¹tiɑo⁴³⁴⁻⁴⁴ tshæ²¹²　瞎掺和

　瞎戳戳　ɕia²¹²⁻²⁴ tʂhuo²¹²⁻²¹ tʂhuo⁰

　瞎戳乎　ɕia²¹²⁻²⁴ tʂhuo²¹²⁻²¹xu⁰

知道　tʂʅ²¹²⁻²¹ tɑo⁴²

懂啦　tuŋ⁴³⁴ la⁰　懂了

会啦　xuei⁴² la⁰　会了

认识　zɛ̃⁴² ʂʅ⁰

　认得（旧）　zɛ̃⁴² tiɛ⁰/ti⁰（tɛ⁰）

不认得　pu²¹²⁻²¹zɛ̃⁴² tiɛ⁰/ti⁰（tɛ⁰）

识字　ʂʅ²¹²⁻²¹tsʅ⁴²

想想　ɕiaŋ⁴³⁴⁻³⁴ ɕiaŋ⁰ ʔæ

估摸　ku⁴³⁴⁻⁴⁴mo⁰　估量

　约莫着　yo²¹²⁻²⁴mo²¹²⁻²¹tʂuo⁰

出点子　tʂhu²¹²⁻²¹tiæ⁴³⁴⁻³⁴tsʅ⁰　想主意

觉得　tɕyo²¹²⁻²⁴tei⁰　猜想

断定　tuæ̃⁴² tiŋ⁴²　料定

肯定　khɛ̃⁴³⁴⁻³⁴ tiŋ⁴²

主张　tʂu⁴³⁴⁻⁴⁴tʂaŋ²¹²

相信　ɕiaŋ²¹²⁻²¹ɕiɛ̃⁴²

疑惑　i⁵⁵xuo⁰/xuei⁰　怀疑

留神　liəu⁵⁵ʂẽ⁵⁵

　　留意　liəu⁵⁵ i⁴²

怕　pha⁴²　害怕

吓着啦　ɕia²¹²⁻²¹tʂuo⁰la⁰　吓着了

吓掉魂啦　ɕia²¹²⁻²¹tiɑo⁴²xuẽ⁵⁵ la⁰　吓掉魂了

急　tɕi⁵⁵　着急

念乎　niæ⁴³⁴ xu⁰　挂念

放心　faŋ⁴² ɕiẽ²¹²

眼巴眼望　iæ⁴³⁴⁻⁴⁴ pa²¹²⁻²¹ iæ⁴³⁴⁻³⁴ uaŋ⁴²　盼望

巴不得的　pa²¹²⁻²¹pu⁵⁵tei²¹²⁻²¹ti⁰　巴不得

记着　tɕi⁴² tʂuo⁰　记住

忘啦　uaŋ⁴²la⁰　忘记了

想起来啦　ɕiaŋ⁴³⁴⁻³⁴ tɕhi⁴³⁴⁻⁴⁴ læi⁰la⁰　想起来了

　　记起来啦　tɕi⁴² tɕhi⁴³⁴⁻⁴⁴ læi⁰la⁰

起眼　tɕhi⁴³⁴⁻³⁴ iæ⁴³⁴　眼红 (嫉妒)

烦人　fæ̃⁵⁵ z̩ẽ⁵⁵　讨厌

腌臜　ɣa²¹²⁻²¹tsa⁰　①脏；②讽刺，挖苦：~ ~人；③讨厌

腌里八脏　ɣa²¹²⁻²¹li⁻⁵pa²¹²⁻²¹tsɑŋ²¹²　肮脏

恨　xẽ⁴²

眼热　iæ⁴³⁴⁻⁴⁴ z̩ɤ²¹²　羡慕

偏心眼　phiæ²¹²⁻²⁴ɕiẽ²¹²⁻²¹iæ⁴³⁴　偏心

忌妒　tɕi⁴²tu⁰

怄气　ɣəu⁴² tɕhi⁴²

别劲　piɛ⁵⁵tɕiẽ⁴²

　　摽劲　piɑo⁴²tɕiẽ⁴²

　　拧劲头　niŋ⁵⁵ tɕiẽ⁴² thəu⁵⁵

埋怨　mæi⁵⁵yæ̃⁴²　抱怨

憋得慌　piɛ²¹²⁻²¹ti⁰xuɑŋ²¹²　憋气

憋着气　piɛ²¹²⁻²¹tʂuo⁰tɕhi⁴²

生气　ʂəŋ²¹²⁻²¹ tɕhi⁴²

　　冒火儿　mɑɔ⁴² xur⁴³⁴

　　恼火儿　nɑɔ⁴³⁴⁻³⁴xuor⁴³⁴

恼啦　nɑɔ⁴³⁴la⁰　恼了

爱惜　ɣæi⁴²ɕi²¹²　（对物）爱惜

疼　thəŋ⁵⁵（对人）疼爱

喜欢　ɕi²¹²⁻²⁴ xuæ̃²¹²

感谢　kæ̃⁴³⁴⁻³⁴ɕiɛ⁴²

惯　kuæ⁴²　娇惯

　　娇惯　tɕiɑɔ²¹²⁻²¹xuæ̃⁻⁵

宠　tʂhuŋ⁴³⁴　宠爱

让　zɑŋ⁴²　迁就

不甜乎人　pu²¹²⁻²¹thiæ̃⁵⁵xu⁰zɤ̃⁵⁵　不讨人喜欢

瘆人　ʂɤ̃⁴²zɤ̃⁵⁵　怕人，吓人

帱＝　tʂuæ⁴³⁴　怂恿

说话　ʂuo²¹²⁻²¹xua⁴²

拉呱儿　la⁵⁵kuar⁴³⁴　聊天

搭茬儿　ta²¹²⁻²¹ tʂhar⁵⁵

不吱声　pu²¹²⁻²¹ tʂʅ²¹²⁻²⁴ ʂəŋ²¹²　不作声

　　不唧声　pu²¹²⁻²¹ tɕi⁵⁵ ʂəŋ²¹²

　　不吭声儿　pu²¹²⁻²¹ khəŋ²¹²⁻²⁴ ʂəŋr²¹²

　　不吭气儿　pu²¹²⁻²⁴ khəŋ²¹²⁻²¹ tɕhir⁴²

哄　xuŋ⁴³⁴　①哄（～小孩）；②骗（我～你玩的，不是真的）

对…讲　tei⁴²…tɕiaŋ⁴³⁴　告诉

　　给…讲　kei⁵⁵…tɕiaŋ⁴³⁴

诤点子　tʂəŋ⁴² tiæ̃⁴³⁴⁻³⁴ tsʅ⁰　抬杠，争论

犟嘴　tɕiaŋ⁴² tsuei⁴³⁴　顶嘴

吵架　tʂhɑɔ⁴³⁴⁻⁴⁴ tɕia⁴²

磨牙　mo⁵⁵ ia⁵⁵　小孩子吵架

剀架儿　khei⁵⁵ tɕiar⁴²　打架

剋 khei⁵⁵

干架 kæ⁴²tɕia⁴²

骂 ma⁴²（破口）骂

绝＝ tsuo⁵⁵

吵 tʂhɑɔ⁴³⁴

挨噘 ɣæi⁵⁵tɕyo⁵⁵ 挨骂

数落 ʂuo⁴³⁴⁻⁴⁴luo⁰

嘱咐 tʂu²¹²⁻²¹fu⁰

挨熊 ɣæi⁵⁵ɕyŋ⁵⁵ 挨说（挨批评）

挨吵 ɣæi⁵⁵tʂhɑɔ⁴³⁴

挨绝＝ ɣæi⁵⁵tsuo⁵⁵

招屌烟 tʂɑɔ²¹²⁻²¹tiɑɔ⁴³⁴⁻⁴⁴iæ̃²¹²

嘟噜 tu²¹²⁻²¹lu⁰ 叨唠

啰嗦 luo²¹²⁻²¹suo⁰

嘟哝 tu²¹²⁻²¹nuŋ⁰

喊 xæ̃⁴³⁴ ~他来

央唤 iaŋ²¹²⁻²¹xuæ̃⁴²

嚎 xɑɔ⁵⁵ 小孩子哭叫

嗷 ɣɑɔ²¹² 哭叫

二十三、位置

上头 ʂaŋ⁴²thəu⁰ 上面

顶上 tiŋ⁴³⁴⁻³⁴ʂaŋ⁰

底下 ti⁴³⁴⁻³⁴ɕia⁰ 下面

地上 ti⁴²ʂaŋ⁰ 当心！别掉~了

柳＝地 liəu⁴³⁴⁻³⁴ti⁴² 地上（~脏极了），亦说"溜地"

天上 thiæ̃²¹²⁻²¹ʂaŋ⁰

山上 ʂæ̃²¹²⁻²¹ʂaŋ⁰

路上 lu⁴²ʂaŋ⁰

街上 tɕiɛ²¹²⁻²¹ʂaŋ⁰

墙上　tɕhiaŋ⁵⁵ ʂaŋ⁰

门上　mẽ⁵⁵ ʂaŋ⁰

桌子上　tʂuo²¹²⁻²¹tsʅ⁰ ʂaŋ⁴²　桌上

椅子上　iꞌ⁴³⁴⁻³⁴ tsʅ⁰ ʂaŋ⁰

拐角儿　kuæi⁴³⁴⁻⁴⁴tɕyor²¹²　角儿

边儿　piæ̃r²¹²

　拐儿　kuæir⁴³⁴

边儿上　piæ̃r²¹²⁻²¹ʂaŋ⁰　边儿上

里面　li⁴³⁴⁻⁴⁴ miæ̃⁰

里头　li⁴³⁴⁻⁴⁴ thəu⁰

里边儿　li⁴³⁴⁻³⁴ piæ̃r²¹²

外面　uæi⁴² miæ̃⁰

外头　uæi⁴² thəu⁰

外边儿　uæi⁴² piæ̃r²¹²

手里　ʂəu⁴³⁴⁻³⁴ li⁰

心里　ɕiẽ²¹²⁻²¹ li⁰

　肚子里　tu⁴²tsʅ⁰ li⁰

城外　tʂhəŋ⁵⁵ uæi⁴²

大门外头　ta⁴²mẽ⁵⁵uæi⁴² thəu⁰

墙外头　tɕhiaŋ⁵⁵uæi⁴² thəu⁰　墙外

窗户外头　tʂhuaŋ²¹²⁻²¹xu⁰ uæi⁴² thəu⁰

车上　tʂhɤ²¹²⁻²¹ʂaŋ⁰　车上（～坐着人）

车外头　tʂhɤ²¹²⁻²¹ uæi⁴² thəu⁰　车外（～下着雪）

车前　tʂhɤ²¹²⁻²¹ tɕhiæ̃⁵⁵

车后　tʂhɤ²¹²⁻²¹ xəu⁴²

前头　tɕhiæ̃⁵⁵ thəu⁰　前边

后头　xəu⁴² thəu⁰　后边

山前　ʂæ̃²¹²⁻²¹tɕhiæ̃⁵⁵

山后　ʂæ̃²¹²⁻²¹xəu⁴²

房前　faŋ⁵⁵ tɕhiæ̃⁵⁵

275

屋后　u²¹²⁻²¹xəu⁴²　房后

　家后　tɕhia²¹²⁻²¹ xəu⁴²

背后　pei⁴² xəu⁰

　脊骨后头　tɕiẽ²¹²⁻²⁴ku²¹²xəu⁴²thəu⁰

以前　i⁴³⁴⁻⁴⁴tɕhiæ̃⁵⁵

往上　uaŋ⁴³⁴⁻³⁴ ʂaŋ⁴²

从前　tsuŋ⁵⁵ tɕhiæ̃⁵⁵

以后　i⁴³⁴⁻³⁴ xəu⁴²

以上　i⁴³⁴⁻³⁴ ʂaŋ⁴²

以下　i⁴³⁴⁻³⁴ ɕia⁴²

后来　xəu⁴² læi⁰

东边儿　tuŋ²¹²⁻²⁴piæ̃r²¹²　东方；东边

西边儿　ɕi²¹²⁻²⁴ piæ̃r²¹²　西方；西边

南边儿　næ̃⁵⁵ piæ̃r²¹²　南方；南边

北边儿　pei²¹²⁻²⁴ piæ̃r²¹²　北方；北边

东南　tuŋ²¹²⁻²¹ næ̃⁵⁵

东北　tuŋ²¹²⁻²⁴ pei²¹²

西南　ɕi²¹²⁻²⁴ næ̃⁵⁵

西北　ɕi²¹²⁻²⁴ pei²¹²

路边儿　lu⁴²piæ̃r²¹²

当间（儿）　taŋ²¹²⁻²¹tɕiæ̃r²¹²⁻²⁴

　当中　taŋ²¹²⁻²⁴tsuŋ²¹²

床底下　tʂhaŋ⁵⁵ti⁴³⁴⁻³⁴ɕia⁰

楼底下　ləu⁵⁵ti⁴³⁴⁻³⁴ɕia⁰

脚底下　tɕyo²¹²⁻²¹ti⁴³⁴⁻³⁴ɕia⁰

（以下三条指器物底部）

碗底儿　uæ̃⁴³⁴⁻³⁴trɛr⁴³⁴ /tiər⁴³⁴

锅底儿　kuo²¹²⁻²¹trɛr⁴³⁴ /tiər⁴³⁴

缸底儿　kaŋ²¹²⁻²¹trɛr⁴³⁴ /tiər⁴³⁴

当中　taŋ²¹²⁻²⁴ tʂuŋ²¹²　中间

当间儿　taŋ²¹²⁻²¹ tɕiæ̃r²¹²⁻²⁴

当央　taŋ²¹²⁻²⁴iaŋ²¹²

当瓤⁼　taŋ²¹²⁻²¹zɑŋ⁵⁵

旁边儿　phɑŋ⁵⁵ piæ̃r²¹²　旁边

附近　fu⁴² tɕiɛ⁴²

跟前　kẽ²¹²⁻²¹ tɕhiæ⁵⁵　跟前儿

　眼底下　iæ̃⁴³⁴⁻³⁴ ti⁴³⁴⁻³⁴çia⁰

　脸面前　liæ̃⁴³⁴⁻³⁴ miæ̃⁴² tɕhiæ⁵⁵

对面儿　tei⁴²miæ̃r⁴²　对面

　对过儿　tei⁴² kuor⁴²

　对门儿　tei⁴² mẽr⁵⁵

隔壁　kei²¹²⁻²⁴ pi²¹²

　紧邻　tɕiẽ⁴³⁴⁻⁴⁴liẽ⁵⁵

　门连门儿　mẽ⁵⁵ liæ̃⁵⁵mẽr⁵⁵

　挨着　ɣæi²¹²⁻²¹ tʂuo⁰

隔开　kei²¹²⁻²⁴khæi⁰

靠近　khɑɔ⁴² tɕiɛ⁴²

离远点儿　li⁴²yæ̃⁴³⁴⁻³⁴ tiæ̃r⁴³⁴　远离

啥地府⁼　ʂa⁵⁵ti⁴²fu⁰　什么地方

左边儿　tsuo⁴³⁴⁻⁴⁴ piær²¹²　左边

右边儿　iəu⁴² piær²¹²　右边

往里走　uaŋ⁴³⁴⁻³⁴li⁴³⁴⁻³⁴tsəu⁴³⁴　望里走

往外走　uaŋ⁴³⁴⁻³⁴uæi⁴²tsəu⁴³⁴　望外走

往东走　uaŋ⁴³⁴⁻⁴⁴tuŋ²¹²⁻²¹tsəu⁴³⁴　望东走

往西走　uaŋ⁴³⁴⁻⁴⁴çi²¹²⁻²¹tsəu⁴³⁴　望西走

往回走　uaŋ⁴³⁴⁻⁴⁴xuei⁵⁵tsəu⁴³⁴　望回走

往前走　uaŋ⁴³⁴⁻⁴⁴tɕhiæ⁵⁵tsəu⁴³⁴　望前走

…以东　i⁴³⁴⁻⁴⁴ tuŋ²¹²

…以西　i⁴³⁴⁻⁴⁴ çi²¹²

…以南　i⁴³⁴⁻⁴⁴næ̃⁵⁵

…以北　i$^{434-44}$ pei^{212}

…以内　i$^{434-34}$ nei^{42}　以内，之内

…以外　i$^{434-34}$ uæi^{42}　以外，之外

…以来　i$^{434-44}$ læi^{55}

…以后　i$^{434-34}$ xəu^{42}　以后，之后

…以前　i$^{434-44}$ tɕhiæ̃^{55}　以前，之前

…之间　tʂʅ$^{212-24}$ tɕiæ̃^{212}

…以上　i$^{434-34}$ ʂɑŋ^{42}　以上，之上

…以下　i$^{434-34}$ ɕia^{42}　以下，之下

二十四、代词等

我　uo^{434}

　　俺　ɣæ̃^{434}

你　ni^{434}

恁　nẽ^{434}　你，你们；您

　　恁家　nẽ^{434} tɕia^{0}　你，你们

他　tha^{434}

我们　uo^{434} mẽ^{0}

　　俺们　ɣæ̃^{434} mẽ^{0}

　　俺几个　ɣæ̃$^{434-34}$ tɕi$^{434-34}$ kɤ^{0}

咱们　tsæ̃$^{434-44}$ mẽ^{0}

　　咱　tsæ̃^{434}

　　咱几个　tsæ̃^{434} tɕi$^{434-34}$ kɤ^{0}

你们　ni$^{434-44}$ mẽ^{0}

　　你们几个　ni$^{434-44}$ mẽ^{0} tɕi^{434} kɤ^{0}

他们　tha$^{434-44}$ mẽ^{0}

　　他们几个　tha$^{434-44}$ mẽ^{0} tɕi^{434} kɤ^{0}

俺的　ɣæ̃^{434}ti^{0}　我的

　　咱的　tsæ̃^{55}ti^{0}

别人　piɛ^{55} zẽ^{0}

旁人　phaŋ⁵⁵ zẽ⁰

人家　zẽ⁵⁵tɕia⁰

大家　ta⁴²tɕia²¹²

谁？　ʂei⁵⁵

　谁个？　ʂei⁵⁵kɤ⁰

　谁家？　ʂei⁵⁵tɕia⁰

这　tʂɤ⁴²

那　na⁴²

这个　tʂɤ⁴²kɤ⁰

那个　na⁴²kɤ⁰

哪个？na⁴³⁴⁻³⁴kɤ⁰

这些　ʂɤ⁴²ɕiɛ⁰

那些　na⁴²ɕiɛ⁰

哪些？na⁴³⁴⁻³⁴ɕiɛ⁰

这里　tʂɤ⁴²li⁰

　这来　læi⁰

那里　na⁴²li⁰

　那来　na⁴²læi⁰

哪里？na⁴³⁴⁻³⁴li⁰

　哪来？na⁴³⁴⁻³⁴læi⁰

这么　tʂɤ⁴²mɤ⁰　这么(高、做)

那么　na⁴²mɤ⁰　那么(高、做)

　□么　nẽ⁴²mɤ⁰

　弄⁼么　nəŋ⁴²mɤ⁰

怎么　tsẽ⁴³⁴⁻³⁴mɤ⁰　怎么(做)?

　咋　tsa⁴³⁴

咋办？　tsa⁴³⁴⁻³⁴pa⁴²　怎么办？

为啥？　uei⁵⁵ʂa⁵⁵　为什么？

什芒⁼/什么？　ʂəŋ⁵⁵maŋ⁰/ʂẽ⁴²mɤ⁰

　什芒⁼/什么子？　ʂəŋ⁵⁵maŋ⁰/ʂẽ⁴²mo⁰tsɿ⁰

279

啥　ʂa⁵⁵

　啥子　ʂa⁵⁵tsʅ⁰

啥黄子　ʂa⁵⁵xuɑŋ⁵⁵ tsʅ⁰　什么玩意？

多咱？　tuo²¹²⁻²¹tsæ⁴³⁴　什么时候？

　啥时候　ʂa⁵⁵ʂʅ⁵⁵xəu⁰

多少？　tuo²¹²⁻²¹ʂɑɔ⁴³⁴　~钱？

多　tuo²¹²　多 (久、高、大、厚、重)？

咱俩　tsæ⁴³⁴⁻³⁴lia⁴³⁴　我们俩；咱们俩

　俺俩　ɣæ⁴³⁴⁻³⁴lia⁴³⁴

恁俩　nẽ⁴³⁴⁻³⁴ lia⁴³⁴　你们俩

他俩　tha²¹²⁻²¹ lia⁴³⁴　他们俩

两口子　liaŋ⁴³⁴⁻³⁴khəu⁴³⁴⁻³⁴tsʅ⁰　夫妻俩

娘儿俩　niɑŋr⁵⁵ lia⁴³⁴　娘儿俩 (母亲和子女)；婆媳俩；姑侄俩

爷儿俩　ier⁵⁵ lia⁴³⁴　爷儿俩 (父亲和子女)；爷孙俩；舅甥俩；叔侄俩

妯娌俩　tʂu⁵⁵li⁰lia⁴³⁴

弟兄俩　ti⁴²çyŋ⁰lia⁴³⁴　兄弟俩

　弟俩　ti⁴² lia⁴³⁴

姊妹俩　tsʅ⁴³⁴⁻³⁴mei⁴² lia⁴³⁴　姐妹俩；兄妹俩；姐弟俩；姑嫂俩

师徒俩　ʂʅ²¹²⁻²¹thu⁵⁵ lia⁴³⁴

爷们儿　iɛ⁵⁵ mẽr⁰　男人之间的称呼，不分辈分

姊妹们　tsʅ⁴³⁴⁻³⁴mei⁴² mẽ⁰

妯娌们　tʂu⁵⁵li⁰ mẽ⁰

姑嫂们　ku²¹²⁻²¹sɑɔ⁴³⁴ mẽ⁰

师徒爷们儿　ʂʅ²¹²⁻²¹thu⁵⁵iɛ⁵⁵mẽr⁰　师徒们

二十五、形容词

好　xɑɔ⁴³⁴　这个比那个 ~ 些

不瓤　pu²¹²⁻²¹zɑŋ⁵⁵　不错 (颇好之意)

差不多儿　tʂha²¹²⁻²¹pu⁰ tuor²¹²　差不多

　离不离　li⁵⁵pu⁰li⁵⁵

差不离儿　tʂha²¹²⁻²¹ pu⁰ lir⁵⁵

不怎么样儿　pu²¹²⁻²¹ tsẽ⁴³⁴⁻³⁴ mɤ⁰ iɑŋr

　不咋样　pu²¹²⁻²¹tsa⁴³⁴⁻³⁴iɑŋ⁴²

不顶事　pu²¹²⁻²¹tiŋ⁴³⁴⁻³⁴ʂʅ⁴²

　不管事　pu²¹²⁻²¹kuæ̃⁴³⁴⁻⁴⁴ ʂʅ⁴²

　不管玩儿　pu²¹²⁻²¹ kuæ̃⁴³⁴⁻⁴⁴uæ̃r⁵⁵

坏　xuæi⁴²　不好

　孬　nɑɔ⁴³⁴

凑乎　tshou⁴²xu⁰　凑合

不翻过　pu²¹²⁻²⁴fæ̃²¹²⁻²¹kuo⁴²　不开窍

俊　tsuẽ⁴²　美

　好看　xɑɔ⁴³⁴⁻³⁴ khæ̃⁴²

俏　tɕhiɑɔ⁴³⁴　俏（女的）

丑　tʂhəu⁴³⁴　丑（难看）

要紧　iɑɔ⁴²tɕhiẽ⁴³⁴

热闹　zɤ²¹²⁻²¹nɑɔ⁰

冷冷清清的　ləŋ⁴³⁴⁻³⁴ləŋ⁰tɕhiŋ²¹²⁻²¹tɕhiŋ⁰ti⁰　冷清

结实　tɕiɛ²¹²⁻²¹ʂʅ⁻⁵　坚固

硬　iŋ⁴²

瓢　z̩ɑŋ⁵⁵　软

干净　kæ̃²¹²⁻²¹tɕiŋ⁴²

脏　tsɑŋ²¹²　不干净

咸　tɕiæ̃⁵⁵

盐味儿小　iæ̃⁵⁵uæ̃r⁴²ɕiɑɔ⁴³⁴　淡（不咸）

　没盐儿　mei²¹²⁻²¹iæ̃r⁵⁵

香　ɕiɑŋ²¹²

臭　tʂhəu⁴²

酸　suæ̃²¹²

甜　tiæ̃⁵⁵

苦　khu⁴³⁴

辣 la²¹²

稀 ɕi²¹²　粥太~了

稠 tʂhu⁵⁵　粥太~了

稀 ɕi²¹²　不密

密 mi²¹²

紧 tɕiẽ⁴³⁴

肥 fei⁵⁵　指动物脂肪多:鸡很~

胖 phaŋ⁴²　胖(指人)

瘦 ʂəu⁴²　不肥,不胖

瘦 ʂəu⁴²　瘦(指肉)

舒服 ʂu²¹²⁻²¹ fu⁰

　恣儿 tsʅr⁴²

难受 næ̃⁵⁵ ʂəu⁴²

不得劲 pu²¹²⁻²⁴tei²¹²⁻²¹ tɕiẽ⁴²

腼腼腆儿腆儿 miæ̃⁴³⁴miæ̃⁰tiæ̃r⁴³⁴ tiæ̃r⁰　腼腆

　面筋 miæ̃⁴² tɕiẽ⁰

　面面唧唧的 miæ̃⁴²miæ̃⁰tɕi²¹²⁻²¹tɕi⁰

乖 kuæi²¹²　毛孩才~

淘气 thao⁵⁵ tɕhi⁴²

调皮 thiɑo⁵⁵ phi⁵⁵

　皮 phi⁵⁵

皮脸 phi⁵⁵ liæ̃⁴³⁴　厚脸皮

　橡皮脸 ɕiaŋ⁴² phi⁵⁵ liæ̃⁴³⁴

管 kuæ̃⁴³⁴　(这小伙子)真行

不管 pu²¹²⁻²¹kuæ̃⁴³⁴　(那个家伙)不行

缺德 tɕhyo²¹²⁻²⁴tei²¹²

聪明 tshuŋ²¹²⁻²¹miŋ⁰　机灵

精 tɕiŋ²¹²　过于聪明

灵巧 liŋ⁵⁵tɕhiɑo⁰　她有一双~的手

糊涂 xu⁵⁵ thu⁰

窝囊废　uo²¹²⁻²¹naŋ⁰fei⁴²　脓包（无用的人）

孬熊　naɔ²¹²⁻²¹ɕyŋ⁵⁵　孬种

搜抠　səu²¹²⁻²⁴khəu²¹²　小气

大方　ta⁴²faŋ⁰

整个的　tʂəŋ⁴³⁴kɤ⁰ti⁰　整（鸡蛋吃～的）

浑　xuẽ⁵⁵　～身是汗

凸　tu²¹²

凹　ua⁴²

凉快　liaŋ⁵⁵khuæi⁰

闭静　pi⁴²tɕin⁴²　背静

晃悠　xuaŋ⁴²iəu⁰　活动的、不稳固

地道　ti⁴²taɔ⁰　～四川风味

　　正不倒的　tʂəŋ⁴²pu²¹²⁻²¹taɔ⁴³⁴ti⁰

整齐　tʂəŋ⁴³⁴⁻⁴⁴tshi⁵⁵

　　齐斩　tɕhi⁵⁵tʂæ̃⁴³⁴

乱　luæ̃⁴²

称心　tʂhẽ⁴²ɕiẽ²¹²

早　tsaɔ⁴³⁴

晚　uæ̃⁴³⁴　来～了

多　tuo²¹²

少　ʂaɔ⁴³⁴

大　ta⁴²

小　ɕiaɔ⁴³⁴

长　tʂhaŋ⁵⁵

短　tuæ̃⁴³⁴

矬　tshuo⁵⁵

宽　khuæ̃²¹²

窄　tʂei²¹²

厚　xəu⁴²

薄　po⁵⁵

深　tʂhẽ²¹²/ ʂẽ²¹²

浅　tshiæ̃⁴³⁴

高　kɑɔ²¹²

低　ti²¹²

矮　ɣæi⁴³⁴/iæi⁴³⁴

快　khuæi⁴²

慢　mæ̃⁴²

　粘　niæ̃²¹²　真~

正　tʂən⁴²

歪　uæi²¹²

斜　ɕiɛ⁵⁵

红　xuŋ⁵⁵

大红　ta⁴² xuŋ⁵⁵

紫红　tsɿ⁴³⁴ xuŋ⁵⁵

正红　tʂən⁴² xuŋ⁵⁵　中国红

橘红　tɕy²¹²⁻²¹ xuŋ⁵⁵

桃红　thɑɔ⁵⁵xuŋ⁵⁵

白红　pei⁵⁵ xuŋ⁵⁵

绛红　tɕiɑŋ⁴² xuŋ⁵⁵

砖红　tʂuæ²¹²⁻²¹xuŋ⁵⁵

枣红　tsɑɔ⁴³⁴⁻⁴⁴ xuŋ⁵⁵

西瓜红　ɕi²¹²⁻²⁴kua²¹²⁻²¹ xuŋ⁵⁵

水红　ʂuei⁴³⁴⁻⁴⁴ xuŋ⁵⁵

玫红　mei⁵⁵ xuŋ⁵⁵

铁锈红　thiɛ²¹²⁻²¹ɕiəu⁴²xuŋ⁵⁵

夕阳红　ɕi²¹²⁻²¹iɑŋ⁵⁵ xuŋ⁵⁵

雪青红　suo²¹²⁻²⁴tɕhiŋ²¹²⁻²¹ xuŋ⁵⁵

粉红　fẽ⁴³⁴⁻⁴⁴ xuŋ⁵⁵

蓝　læ̃⁵⁵

淡蓝　tæ̃⁴²læ̃⁵⁵　浅蓝

湖蓝　xu⁵⁵læ̃⁵⁵

海蓝　xæi⁴³⁴⁻⁴⁴læ̃⁵⁵

军蓝　tɕyẽ²¹²⁻²¹ læ̃⁵⁵

宝蓝　pɑɔ⁴³⁴⁻⁴⁴ læ̃⁵⁵

褐蓝　xɤ⁴² læ̃⁵⁵

藏蓝　tsɑŋ⁴² læ̃⁵⁵

孔雀蓝　khuŋ⁴³⁴⁻⁴⁴ tɕhy²¹² læ̃⁵⁵

海衫蓝　xæi⁴³⁴⁻⁴⁴ʂæ̃²¹²⁻²¹ læ̃⁵⁵

天蓝　tiæ̃²¹²⁻²¹ læ̃⁵⁵

绿　lu²¹²

草绿　tshɑɔ⁴³⁴⁻⁴⁴ lu²¹²

松黄绿　suŋ²¹²⁻²⁴lu²¹²

墨绿　mei²¹²⁻²⁴lu²¹²

深绿　tʂhẽ²¹²⁻²⁴lu²¹²

军绿　tɕyẽ²¹²⁻²⁴lu²¹²

豆绿　təu⁴² lu²¹²

白　pei⁵⁵

灰白　xuei²¹²⁻²¹pei⁵⁵

漂白　phiɑɔ⁴³⁴⁻⁴⁴pei⁵⁵

雪白　suo²¹²⁻²¹ pei⁵⁵

奶白　næi⁴³⁴⁻⁴⁴pei⁵⁵

银白　iẽ⁵⁵pei⁵⁵

灰　xuei²¹²

银灰　iẽ⁵⁵xuei²¹²

军灰　tɕyẽ²¹²⁻²⁴xuei²¹²

烟灰　iæ̃²¹²⁻²⁴xuei²¹²

黄　xuaŋ⁵⁵

鹅黄　ɤ⁵⁵ xuaŋ⁵⁵

杏黄　ɕiŋ⁴² xuaŋ⁵⁵

军黄　tɕyẽ²¹²⁻²¹ xuaŋ⁵⁵

285

蛋黄　tæ̃⁴²xuaŋ⁵⁵

土黄　thu⁴³⁴⁻⁴⁴xuaŋ⁵⁵

橘黄　tɕy²¹²⁻²¹xuaŋ⁵⁵

松黄　suŋ²¹²⁻²¹xuaŋ⁵⁵

青　tɕhiŋ²¹²

豆青　təu⁴²tɕhiŋ²¹²

藏青　tsaŋ⁴²tɕhiŋ²¹²

雪青　suo²¹²⁻²⁴tɕhiŋ²¹²

鸭蛋青　ia²¹²⁻²¹tæ̃⁴²tɕhiŋ²¹²

紫　tsʅ⁴³⁴

品紫　phiẽ⁴³⁴⁻³⁴tsʅ⁴³⁴

玫瑰紫　mei⁵⁵kuei⁰tsʅ⁴³⁴

青紫　tɕhiŋ²¹²⁻²¹tsʅ⁴³⁴

茄紫　tɕhiɛ⁵⁵tsʅ⁴³⁴

乌紫烂青　u²¹²⁻²¹tsʅ⁴³⁴læ̃⁴²tɕhiŋ²¹²　又青又紫

古铜色　ku⁴³⁴⁻⁴⁴thuŋ⁵⁵ʂei²¹²　古铜（色）

黑　xei²¹²

二十六、副词、介词等

才将　tshæi⁵⁵tɕiaŋ²¹²　刚（我～来，没赶上）

　将才　tsiaŋ²¹²⁻²¹tshæi⁵⁵

　才　tshæi⁵⁵

　将　tɕiaŋ²¹²

将好　tɕiaŋ²¹²⁻²¹xɑɔ⁴³⁴　刚好（～十块钱）

　正好　tʂəŋ⁴²xɑɔ⁴³⁴

正　tʂəŋ⁴²　刚（不大不小，～合适）

正好　tʂəŋ⁴²xɑɔ⁴³⁴　刚巧（～我在那儿）

划　tʂhæ̃⁴³⁴　净（～吃米，不吃面）；总是

　老是　lɑɔ⁴³⁴⁻³⁴ʂʅ⁴²　～是吃红芋干

有点儿　iəu⁴³⁴⁻³⁴tiæ̃r⁴³⁴　天～冷

恐怕　khuŋ⁴³⁴⁻³⁴ pa⁴²　怕（也许：~要下雨）

也许　iɛ⁴³⁴⁻³⁴ɕy⁴³⁴　也许（明天~要下雨）

差（一）点儿　tʂha²¹²⁻²¹ i²¹²⁻²¹ tiæ̃r⁴³⁴　差点儿（~摔了）

非…不　fei²¹²…pu²¹²　非到（九）点不开会

　　不…不　pu²¹²…pu²¹²　不到（九）点不开会

　　非…不　fei²¹²…tsæi⁵⁵　非到（九）点才开会

马上　ma⁴³⁴⁻³⁴ʂɑŋ⁴²　~就来

　　马展　ma⁴³⁴⁻³⁴tʂæ̃⁰

立鼻呵声　li²¹²⁻²¹pi⁵⁵xɤ²¹²⁻²⁴səŋ²¹²　立即；马上；随即

立马　li²¹²⁻²¹ma⁴³⁴

趁早儿　tʂhẽ⁴²tsɑɔr⁴³⁴　~走吧

早晚　tsɑɔ⁴³⁴⁻³⁴uæ⁰　随时：~来都行

眼看　iæ̃⁴³⁴khæ̃⁴²　~就到期了

多亏　tuo²¹²⁻²⁴khuei²¹²　幸亏（~你来了，要不然我们就走错了）

　　亏得　khuei²¹²⁻²¹tei⁰

当面　tɑŋ²¹²⁻²¹miæ̃⁴²　有话~说

背后　pei⁴²xəu⁰　背地（不要~说）

一齐　i²¹²⁻²¹tɕhi⁵⁵　一块儿（咱们~去）

　　一坨　i²¹²⁻²¹thuo⁵⁵

一个□儿　i²¹²⁻²¹kɤ⁰tʂueir⁴³⁴　一个人（自己：他~去）

顺便　ʂuẽ⁴²piæ̃⁴²　顺便儿（请他~给我买本书）

　　顺捎　ʂuẽ⁴²ʂɑɔ²¹²

有意儿　iəu⁴³⁴⁻³⁴ir⁴²　故意（~捣乱）

　　特意　tei⁵⁵·i⁴²

到底　tɑɔ⁴²ti⁴³⁴　到了儿（他~走了没有，你要问清楚）

根本儿　kẽ²¹²⁻²¹pẽr⁴³⁴　压根儿（他~不知道）

真　tʂẽ²¹²　实在（这人~好）

快四十　khuæi⁴²sʅ⁴² sʅ⁵⁵　平四十（接近四十：这人已经~了）

总共　tsuŋ⁴³⁴⁻³⁴kuŋ⁴²　一共（~才十个人）

　　拢共　luŋ⁴³⁴⁻³⁴kuŋ⁴²

拢共拢　tsuŋ⁴³⁴⁻³⁴ kuŋ⁴² luŋ⁴³⁴

□ pæi⁵⁵　不要 (慢慢儿走 , ~ 跑)

白　pei⁵⁵　①不要钱 : ~ 吃 ; ②空 : ~ 跑一趟

偏　phiæ²¹²　你不叫我去 , 我 ~ 去

胡　xu⁵⁵　~ 搞 , ~ 说

　瞎　çia²¹²

先　çiæ²¹²　你 ~ 走 , 我随后就来

先前　çiæ²¹²tçhiæ⁵⁵　先 (他 ~ 不知道 , 后来才听人说的)

　头先　thəu⁵⁵çiæ²¹²

另外　liŋ⁴² uæi⁴²　~ 还有一个人

喷　ᵖphẽ⁴²　正 (两个小孩 ~ 吵架来)

赌　tçhiŋ⁵⁵　只管 (恁 ~ 等着吃)

划　tʂhæ⁴³⁴　(老派) /tshæ̃⁴³⁴ (新派) 总是 ; 不停地

怪　kuæi⁴²　很 (~ 能来)

叫　tçiɑo⁴²　被 (~ 狗咬了一口)

把　pa⁴²　~ 门关上

对　tuei⁴²/tei⁴²　你 ~ 他好 , 他就 ~ 你好

对着　tuei⁴²/tei⁴²　他 ~ 我直笑

上　ʂaŋ⁴²　到 (~ 哪儿去 ?)

到　tɑo⁴²　~ 哪天为止 ?

到　tɑo⁴²　扔 ~ 水里

先　çiæ²¹²　在…之前 : ~ 吃饭 , 洗手

　头来　thəu⁵⁵læi⁵⁵

在　tsæi⁴²　~ 哪儿住家 ?

　搁　kɤ²¹²

打　ta⁴³⁴　从 (~ 哪儿走 ?)

自从　tsʅ⁴² tshuŋ⁵⁵　~ 他走后我一直不放心

　从　tshuŋ⁵⁵

　自　tsʅ⁴²

　打　ta⁴³⁴

起　ɕi⁴³⁴

照　tʂɑɔ⁴² ①按照：～这样做就好；②依：～我看不算错

用　ʐuŋ⁴² 你～毛笔写

　　使　ʂ̩⁴³⁴

顺着　ʂuẽ⁴² tʂuo⁰ ～这条大路一直走

　　沿着　iæ̃⁵⁵ tsuõ⁰

朝　tʂhɑɔ⁵⁵ ～后头看看

替　thi⁴² 你～我写封信

替　thi⁴² 给（～大家办事）

给　kei⁵⁵ 他把门～关上了

给我　kei⁵⁵uo⁰ 虚用，加重语气：你～吃干净这碗饭！

跟　kẽ²¹² 和（这个～那个一样）

向　ɕiaŋ⁴² ～他打听一下

　　问　uẽ⁴² 向（～他借一本书）

向　ɕiaŋ⁴² ～他学习

管…叫　kuæ̃⁴³⁴…tɕiaɔ⁴² 有些地方管白薯叫山药

拿…当　na⁵⁵…taŋ²¹² 有些地方拿麦秸当柴烧

从小　tshuŋ⁵⁵ɕiɑɔ⁴³⁴ 他～就能吃苦

　　打小　ta⁴³⁴⁻³⁴ ɕiɑɔ⁴³⁴

　　起小　tɕhi⁴³⁴⁻³⁴ ɕiɑɔ⁴³⁴

　　依小　i²¹²⁻²¹ ɕiɑɔ⁴³⁴

往外　uaŋ⁴²uæi⁴² 望外（老王钱多，不～拿）

赶　kæ̃⁴³⁴ 你得天黑以前～到

还　xæi⁵⁵ ～不来

特别　thei⁵⁵piɛ⁵⁵ ～好

二十七、量词

把　pa⁴³⁴ 一～（椅子）

pẽ⁴³⁴ 一～本（书）

笔　pi⁵⁵ 一～（钱、款子）

匹 phi²¹² 一~（马）

头 thəu⁵⁵ 一~（牛、牛、老母鸡）

封 fəŋ²¹² 一~（信）

服 fu⁴² 剂：一~（药）

帖 tiɛ²¹²

味 uei⁴² 一~（药）

条 thiɑɔ⁵⁵ 一~（河、手袂子）

顶 tiŋ⁴³⁴ 一~（帽子、席子）

个 kɤ⁴³⁴ 一~（帽子、花瓣、萝卜）

锭 tiŋ⁴² 一~（墨、金子、银子）

朵 tuo²¹² 一朵~（花儿）

顿 tuɛ̃⁴² 一~（饭）

辆 liɑŋ⁴² 一~（车）

挂（旧）kua⁴²

子 tsʅ⁴³⁴ 子儿：一~（香）

枝 tʂʅ²¹² 一~（花儿）

只 tʂʅ²¹² 一~（手、鸡）

盏 tʂæ̃⁴³⁴ 一~（灯）

张 tʂɑŋ²¹² 一~（桌子、刀）

桌 tʂuo²¹² 一~（酒席）

场 tʂhɑŋ⁵⁵ 一~（雨、戏）

阵子 tʂʂən⁴² tsʅ⁰

出 tʂhu²¹² 一~（戏）

床 tʂhuɑŋ⁵⁵ 一~（被子）

身 ʂɛ̃²¹² 一~（棉衣）

杆 kæ⁴³⁴ 一~（枪）

支 tʂʅ²¹² 管：一~（笔）

根 kæ̃²¹² 一~（头毛）

棵 khuo²¹² 一~（树）

粒 li²¹² 一~（米）

块 khuæi⁴² 一~（砖头）

口 khəu⁴³⁴ 一~（猪、人）

  头 thəu⁵⁵

两口子 liaŋ⁴³⁴⁻³⁴khəu⁴³⁴tsʅ⁰ 夫妻俩

家 tɕia²¹² 一~（铺子、门面、店）

架 tɕia⁴² 一（飞机）

间 tɕiæ̃²¹² 一~（屋）

处 tʂhu⁴² 所：一~（房子）

  栋 tuŋ⁴²

件 tɕiæ̃⁴² 件儿：一~（衣裳、事儿）

行 xaŋ⁵⁵ 一~（字）

篇 phiæ̃²¹² 一~（文章）

页 iɛ²¹² 一~（书、纸）

段 tuæ̃⁴² 一~（文章）

片 phiæ̃⁴² 一~（好心）

片儿 phiæ̃r⁴² 一~（肉）

面 miæ̃⁴² 一~（旗）

层 tshəŋ⁵⁵ 一~（纸）

股子 ku⁴³⁴tsʅ⁰ 股：一~（香味儿）

座 tsuo⁴² 一~（桥）

盘 phæ̃⁵⁵ 一~（棋）

门 mẽ⁵⁵ 一~（亲事）

刀 taɔ²¹² 一~（纸）

沓 ta⁵⁵ 沓儿：一~（纸）

缸 kaŋ²¹² 一~（水）

碗 uæ̃⁴² 一~（饭）

杯 pei²¹² 一~（茶、酒）

把 pa⁴³⁴ 一~（米）

包 paɔ²¹² 一~（花生）

卷儿 tɕyæ̃⁴³⁴ 一~（纸）

捆　khuɛ̃⁴³⁴　一~（行李）

担　tæ⁴²　一~（米）

挑　thɑɔ²¹²　一~（水）

排　phæi⁵⁵　一~（桌子）

进　tɕiɛ̃⁴²　一~（院子）

挂　kua⁴²　一~（炮）

盘　phæ̃⁵⁵　一~（炮）

犋　tɕy⁴²　一~（牛两头叫一犋）

句　tɕy⁴²　一~（话）

位　uei⁴²　一~（客）

双　ʂuaŋ²¹²　一~（鞋）

对　tuei⁴²　一~（花瓶）

副　fu⁴²　一~（眼镜）

套　thɑɔ⁴²　一~（书）

部　pu⁴²　一~（车）

伙儿　xuor⁴³⁴　一~（人）

帮　pɑŋ²¹²　一~（人）

批　phi²¹²　一~（货、人）

拨儿　por²¹²　一~（人）

个　kɤ⁴²　一~

起　tɕhi⁴³⁴　一~

窝　uo²¹²　一~（蜂）

嘟噜（子）　tu²¹²⁻²¹lu⁰tsʅ⁰　嘟噜：一~（葡萄）

拃　tʂa⁴³⁴　一~（大拇指与中指张开的长度）

虎　xu⁴³⁴　虎口：一~（大拇指与食指张开的长度）

庹　thuo²¹²　一~（两臂平伸两手伸直的长度）

抱　pɑɔ⁴²

搂　ləu⁴³⁴

指　tʂʅ⁴³⁴　一~（宽、长）

停儿　thiŋr⁵⁵　一~

成儿　tʂhəŋr⁵⁵　一～

脸　liæ̃⁴³⁴　一～（土）

身　ʂẽ²¹²　一～（土）

肚子　tu⁴²tsʅ⁰　一～（气）

顿　tuẽ⁴²　（吃）一～

趟　thɑŋ⁴²　（走）一～

回　xuei⁵⁵

下　ɕia⁴²　（打）一～

眼　iæ̃⁴³⁴　（看）一～

口　khəu⁴³⁴　（吃）一～

会儿　xueir⁴²　（谈）一～

嗡⁼子　uəŋ²¹²⁻²¹tsʅ⁰　住一～：住一段时间

阵子　tʂəŋ⁴²tsʅ⁰　阵：下一～（雨）

　蒙子　məŋ²¹²⁻²¹tsʅ⁰

排儿　phæir⁵⁵　场：（闹）一～

面　miæ̃⁴²　（见）一～

尊　tsuẽ²¹²　一～（佛）

扇　ʂæ̃⁴²　一～（门）

幅　fu²¹²　一～（画儿）

面　miæ̃⁴²　堵：一～（墙）

个　kɤ⁴²　瓣：一～（花瓣）

部　pu⁴²　一～（书）

班　pæ̃²¹²　一～（车）

和　xuo⁴²　水：（洗）一～（衣裳）

团　thuæ̃⁵⁵　一～（泥）

堆　tuei²¹²　一～（雪）

口　khəu⁴³⁴　槽：一～（牙）

列　liɛ²¹²　一～（火车）

连串儿　liæ̃⁵⁵ tuæ̃r⁴²　系列：一～（问题）

路　lu⁴²　一～（公共汽车）

师　ʂʅ²¹² 一~（兵）

旅　ly⁴³⁴ 一~（兵）

团　thuæ̃⁵⁵ 一~（兵）

营　iŋ⁵⁵ 一~（兵）

连　liæ̃⁵⁵ 一~（兵）

排　phæi⁵⁵ 一~（兵）

班　pæ̃²¹² 一~（兵）

组　tsu²¹² 一~

团儿　thuæ̃r⁵⁵ 轴儿：一~（线）

绺子　liəu²¹²⁻²¹tsʅ⁰ 绺：一~（毛）

撮子　tsuo²¹²⁻²¹ tsʅ⁰ 撮：一~（毛）

手　ʂəu⁴³⁴ 写一~（好字）

笔　pi⁵⁵ 写一~（好字）

届　tɕiɛ⁴² 开一~（会议）

任　zɛ̃⁴² 做一~（官）

盘　phæ̃⁵⁵ （下）一~（棋）

桌　tsuo²¹² 请一~（客）

圈儿　tɕhyæ̃r⁵⁵ 圈：打一~（麻将）

台　thæi⁵⁵ 唱一~（戏）

出　thʂu²¹² 唱一~（戏）

折子　tʂɤ²¹²⁻²¹ tsʅ⁰ 唱一~（戏）

丝儿　sʅr 一~（肉）

点儿　tiæ̃r⁴³⁴ tiæ̃r⁴³⁴ 一~（面粉）

星点　ɕiŋ²¹²⁻²¹tiæ̃r⁴³⁴

滴子　ti²¹²⁻²¹ tsʅ⁰ 滴：一~（雨）

盒儿　xɤr⁵⁵ 盒儿：一~（火柴）；匣子：一~（首饰）

箱子　ɕiɑŋ²¹²⁻²¹ tsʅ⁰ 一~（衣裳）

架子　ɕia⁴² tsʅ⁰ 一~（小说）

橱子　tʂhu⁵⁵ tsʅ⁰ 橱：一~（书）

抽屉　tʂhəu²¹²⁻²¹ thi⁰ 一~（文件）

筐子 khuaŋ²¹²⁻²¹ tsʅ⁰ 一～（菠菜）

篮子 læ̃⁵⁵ tsʅ⁰ 一～（梨）

篓子 ləu⁴³⁴⁻³⁴ tsʅ⁰ 一～（炭）

炉子 lu⁵⁵ tsʅ⁰ 一～（灰、火）

包 pɑɔ²¹² 一～（书）

口袋 khəu⁴³⁴⁻³⁴ tæi⁰ 一～（干粮）

池子 tʂʅ⁵⁵ tsʅ⁰ 一～（水）

缸子 kaŋ²¹²⁻²¹ tsʅ⁰ 缸：一～（金鱼）

瓶子 phiŋ⁵⁵ tsʅ⁰ 一～（醋）

罐子 kuæ̃⁴² tsʅ⁰ 一～（荔枝）

坛子 thæ̃⁵⁵ tsʅ⁰ 一～（酒）

桶 thuŋ⁴³⁴ 一～（汽油、水）

挑子 thiɑɔ²¹ tsʅ⁰ 一～（开水）

盆 phẽ⁵⁵ 一～（洗澡水）

壶 xu⁵⁵ 一～（茶）

锅 kuo²¹² 一～（饭）

笼 luŋ⁵⁵ 一～（包子）

盘 phæ̃⁵⁵ 一～（水果）

碟儿 tiɛr⁵⁵ 一～（小菜）

碗 uæ̃⁴³⁴ 一～（饭）

杯 pei²¹² 一～（茶）

盅 tʂuŋ²¹² 一～（烧酒）

瓢 phiɑɔ⁵⁵ 一～（汤）

勺子 ʂuo⁵⁵tsʅ⁰ 一～（汤）

节 tɕiɛ²¹² 一～地，大约500米，相当于古代的一箭地

弓子 kuŋ²¹²⁻²¹ tsʅ⁰ 一～等于五尺

崩儿 pəŋr²¹² 一～：一段行程（这一～走的怪累来）

排 = phai⁵⁵ 回，次：（饶）一～

溜 liəu⁴² 排：一～（房子）

篷 = phəŋ⁵⁵ 层：一～（楼）

目　mu²¹²　小觉：（睡）一～

个把两个　kɤ⁴²pa⁴³⁴⁻³⁴liɑŋ⁴³⁴⁻³⁴kɤ⁴²

一两个　i²¹²⁻²¹liɑŋ⁴³⁴⁻³⁴kɤ⁴²

百十个儿　pei²¹²⁻²¹ʂʅ⁵⁵kɤr⁴²　百把来个

百十来个儿　pei²¹²⁻²¹ʂʅ⁵⁵læi⁵⁵kɤr⁴²

百儿八十　peir²¹²⁻²¹pa²¹²⁻²¹ʂʅ⁵⁵　八九十，不到一百

一百瓢乎点儿　i²¹²⁻²⁴pei²¹²zɑŋ⁵⁵xu⁰tiær⁴³⁴　不到一百

千把人　tɕhiæ̃²¹²⁻²¹pa⁴³⁴⁻⁴⁴zɤ̃⁵⁵

万把块钱　uæ̃⁴²pa⁴³⁴⁻³⁴khuæi⁴²tɕhiæ̃⁵⁵

里把路　li⁴³⁴⁻³⁴pa⁴³⁴⁻³⁴lu⁴²

里把二里路　li⁴³⁴⁻³⁴pa⁴³⁴⁻³⁴ər⁴²li⁴³⁴⁻³⁴lu⁴²

亩把二亩　mu⁴³⁴⁻³⁴pa⁴³⁴⁻³⁴ər⁴²mu⁴³⁴

二十八　数字等

一号　i²¹²⁻²¹xɑɔ⁴²

二号　ər⁴²xɑɔ⁴²

三号　sæ̃²¹²⁻²¹xɑɔ⁴²

四号　sʅ⁴²xɑɔ⁴²

五号　u⁴³⁴⁻³⁴xɑɔ⁴²

六号　liəu⁴²xɑɔ⁴²

七号　tɕhi²¹²⁻²¹xɑɔ⁴²

八号　pa²¹²⁻²¹xɑɔ⁴²

九号　tɕiəu⁴³⁴⁻³⁴xɑɔ⁴²

十号　ʂʅ⁵⁵xɑɔ⁴²

初一　tʂhuo²¹²⁻²⁴i²¹²⁻²¹

初二　tʂhuo²¹²⁻²¹ər⁴²

初三　tʂhuo²¹²⁻²⁴sæ̃²¹²

初四　tʂhuo²¹²⁻²¹sʅ⁴²

初五　tʂhuo²¹²⁻²¹u⁴³⁴

初六　tʂhuo²¹²⁻²¹liəu⁴²

初七　tʂhuo²¹²⁻²⁴tɕhi²¹²

初八　tʂhuo²¹²⁻²⁴pa²¹²

初九　tʂhuo²¹²⁻²¹tɕiəu⁴³⁴

初十　tʂhuo²¹²⁻²¹ʂʅ⁵⁵

老大　lɑɔ⁴³⁴⁻³⁴ta⁴²

老二　lɑɔ⁴³⁴⁻³⁴ər⁴²

老三　lɑɔ⁴³⁴⁻⁴⁴sæ̃²¹²

老四　lɑɔ⁴³⁴⁻³⁴sʅ⁴²

老五　lɑɔ⁴³⁴⁻³⁴u⁴³⁴

老六　lɑɔ⁴³⁴⁻³⁴liəu⁴²

老七　lɑɔ⁴³⁴⁻⁴⁴tɕhi²¹²

老八　lɑɔ⁴³⁴⁻⁴⁴pa²¹²

老九　lɑɔ⁴³⁴⁻³⁴tɕiəu⁴³⁴

老十　lɑɔ⁴³⁴⁻⁴⁴ʂʅ⁵⁵

老小儿　lɑɔ⁴³⁴⁻³⁴ɕiɑɔr⁴³⁴　老幺

　末把　mo²¹²⁻²¹pa⁴³⁴

大哥　ta⁴²kɣ⁴³⁴

二哥　ər⁴²kɣ⁴³⁴

老末儿　lɑɔ⁴³⁴⁻³⁴mor²¹²

　小老大　ɕiɑɔr⁴³⁴⁻³⁴lɑɔ⁴³⁴⁻³⁴ta⁴²

一个　i²¹²⁻²¹kɣ⁴²⁻²⁴

二个　ər⁴²kɣ⁴²

三个　sæ̃²¹²⁻²¹kɣ⁴²

四个　sʅ⁴²kɣ⁴²

五个　u⁴³⁴kɣ⁴²

六个　liəu⁴²kɣ⁴²

七个　tɕhi²¹²⁻²¹kɣ⁴²

八个　pa²¹²⁻²¹kɣ⁴²

九个　tɕiəu⁴³⁴⁻³⁴kɣ⁴²

十个　ʂʅ⁵⁵kɣ⁰

第一　　ti⁴²i²¹²⁻²⁴

第二　　ti⁴²ər⁴²

第三　　ti⁴²sæ̃²¹²

第四　　ti⁴²sʅ⁴²

第五　　ti⁴²u⁴³⁴

第六　　ti⁴²liəu⁴²

第七　　ti⁴²tɕhi²¹²

第八　　ti⁴²pa²¹²

第九　　ti⁴²tɕiəu⁴³⁴

第十　　ti⁴² ʂʅ⁵⁵

第一个　　ti⁴²i²¹²⁻²¹kɤ⁰

第二个　　ti⁴²ər⁴²kɤ⁰

第三个　　ti⁴²sæ̃²¹² kɤ⁰

第四个　　ti⁴²sʅ⁴² kɤ⁰

第五个　　ti⁴²u⁴³⁴ kɤ⁰

第六个　　ti⁴²liəu⁴² kɤ⁰

第七个　　ti⁴²tɕhi²¹² kɤ⁰

第八个　　ti⁴²pa²¹² kɤ⁰

第九个　　ti⁴²tɕiəu⁴³⁴ kɤ⁰

第十个　　ti⁴²ər⁴²kɤ⁴²

一　　i²¹²

二　　ər⁴²

三　　sæ̃²¹²

四　　sʅ⁴²

五　　u⁴³⁴

六　　liəu⁴²

七　　tɕhi²¹²

八　　pa²¹²

九　　tɕiəu⁴³⁴

十　　ʂʅ⁵⁵

个　kɤ⁴²

十　ʂʅ⁵⁵

百　pei²¹²

千　tɕhiæ̃²¹²

万　uæ̃⁴²

俩　lia⁴³⁴

仨　sa²¹²

十一　ʂʅ⁵⁵ i²¹²

二十　ər⁴² ʂʅ⁵⁵

二十一　ər⁴² ʂʅ⁵⁵ i²¹²

三十　sæ̃²¹²⁻²¹ ʂʅ⁵⁵

三十一　sæ̃²¹²⁻²¹ ʂʅ⁵⁵ i²¹²

四十　sʅ⁴² ʂʅ⁵⁵

四十一　sʅ⁴² ʂʅ⁵⁵ i²¹²

五十　u⁴³⁴⁻⁴⁴ ʂʅ⁵⁵

五十一　u⁴³⁴⁻⁴⁴ ʂʅ⁵⁵ i²¹²

六十　liəu⁴² ʂʅ⁵⁵

六十一　liəu⁴² ʂʅ⁵⁵ i²¹²

七十　tɕhi²¹²⁻²¹ ʂʅ⁵⁵

七十一　tɕhi²¹²⁻²¹ ʂʅ⁵⁵ i²¹²

八十　pa²¹²⁻²¹ ʂʅ⁵⁵

八十一　pa²¹²⁻²¹ ʂʅ⁵⁵ i²¹²

九十　tɕiəu⁴³⁴⁻⁴⁴ ʂʅ⁵⁵

九十一　tɕiəu⁴³⁴⁻⁴⁴ ʂʅ⁵⁵ i²¹²

一百　i²¹²⁻²⁴ pei²¹²

一千　i²¹²⁻²⁴ tɕhiæ̃²¹²

一百一十　i²¹²⁻²¹ pei²¹²⁻²⁴ i²¹²⁻²¹ ʂʅ⁵⁵

一百一十个　i²¹²⁻²¹ pei²¹²⁻²⁴ i²¹²⁻²¹ ʂʅ⁵⁵ kɤ⁴²

一百一十一　i²¹²⁻²¹ pei²¹²⁻²⁴ i²¹²⁻²¹ ʂʅ⁵⁵ i²¹²

一百一十二　i²¹²⁻²¹ pei²¹²⁻²⁴ i²¹²⁻²¹ ʂʅ⁵⁵ ər⁴²

一百二十（一百二） i²¹²⁻²⁴pei²¹²⁻²¹ər⁴² (ʂʅ⁵⁵)

一百三十（一百三） i²¹²⁻²⁴pei²¹²⁻²¹ sæ̃²¹²⁻²¹ (ʂʅ⁵⁵)

一百五十（一百五） i²¹²⁻²⁴pei²¹²⁻²¹ u⁴³⁴⁻⁴⁴ (ʂʅ⁵⁵)

一百五十个 i²¹²⁻²⁴pei²¹²⁻²¹ u⁴³⁴⁻⁴⁴ ʂʅ⁵⁵ kɤ⁴²

二百五十（二百五） ər⁴² pei²¹² u⁴³⁴⁻⁴⁴(ʂʅ⁵⁵)

二百五 ər⁴² pei²¹²⁻²¹ u⁴³⁴ 傻子

二百五十个 ər⁴² pei²¹² u⁴³⁴⁻⁴⁴ ʂʅ⁵⁵ kɤ⁴²

三百一十（三百一） sæ̃²¹²⁻²⁴ pei²¹²⁻²⁴ i²¹²(ʂʅ⁵⁵)

三百三十（三百三） sæ̃²¹²⁻²⁴ pei²¹²⁻²⁴ sæ̃²¹²(ʂʅ⁵⁵)

三百六十（三百六） sæ̃²¹²⁻²⁴ pei²¹²⁻²⁴ liəu⁴²(ʂʅ⁵⁵)

三百八十（三百八） sæ̃²¹²⁻²⁴ pei²¹²⁻²⁴ pa²¹²(ʂʅ⁵⁵)

一千一百（一千一） i²¹²⁻²⁴ tɕhiæ̃²¹² i²¹²⁻²⁴(pei²¹²)

一千一百个 i²¹²⁻²⁴ tɕhiæ̃²¹² i²¹²⁻²⁴ pei²¹² kɤ⁴²

一千九百（一千九） i²¹²⁻²⁴ tɕhiæ̃²¹² tɕiəu⁴³⁴⁻⁴⁴ (pei²¹²)

一千九百个 i²¹²⁻²⁴ tɕhiæ̃²¹²tɕiəu⁴³⁴⁻⁴⁴ pei²¹² kɤ⁴²

三千 sæ̃²¹²⁻²⁴ tɕhiæ̃²¹²

五千 u⁴³⁴⁻⁴⁴ tɕhiæ̃²¹²

八千 pɑɔ²¹²⁻²⁴ tɕhiæ̃²¹²

一万 i²¹²⁻²¹ uæ̃⁴²

一万二千（一万二） i²¹²⁻²¹ uæ̃⁴²ər⁴² (tɕhiæ̃²¹²)

一万二千个 i²¹²⁻²¹ uæ̃⁴²ər⁴² tɕhiæ̃²¹² kɤ⁴²

三万五千（三万五） sæ̃²¹²⁻²¹ uæ̃⁴² u⁴³⁴⁻⁴⁴ (tɕhiæ̃²¹²)

三万五千个 sæ̃²¹²⁻²¹ uæ̃⁴² u⁴³⁴⁻⁴⁴ tɕhiæ̃²¹² kɤ⁴²

零 liŋ⁵⁵

二斤 ər⁴²tɕiẽ²¹² 两斤

二两 ər⁴² liɑŋ⁴³⁴

二钱 ər⁴² tɕiæ̃²¹² 两钱

二分 ər⁴² fẽ²¹² 两分

二厘 ər⁴² li⁵⁵ 两厘

二丈 ər⁴² tʂɑŋ⁴² 两丈

二尺　ər⁴² tʂʅ²¹² 两尺

二寸　ər⁴² tsuẽ⁴² 两寸

二分　ər⁴² fẽ²¹²

两分　liaŋ⁴³⁴⁻⁴⁴ fẽ²¹²

二里　ər⁴² li⁴³⁴ 两里

两担　l⁴³⁴ tæ⁴² 二担

二斗　ər⁴²təu⁴³⁴ 两斗

二升　ər⁴² ʂəŋ²¹² 两升

二合　ər⁴² kɤ²¹² 两合

两项　liaŋ⁴³⁴⁻³⁴ ɕiaŋ⁴² 两项

二亩　ər⁴² mu⁴³⁴ 两亩

几个？　tɕi⁴³⁴⁻³⁴kɤ⁰

多少个？　tuo²¹²⁻²¹ʂɑɔ⁴³⁴⁻³⁴kɤ⁰ 好多个？

好几个　xɑɔ⁴³⁴⁻³⁴tɕi⁴³⁴⁻³⁴kɤ⁰

好些个　xɑɔ⁴³⁴⁻⁴⁴tɕiɛ²¹²⁻²¹kɤ⁰ 好多个

好一些　xɑɔ⁴³⁴⁻⁴⁴ i²¹²⁻²⁴tɕiɛ²¹²

大一些　ta⁴²i²¹²⁻²⁴tɕiɛ²¹²

一点儿　i²¹²⁻²¹tiæ̃r⁴³⁴

　　一点儿点儿　i²¹²⁻²¹ tiæ̃r⁴³⁴⁻⁵⁵ tiæ̃r⁴³⁴⁻⁵⁵

　　一星儿星儿　i²¹²⁻²⁴ɕiŋr²¹²⁻²⁴ɕiŋr²¹²

　　一宁儿宁儿　i²¹²⁻²¹niŋr⁵⁵niŋr⁵⁵

大点儿　ta⁴² tiæ̃r⁴³⁴

十来个儿　ʂʅ⁵⁵ læi⁴² kər⁴² 十多个 (比十个多)

百十儿　pei²¹²⁻²¹ ʂʅr⁵⁵ 一百多

百十个儿　pei²¹²⁻²¹ ʂʅ⁵⁵ kər⁴² 一百多个

十来个　ʂʅ⁵⁵ læi⁴² kər⁴² 不到十个

　　头十个儿　thəu⁵⁵ʂʅ⁵⁵ kər⁴²

　　八九头十个　pa²¹²⁻²¹tɕiəu⁴³⁴ thəu⁵⁵ʂʅ⁵⁵ kər⁴²

千把个　tɕhiæ̃²¹²⁻²¹pa⁴³⁴⁻³⁴kɤ⁴² 千数个

百把个　pei²¹²⁻²¹pa⁴³⁴⁻³⁴kɤ⁴²

半个　pæ̃⁴²kɤ⁴²

一半　i²¹²⁻²¹pæ̃⁴²

两半儿　liaŋ⁴³⁴⁻³⁴pæ̃r⁴²

一多半儿　i²¹²⁻²⁴tuo²¹²⁻²¹pæ̃r⁴²　多半儿

一大半儿　i²¹²⁻²¹ta⁴²pæ̃r⁴²

一个半　i²¹²⁻²¹kɤ⁴²pæ̃⁴²

□往　la⁵⁵uaŋ⁴³⁴ …上下，…左右：五十～～个

　来　læi⁵⁵

干支：

甲　tɕia²¹²

乙　i²¹²

丙　piŋ⁴³⁴

丁　piŋ²¹²

戊　u⁴²

己　tɕi⁴³⁴

庚　kəŋ²¹²

辛　ɕiẽ²¹²

壬　zẽ⁴²

癸　khuei⁵⁵

子　tsʅ⁴³⁴

丑　tʂhəu⁴³⁴

寅　iẽ⁵⁵

卯　mɔ⁴³⁴

辰　tʂhẽ⁵⁵

巳　sʅ⁴²

午　u⁴³⁴

未　uei⁴²

申　ʂẽ²¹²

酉　iəũ⁴³⁴

戌　ɕy²¹²

亥　xæi[42]

（唐爱华主笔，部分内容由张良斌、宋辉、蒋宗霞撰写）

第四章 语 法

第一节 词法特点

一、语素序

宿州方言构词时对语素顺序的要求很严。一个合成词，如果调换其语素的顺序，有可能得到一个新的词或短语，也有可能根本不成为一个词或短语，只有极少数调换语序后意思仍然保持不变。

（一）调换顺序后构成一个新词或短语

例如：油灯——灯油，牙刷——刷牙，甜瓜——瓜甜，饼干——干饼，地下——下地，膏药——药膏。

（二）调换顺序后不成为词或短语

例如：棉花——花棉，白芋——芋白，烧鸡——鸡烧，锅屋——屋锅，毛孩——孩毛，老鼠——鼠老。

（三）一些词语调换顺序后意思不变

例如：收秋——秋收，鞋拖——拖鞋，□[kaŋ⁵⁵]家（回家）——家□[kaŋ⁵⁵]，司机——机司，嘴臭——臭嘴，起早——早起。

二、词缀

宿州方言中常见的词缀有"子""儿""乎""小""初""第"等，"子"和"儿"主要是名词的后缀，"乎"是形容词的后缀，"小""初""第""老"是前缀。

第四章　语法

（一）子

"子"为名词的标志。宿州方言有丰富的"子"尾词，如：酱油子、洋车子（自行车）、腮帮子、腚帮子（屁股）、歇虎子（壁虎）、马路橛子（对交警的贬称）、癞猴子（癞蛤蟆）、手指盖子（手指甲）、耳瓜子（耳光）、被袄子（被单）、别［piɛ⁴²］子（绊子）、三尖子（三角形包糖馍）、面条子、碓窝子、葱须子、竹篾子、牛犊子、麦牛子（一种小虫）、灯捻子、手捏子、线团子、票夹子、牙花子、耳巴子、腚沟子、萝卜干子、弹花弓子、手指头子、手指盖子、脚丫巴子、脖了梗子。

（二）儿

"儿"为后缀，宿州方言由"儿"构成的儿化词相当丰富。如：梳个鬏儿、恣儿（自在、得意）、小兰儿、包圆儿、藏老梦˭儿（捉迷藏）、今儿个（今天）、前儿个（前天）、榆钱儿、打滚儿、大估摸儿（大约）、当瓢儿（当中，中间）、灯捻儿、药片儿、小鸡儿、棉桃儿、被窝儿、好玩儿、胳膊肘儿、手指头儿、喋啦猴儿（知了）。"儿化"的读音及其作用详见语音部分。

（三）巴

"巴"的用法可以分三类。

1. 构成名词。如：下巴、嘴巴、鸡巴（男阴）、哑巴（不能说话的人或不能发出声响的事物）、硌˭[kɤ²¹²]巴（锅巴）。

2. 用于动词性语素后面，构成动词，相当于动词重叠形式，表示动量减少。例如：戳巴、卷巴、扯巴、撕巴、洗巴、掖巴，"把菜剁巴一下。"还可以重叠，例如：戳巴戳巴、剁巴剁巴、卷巴卷巴、扯巴扯巴、撕巴撕巴、洗巴洗巴、掖巴掖巴。

3. 用在动词或形容词后面，多用于贬义，例如：瘫巴、瘸巴、翘巴、朽巴、哑巴、烂巴、黄巴、软巴、乱巴、干巴、蔫巴。

（四）其他词缀

1. 乎

"乎"为形容词后缀，构成的形容词带有褒义色彩。如：甜乎、辣乎、酸乎、匀乎、软乎、硬乎、稀乎、稠乎、瘦乎、胖乎。这类词一般不能独立使用，必须后加"的"，"乎"变读为[xu⁵⁵]，且拖长音，例如：这桃子酸乎的，才好吃来！（这桃子酸溜溜的，很好吃！）

2. 小

"小"加在称谓名词或人名（包括小名）前，带有亲昵的感情色彩，如：小王、小李、小蓉蓉、小冬冬、小瑶瑶。

3. 初

"初"加在数词"一"到"十"之前，构成时间名词。如：初一、初二、初三、初十。

4. 第

"第"用于数词前构成序数词。如：第一、第二、第三、第十、第一百四十九。

5. 老

"老"作名词前缀，跟普通话的用法基本相同。一是"序数义"语素前表示排行，例如：老大、老二、老小、老末儿（排行最小的孩子，最后一名）。二是指人的名词性语素前，例如：老师、老表、老板、老丈人（岳父）、老道（道士）、老拐子（拐带小孩的人）、老执（婚丧喜事总管）。三是指动物的名词性语素前，例如：老鼠、老虎、老鹰、老鳖（甲鱼）、老鸹。此外，称呼一些成年的动物习惯前加"老"，如：老驴、老母鸡、老犍（阉过的公牛）、老母猪。

6. 俺

"俺"用在亲属称谓词前，表示亲昵的感情色彩。例如：俺娘、俺奶、俺老爷、俺妗子、俺大哥、俺儿、俺妹儿、俺弟。

三、重叠

宿州方言里重叠形式较少。

（一）名词的重叠式

名词中除了少数亲属称谓词或用于人名的词以外，基本都不能重叠。如：爸爸、妈妈、哥哥、姐姐、蓉蓉、冬冬、莎莎、娇娇。

（二）动词的重叠式

动词以单音节为主，多音节动词不多。单音节动词大多可以重叠为AA式，如：看——看看、瞅——瞅瞅、煮——煮煮、烧——烧烧、走——走走、遛——遛遛、跳——跳跳、蹦——蹦蹦、歇——歇歇、扫——扫扫、压——压压、尝——尝尝、跺——跺跺。

常见的双音节动词可重叠为ABAB式，如：拾掇——拾掇拾掇、眨巴——眨巴眨巴、挤巴——挤巴挤巴、扒拉——扒拉扒拉、嘟拉——嘟拉嘟拉、拨拉——拨拉拨拉、剁巴——剁巴剁巴、揉巴——揉巴揉巴、摆活——摆活摆活、弥ꞏ拉（比划）——弥ꞏ拉弥ꞏ拉。

（三）形容词的重叠式（见下文"四、形容词的生动形式"）

（四）量词的重叠式

量词的重叠跟普通话相同，例如：家家、个个、步步（高升）、件件。

四、形容词的生动形式

宿州方言形容词生动形式比较丰富，且很有特色。主要有以下六种格式。

1. 重叠 AA 式

AA 式表示程度的加深，如：特特的（足足的，满满的）、杠杠儿的（形容健壮或生气的步态）、够够的。

句法功能：主要做谓语和补语，如：

成天是红芋，吃得够够的。（整天都是红薯，吃得够够的。）

2. BA 式：BA 表示程度加深，"B"相当于普通话的"很"。如：

虚：～清、～绿、～甜、～青、～尖

血：～苦、～酸

剔：～圆、～亮、～滑、～直、～陡

黢：～黑

稀：～烂、～松、～碎

瞎（巴）：～近、～小、～窄、～黑、～矮、～稀、～腥、～贱、～浅

乌：～黑、～紫

通：～红

煞：～白

梆［paŋ$^{42\text{-}212}$］：～硬

瘟：～臭

风：～脆、～薄

　　舠：～咸

　　焦：～干

　　胶：～黏（像胶一样黏）

　　苦：～咸

　　蒙：～细

　　堂：～亮

　　滚：～烫

　　这类格式少数可以重叠，表示程度进一步加深，例如：通红通红的（很红）、瘟臭瘟臭（很臭、非常臭）、雪白雪白、乌黑乌黑。

　　3.“AB的”式

　　“AB的”结构相当于普通话的“ABB”式，有点A，或比较A，有的带褒义色彩，有的带贬义色彩，如：严实的、香喷的、甜蜜的、甜星的、酸歪的、酸丢的、酸溜的、样生的（很像样的，也可以说作“样道的”“样甚的”“样摆的”）、甜乎的、脏哄的、红朴的、潮漉的、潮乎的、臭哄的、光巴的（光光的、赤裸裸的）、温乎的、软乎的、大乎的、硬乎的、红乎的、脏乎的、胖乎的、倔哽的、苦吟的（有点苦的味道）、蓝莹的、凉神的、湿漉的。

　　4. A—A，表示“有一点”“一点”的意思，如：

　　软一软都干不了这种活。（软弱一点都干不了这种活儿）

　　慢一慢就来不及了。（慢一点就来不及了。）

　　别嘴硬了，再硬一硬，就吃大亏了。（别嘴硬了，再硬一点就吃大亏了。）

　　5. A不B（C）的

　　表程度加深，一般含有贬义。宿州方言这类词语很丰富，如：稀不热（很热）、瘟不臭（很臭）、黑不楞通（黑漆漆的）、挺不湿/挺不潮（很湿）、虚不烂紫（很紫）、硬不橛的（形容像橛子一样硬）、水不唧的、蓝不唧的、坏不唧的、酸不喂的、苦不喂的、甜不星的、能不唧的、黑不乎的、白不茬的、咸不噔的、软不格奶的、黄不啦唧的、黑不出溜的、憨不愣腾（通）的、直不楞腾（通）的、眯（瞎）不楞腾（通）的、稠（不）古都的（形容稠的样子）。

　　再如：

这西瓜酸不来歪的，不好吃。（这个西瓜太酸，不好吃。）

这黄瓜不好，苦不来歪的。（这个黄瓜不好，很苦。）

这身衣服灰不来歪的，可不好看来。（这身衣服灰不溜秋的，很不好看。）

"A不子B"与"A不B（C）用法相同，如：清不子冷、冰不子凉、瞎不子小、血不子苦、腌不子脏。

6. A了吧唧

"A了吧唧"格式表示程度加深，含贬义。如：脏了吧唧、湿了吧唧、猴了吧唧、咸了吧唧、苦了吧唧、灰了吧唧、笨了吧唧。

五、实词

实词能单独充当句法成分，主要包括名词、动词、形容词、区别词、数词、量词、代词、副词等几类，拟声词和叹词也可以归在实词里面。

（一）名词

1. 意义和种类

名词表示人或事物的名称，或者表示时间、处所或方位。

（1）表示人或事物的名称：人、男人、女人、有年人（老人）、搜屁抠儿（吝啬鬼）、面、太阳、天河、洋灰、洋车子、钉耙、撮簸箕、棒子、地豆、红芋、转莲（葵花）、瓠子、劲、想法；

（2）表示时间：春天、夏天、秋天、冬天、正月、腊月、年时、今儿个、明儿个、晌午、晚黑；

（3）表示处所：城里、教堂、粮站、街里、家后、堂屋、当院儿、当门；

（4）表示方位：东、西、南、北、上、下、左、右、前、后、里、外、东边、西边、上头、底下。

2. 名词的用法

（1）充当主语、宾语或者主语、宾语里的中心语。例如：

红芋都烂喽。（红薯都烂了。）

恁可要地豆？（你要不要土豆？）

俺家洋车子叫小王骑走喽。（我们家的自行车被小王骑走了。）

去买几斤红毛线。（去买几斤红毛线吧。）

上面几个句子中，"红芋"充当主语，"地豆"充当宾语，"洋车子"

作主语里的中心语，"毛线"作宾语里的中心语。

（2）能受数量短语修饰。如"一挂车""两条鱼""三斤酒"。

（3）一般不能受副词修饰。如不能说"不桌子"、"很案板子"等。

（4）表示人的名词一般不用加"们"的方式表示复数。如常说"恁几个"，不说"恁们"；说"他几个"，不说"他们"。

3. 特殊名词

（1）家伙

"家伙"在宿州方言里是"东西"的意思。例如：

恁吃的啥家伙？（你吃的什么东西？）

他说啥家伙？（他说什么？）

恁那弄的什么家伙？（你那是干什么？）

（2）黄子

"黄子"也可以理解为"东西"，不过有明显的轻蔑意味。例如：

恁这买的啥黄子？（你这是买的什么东西啊？）

俺不吃那黄子！（我不吃那东西！）

啥黄子！（什么东西！）

那个熊黄子！（骂语，相当于普通话的"那个狗东西"）

狗尿将的黄子！（骂语，相当于普通话的"狗养的"）

（二）动词

1. 动词的意义与种类

动词表示动作、行为、心理活动或者存在、变化、消失等。动词主要包括下面几种小类：

（1）表示动作、行为：走、看、听、砍、割、耪、扨 = （扔）、摆拾、拨拉、拾掇。

（2）表示心理活动：想、恨、怕、肯（喜欢）。

（3）表示存在、变化、消失：有、搁、过去（死）、毁。

（4）表示能愿：能、会、要、管、可、敢。

（5）表示趋向：来、去、进来、出去、上来、下去。

2. 动词的用法

（1）充当谓语或谓语中心。例如：

他几个走了。（他们走了。）

俺前儿个去的。（我前天去的。）

小王肯喝面条。（小王喜欢吃面条。）

在以上几个句子中，"走"直接充当谓语，"去"充当状中谓语的中心语，"喝"充当述宾谓语的谓语中心。

（2）多数动词都能带宾语。例如"煮稀饭""馏馍""烧倒头纸"。

（3）动词一般都能受副词"不"的修饰，但不能受程度副词"很"等修饰。可以说"不走""不喝""不上去"，不能说"很听""非常看"。表示心理活动的动词则既可以受"不"的修饰，也可以受"很"的修饰，如"不怕"、"很怕"。

（4）动词后面常常可以带"着、了、过"表示动作的持续、完成或曾经发生等意义。例如"吃着饭""走了三天""去过长城"。

（5）单音节动词一般都可以重叠，如"听听、看看、说说"等；双音节动词较少，常见的双音节动词如"拾掇、眨巴、醭 ゠[pu⁵⁵]拉（拨拉）、摆活、眯拉"等，都可以重叠成ABAB式，如"拾掇拾掇、眨巴眨巴、醭 ゠拉醭 ゠拉"。

3. 特殊动词

（1）弄

"弄"在宿州方言里可以说是一个万能动词，根据语境可以是"干""办""做""对待"等各种含义。例如：

恁包要是丢了，那可怎么弄吧！（你包要是丢了，那可怎么办呢！）

恁看他这事儿，都弄的啥子？（你看他，这都办的什么事儿啊？）

要考试了，俺一点都没复习，怎么弄嘿！（要考试了，我一点都没复习，怎么办哪！）

（2）管

宿州方言中的动词"管"使用频率非常高。"管"就是"行""可以"的意思。如"可管"就是"可行"或"行吗"，"我觉着他不管"就是"我觉得他不行"。

（3）剋

"剋"也几乎是一个万能动词，可以说"剋饭""剋酒""剋架""剋牌"等，

主要表达一种轻松随意的味道，如：他都剋上乡长了！（他都当上乡长了）

（三）形容词

1.形容词的意义和种类

形容词表示性质、状态等，因此可以分为性质形容词和状态形容词两类。

性质形容词：硬、软、瓢、胖、瘦、俊、丑、细心、老实、舒服、凉快。

状态形容词：冰凉、乌黑、雪白、黢黑、剔˗圆

2.形容词的用法

（1）形容词常常作谓语、谓语中心语、定语、补语。例如：

天气热。

那小孩儿真俊！（那个小孩很漂亮！）

晚黑吃老南瓜。（晚上吃老南瓜。）

他跑得快。

在以上四个句子中，"热"作谓语，"俊"作谓语中心语，"老"作定语，"快"作补语。

（2）性质形容词一般都能受程度副词修饰，状态形容词本身已经包含程度义，因此不能再受程度副词修饰。如可以说"很硬""很老实"，但不说"很冰凉""很漆黑"。

（3）形容词一般都不能重叠。性质形容词要表示程度义时，一般加后缀"乎"，并且"乎"的读音拖得比较长。

3.特殊形容词——毒、丧˗[saŋ⁴²]、赛[sæi⁴²]

"毒""丧˗""赛"基本上都是"很厉害"的意思，在不同语境作不同的理解。例如：

他车开得真毒。（他车开得真快。）

毛六走路真丧˗。（毛六走路真快。）

这孩子吃饭真赛。（这孩子吃饭又快又多。）

（四）数词

1.数词的意义和种类

数词表示数目和次序。表示数目的叫基数词，如"一、二、三、四、五、六、七、八、九、十、百、千、万、亿"等。表示次序的叫序数词，一般

在基数词前加"第、初、老"等构成，如"第一、初三、老五"。

2.数词的用法

（1）数词一般不能单独修饰名词。例如不能说"一鱼""三树"、"五屋"，而应该说"一条鱼""三棵树""五间屋"。

（2）数词常常和量词组合成数量短语，数量短语可以充当定语、补语、状语等句法成分。例如"三只母鸡"中"三只"作定语，"跑一趟"中"一趟"作补语，"一口咬住"中"一口"作状语。

（五）量词

1.量词的意义和种类

量词表示人、事物或动作的计量单位，表示人、事物计量单位的叫名量词，表示动作计量单位的叫动量词。

名量词包括以下几种类型：

（1）表示个体的，如：个、条、只、把、口、间、棵、朵；

（2）表示集体的，如：双、对、堆、捆、阵、嘟噜（串）；

（3）表示度量衡的，如：吨、斤、两、尺、寸。

常见的动量词如：下、次、场、趟、回、顿、遍、排儿。

2.量词的用法

（1）量词一般不能单独充当句法成分。

（2）量词与数词组合成数量短语后，可充当定语、补语、状语等句法成分。如"一顿饭"中"一顿"作定语，"瞅一下"中"一下"作补语，"一次说完"中"一次"作状语。

（六）代词

				疑问代词
				啥、啥子、什么、多少
人称代词	第一人称	俺、俺几个、咱、咱几个、（咱们）、我、（我们）		谁、谁个
	第二人称	恁、恁几个、（你）、（你们）		
	第三人称	他、他们几个、（他们）、她、（她们）、它		
指示代词	近指	这、这来、这晚、这样、此		哪、哪儿、早晚、多咱、咋
	远指	那、那来、那晚、那样、□[nẽ⁴²]样、弄＝样		

代词是具有替代或指示功能的词。下表将宿州方言里主要的代词分为人称代词、指示代词和疑问代词三类。

1. 人称代词

人称代词对人或事物起称代作用。人称代词分第一人称代词、第二人称代词和第三人称代词三类。

第一人称代词主要是"俺"和"咱","咱"包括听话人,"俺"不包括听话人。有时候第一人称也用"我",但不如用"俺"普遍;"我"也不包括听话人。第二人称代词主要是"恁",偶尔用"你"。第三人称代词主要是"他""她"和"它"。

口语中,这三称代词的复数一般都不是在单数后面加"们",即不说"俺们""咱们""恁们"和"他们"。指称两人时,在单数后加"俩",如"俺俩""她俩"等。指称三人时,在单数后加"仨",如"恁仨"。指称不必明确的多数时,在单数后加"几个",如"俺几个""他几个"等。

2. 指示代词

指示代词对人、事物、时间或状况起指别作用。指示代词分为表示近指的代词和表示远指的代词两类。表示近指的主要是"这",在"这"的基础上还可以构成"这来"(这里)、"这晚"(这会儿)、"这样"等。表示远指的主要是"那",在"那"的基础上还可以构成"那来"(那里)、"那晚"(那会儿)、"那样"等。"此"一般只跟"地"组合成"此地",是"本地"的意思,如"此地人""此地菜""此地鸡"等。

3. 疑问代词

疑问代词对人、事物、时间或状况起询问、求代的作用。疑问代词和人称代词、指示代词具有交叉关系。在宿州方言里,表示人的疑问代词主要是"谁"和"谁个",表示事物的主要是"啥",有时候也用"什么",表示时间的主要是"早 tsaŋ^{434} 晚"(如"你早晚来的?"),表示数量的主要是"多少",表示状况、方式的主要是"咋"。

(七)副词

1. 副词的意义和种类

副词表示程度、范围、时间、否定、情态、方式、语气等意义。在宿州方言中，比较常见的副词有如下一些：

表示程度的：很、邪、特别、非常、怪、才；

表示范围的：都、就、尽、全、光、总共、拢共拢；

表示时间的：正、正好、才将（刚才）、立马；

表示否定的：不、没、没有、□别[pæi⁵⁵]；

表示情态的：胡、憨、刬[tʂæ̃⁴³⁴]、得意（特意）、悄悄；

表示语气的：可、真、难怪、亏得、大约。

2. 副词的用法

副词一般只能修饰动词或形容词，作状语。例如：

栏杆的牛肉不便宜。（栏杆的牛肉不便宜。）

俺喷 ⁼ 搁庄里喝喜酒来。（我正在庄里喝喜酒呢。）

我才将不对恁讲了吗？（我刚才不告诉你了吗？）

上面几句话中，"不""喷 ⁼""才将"都作状语。

3. 特殊副词

（1）可

副词"可"放在动词或形容词前面表达疑问，如"可吃"是"吃不吃"、"可好"是"好不好"。

"可"还可以单用。单用时根据语境，有肯定和否定两种意思。

①如果语调低一点、平一点，表示肯定。如：

女儿："俺妈，恁可去俺朗 ⁼ 家吗？"（妈妈，你去外婆家了吗？）

母亲："可。"

这里的"可"字说得比较轻，表示肯定，母亲的意思是"去过了"。

②如果说成降调，语气重一点，则表示否定。如：

女儿："俺妈，过年给恁买个戒指吧？"

母亲："可！还买啥呢！"

这里的"可"说得很重，是降调，表示否定，母亲的意思是"不要买"。

（2）刬[tʂæ̃⁴³⁴]

"刬"是"反复不停""总是"的意思，例如"他就刬说刬说"就是"他就不停地说不停地说"，"刬想吃肉"就是"总是想吃肉"。

（八）拟声词

拟声词是模拟人或事物发出的声音的词，如"吧唧""呲溜""刺啦""哐当""嗷嗷"等。

（九）叹词

叹词表示感叹、呼唤、应答等含义。常见的有"嗨""嘻""哎呀""噫嘻""当当""乖乖""哎呦"等。

宿州方言里叹词"嘻"和"噫嘻"是一样的意思，只是音节多少不同。这两个词常常表示说话人对某人某物不屑一顾的情感。

六、虚词

虚词不能单独充当句法成分，而是附着在实词或短语上面，表示某种语法意义。虚词包括介词、连词、助词和语气词。

（一）介词

介词附着在名词或名词性短语前面构成介词短语，介词短语主要用来充当状语。介词短语中的名词或名词性短语表示与动作、性状相关的时间、处所、方式、原因、目的、施事、受事等。根据这个特点，可以将介词分成以下几类：

表示时间、处所、方向：搁、在、朝、从、对、沿、起；

表示依据、方式、方法、工具：照、按、用、指、□ [tʂaŋ⁵⁵]、指着；

表示原因或目的：为、因为；

表示施事、受事：被、叫、让、把、给；

表示关涉的对象：对、替、管、跟、问、给。

"搁"有时是动词，但不是"放置"，而是"在"。如"我搁家来"就是"我在家呢"，"他搁外头来"就是"他在外面呢"。有时是介词，用法同"在"，如"我搁家吃"就是"我在家吃"。

"□ [tʂaŋ⁵⁵]"作为动词，有"添加"之义，如"多□ [tʂaŋ⁵⁵] 点盐"就是"多放点盐"。"□ [tʂaŋ⁵⁵]"作为介词，表示工具或凭借，如"恁□ [tʂaŋ⁵⁵] 啥吃"就是"你用什么吃"（用筷子还是勺子等）。

（二）连词

宿州方言口语中的连词比较少见。"要……就……"表示假设关系，是使用频率比较高的一组连词，如：

恁要不听俺的话，俺就不理恁了。（你如果不听我的话，我就不理你了。）

恁要想去，就明儿个早点去。（你如果想去，就明天早点。）

表示转折关系的"虽说"或"虽然说"，这两个都不与"但"配对使用。如：

虽说恁是个长辈儿，恁也不能说那话。（虽然您是长辈，但也不能说那话。）

虽然说俺没上过学，俺也懂这个理！（虽然我没上过学，但我也懂这个理！）

"随"表示让步关系，相当于普通话的"无论、任凭"，如：随恁怎么说，他就是不听。（无论你怎么说，他就是不听。）

"就那"表示条件关系，相当于普通话的"即使……也……"，如：她刚生毛孩没几天，就那还得洗衣做饭。（她刚生小孩没几天，即使如此，还得洗衣做饭。）

（三）助词

宿州方言中的助词包括结构助词、动态助词和其他一些助词。

结构助词有"的""地""得"三个。"的"一般用在定语和中心语之间，如"小王的车""刚洗的衣服"。"地"用在状语和中心语之间，如"老实地待着""慢慢地走"。"得"用在述语和补语之间，如"跑得真快""跳得真好""蹦得老高"。口语中，"的""地""得"一般都读 $[ti^0]$，可用一个"的"来代表。

动态助词有"着""了""过"三个。"着"附着在动词或形容词后面，表示动作的进行或状态的持续，如"锅来里烧着米茶""端着碗"。"了"表示动作的完成或状态的实现，"我看他怎么都胖了样""大了就懂事了"。"过"表示动作行为曾经发生或状态曾经存在，如"杭州来去过，上海来去过（杭州也去过，上海也去过）"。

（四）语气词

宿州方言里的语气词主要有"来、吗、吧、喽、吭 $[xaŋ^0]$、就是喽 $[tɕiəu^{42}ʂ^{42}ləu^0]$、嗡 $[uəŋ^0]$、的 $[ti^0]$、喽 $[ləu^0]$、啦 $[la^0]$"等。

1. 来

"来"除了跟普通话一样做动词外,还有三种特殊用法:一是方位语素,构成时间名词,相当于"普通话"的"里",如:这来(这里)、黑来(晚上)、哪来(哪里)、那来(那里)、头来(前头);二是副词,相当于普通话的"也",如"丝瓜一块一斤,秦˝椒来一块一斤(丝瓜一块钱一斤,辣椒也是一块钱一斤)""东边柜台来收款"(东边柜台也收款)等;三是语气词,可以出现在陈述句、疑问句、祈使句和感叹句句末,如:"牛还没有吃草来""那个电影叫啥来?""车快要开了,快上来来!""我的咣当来(我的天哪)"等。

2. 吗

"吗"用在是非问句末尾,如"你可吃饭吗""可见他吗"。宿州方言里这种带"吗"的疑问句和普通话有些不同。普通话里带"吗"的疑问句可以是对过去、现在或将来的情况提问,如"你去过北京吗""你在办公室吗"和"你去开会吗"就分别是问过去、现在和将来的情况。宿州方言里带"吗"的是非问句一般只问过去的情况,"你可吃饭吗"是问"你吃饭了没有","可见他吗"是问"见他了没有"。如果问现在或将来的情况,则不用疑问语气词"吗",如"你可在办公室""你可去北京"。

3. 吧

在宿州方言里,"吧"主要用在祈使句末尾,基本不用在疑问句末尾。如:可以说"你去吧""走吧",但一般不说"这样可以吧""恁吃过了吧"。

4. 喽

"喽"用在陈述句末尾,与普通话"了"相似,多表达轻松的语气。如:

俺走喽!

俺不跟恁玩儿喽!

他早就回来喽!

其他语气词的用法在"句类"部分分析。

(张良斌撰写)

第二节 句法特点

一、宿州方言的句类

汉语的句子按照语气和用途可以分为四类：陈述句、疑问句、祈使句和感叹句，宿州方言也不例外，现分别举例说明。

（一）陈述句

陈述句是用于叙述或说明事实的具有陈述语调的句子。它有时可以带"来、吭 [xɑŋ⁰]、就是喽 [tɕiəu⁴²ʂ̩⁴²ləu⁰]、嗡 [uəŋ⁰]、的 [ti⁰]、喽 [ləu⁰]、啦 [la⁰]"等语气词。

1. 来

"来"是宿州方言中使用频率很高的一个语气词，它以出现在句尾为常，有时也用在句中。"来"是一个多功能语气词，具体用法如下：

（1）表确认语气，相当于普通话的"呢"。例如：

① 雨还下着来，你过会儿再走吧！（雨还下着呢，你过一会儿再走吧！）

② 谁说他憨？他吃啥精着来，光拣熟透的吃！（谁说他傻？他吃东西精着呢，光拣熟透的吃！）

③ 他能吃这个亏，我才不信来！（他能吃这个亏，我才不相信呢！）

前两个句子是对事物肯定方面的确认，后一句"不……来"构成固定格式，确认其否定性，略带夸张。

（2）表状态的持续或动作正在进行。如：

④ 他说这话的时候，老些人都听着来！（他说这话的时候，很多人都听着呢！）

⑤ 我喷吃着来，你几个先走吧！（我正在吃着呢，你几个先走吧！）

⑥ 苹果都还青着来，哪管吃？（苹果都还青着呢，哪能吃？）

"来"的这种用法在句子中往往具有一定的形式标记，即"喷（正）＋动词＋着＋来"或"形容词＋着＋来"分别用来表动作的进行或状态的持续。"喷"是表进行的时间副词，"着"是进行体，单独一个"来"也有这种用法：

⑦ 我洗澡来，等我一下。（我洗澡呢，等我一下。）

⑧ 苹果还青来，哪管吃？（苹果还青着呢，怎么能吃呀？）

当然，这种用法和表确认语气具有交叉性，强调状态的持续或动作正在进行。

（3）表提示语气，强调结果，类似于"吧"。

⑨ 事情闹得来，整个学校都知道喽。（事情闹得让整个学校都知道了。）

⑩ 把他说得来，简直不是个孩子！（把他说得简直不是个孩子！）

"来"用在动补结构中间表停顿，以标记的形式强调结果。

（4）表否定态度，有时略带责备意味，类似于"吧""呀"。

⑪ 你看你说的来，天底下就没有好人了吗？（你看你说的吧，天底下就没有好人了吗？）

⑫ 你听你说的来，我啥时候借过人家的钱？（你说的什么呀？我什么时候借过人家的钱？）

⑬ 你想的来，猪肉不会那么便宜。（你想错了，猪肉不会那么便宜。）

"你×你说的来"中的"×"仅限于"看、听、望、瞅"等视听动词或心理活动动词，后一分句多以反问的句式表示责备，语义上给予补充。

2. 吭 [xɑŋ⁰]

用在陈述句，强调事实的存在，有告谕对方的口吻。例如：

（1）再起晚的话，就吃不上饭啦吭。（再起晚的话，就吃不上饭了。）

（2）我觉得这本书怪难理解吭。（我觉得这本书确实很难理解。）

句（1）"吭"用在假设关系的复句里，它紧跟在"了"后，肯定将会"吃不上饭"；句（2）从自身的感觉出发谈对某个问题的看法。

3. 就是喽 [tɕiəu⁴² ʂɿ⁴² ləu⁰]

用在陈述句中，认为某事无关紧要、易于解决或表示满不在乎的语气。

（1）要有事不能来了，给头儿说声儿就是喽。（要有事不能来了，给头儿说声儿就行了。）

（2）我看他太可怜就是喽，不然的话，我不会放过他的！

（3）你想做生意，做就是喽，我帮你！（你想做生意，尽管做，我帮你！）

（4）他不吃饭，不吃就是喽，又饿不着我！

句（1）"就是喽"相当于"不就行（算、管、得）了吗"，句（2）"就是喽"语气同"罢了"，把事情往小处说。句（3）（4）都是用在"V，V就是了"结构中，前者有对对方的鼓励；后者流露出不耐烦、甚至冷漠的语气，后面往往要有后续成分。

4. 嗡 [uəŋ⁰]

用在陈述句中，往往用来规劝、安慰对方。例如：

（1）——我这几年做个小本生意，没能挣着钱。——你也行了嗡，比我们挣多了！（你也很好了，比我们挣多了！）

（2）我觉得这几年他也管了嗡，孩子都大了，能抓（挣）钱喽。

上述例子中的"嗡"如果替换为"吧"或"呗"，语义变化不大，但"吧"重在推测，"呗"重在认同。

5. 的 [ti⁰]

用在"是……的"结构中表达确认语气。

（1）大家都是出来混碗饭吃的，不容易。

（2）种麦不是每个人都管的，它需要技术。

需要注意的是例(1)中"出来混碗饭吃的"并不是名词性的"的"字短语。

6. 喽 [ləu⁰]

用在补充式结构之间，通过语音停顿的形式，强调其结果或程度。

（1）听他那么一说，我当时吓的喽，直往后面靠。（听他那么一说，我当时吓的吧，直往后面靠。）

（2）喝了半斤酒，一夜难受的喽，翻来倒去睡不着觉。

这里的"喽"，要有后续成分，不然语义就显得很突兀。

7. 啦 [la⁰]

"啦"主要用在陈述句的末尾，陈述一件事实。例如：

（1）我先口 [kaŋ⁵⁵]啦，你几个再聊会儿。（我先走了，你们再聊一会儿。）

（2）今儿个天冷，我不想去啦。（今天天冷，我不想去了。）

（3）他病得很，恐怕不管啦。（他病得很重，恐怕不行了。）

这一用法的"啦"，可以看做普通话语气词"了"的音变。

（二）疑问句

具有疑问语调用于提问的句子叫疑问句。宿州方言中的疑问句通常可以带"来、宁 [niẽ⁰]/ 呢 [nẽ⁰]、不 [pu⁰]、□ [mən⁰] /[maŋ⁰]、的 [ti⁰]、□ [tʂua⁰]、呗 [pɛ⁰]、啦 [la⁰]"等语气词。

1. 来

表疑问语气,如:

(1)你是啥时候到的来?

(2)你是啥时候到的来?你看我这个记性!

(3)今儿个清早起你怎么给我说的来?你就是个嘴!(今天早上你怎么跟我说的呀?你就是嘴巴说得好听!)

句(1)是特指问,询问时间,"来"相当于"呢";句(2)虽然也在询问时间,但有一个预设,即原来是知道的,后来忘记了,其用法接近"来着";句(3)是一个反问句,责备对方没有按所说的去做。

2. 宁 [niẽ⁰]

用在疑问句中以责备的口吻或自言自语地询问原因。如:

(1)你咋弄的宁,三天两头地出错?(你怎么搞的呢?三天两头地出错。)

(2)咋就找不着了宁?刚才还在这儿。(为啥找不到了?刚才还在这儿。)

"宁 [niẽ⁰]"可换成"呢 [nẽ⁰]"。

3. 不 [pu⁰]

(1)用在是非问疑问句中。例如:

①你还去不?(你还去吗?)

②外面还下(雨)不?

(2)用于反问句中。例如:

③你这样做能对得起老的(爹娘)不?(你这样做能对得起父母吗?)

④俺哥俩恁么好,我能不来不?

以上四句中的"不"都相当于语气词"吗",例③、④采用是非问的形式表达反问语气。

(3)用在是非句的末尾,提醒听话者注意事态的结果。

⑤你看他不敢再搁公路边上睡觉了不?(你看他不敢再在公路边上睡觉了吧?)

⑥ 这下子说都不会再说啥了不？

这两例也是用是非问的形式表达反问语气，说话者的意图是明确的，告诫对方注意出现的新情况，往往与原先的事实相反。"不"类似于普通话中的"吧"。

4. □ [məŋ⁰]

"□ [məŋ⁰]"为是非问句末的语气词，意义上相当于"没有"，读音上可能是"没有"的合音。例如：

（1）你吃饭□？（你吃饭没有？）

（2）孩子带来□？

"□ [məŋ⁰]"的语义里含有"完成"的意味，因此"□ [məŋ⁰]"前面不能跟完成体"了"，如：不说"你吃了□？"只能说"你吃□？"从"□ [məŋ⁰]"出现的句法环境来看，这类句子有几个重要的特点：第一，一般用在肯定的疑问句中，如上述两例，它们都没有相应的否定用法；第二，在口语交际中，"□ [məŋ⁰]"多出现在无主句中，如"走□？""在家□？"；第三，"□ [məŋ⁰]"一般用在动作义较强的动词（短语）后面，有时也可用在变化形容词的后面，如："见着孩子□？""大□？""累□？"。

"□ [məŋ⁰]"可以换成"芒 ⁻[maŋ⁰]"。

5. 的 [ti⁰]

主要用在特指问句的末尾，询问时间、地点、方式、原因、人物等。例如：

（1）你几点到的？（时间）

（2）他现在住哪儿的？（地点）

（3）你咋过来的？（方式）（你怎么过来的？）

（4）这话是谁说的？（人物）

（5）你又哭啥子的？（原因）

6. □ [tʂua⁰]

"□ [tʂua⁰]"用于询问原因，相当于"为啥，为什么"，是由疑问代词"啥"发展而来。例如：

（1）你走□，再过两天？（你为什么要走？不能再过两天吗）

（2）你打他□？你说说！

用在句中时"□ [tʂua⁵⁵]"则为疑问代词，例如：

（3）你□来？一崩子不见你啦。（代词）（你干什么呢？一段时间没有见到你了。）

这种用法在萧县、砀山多见。

7. 呗 [pɛ⁰]

用在是非问句中表疑问、征询等语气，相当于"吗"。例如：

（1）昨儿个恁家来的客走了呗？（昨天你家来的客人走了吗？）

（2）现在去呗？还是再过一会儿？（现在去吗？还是再过一会儿？）

8. 啦 [la⁰]

用在特指问句中询问时间、处所、人物、事物、数量、原因、内容等，和普通话的用法基本一致。例如：

（1）现在几点啦？（时间）

（2）你搬到哪儿去住啦？（处所）

（3）今儿个谁见小强啦？（人物）

（4）电怎么停啦？（原因）

（5）你又拿他的啥啦？（事物）

（6）孩子多大啦？（数量）

（7）他说你啥啦？你看你气的！（内容）

（三）祈使句

祈使句是要求听话人或别的人做某件事或不做某件事的句子。从祈使的内容或语用意义来看，祈使句可表示命令、禁止、请求、劝说、催促、许可、号召、提醒、警告和威胁等意义。宿州方言中有时可跟"来、吭 [xaŋ⁰]、憨 [xæ⁰]、唉 [ɛ⁰]、喽 [ləu⁰]、啦 [la⁰]、呗 [pɛ⁰]"等语气词。

1. 来

（1）表应答，例如：

① 好来，就这么说吧！（好的，就这么说吧！）

"好吧"也表应答，但不如"好来"来得爽快。

（2）表安慰或劝导，如：

② 毛羔来，别害怕！（孩子啊，别害怕！）

③ 小山来，跟娘走吧！

句②多用在给孩子叫魂，免得因惊吓而掉魂；句③常用来为死者招魂。

声音都要拖长，前者用半认真半戏谑的口吻；后着则较为凄厉。

（3）表提醒对方注意，类似于"啦"。

⑤走来，走来，别蹭身上油喽！

⑥宿县来！（去宿县啦！）

句⑥是开往宿县的客车在招揽客人。

2. 吭 [xɑŋ⁰]

用在祈使句中，表达期望、命令、请求等语气。例如：

（1）明儿个有雨，走的时候带把伞吭！（明天有雨，走的时候带把伞！）

（2）这个话千万别叫他知道啦吭！（这个话千万别叫他知道了！）

（3）这个事就拜托给你了吭！

3. 憨 ⁼[xæ⁰]

"憨 ⁼[xæ⁰]"为句尾语气词，用于祈使句中。主要用法有二：

（1）用于大人嘱咐、安慰孩子。

①到学校要听老师的话憨！（记住，到学校要听老师的话！）

②你是哥哥，别惹弟弟憨！

这种用法的"憨 ⁼"往往可以替换为"吭 [xɑŋ⁰]"，但"憨 ⁼"前面用标点隔开时则不能用"吭 [xɑŋ⁰]"，如不说"到学校要听老师的话，吭 [xɑŋ⁰]！"。可见，作为语气词，"吭 [xɑŋ⁰]"的依附性强于"憨 ⁼"，是更加典型的语气词。

在宿州方言中，"憨 ⁼"也可以单独用在句首或句尾，以示强调。如：憨，别哭了！——别哭了，憨！——别哭了憨 ⁼！

（2）表禁止、命令、规劝等语气。

③人多嘴杂，别再说那件事了，憨 ⁼！（人多嘴杂，请你别再说那件事了！）

④好好过日子吧，憨 ⁼！

⑤不要在车上吸烟，憨 ⁼！

"憨 ⁼"的这种用法当"憨 ⁼"单独用于句首或句尾时，其前后往往用标点符号隔开，可以看做叹词。

"憨 ⁼"也可以换成"吭 [xɑŋ⁰]"。

4. 唉 [ɛ⁰]

（1）表不耐烦或劝说等语气。

① 你走唉！愣着干啥！（你走啊！愣着干啥！）

② 吃唉，别客气！

（2）表挑衅性或戏谑性的催促。

③ 你打唉，有种往这儿打！

④ 你哭唉，怎么不哭了！

句③ 说话者明知打了自己对对方不利，故意用这种话来刺激他；句④ 有时是以开玩笑的形式来说——小孩子哭着找妈妈，妈妈来了，孩子可能会破涕为笑，别人可以用这话故意逗他。

5. 喽 [ləu⁰]

在祈使句中"喽"主要表达提醒、呼唤等功能。具体如下：

（1）提醒别人注意，语调舒缓，语气委婉，"喽"字往往要拖长声音。

① 小心，别碰着喽！

② 开饭喽！

（2）用于叫卖声，声调拖长，前面的结构往往较为简单。例如：

③ 小鸡喽！买小鸡！

④ 包子喽！一块钱三个的大包子！

"喽"的成分往往是叫卖的对象，所以这种用法一般出现在名词性非主谓句中。例③ 中"小鸡喽"与"买小鸡"都是三字格，前后对称，结构回环，富有韵律美；例④ 先说"包子"，凸显叫卖的物品，然后说明其价廉物美的优点。

（3）用于给死者或掉魂的孩子招魂。这种叫声更要拖长，给孩子叫魂是用来安慰孩子，给死者招魂，则给人一种凄清之感。这种用法同"来"，但用"喽"更能传达出那种深情的呼唤。如：

⑤ 小明喽别害怕！

⑥ 小国喽回家吧！

6. 啦 [la⁰]

用在祈使句中，起催促、提醒等作用。

（1）走啦！走啦！

（2）天都快亮啦！

句（2）中的"啦"和普通话中的"了"用法相似，但言者的根本目的不在于陈述天由"不亮"到"亮"的变化，而是提醒对方注意这种变化，赶快去做某种事情，如"天都快亮了，赶紧动身吧"，其话语功能重在催促。

7. 呗 [pɛ⁰]

（1）用在祈使句中，表示催促、趋同等语气，语义上类似于"吧"。例如：

① 走呗，天不早了！

② ——我想多买点儿肉。

——好几天没吃肉啦，那就多买点儿呗！

（2）用在"A就A呗"结构中，表示一种让步语气，引出后文说话的中心。如：

③ 来就来呗，还带啥礼物！

④ 偷就偷呗，还死不认账！

这两例中，"来就来呗"可转换为"来，来就是喽"，说话人告诉客人到他这儿来不用客气；"偷就偷呗"也可转换为"偷，偷就是喽"，说话人认为偷了东西都可以谅解，但不承认过错让人无法原谅。

（四）感叹句

带有浓厚情感的句子叫感叹句。它可以表示快乐、惊讶、悲哀、愤怒、厌恶、恐惧等多种感情。宿州方言中的感叹句通常可以带"来、吭 [xɑŋ⁰]、宁 [niə⁰]、就是喽 [tɕiəu⁴² ʂ⁴² ləu⁰]、唉 [ɛ⁰]、嗡 [uəŋ⁰]、啦 [la⁰]、家伙"等语气词。

1. 来

在感叹句中"来"可以用来表达多种情感。

（1）表惊讶

① 我的个咣当来，他咋着怎么大意！（我的天哪，他怎么那么大意！）

② 乖来，这下子口了，得毁几万块钱！（哎呀，这下子厉害了，要损失几万块钱！）

③ 娘来，这回可有钱花了，一家伙剥个一等奖！（妈呀，这下可有钱花了，一下子拿了个一等奖！）

"（我的个）……来"类似于口头禅，省略号指代的内容多为虚指，表明说话者对某一问题的感受，往往带有夸张意味。

（2）表心疼、悲伤

④ 我的娘来，你怎么走（死）得那么快呢！

⑤ 毛妮来，快叫奶奶看看你摔着没！（毛妮，快叫奶奶看看你摔着没有！）

句④是在失去亲人时号啕呼喊；句⑤往往流露出长者对晚辈的疼爱，有时带有夸张意味。

（3）表不满甚至讨厌

⑥ 啥活儿都不想干，你吃的还怪恣儿来！

⑦ 你说的怪好听来，谁理你！

4）表惊喜、恳求

⑧ 我的个乖乖来，你可想死我啦！

⑨ 小明来，可别再气您娘啦！

2. 吭 [xɑŋ⁰]

用于感叹句，表达感叹语气，强调程度厉害，句中往往有程度副词与之相照应。如：

（1）河里的水真清吭！（河里的水真清啊！）

（2）你班的那个孩子太不听话了吭！

例（1）表示惊讶，例（2）则流露出强烈的不满情绪。

3. 宁 [niẽ⁰]

用于感叹句的末尾，主要表达两种语气：

（1）指某件事情通过前后对比，出人意料，令人惊讶而不敢相信。如：

① 前两年他穷得吃不上饭，这会儿咋就混成大老板了宁？！（前两年他穷得吃不上饭，这会儿怎么就混成大老板了呢？）

② 像你这见了女孩子就脸红，以后咋着搞对象宁！（像你这见了女孩子就脸红，以后怎么搞对象呢！）

（2）在不如意的事情上，对造成的结果流露出焦急而无奈的情绪。

③ 这个机子，我怎么就是玩不转宁！

④ 给他说了多少回啦，就是不管用宁！

这类用法多出现在"就（老、总）是……宁"格式里。

"宁 [niẽ⁰]" 可以换成 "呢 [nẽ⁰]"。

4. 就是喽 [tɕiəu⁴² ʂ̩⁴² ləu⁰]

主要有两种用法：

（1）因对某人或某事不满，愤怒之极或心灰意冷。例如：

① 他作（恶）就是喽，早晚得蹲班房子！（任由他作恶吧，早晚得被抓进监狱！）

② 可该毁了就是喽，刚买个新车子又叫人偷跑了！（注定倒霉，刚买个新车子又叫人偷跑了。）

在这类用法中，说话人的感情往往较为强烈，因此要先发泄一下内心的情绪，然后再补充叙述导致这种心情的原因。

（2）表达幸灾乐祸的心理或在讲述事件时故意引起对方的注意。例如：

③ 可好了就是喽！这小子遭报应叫车撞死啦！（这下太好了，这小子遭报应叫车撞死了。）

④ 真搞笑就是喽！这不老公公领着他儿媳妇跑啦！

这类用法一般出现在 "程度副词＋形容词＋就是喽" 格式中，在此格式中主语一般不出现，便于直截了当、痛快淋漓地表达说话人的情感态度，后续句引出具体的内容。

5. 唉 [ɛ⁰]

用在感叹句中表达高兴、感慨、期望等语气，类似于普通话中的 "啊"。例如：

（1）要是能突然见到她该多好唉！（要是能突然见到她该多好啊！）

（2）我也不想去唉！没有办法。

6. 嗡 [uəŋ⁰]

主要用于句尾表达不满或气愤等语气。如：

（1）十个数都不会数，也太笨了嗡！（十个数都不会数，也太笨了吧！）

（2）班里乱成这个样子，也太不像话了嗡！

"嗡" 要用在完成体 "了" 的后面，表达对某种行为的看法。

7. 啦 [la⁰]

用在感叹句句末，表达某种强烈的感情。例如：

（1）气死我啦！

（2）这下子好啦！喂三个鸡让人偷走俩。

例（2）中的"啦"可以用"喽"替换，但用"喽"幸灾乐祸的语气较重。

8.家伙

"家伙"是一个语法化不够完全的语气词，常出现在"程度副词＋形容词"结构式的后面，帮助抒发感叹、惊讶等语气；去掉它句义也是自足的。例如：

（1）乖乖，真好吃家伙！我再买一份。（哎呀，真好吃啊！我再买一份。）

（2）齁咸家伙！难吃死了。（太咸啦！特别难吃。）

（3）太可怕家伙了！晚黑我一个主儿都不敢出门了。（太可怕啦！晚上我一个人都不敢出门了。）

宿州方言中能够进入这一格式的程度副词主要是"真"，如果用"太""怪""忒"等，一般要在"家伙"后加"了"，否则文气不畅。

二、宿州方言的特殊句式

在句法方面，宿州方言和普通话区别不大，普通话中的各种句式在宿州方言中几乎都能找到用例，但宿州方言中也有一些在结构和表达方面与一般句式不同的句式，如处置句、被动句、比较句、"可"字句、"非……不……"句式等。现略作介绍。

（一）处置句

宿州方言中的处置句，按照表示处置意义的虚词的不同可细分为以下三种。

1."给"字句

"给"用作表处置意义的介词，可用"把"替换，动词及其后续部分往往是动补结构。例如：

（1）前面趴着一条蛇，给我吓了一大跳。

（2）一块大石头给我的脚砸淌血啦。

（3）谁要偷我的东西，出门就让车给他轧死。

这里的"给＋O＋VP"都可以替换为"把＋O＋给＋VP"，比如上述三个例子就可以分别改为"把我给吓了一大跳""把我的脚给砸淌血了""把他给轧死"。

2. "连"字句

连字句是指用介词"连"将宾语前置，从而构成介宾短语做状语的一种处置句式。例如：

（4）他连书放在桌子上，一句话也没说就走啦。（他把书放在桌子上，一句话也没说就走了。）

（5）小王气愤不过，连家里的电视给摔啦。（小王气不过，把家里的电视机摔了。）

这两句中的"连"都可用"把"来替换，"连"后的宾语"书""电视"分别是谓语中心语"放""摔"的对象宾语。这种句式也具有一般"把"字句的特征，即"动词的处置性"、"宾语的有定性""谓语动词的非光杆性"。但是它和用作助词的"连"所构成的"连"字句是不同的，试比较下面两个句子：

（6）他连书也放搁桌子上，一句话也没说就走啦。

（7）小王气愤不过，连家里的电视还给摔啦。

这里的"连"都是助词，和（4）（5）中的"连"相比，主要有三点区别：

第一，从意义上来看。句（4）是说把书放在桌子上，放的对象有且只有书；句（6）说明放的不仅仅是书，把书放在桌子上，似乎出乎说话人的意料。

其次，从形式上来看。作为助词的"连"字句，"连"后一般用"也""还""都"等与之照应，但这种句式往往具有歧义。如句（7）的"连"既可以看作助词，也可以看作介词。同样作为介词"把"，意义上也有明显的区别：（5）是说把电视给摔了，（7）是说摔的东西很多，电视是其中一项，而且是出乎意料的。

再者，强调点不同。用作介词时，强调处置的方式；用做助词时，强调的是"连"后紧接的成分，如（4）（5）分别强调"放"和"摔"，（6）（7）分别强调"书"与"家里的电视"。

3. "□" [tʂaŋ⁵⁵] 字句

"□ [tʂaŋ⁵⁵]" 在皖北方言中是一个多义词，当用法类似于"把"时就构成了处置句。例如：

（8）他找了一根绳子，□[tʂaŋ⁵⁵]小偷给捆了起来。（他找了一根绳子，把小偷给捆了起来。)

（9）这孩子老是捣蛋，昨儿个他妈妈着他打了一顿。

（二）被动句

宿州方言中的被动句除了"被"字句以外，比较常用的还有"叫"字句、"给"字句。

1."叫"字句

这类句子的特点是：主语是受事，用"叫"引进施动者，有时也使用"叫……给……"格式。例如：

（1）昨儿个晚黑他家刚买的洋车子叫人偷跑啦。（昨天晚上他家刚买的自行车被人偷跑了。）

（2）他的褂子叫树枝给剐烂啦。（他的褂子被树枝给划破了。）

（3）他的儿成绩好，叫北大录取啦。（他儿子成绩好，被北大录取了。）

2."给"字句

（4）大闺女家说这样的话，给人听见啦，多臊的慌。（大姑娘说这样的话，被人听见了，多不好意思。）

（5）他身上带的钱，一分不剩，都给小偷偷走啦。

（6）老是剋架，给派出所盯上啦，准没有好事。（老是打架，被派出所盯上了，准没有好事。）

这三例中"给"后的宾语都是施事，"给"换成"被"之后，意义并没有发生变化。

相比较来看，"叫"字句中介词"叫"后面的名词性成分一般不能省略，而"给"字句中"给"后的名词性成分在口语中往往可以省略。试比较：

（7）昨个晚上他家刚买的电动车叫小偷偷跑啦。→＊昨个晚上他家刚买的电动车叫偷跑了。

（8）他身上带的钱，一分不剩，都给小偷偷走啦。→他身上带的钱，一分不剩，都给偷走了。

（三）比较句

宿州方言中的表示等比常用"A＋介词＋B＋一般＋形容词"格式，表示差比常用"A＋没（有）＋B＋形容词"格式；也可采用比喻句的形式表达属性上的比较。例如：

（1）小刚和小强一般高。（小刚和小强一样高。）

（2）小刚没（有）小强高。（小刚没有小强高。）

（3）这孩子脏的给个泥猴子样。（这孩子脏得像一个泥猴子。）

句（3）"给……样"类似于普通话中的"跟……一样……"。

（四）"可"字句

包括"可＋VP"、"可是＋VP"以及"可（不）是"三种格式。

1."可＋VP"格式

"可＋VP"格式是由语气副词"可"后加动词性成分构成的一种反复问句，其中"V"一般是自主动词。例如：

（1）外面可下啦？（外面是不是在下雨／呀？）

（2）他可走过了？（他是不是走过了？）

（3）可去？——不去了，恁去吧！（去不去？——不去了，你去吧！）

（4）他不会走，可对？（他不会走，对不对？）

例（3）是一种省略形式，例（4）是追问形式，言者情态上倾向于肯定表达，询问听者只是为了证实自己的判断。

"可"这个副词在宿州方言中比较特殊，回答问题时肯定回答与否定回答的读音有所不同。当用来表达肯定语气，强调情况、行为的真实性时读为"可 [khe^{55}]"，如例（5）—（7）；当作否定回答时读为"可 [khe^{51}]"，如（8）—（9）。

（5）床头的毛票(钱)你拾起来了？——可（的确，是的），我拾起来了。（床头每张一角钱的纸币你拾起来了？——可（的确，是的），我拾起来了。）

（6）你可吃饭吗？——可，刚吃过。

（7）你可饿吗？——我可饿（我饿）。

（8）你可饿吗？——我可饿（我不饿）。

（9）你可想他？——我可想他（我不想他），永远见不着才好呢!

2."可是"格式

和"可"相比，"可是"可以后接谓词性成分，也可接体词性成分。例如：

（10）他可是跟你一坨 = 去的？（他是不是跟你一块去的？）

（11）饭可是热的？（饭是不是热的？）

（12）他可是山西人？（他是不是山西人？）

"可是"问句属于是非问，言者对所问问题已有一定程度的猜测，询问的目的在于求证。所以"可＋VP"问句是一种中性问，而"可是"问句则是偏向问。

3. "可是的"格式

这一格式不同于前两种，它不纯粹表示疑问，还可以表达其他语气。例如：

（13）听说你家孩子考上北大了，可是的？

（14）明儿个天还有雨，可是的？（明天还有雨，对吧？）

（15）可是的，你家孩子考上北大了！（是吗，你家孩子考上北大了！）

（16）可是的，我来是安徽人！（是吗，我也是安徽人！）

"可是的"往往独立成句，表达不同的语气。（13）和（14）言者先陈说某一情况，然后用"可是的"提出疑问，目的是用对方的回答进行验证；例（15）和（16）言者对另一方的话语感到惊讶或喜出望外，"可是的"后面一般要有后续成分。

（五）"非……不……"句式

"非……不……"格式是一种双重否定句式，"非"后的成分一般是VP结构，当强调某一人物或事物的必要性时，也可以是NP；"不"后的成分一般是具体的VP，也可以是简单的许可动词"管、行、可"等；在宿州方言中"非"一般要说成"非着""非得"。例如：

（1）这个家非（着）她不管。→这个家非（着）她（照顾）着不管。

（2）这个班非王老师不行！→这个班非王老师（带班主任）不行！

（3）伏羊节吃饭非着羊肉汤不行。→伏羊节吃饭非着（喝）羊肉汤不行。

句（1）强调"她"在家中的必要性，句（2）用法与之相似：主语往往是"指示代词＋量词＋名词"结构，"非"后的名词性成分可以看作由主谓短语或动宾短语省略形成的。

其实，进入这一格式最常见的用法为"非VP不……"句式，从语用目的来看，主要有以下三种用法：

1. 表达决绝的心态，如：

（4）他发誓非考上重点大学不行。（他发誓非考上重点大学不可。）

（5）我今儿个非着走不行。（我今天非走不可。）

这种格式表达一种主观愿望或决心，强调一定要怎么样。

2.预示事件发展的趋势，如：

（6）他老跟人家剞架，非进派出所不行。（他经常跟人家打架，非进派出所不可。）

（7）这几个熊孩子剞￪搁马路边转悠，非出事不可。（这几个调皮的小孩子经常在马路边转悠，非出事不可。）

言者根据目前的情况，断言将来会出现的情况；句中的"VP"（如：进派出所、出事）都是行为者不希望发生的。

3.强调别无选择，如：

（8）要怕迟到，非着打的不行！（恐怕要迟到，非打的不可！）

（9）今儿个作业太多了，非着熬夜不管！（今天作业太多了，非熬夜不可！）

"打的""熬夜"是必然的、甚至是唯一的选择，"非……不……"格式起到了强调作用。

4.批评执拗的做法，例如：

（10）天死不子热，他非着晒大秫秫不管，结果晕倒了。（天那么热，他非晒玉米不可，结果晕倒了。）

（11）都叫他□[pæi^{55}]去，他非去不管，这能怨谁个？（都叫他别去，他偏要去，这怨谁呢？）

这类句子往往包含三个部分的意义：环境不允许他这样做、他偏偏这样做了、结果造成了某种后果，整个句子的功用在于批评某种执拗的做法。

（张德岁撰稿）

第三节　语法例句

1. 谁（个）？我　是　老　　三。
   ʂei⁵⁵kɤ⁰？uo⁴³⁴⁻³⁴ʂ̩⁴²lɑɔ⁴³⁴⁻⁴⁴sæ²¹²。
   谁呀？我是老三。

2. 老　四　呢？他　　正　给一　个　朋　友　说　　话　呢。
   lɑɔ⁴³⁴⁻³⁴ʂ̩⁴²nẽ⁰？tha²¹²⁻²¹tʂəŋ⁴²kei⁵⁵⁻²¹²i⁻²¹kɤ⁰phəŋ⁵⁵iəu⁰ʂuo²¹²⁻²¹xua⁴²nẽ⁰。
   老四呢？他正在跟一个朋友说着话呢。

3. 他　还　没　说　　完　芒゠？
   tha²¹²⁻²¹xæi⁵⁵mei⁴²ʂuo²¹²⁻²¹uæ̃⁵⁵mɑŋ⁰？
   他还没有说完吗？

4. 还　没　有　来。大概　还　再　得一　　会儿　就　说　　完啦。
   xæi⁵⁵mei⁴²iəu⁰læi⁰。ta⁴²kæi⁴²xæi⁵⁵tsæi⁴²tei⁻²¹²⁻²¹xueir⁵⁵tɕiəu⁴²ʂuo²¹²⁻²¹uæ̃⁵⁵la⁰
   还没有。大约再有一会儿就说完了。

5. 他　说马　展　就　走，
   tha²¹²⁻²⁴ʂuo²¹²ma⁴³⁴tʂæ̃⁰tɕiəu⁴²tsəu⁴³⁴,
   咋／为啥这半天啦还搁　家里头　呢？
   tʂa⁴³⁴/uei⁴²ʂa⁵⁵tʂɤ⁴²pæ̃⁴²thiæ̃²¹²la⁰xæi⁵⁵kɤ²¹²⁻²⁴tɕia²¹²li⁰thəu⁵⁵nẽ⁰？
   他说马上就走，怎么这半天了还在家里呢？

6. 你　上　哪儿　去？　我　上　城　来　去。
   ni⁴³⁴⁻³⁴ʂaŋ⁴²nar⁴³⁴tɕhy⁴²？uo⁴³⁴ʂaŋ⁴²tʂhəŋ⁵⁵læi⁰tɕhy⁴²。
   你到哪儿去？我到城里去。

7. 搁／在那来，不　搁　／在这来。
   kɤ²¹²/tsæi⁴²na⁴²læi⁰, pu²¹²⁻²⁴kɤ²¹²⁻²¹/tsæi⁴²tʂɤ⁴²læi⁰。
   在那儿，不在这儿。

8. 不　是那么做，是　要　这么　做　的。
   pu²¹²⁻²¹ʂ̩⁴²na⁴²mɤ⁰tsu⁴², ʂ̩⁴²iɑɔ⁴²tʂɤ⁴²mɤ⁰tsu⁴²ti⁰。

9. 太　多啦，用　不　着　那么些，
   thæi⁴²tuo²¹²la⁰, zuŋ⁴²pu²¹²⁻²¹tʂuo⁵⁵na⁴²mɤ⁰ɕiɛ²¹²,

只 要 这 么 些　 就　 够 啦。

tʂʅ⁴²iɑɔ⁴²tʂɤ⁴²mɤ⁰ɕiɛ²¹²tɕiəu⁴²kəu⁴²la⁰。

太多了，用不着那么多，只要这么多就够了。

10. 这 个 大，　 那 个 小，

tʂʅ⁴²kɤ⁰ta⁴²，na⁴²kɤ⁰ɕiɑɔ⁴³⁴，

这 两　 个 哪 一 个 好　 点儿 呢?

tʂʅ⁴²liaŋ⁴³⁴⁻³⁴kɤ⁴²na⁴³⁴⁻⁴⁴i⁴²¹²⁻²¹kɤ⁴²xɑɔ⁴³⁴⁻³⁴tiæ̃r⁴³⁴nẽ⁰?

11. 这 个 比　 那 个 好。

ʂʅ⁴²kɤ⁰pi⁴³⁴⁻³⁴na⁴²kɤ⁰ xɑɔ⁴³⁴

12. 这 些 屋 不　 如 那 些 屋　 好。

tʂʅ⁴²ɕiɛ⁰u⁰²¹²pu²¹²⁻²¹zu⁵⁵na⁴²ɕiɛ⁰u⁰²¹²⁻²¹xɑɔ⁴³⁴。

这些房子不如那些房子好。

13. 这 句 话 用 宿　 县 话 咋（着）说?

tʂʅ⁴²tɕy⁴²xua⁴²zuŋ⁴²ɕy⁴²¹²ɕiæ̃⁴²xua⁴²tsa⁴³⁴tʂuo⁰ʂuo²¹²?

这句话用宿县话怎么说?

14. 他　 今　 年 多　 大 年 纪?

tha²¹²⁻²¹tɕiẽ²¹²⁻²¹niæ̃⁵⁵tuo²¹²⁻²¹ta⁴²niæ̃⁵⁵tɕi⁰?

/ 他　 今　 年 多　 大 啦?

/ tha²¹²⁻²¹tɕiẽ²¹²⁻²¹niæ̃⁵⁵tuo²¹²⁻²¹ta⁴²la⁰?

他今年多大岁数?

15. 大 概 三　 十 拉 岁 吧。

ta⁴²kæi⁴²sæ̃²¹²⁻²¹ʂʅ⁵⁵la⁵⁵suei⁴²pa⁰。

大概有三十来岁吧。

16. 这 东　 西 多　 重　 呢?

tʂʅ⁴²tuŋ²¹²⁻²¹ɕi⁰tuo²¹²⁻²¹tʂuŋ⁴² nẽ⁰?

这个东西有多重呢?

17. 有　 五　 十 拉 斤 （重）来。

iəu⁴³⁴⁻³⁴u⁴³⁴⁻⁴⁴ʂʅ⁵⁵la⁵⁵tɕiẽ²¹²⁻²¹tʂuŋ⁴²læi⁰。

有五十多斤重呢。

18. 能　 拿 动 芒⁼?（多）/ 能 拿 动 不（少）?

nəŋ⁵⁵ na⁵⁵ tuŋ⁴² maŋ⁰ ?　　　/ nəŋ⁵⁵ na⁵⁵ tuŋ⁴² pu⁰ ?

拿得动吗?

19. 我　能　拿　动，他　拿　不　动。

uo⁴³⁴⁻⁴⁴ nəŋ⁵⁵ na⁵⁵ tuŋ⁴², ta²¹²⁻²¹ na⁵⁵ pu²¹²⁻²¹ tuŋ⁴²。

我拿得动，他拿不动。

20. 真　不　轻，（连）我　都　拿　不　动　啦。

tṣẽ²¹²⁻²⁴ pu²¹²⁻²⁴ tɕiɛ²¹², liæ̃⁵⁵ uo⁴³⁴ təu²¹²⁻²¹ na⁵⁵ pu²¹²⁻²¹ tuŋ⁴² la⁰。

真不轻，连我都拿不动了。

21. 你　说　得　很　好，

nẽ⁴³⁴⁻⁴⁴ ṣuo²¹²⁻²¹ ti⁰ xɛ̃⁴³⁴⁻³⁴ xɑɔ⁴³⁴,

你　还　会 / 能　说　点儿　啥　呢?

nẽ⁴³⁴⁻⁴⁴ xæi⁵⁵ xuei⁴²/nəŋ⁵⁵ ṣuo²¹²⁻²¹ tiæ̃r⁴³⁴⁻⁴⁴ ṣa⁵⁵ nẽ⁰ ?

你说得很好，你还会说点儿什么呢?

22. 我　嘴　笨，说　不　过　他。

uo⁴³⁴⁻³⁴ tsuei⁴³⁴⁻³⁴ pẽ⁴², ṣuo²¹²⁻²⁴ pu²¹²⁻²¹ kuo⁴² tha²¹²。

我嘴笨，我说不过他。

23. 说　喽一　遍又　一　遍。

ṣuo²¹²⁻²¹ ləu⁰;i²¹²⁻²¹ piæ̃⁴² iəu⁴²;i²¹²⁻²¹ piæ̃⁴²。

说了一遍，又说了一遍。

24. 请　恁 / 你　再　说　一　遍!

tɕhiŋ⁴³⁴⁻³⁴ nẽ⁴³⁴/ni⁴³⁴ tsæi⁴² ṣuo²¹²;i²¹²⁻²¹ piæ̃⁴² !

请你再说一遍!

25. 不　早　喽，快　走　吧!

pu²¹²⁻²¹ tsɑɔ⁴³⁴ ləu⁰, khuæi⁴² tsəu⁴³⁴ pa⁰ !

不早了，快去吧!

26. 这　晚　（照"晚）还　很　早　来。

tṣɤ⁴² uæ̃⁴³⁴ (tṣɑɔ⁴² uæ̃⁴³⁴) xæi⁵⁵ xɛ̃⁴³⁴⁻³⁴ tsɑɔ⁴³⁴ læi⁰。

等　一　会儿　再　去　吧。

təŋ⁴³⁴;i²¹²⁻²⁴ xueir²¹² tsæi⁴² tɕhy⁴² pa⁰。

现在还很早呢。等一会儿再去吧。

27. 吃　喽饭再去可　管/可　行?

tʂʅ²¹²ləu⁰fæ⁴²tsæi⁴²tɕhy⁴²khɤ⁴³⁴⁻³⁴kuæ⁴³⁴/ khɤ⁴³⁴⁻⁴⁴ɕiŋ⁵⁵?

吃了饭再去好吧?

28. 慢　慢儿 吃，　□别急!

mæ̃⁴²mæ̃r⁵⁵tʂʅ²¹², pæi⁵⁵tɕi⁵⁵!

慢慢儿地吃啊，不要急!

29. 坐　着 吃 比　站着 吃 好　点儿。

tsuo⁵⁵tʂuo⁰tʂʅ²¹²pi⁴³⁴⁻⁴⁴tʂæ̃⁵⁵tʂuo⁰tʂʅ²¹²xɑɔ⁴³⁴⁻³⁴tiæ̃r⁴³⁴。

坐着吃比站着吃好些。

30. 他　吃　过饭喽，你 可　吃 喽?

tha²¹²tʂʅ²¹²⁻²¹kuo⁰fæ̃⁴² ləu⁰, ni⁴³⁴⁻³⁴khɤ⁴³⁴⁻⁴⁴tʂʅ²¹²la⁰?

/你　可　吃　芒゠?

/ ni⁴³⁴⁻³⁴khɤ⁴³⁴⁻⁴⁴tʂʅ²¹²mɑŋ⁰?

他吃了饭了，你吃了饭没有呢?

31. 他　去 过 上 海，我　没 去 过。

tha²¹²⁻²¹tɕhy⁴²kuo⁰ʂɑŋ⁴²xæi⁴³⁴, uo⁴³⁴⁻³⁴mei⁴²tɕhy⁴²kuo⁰。

他去过上海，我没有去过。

32. 来 闻闻这 朵 花可　香。

læi⁵⁵uẽ⁵⁵uẽ⁰tʂɤ⁴²tuo⁴³⁴xua²¹²khɤ⁴³⁴⁻⁴⁴ɕiaŋ²¹²。

闻闻这朵花香不香。

33. 给 我 一 本　书!

kei⁵⁵ uo⁴³⁴·²¹²⁻²¹i pẽ⁴³⁴⁻⁴⁴ʂu²¹²!

给我一本书!

34. 我　确　实没 有 书 吭!

uo⁴³⁴⁻⁴⁴tɕhyo²¹²⁻²¹ʂʅ⁵⁵mei⁴²iəu⁰ʂu²¹²xɑŋ⁰!

我实在没有书嘛!

35. 恁　给 他　说　(讲)/恁　对 他　说　(讲)。

nẽ⁴³⁴⁻⁴⁴kei⁵⁵tha²¹²⁻²⁴ʂuo²¹²(tɕiaŋ⁴³⁴)/ nẽ⁴³⁴⁻⁴⁴tei⁴²tha²¹²⁻²⁴ʂuo²¹²(tɕiaŋ⁴³⁴)

你告诉他。

36. 好　好儿/好　生 的 走，　□别 跑!

xɑɔ⁴³⁴⁻⁴⁴ xɑɔr⁵⁵/ xɑɔ⁴³⁴⁻⁴⁴ʂəŋ²¹²ti⁰tsəu⁴³⁴，pæi⁵⁵pɑɔ⁴³⁴！

好好儿地走，不要跑！

37. 小　　心掉下去爬爬不　起来！

ɕiɑɔ⁴³⁴⁻³⁴ɕiɛ̃²¹²tiɑɔ⁴²ɕia⁴²tɕhy⁰pha⁵⁵pha⁵⁵pu²¹²⁻²¹tɕhi⁴³⁴læi⁵⁵！

小心跌下去爬也爬不起来！

38. 医生叫你多　睡一　会儿。

i²¹²ʂəŋ⁰tɕiɑɔ⁴²ni⁴³⁴tuo²¹²⁻²¹ʂuei⁴² i²¹²⁻²¹xueir⁵⁵。

医生叫你多睡一睡。

39. 我　吸烟、喝　酒都　不　管／不　行。

uo⁴³⁴⁻⁴⁴ɕi²¹²⁻²⁴iæ̃²¹²、xɤ²¹²⁻²¹tɕiəu⁴³⁴təu²¹²⁻²⁴pu²¹²⁻²¹kuæ̃⁴³⁴/ pu²¹²⁻²¹ɕiŋ⁵⁵。

我吸烟或者喝酒都不行。

40. 烟、　酒我　都　不　喜　欢。

iæ̃²¹²、tɕiəu⁴³⁴uo⁴³⁴⁻⁴⁴təu²¹²⁻²⁴pu²¹²⁻²¹ɕi⁴³⁴⁻⁴⁴xuæ̃⁰。

烟也好，酒也好，我都不喜欢。

41. 随　你可　去，　反　正我　要　去　的。

tshei⁵⁵ni⁴³⁴khɤ⁴³⁴⁻³⁴tɕhy⁴²，fæ̃⁴³⁴⁻³⁴tʂəŋ⁴²uo⁴³⁴⁻³⁴iɑɔ⁴² tɕhy⁴²ti⁰。

不管你去不去，反正我是要去的。

42. 我　非　去　不　行

uo⁴³⁴⁻⁴⁴fei²¹²⁻²¹tɕhy⁴²pu²¹²⁻²¹ɕiŋ⁵⁵

／我　非　得　去／我　就　得　去。

/uo⁴³⁴⁻⁴⁴fei²¹²⁻²⁴tei²¹²⁻²¹tɕhy⁴²/uo⁴³⁴⁻³⁴tɕiəu⁴²tei²¹²⁻²¹tɕhy⁴²。

我非去不可。

43. 你　哪　年　来　的？

ni⁴³⁴⁻³⁴na⁴³⁴⁻⁴⁴niæ̃⁵⁵læi⁵⁵ti⁰？

你是哪一年来的？

44. 我　前　年　到　的北　京。

uo⁴³⁴⁻⁴⁴ tɕhiæ̃⁵⁵niæ̃⁰tɑɔ⁴²ti⁰pei²¹²⁻²⁴tɕiŋ²¹²。

我是前年到的北京。

45. 今　天　开　会谁　主　持？

tɕiɛ̃²¹²⁻²²⁴thiæ̃²¹²khæi²¹²⁻²¹xuei⁴²ʂei⁵⁵tʂu⁴³⁴⁻⁴⁴tʂhʅ⁵⁵？

今天开会谁的主席？

46. 你　得　请　　我　客。

ni˙⁴³⁴⁻⁴⁴tei˙²¹²tɕiɛ̃⁴³⁴⁻³⁴uo⁴³⁴khei²¹²。

你得请我的客。

47. 一　边　走，　一　　边　　说。

i˙²¹²⁻²⁴piæ̃²¹²⁻²¹tsəu⁴³⁴, i˙²¹²⁻²⁴piæ̃²¹²⁻²⁴ʂuo²¹²。

一边走，一边说。

48. 越　走越　远，　越　　说越　　多。

yo²¹²⁻²¹tsəu⁴³⁴yo²¹²⁻²¹yæ̃⁴³⁴, yo²¹²⁻²⁴ʂuo²¹²yo²¹²⁻²⁴tuo²¹²。

越走越远，越说越多。

49. 把　那　个　东　　西□给我。 /把　那　个　东　　西给　我

pa⁴²na⁴²kɤ⁰tuŋ²¹²⁻²¹ɕiku⁵⁵uo⁴³⁴。/pa⁴²na⁴²kɤ⁰tuŋ²¹²⁻²¹ɕi⁰kei⁵⁵uo⁴³⁴。

把那个东西拿给我。

50. 有　　些地府⁼把月　　亮　叫月　朗⁼　娘。

iəu⁴³⁴⁻⁴⁴ɕiɛ⁰ti⁴²fu⁰pa⁴²yo²¹²⁻²¹liaŋ⁴²tɕiaɔ⁴²yo²¹²⁻²¹laŋ⁴³⁴⁻⁴⁴niaŋ⁵⁵。

有些地方把月亮叫月亮外婆。

51. 恁　贵　姓? 我　姓　王。

nɛ̃⁴³⁴⁻³⁴kuei˙⁴²ɕiŋ⁴²? uo⁴³⁴⁻³⁴ɕiŋ⁴²uaŋ⁵⁵。

您贵姓? 我姓王。

52. 你　姓　王，我　　来姓　王，

ni⁴³⁴⁻³⁴ɕiŋ⁴²uaŋ⁵⁵, uo⁴³⁴⁻³⁴læi⁰ɕiŋ⁴²uaŋ⁵⁵,

咱　俩　/咱　两　个　人　都　　姓　王。

tsæ̃⁴³⁴⁻³⁴liaŋ⁴³⁴⁻³⁴/tsæ̃⁵⁵liaŋ⁴³⁴kɤ⁰zɤ̃⁵⁵təu²¹²⁻²¹ɕiŋ⁴²uaŋ⁵⁵。

你姓王，我也姓王，咱们两个人都姓王。

53. 你　先　去　吧，我　们　等　一　会儿　再　去。

ni⁴³⁴⁻⁴⁴ɕiæ̃²¹²⁻²¹tɕhy⁴²pa⁰, uo⁴³⁴⁻⁴⁴mɛ̃⁰təŋ⁴³⁴⁻⁴⁴i²¹²⁻²⁴xueir⁵⁵⁻⁰tsæi⁴²tɕhy⁴²。

54. 这（个）能　吃，　那（个）不　能　吃。

tʂɤ⁴²kɤ⁰nəŋ⁵⁵tʂʅ²¹², na⁴²kɤ⁰pu²¹²⁻²¹nəŋ⁵⁵tʂʅ²¹²。

这个吃得，那个吃不得。

55. 这（是）他　的书，　那一　本（是）他　哥　的。

tʂɤ⁴²ʂʅ⁴²ta²¹²⁻²¹ti⁰ʂu²¹², naʔ⁴²i²¹²⁻²¹pẽ⁴³⁴ ʂʅ⁴²ta²¹²⁻²¹kɤ⁴³⁴ti⁰。

这是他的书，那一本是他哥哥的。

56. 看　书　的 看 书，　看　报　的 看 报，
khæ̃⁴²ʂu²¹²⁻²¹ti⁰khæ̃⁴²ʂu²¹²，khæ̃⁴²pɑɔ⁴²ti⁰ khæ̃⁴²pɑɔ⁴²，
写　　字 的 写　　字。

ɕiɛ⁴³⁴⁻³⁴tsʅ⁴²ti⁰ ɕiɛ⁴³⁴⁻³⁴tsʅ⁴²。

看书的看书，看报的看报，写字的写字。

57. 香　　　的 很，可　　是 的?
ɕiaŋ²¹²⁻²¹ti⁰xɛ⁴³⁴，khɤ⁴³⁴⁻³⁴ʂʅ⁴²ti⁰?

香得很，是不是?

58. 样　样。
iaŋ⁴² iaŋ⁰。

试试看。

59. 今 儿　个 很　热。/ 今 儿　个 热　的 很。
tɕiẽr²¹²⁻²¹kɤ⁰ xẽ⁴³⁴⁻⁴⁴zɤ²¹² / tɕiẽr²¹²⁻²¹kɤ⁰ zɤ²¹² ti⁰xẽ⁴³⁴。

今天很热。（程度副词及其位置）

60. 今 儿　个 死　热。/ 今 儿　个 死　不（子）热。
tɕiẽr²¹²⁻²¹kɤ⁰ sʅ⁴³⁴⁻⁴⁴zɤ²¹²。/ tɕiẽr²¹²⁻²¹kɤ⁰ sʅ⁴³⁴⁻⁴⁴ pu²¹²⁻²¹tsʅ⁰zɤ²¹²。

/ 今 儿　个 热　死 人 喽。

/tɕiẽr²¹²⁻²¹kɤ⁰zɤ²¹²⁻²¹sʅ⁴³⁴zẽ⁵⁵ləu⁰。

今天非常热。（程度副词及其位置。程度比上句更深）

61. 我　买　了 个　碗。
uo⁴³⁴⁻³⁴ mæi⁴³⁴ lɤ⁰ kɤ⁴² uæ̃⁴³⁴。

我买了一个碗。（完成体）

62. 他　搁　萧　县 工　　作。
tha²¹²⁻²⁴kɤ²¹²⁻²¹ɕiɑɔ²¹²⁻²¹ɕiæ̃⁴²kuŋ²¹²⁻²⁴tsuo²¹²。

他在萧县工作。（处所介词"在"）

63. 他　喷 / 正 吃　饭。
tha²¹² phẽ⁴²/tʂə̃ŋ⁴² tɕhʅ²¹²⁻²¹fæ̃⁴²。

他在吃着饭。（进行体）

64. 他　　今儿　个　穿　着一　身新　衣服。

　　tha²¹²⁻²⁴tɕiẽr²¹²⁻²¹kɤ⁰tʂhuæ²¹²tʂuo⁰:²¹²⁻²⁴ʂẽ²¹²ɕie²¹²⁻²⁴:i²¹²fu⁰。

他今天穿着一身新衣服。（持续体。后有宾语）

65. 他　　家　门　锁　着，　窗　　户　来　关　　着，

　　tha²¹²⁻²⁴tɕia²¹²mẽ⁵⁵suo⁴³⁴tʂuo⁰, tʂhuaŋ²¹²⁻²¹xu⁰læi⁵⁵kuæ²¹²⁻²¹tʂuo⁰,

　一个人都　没有。

i²¹²⁻²¹kɤ⁴²zẹ⁵⁵təu²¹²⁻²¹mei:⁴²:iəu⁰。

他家门锁着，窗户也关着，一个人都没有。（持续体。后无宾语）

66. 他　来　喽。

　　tha²¹²⁻²¹læi⁵⁵ləu⁰。

他来了。（已然体）

67. 要　下雨　喽。/快　下　雨　喽。

　　iɑɔ⁴²ɕia⁴²y⁴³⁴ləu⁰。/khuæi⁴²ɕia⁴²y⁴³⁴ləu⁰

天要下雨了。（将然体）

68. 你　　叫　门　关　　上。/你　　□把　门　关　　上。

　　ni:⁴³⁴⁻³⁴tɕiɑɔ⁴²mẽ⁵⁵kuæ²¹²⁻²¹ʂaŋ⁴²。/ni:⁴³⁴⁻⁴⁴tsaŋ⁵⁵mẽ⁵⁵kuæ²¹²ʂaŋ⁴²。

/你　把　门　关　　上。

/ni:⁴³⁴⁻³⁴pa⁴²mẽ⁵⁵kuæ²¹²⁻²¹ʂaŋ⁴²。

你把门关上。（处置句）

69. 你　　叫　钱　搁　好，　□别掉　了。

　　ni:⁴³⁴⁻³⁴tɕiɑɔ⁴²tɕhiæ̃⁵⁵kɤ²¹²⁻²¹xɑɔ⁴³⁴, pæi⁵⁵tiɑɔ⁴²la⁰。

你把钱放好，别丢了。（处置句）

70. 那个碗　叫　他　弄　烂了。

　　na⁴²kɤ⁰uæ⁴³⁴tɕiɑɔ⁴²tha²¹²nəŋ⁴²læ̃⁴²la⁰。

那个碗被他打破了。（被动句）

71. 你　给　我　把　剪　子。

　　ni:⁴³⁴⁻⁴⁴kei⁵⁵uo⁰pa⁴³⁴⁻³⁴tɕiæ̃⁴³⁴tsʅ⁰。

你给我一把剪刀。（祈使双宾句）

72. 他　　给我　一　个桃。

tha²¹²⁻²¹kei⁵⁵uo⁴³⁴⁻²¹²⁻²¹kɤ⁰thɔ⁵⁵。

他给我一个桃子。（陈述双宾句）

73. 这 座 山 我 能 爬 上 去， 他 爬 不 上 去。

tʂɤ⁴²tsuo⁴²sæ²¹²uo⁴³⁴nəŋ⁵⁵pha⁵⁵ʂaŋ⁴²tɕhy⁰, tha²¹²⁻²¹pha⁵⁵pu²¹²⁻²¹ʂaŋ⁴²tɕhy⁰。

这座山我爬得上，他爬不上。（可能补语）

74. 你 再 吃 一 碗。

ni⁴³⁴⁻³⁴tsæi⁴²tʂʅ²¹²⁻²⁴i²¹²⁻²¹uæ⁴³⁴。

你再吃一碗。

75. 我 没 听 清， 你 再 说 一 遍 / 一 盘儿。

uo⁴³⁴⁻³⁴mei⁴²thiŋ²¹²⁻²⁴tɕhiŋ²¹², ni⁴³⁴⁻³⁴tsæi⁴²ʂuo²¹²⁻²⁴i²¹²⁻²¹piæ⁴²/i²¹²⁻²¹pær⁴²。

我没听清，你重说一遍。

76. 昨儿 个 他 没 来， 今儿 个 他 还 没 来。

tsuor⁴²kɤ⁰tha²¹²⁻²¹mei⁴²læi⁵⁵, tɕiẽr²¹²⁻²¹kɤ⁰tha²¹²⁻²¹xæi⁵⁵mei⁴²læi⁵⁵。

昨天他没有来，今天他还没有来。

77. 我 是 老 师， 他 来 是 老 师。

uo⁴³⁴ʂʅ⁴²lɑɔ⁴³⁴⁻⁴⁴ʂʅ²¹², tha²¹²læi⁰ʂʅ⁴²lɑɔ⁴³⁴⁻⁴⁴ʂʅ²¹²。

我是老师，他也是老师。（判断句）

78. 你 可 去?

ni⁴³⁴⁻⁴⁴khɤ⁵⁵tɕhy⁴²?

你去不去?（反复问句）

79. 他 可 去 芒¯? / 他 去 没 有?

tha²¹²⁻²¹khɤ⁵⁵tɕhy⁴²maŋ⁰? /tha²¹²⁻²¹tɕhy⁴²mei⁴²iəu⁰?

他去没去?（反复问句）

80. 弟兄 三 个 /弟仨 他 最 大。

ti⁴²ɕyŋ⁰sæ²¹²⁻²¹kɤ⁴²/ti⁴²sa²¹²⁻²¹tha²¹²⁻²¹tsuei⁴²ta⁴²。

弟兄三个他最大。

81. 这 碗 菜 齁 咸 / 咸的 齁 人。

tʂɤ⁴²uæ⁴³⁴⁻³⁴tshæi⁴²xəu²¹²⁻²¹ɕiæ⁵⁵/ɕiæ⁵⁵ti⁰xəu²¹²⁻²¹zẽ⁵⁵。

这碗菜太咸了。

82. 我 吃 了 三 碗 饭 还 没 吃 饱。

uo⁴³⁴⁻⁴⁴tʂhʅ²¹²⁻²¹la⁰sæ̃²¹²⁻²¹uæ̃⁴³⁴⁻³⁴fæ̃⁴²xæi⁵⁵mei⁴²tʂhʅ²¹²⁻²¹pɑɔ⁴³⁴。

我吃了三碗饭还没吃饱。（完成体）

83. 你　坐　这　来（下、哈、家、里），

ni⁴³⁴tsuo⁴²tʂɤ⁴²læi⁰（ɕia⁰、xa⁰、tɕia⁰、li⁰）。

他　坐　那　来（下、哈、家、里）。

li⁰，tha²¹²tsuo⁴²na⁴²læi⁰/ɕia⁰、xa⁰、tɕia⁰、li⁰。

你坐这儿，他坐那儿。（分配座位）

84. 坐　　着，□别　起　来。

tsuo⁴²tʂuo⁰，pæi⁵⁵tɕhi⁴³⁴læi⁰。

坐着，别站起来。（持续体）

85. 他　　看　电　视　看　着　看　着　睡　着　喽。

tha²¹²⁻²¹khæ̃⁴²tiæ̃⁴²ʂʅ⁴²khæ̃⁴²tʂuo⁰khæ̃⁴²tʂuo⁰ʂuei⁴²tʂuo⁵⁵ləu⁰

他看电视看着看着睡着了。（持续体）

86. 天　　要　冷　喽。／天　　冷　喽。

thiæ̃²¹²⁻²¹iɑɔ⁴²ləŋ⁴³⁴⁻³⁴ləu⁰。／thiæ̃²¹²⁻²¹ləŋ⁴³⁴ləu⁰。

天冷起来了。（起始体）

87. 你　可　吃　饭啦芒˭？／你　可　　吃　啦？

ni⁴³⁴⁻³⁴khɤ⁴³⁴⁻⁴⁴tʂhʅ²¹²⁻²¹fæ̃⁴²la⁰mɑŋ⁰？／ni⁴³⁴⁻³⁴kɤ⁴³⁴⁻⁴⁴tʂhʅ²¹²⁻²¹la⁰

／你　饭　可　吃　啦？／饭　你　可　吃　啦？

／ni⁴³⁴⁻³⁴fæ̃⁴²khɤ⁴³⁴⁻⁴⁴tʂhʅ²¹²⁻²¹la⁰？　／fæ̃⁴² ni⁴³⁴⁻³⁴ khɤ⁴³⁴⁻⁴⁴tʂhʅ²¹²⁻²¹la⁰？

你吃了饭没有？（受事前置）

88. 他　　走　　的／得　怪　快　来。

tha²¹²⁻²¹tsəu⁴³⁴⁻⁴⁴ti⁰/tei⁰kuæi⁴²khuæi⁴²læi⁰。

他走得很快。

89. 我　能　剀　过　他／我　剀　的　过　他。

uo⁴³⁴⁻⁴⁴nəŋ⁵⁵khei⁵⁵kuo⁰tha²¹²/uo⁴³⁴⁻⁴⁴khei⁵⁵ti⁰kuo⁴²tha²¹²

我打得过他。

90. 我　不　能　剀　过　他／我　剀　不　过　他。

uo⁴³⁴⁻⁴⁴pu²¹²⁻²¹nəŋ⁵⁵khei⁵⁵kuo⁰tha²¹²。/uo⁴³⁴⁻⁴⁴khei⁵⁵pu²¹²⁻²¹kuo⁴²tha²¹²

我打不过他。

91. 你 去 央 呼/吃 喝 他 一 声儿。

ni⁴³⁴⁻³⁴tɕhy⁴²iaŋ²¹²⁻²⁴xuo⁰/iɑɔ²¹²xuo⁰ tha²¹²·²¹²⁻²⁴ʂəŋr²¹²。

你去叫他一声儿。

92. 这 山 没 有 那 山 高。

tʂɤ⁴²ʂæ̃²¹²mei⁴²iəu⁰na⁴²ʂæ̃²¹²⁻²⁴kɑɔ²¹²。

这座山不如那座山高。（比较句）

93. □别急，（先）喝 点儿 水 再说。

pæi⁵⁵tɕi⁵⁵，ɕiæ̃²¹²⁻²⁴xɤ²¹²⁻²¹tiæ̃r⁴³⁴⁻³⁴ʂuei⁴³⁴⁻³⁴tsæi⁴²ʂuo²¹²。

别急，先喝点儿水再说。

94. 恁 可 有 钱？

nẽ⁴³⁴⁻³⁴khɤ⁵⁵iəu⁴³⁴⁻⁴⁴tɕhiæ̃⁵⁵？

你有没有钱？（反复问句）

95. 恁 还 有 钱 芒‌？

nẽ⁴³⁴⁻⁴⁴xæi⁵⁵iəu⁴³⁴⁻⁴⁴tɕhiæ̃⁵⁵maŋ⁰？

——我 花 的/得 只 剩 一 块 钱 喽。

——uo⁴³⁴⁻⁴⁴xua²¹²⁻²¹ti⁰/tei⁰tʂʅ²¹²⁻²¹ʂəŋ⁴²·²¹²⁻²¹i⁴²khuæi⁴²tɕhiæ̃⁵⁵ləu⁰。

你还有钱吗？——我花得只剩下一块钱了。

96. 褂 子 干 喽，裤子 还 没 干 来。

kua⁴²tsʅ⁰kæ̃²¹²⁻²¹ləu⁰，khu⁴²tsʅ⁰xæi⁵⁵mei⁴²kæ̃²¹²⁻²¹læi⁰。

衣服上衣干了，裤子还没干。

97. 他 坐 搁 椅 子 上。

tha²¹²⁻²¹tsuo⁴²kɤ²¹²⁻²¹i·⁴³⁴⁻³⁴tsʅ⁰ʂaŋ⁰。

他坐在椅子上。

98. 你 是 安 徽 人，我 来 是 安 徽 人，

ni⁴³⁴⁻³⁴ʂʅ⁴²ɣæ̃²¹²⁻²⁴xuei²¹²⁻²¹zẽ⁵⁵，uo⁴³⁴⁻⁴⁴læi⁰ʂʅ⁴²ɣæ̃²¹²⁻²⁴xuei²¹²⁻²¹zẽ⁵⁵，

他 不 是 安 徽 人。

tha²¹²⁻²⁴pu²¹²⁻²¹ʂʅ⁴²ɣæ̃²¹²⁻²⁴xuei²¹²⁻²¹zẽ⁵⁵。

你是安徽人，我也是安徽人，他不是安徽人。（是，也是，不是）

99. 书 书 念 不 好，手 艺 手 艺 学 不 会，

ʂu²¹²ʂu²¹²⁻²¹niæ̃⁴²pu²¹²⁻²¹xɑɔ⁴³⁴, ʂəu⁴³⁴⁻³⁴˙⁴²ʂəu⁴³⁴⁻³⁴˙⁴²ɕyo⁵⁵pu²¹²⁻²¹xuei˙⁴²,

你　咋　办　呢？

ni˙⁴³⁴⁻³⁴tsa⁴³⁴⁻³⁴pæ̃⁴²nẽ⁰？

书呢书读不好，手艺呢手艺学不会，你怎么办啊。（拷贝式）

100. 满　　庄　子找　都　　没　有　找　　到他。

mæ̃⁴³⁴⁻³⁴ʂuaŋ⁴²tsʅ⁰tʂɑɔ⁴³⁴⁻⁴⁴təu²¹²⁻²¹mei˙⁴²iəu⁰tʂɑɔ⁴³⁴⁻³⁴tɑɔ⁴²tha²¹²。

/ 满　世㞷找　都　　没　有　找　　到他。

/mæ̃⁴³⁴⁻³⁴ʂʅ⁴²la⁰tʂɑɔ⁴³⁴təu²¹²⁻²¹mei˙⁴²iəu⁰tʂɑɔ⁴³⁴⁻³⁴tɑɔ⁴²tha²¹²。

找遍了整个村子都没找到他。

（唐爱华撰稿）

347

第五章　语料记音

第一节　儿歌与童谣

1. iəu⁴²khu²¹²iəu⁴²ɕiɑɔ⁴², tɕhi⁴²ma⁴³⁴tsuo⁴²tɕiɑɔ⁴²。
   又　哭　又　笑，　骑　马　坐　轿。

2. ɕia⁴³⁴⁻⁴⁴xæi⁵⁵, ɕiɑɔ⁴³⁴⁻⁴⁴xæi⁵⁵, na⁴³⁴⁻⁴⁴tʂuaŋ²¹²ti⁰? tɕhiɑu²¹²⁻²¹ni⁴³⁴thəu⁵⁵phi⁵⁵
   小　孩，　小　孩，　哪　庄　的？　敲　你　头　皮
   paŋ²¹²⁻²⁴paŋ²¹²ti⁰。
   梆　梆　的。

3. xua²¹²⁻²¹ɕi⁴³⁴⁻⁴⁴tshuo²¹², i⁴³⁴pa⁰tʂhaŋ⁵⁵, tɕhy⁴³⁴ləu⁰ɕi⁵⁵fu⁰uaŋ⁴²ləu⁰niaŋ⁵⁵。
   花　喜　鹊，　尾　巴　长，　娶　喽　媳　妇　忘　喽　娘。

4. thi⁴²thəu⁵⁵pu²¹²⁻²⁴tsɑɔ²¹²xu⁰, phi²¹²⁻²¹thəu⁵⁵sæ̃²¹²⁻²⁴tɕia²¹²xu⁰。
   剃　头　不　招　呼，　劈　头　三　家　伙。

5. ɕiɑɔ⁴³⁴⁻⁴⁴pa²¹²⁻²¹kəu⁴³⁴, ke̍²¹²⁻²¹niaŋ⁵⁵tsəu⁴³⁴, niaŋ⁵⁵faŋ⁴²phi⁴², ũẽ⁵⁵tʂhəu⁴²tɕhi⁴²。
   小　巴　狗，　跟　娘　走，　娘　放　屁，　闻　臭　气。

6. i²¹²⁻²⁴tʂua²¹²⁻²⁴tɕiẽ²¹², ər⁴²tʂua²¹²⁻²¹ĩẽ⁵⁵, sæ̃²¹²⁻²⁴tʂua²¹²pu²¹²⁻²¹ɕiɑɔ⁴²,
   一　抓　金，　二　抓　银，　三　抓　不　笑，

ʂʅ⁴²kɤ⁰ta⁴²xɑɔ⁴³⁴⁻⁴⁴zɤ̃⁵⁵。

是 个 大 好　人（跟小孩儿玩挠脚心痒痒时如此说）。

7. thiŋ²¹²⁻²⁴pu²¹²⁻²¹tɕiæ⁴²，thiŋ²¹²⁻²⁴pu²¹²⁻²¹tɕiæ⁴²，ɣɤ²¹²⁻²¹nɤ̃⁴³⁴ːi²¹²⁻²⁴taŋ²¹²⁻²¹yæ̃r⁴²。

听 不 见，听 不 见，屙 恁 一 当 院儿。

8. tu⁴²tsʅ⁰thəŋ⁵⁵，tʂɑɔ⁴³⁴⁻³⁴lɑɔ⁴³⁴⁻⁴⁴nəŋ⁵⁵，lɑɔ⁴³⁴⁻⁴⁴nəŋ⁵⁵mei⁴²kɤ²¹²⁻²⁴tɕia²¹²，

肚 子 疼，找 老 能，老 能 没 搁 家，

tʂɑɔ⁴³⁴⁻³⁴lɑɔ⁴³⁴⁻⁴⁴pa²¹²，lɑɔ⁴³⁴⁻⁴⁴pa²¹²kəŋ²¹²⁻²¹ti⁴²tɕhy⁴²，kɤ̃²¹²⁻²¹tʂuo⁰

找 老 八，老 八 耕 地 去，跟 着

lɑɔ⁴³⁴⁻⁴⁴pa²¹²tʂhʅ²¹²⁻²¹phi⁴²tɕhy⁴²。

老 八 吃 屁 去。

9. ɕiɤ̃²¹²⁻²¹ɕi⁵⁵fu⁰tsuo⁴²i⁴³⁴tsʅ⁰，ma²¹²⁻²⁴fəŋ²¹²tʂɤ²¹²⁻²¹tʂuo⁰tæ̃⁴²tsʅ⁴³⁴tsʅ⁰。

新 媳 妇 坐 椅 子，马 蜂 蜇 着 蛋 子 子。

10. ɕiɑɔ²¹²⁻²¹ɕiæ̃⁴²ti⁰phu⁵⁵thɑɔ⁰，taŋ⁴²sæ̃²¹²ti⁰li⁵⁵，ɕy²¹²⁻²¹ɕiæ̃⁴²ti⁰xæi⁵⁵tsʅ⁰

萧 县 的 葡 萄，砀 山 的 梨，宿 县 的 孩 子

tʂɤ̃²¹²⁻²¹thiɑɔ⁵⁵phi⁵⁵。

真 调 皮。

11. ʂuo²¹²⁻²⁴ɕia²¹²⁻²¹xua⁴²，læ̃⁴²pa²¹²⁻²¹la²¹²⁻²⁴，

说 瞎 话，烂 疤 癞，

tɕhi⁴³⁴⁻⁴⁴thəu⁵⁵læ̃⁴²tɑɔ⁴²tɕyo²¹²⁻²⁴ːia²¹²⁻²¹pa²¹²⁻²⁴。

起 头 烂 到 脚 丫 巴。

12. ni⁴³⁴ti⁰thəu⁵⁵ɕiaŋ⁴²phi⁵⁵tɕhiəu⁵⁵，ua²¹²⁻²¹kɤ⁰khu²¹²luŋ⁰tʂhəŋ⁵⁵tɕiaŋ⁴²iəu⁵⁵。

你 的 头 像 皮 球，挖 个 窟 窿 盛 酱 油。

13. kɤ̃²¹²⁻²¹uo⁴³⁴ɕyo⁵⁵，tʂhʅ²¹²⁻²¹uo⁴³⁴mɑɔ⁵⁵ʂʅ⁴³⁴⁻⁴⁴tɕyo⁵⁵；kɤ̃²¹²⁻²¹uo⁴³⁴ta⁴³⁴⁻⁴⁴ua²¹²⁻²¹ua⁰，

跟 我 学，吃 我 猫 屎 橛；跟 我 打 哇 哇，

tʂhʅ²¹²⁻²¹uo⁴³⁴sʅ⁴³⁴kɤ²¹²⁻²¹pa⁰；kẽ²¹²⁻²¹uo⁴³⁴ʂaŋ⁴²ləu⁵⁵，
吃　我　屎疙　巴；跟　我　上　楼，

pu²¹²⁻²⁴la²¹²ɣɤ²¹²⁻²¹ni⁴³⁴ʑi²¹²⁻²¹thəu⁵⁵。
噗　啦屩　你一　头。

14. tɕiaŋ²¹²⁻²⁴taɔ²¹²tsʅ⁰，mo⁵⁵tɕiæ̃⁴³⁴tsʅ⁰，
　　锵　刀　子，磨　剪　子，

　　tæ̃²¹²⁻²⁴tsuæ̃²¹²ɕiɑɔ⁴³⁴⁻⁴⁴xæi⁵⁵ti⁰tiŋ⁴²iæ̃⁴³⁴tsʅ⁰。
　　单　钻　小　　孩的腔眼子。

15. ni⁴³⁴⁻⁴⁴pu²¹²⁻²¹kei⁵⁵uo⁴³⁴uæ̃r⁵⁵，uo⁴³⁴⁻⁴⁴kei⁵⁵xuo⁴³⁴⁻⁴⁴tʂhɤ²¹²uæ̃r⁵⁵，
　　你　不　给我玩儿，我　给火　车　玩儿，

　　xuo⁴³⁴⁻⁴⁴tʂhɤ²¹²ʑi²¹²⁻²¹kuæi⁴³⁴⁻⁴⁴uæ̃²¹²，ia⁴²nẽ⁴³⁴niaŋ⁵⁵ti⁰pi⁵⁵tsʅ⁰tɕiæ̃²¹²。
　　火　　车　一　拐　弯，轧恁　娘　的鼻子尖。

16. pu²¹²⁻²¹tæi⁴²ɣæ̃⁴³⁴uæ̃⁵⁵，ɣæ̃⁴³⁴pu²¹²⁻²¹uæ̃⁵⁵，
　　不　带俺　玩，俺　不　玩，

　　ɣæ̃⁴³⁴⁻³⁴ʂaŋ⁴²tɕia²¹²⁻²¹xəu⁴²kæi⁵⁵u²¹²⁻²¹uæ̃⁵⁵，
　　俺　上　家　后　盖屋　玩，

　　u²¹²⁻²¹taɔ⁴³⁴la⁰，tɕhiaŋ⁵⁵tha²¹²la⁰，pa⁴²nẽ⁴³⁴ɕi⁵⁵fu⁰tsa⁵⁵phɑɔ⁴³⁴la⁰。
　　屋　倒啦，墙　塌啦，把恁　媳妇砸　跑　啦。

17. ni⁴³⁴⁻⁴⁴pu²¹²⁻²¹kei⁵⁵uo⁴³⁴uæ̃r⁵⁵，uo⁴³⁴⁻⁴⁴kei⁵⁵laɔ⁴³⁴⁻⁴⁴iŋ²¹²uæ̃r⁵⁵，
　　你　不　给我玩儿，我　给老　鹰玩儿，

　　laɔ⁴³⁴⁻⁴⁴iŋ²¹²kei⁵⁵uo⁴³⁴ʑi²¹²⁻²¹khuæi⁴²pu⁴²，
　　老　鹰　给我一　块布，

　　tæ̃²¹²⁻²¹pu⁴³⁴ni⁴³⁴niaŋ⁵⁵ti⁰ləu⁴²taŋ²¹²⁻²¹khu⁴²。
　　单　补你　娘　的漏　裆　裤。

18. tɕhi⁴²tʂhɤ²¹²læi⁵⁵, ɣæ̃⁴³⁴⁻⁴⁴pu²¹²⁻²¹pha⁴²,
　　汽　车　来，　俺　不　怕，
　　ɣæ̃⁴³⁴⁻⁴⁴kei⁵⁵ tɕhi⁴²tʂhɤ²¹²ta⁴³⁴⁻³⁴tiæ̃⁴²xua⁴²,
　　俺　给　汽　车　打　电　话，
　　tɕhi⁴²tʂhɤ²¹²i²¹²⁻²¹kuæi⁴³⁴⁻⁴⁴uæ̃r²¹², phən⁴² ɣæ̃⁴³⁴pi⁵⁵tsʅ⁰ⁱ²¹²⁻²¹mɑɔ⁴²iæ̃²¹²。
　　汽　车　一　拐　弯儿，碰　俺　鼻子一　冒　烟。

19. ʂuo²¹²⁻²⁴tʂẽ²¹²ti⁰, thiɛ²¹²⁻²¹ ta⁴³⁴ ti⁰, iəu⁴³⁴kɤ⁰xæi⁵⁵tsʅ⁰ɣæ̃⁴³⁴⁻³⁴lia⁴³⁴ti⁰。
　　说　真　的，铁　打　的，有　个孩　子俺　俩　的。

20. xuŋ⁵⁵iæ̃⁴³⁴ly²¹²⁻²¹pi⁵⁵tsʅ⁰, sʅ⁴²kɤ⁰mɑɔ⁵⁵thi⁵⁵tsʅ⁰,
　　红　眼绿　鼻子，四　个毛　蹄子，
　　tsəu⁴³⁴⁻³⁴lu⁴²pha²¹²⁻²⁴pha²¹²⁻²¹ɕiaŋ⁴³⁴, tæ̃²¹²⁻²⁴tʂʅ²¹²⁻²¹xuo⁵⁵xæi⁵⁵tsʅ⁰。
　　走　路啪　啪　响，　单　吃　活　孩子。

21. ni⁴³⁴⁻³⁴lia⁴³⁴ta⁴³⁴⁻³⁴tɕia⁴², uo⁴³⁴⁻⁴⁴phiŋ⁵⁵li⁴³⁴,
　　你　俩　打　架，　我　评　理，
　　phiŋ⁵⁵læi⁵⁵phiŋ⁵⁵tɕhy⁴²təu²¹²⁻²¹ɣæ̃⁴²ni⁴³⁴;
　　评　来评　去都　怨　你；
　　lɑɔ⁴³⁴⁻⁴⁴sʅ²¹²læi⁵⁵ləu⁰phi²¹²⁻²¹phiŋ⁵⁵ni⁴³⁴,
　　老　师　来喽批　评　你，
　　la²¹²⁻²¹tɑɔ⁴²pei²¹²⁻²⁴kuæ̃²¹²tɕhiaŋ²¹²⁻²¹piɛ⁴³⁴⁻³⁴ni⁴³⁴。
　　拉　到北　关　枪　毙　你。

22. tsæ̃⁵⁵lia⁴³⁴xɑɔ⁴³⁴, tsæ̃⁵⁵lia⁴³⁴xɑɔ⁴³⁴, tsæ̃⁵⁵lia⁴³⁴xua²¹²⁻²¹tɕhiæ̃⁵⁵mæi⁴³⁴⁻³⁴lɑɔ⁴³⁴ly⁵⁵;
　　咱　俩好，　咱　俩好，　咱　俩花　钱　买　老驴；
　　uo⁴³⁴⁻⁴⁴tɕhiæ̃²¹²⁻²¹tʂuo⁰, ni⁴³⁴⁻⁴⁴kæ̃⁴³⁴tʂuo⁰,
　　我　牵　着，你　赶　着，
　　ɣɤ²¹²⁻²¹sʅ⁴³⁴niɑɔ⁴²suei²¹²ni⁴³⁴⁻³⁴thiæ̃⁴³⁴tʂuo⁰。
　　屙　屎尿　尿　你　舔　着。

又：

tsæ̃⁵⁵lia⁴³⁴xɑɔ⁴³⁴，tsæ̃⁵⁵lia⁴³⁴xɑɔ⁴³⁴，

咱　俩　好，　咱　俩　好，

tsæ̃⁵⁵lia⁴³⁴xua²¹²⁻²¹tɕhiæ̃⁵⁵mæi⁴³⁴⁻³⁴ta⁴²phi⁵⁵ɣɑɔ⁴³⁴，

咱　俩　花　　钱　买　大　皮　袄

tuŋ²¹²⁻²⁴thiæ²¹²uo⁴³⁴⁻⁴⁴tʂuæ̃²¹²⁻²¹tʂuo⁰，ɕia⁴²thiæ²¹²ni⁴³⁴⁻⁴⁴khaŋ⁵⁵tʂuo⁰。

冬　　天　　我　穿　　着，　夏　天　你　扛　　着。

23. kua²¹²⁻²¹ta⁴²fuŋ²¹²，ɕia⁴²ta⁴²y⁴³⁴，

刮　　　大　风，　下　大　雨，

thiæ̃²¹²⁻²¹ʂaŋ⁰ɕia⁴²læi⁵⁵kɤ⁰pei⁵⁵mɑɔ⁵⁵ny⁴³⁴，

天　　　上　下　来　个　白　毛　女，

pei⁵⁵mɑɔ⁵⁵ny⁴³⁴，tɕiəu⁴²ʂʅ⁴²ni⁴³⁴。

白　毛　女，　就　是　你。

24. pu²¹²⁻²⁴thiŋ²¹² pu²¹²⁻²⁴thiŋ²¹²tɕiəu⁴² pu²¹²⁻²⁴thiŋ²¹²，

不　听　不　听　就　不　听，

ni⁴³⁴⁻⁴⁴ma²¹²thəu⁵⁵ʂaŋ⁰tʂaŋ⁴³⁴kɤ⁰tiŋ²¹²。

你　妈　头　上　长　个　疔。

25. thiæ̃²¹²⁻²¹ʂaŋ⁰ɕia⁴²y⁴³⁴ti⁴²ʂaŋ⁰liəu⁵⁵，

天　　　上　下　雨　地　上　流，

ɕiɑɔ⁴³⁴⁻³⁴liaŋ³⁴⁻³⁴khəu⁴³⁴tʂhɑɔ⁴³⁴⁻³⁴tɕia⁴²pu²¹²⁻²¹tɕi⁴²tʂhəu⁵⁵，

小　　两　　口　吵　架　不　记　仇，

uæ̃⁴³⁴⁻⁴⁴xei²¹²suei⁴²tɕiɑɔ⁴²kɤ²¹²⁻²⁴;²¹²⁻²¹thəu⁵⁵。

晚　黑　睡　觉　搁　一　头。

26.lɑɔ⁴³⁴⁻³⁴ma⁴³⁴ tsʅ⁰niɑɔ⁴²suei²¹² i²¹²⁻²¹ta⁴²phiæ̃⁴²，

老　马　子　尿　尿　一　大　片，

lɑɔ⁴³⁴⁻⁴⁴thəu⁵⁵niɑɔ⁴²suei²¹² i²¹²⁻²¹thiɑɔ⁵⁵ɕiæ̃⁴²。

老　头　尿　尿　一　条　线。

27. taŋ$^{434-34}$uo^{434}ti^{0}tæi^{42}iaŋ^{55}, sɿ$^{434-44}$nɛ̃^{434}ta^{42}niaŋ^{55}; taŋ$^{434-34}$uo^{434}liaŋ^{55}iŋ^{434},
　　挡　　我的太阳，　死　恁　大娘；　挡　我　凉　影，
　　sɿ$^{434-44}$ta$^{212-24}$tɕia^{212}zɛ̃^{55}mei^{42}iəu^{0}iŋ^{434}。
　　死　他　家　人　没　有　影。

28. thəu$^{212-21}$zɛ̃^{55}kua^{212}, mo$^{212-21}$zɛ̃^{55}li^{55},
　　偷　人　瓜，　摸　人　梨，
　　tei^{55}tʂuo^{0}tɕiaɔ^{42}zɛ̃^{55}tsəu^{42}liaŋ$^{434-44}$phi^{55}tʂhuei^{55}。
　　逮　着　叫　人　搂　两　皮　锤。

29. tʂhɤ$^{434-34}$laŋ$^{434-34}$ laŋ^0, kei^{55}təu^{42}tʂɿ^{212},
　　扯　朗゠朗゠，给　豆　吃，
　　pu$^{212-21}$kei^{55}laɔ$^{434-34}$ma^{434} tsɿ^{0}i$^{212-21}$kɤ^{0}tʂɿ^{212}。
　　不　给　老　马　子一　个　吃。朗゠朗゠：姥姥。

30. xuo$^{212-21}$ia^{55}tsɿ^0, khɛ̃$^{434-44}$mei$^{212-21}$tʂha^{55},
　　豁　牙子，　啃　麦　茬，
　　khɛ̃$^{434-44}$pu$^{212-21}$tuŋ^{42}, məŋ$^{434-44}$i$^{212-21}$pha^{55}。
　　啃　不　动，　猛　一　拔。
　　laɔ4$^{34-44}$xuo$^{212-21}$ia^{55},khɛ̃təu^{42}tʂha^{55},
　　老　豁　牙，啃豆茬，
　　i$^{212-24}$thiæ^{212}khɛ̃^{434}la^{0}liaŋ$^{434-34}$mu$^{434-34}$xai^{55},
　　一　天　啃　啦两　亩　半，
　　ɕiɛ̃^{55}/aɔ$^{434-44}$xuo$^{212-21}$ia^{55}khɛ̃^{434}ti^{0}mæ̃^{42}。
　　还　嫌老　豁　牙啃　的慢。

31. xuo$^{212-21}$ia^{55}tsɿ^0, kɛ̃$^{434-44}$mei$^{212-21}$tʂha^{55},
　　豁　牙子，啃　麦　茬，
　　i$^{212-21}$khɛ̃^{434}khɛ̃$^{434-34}$taɔ^{42}ɕi$^{212-24}$pæ̃$^{212-21}$ia^{55}。
　　一　啃　啃　到　西　班　牙。

353

32. pha⁵⁵ma⁴³⁴⁻⁴⁴ka²¹², i²¹²⁻²¹çia⁴²ʂhuæi²¹²⁻²¹kɤ⁰iaŋ⁴³⁴⁻⁴⁴pa²¹²⁻²⁴tʂha²¹²。
　　爬　马　□，一　下　摔　　个　仰　八　叉。

33. tiæ̃⁴³⁴⁻³⁴ tiæ̃⁰təu⁴² təu⁰, tçi²¹²⁻²¹mɑo⁵⁵kəu⁴³⁴⁻³⁴ʐəu⁴²。
　　点　　点豆豆，鸡　毛　狗　肉。
　　pæ̃²¹²⁻²⁴tʂuæ̃²¹²liɑɔ⁴²ua⁴³⁴, tʂuæ̃²¹²⁻²¹ta⁴³⁴çiɑɔ⁴³⁴⁻³⁴khua⁴³⁴,
　　搬　砖　摞瓦，专　打　小　侉，
　　çiɑɔ⁴³⁴⁻³⁴khua⁴³⁴tsuo²¹²⁻²¹kuæi⁴², thæi⁵⁵thei⁴³⁴tçiəu⁴²mæi⁴²。
　　小　侉　作　怪，抬　腿　就　迈。

34. ʐɑŋ⁴²lu⁴² ʐɑŋ⁴²lu⁴², uo⁴³⁴⁻³⁴ʂʅ⁴²kæ⁴²pu⁴²,
　　让　路　让　路，我　是　干　部；
　　ʐɑŋ⁴²khæi²¹²ʐɑŋ⁴²khæi²¹², uo⁴³⁴⁻³⁴ʂʅ⁴²ta⁴²kuæ̃²¹²。
　　让　开　让　开，我　是　大　官。

35. tæi⁴²khəu⁴³⁴⁻³⁴tʂau⁴², tçiaŋ⁴³⁴⁻³⁴uei⁴²ʂəŋ²¹²,
　　戴　口　罩，讲　卫　生，
　　u⁴³⁴⁻³⁴kɤ⁰tiŋ⁴²iæ̃⁴³⁴tsʅ⁰, pu²¹²⁻²¹thəu⁴²fəŋ²¹²。
　　捂　个　腔眼　子，不　透　风。

36. i²¹²、ər⁴²、sæ̃²¹²、sʅ⁴²、u⁴³⁴, ʂaŋ⁴²ʂæ̃²¹²ta⁴³⁴⁻³⁴lɑɔ⁴³⁴⁻³⁴xu⁴³⁴,
　　一、二、三、四、五，上　山　打　老　虎，
　　lɑɔ⁴³⁴⁻³⁴xu⁴³⁴pu²¹²⁻²⁴tʂʅ²¹²⁻²¹fæ̃⁴², tʂuæ̃²¹²⁻²¹tʂʅ²¹²ta⁴²xuæi⁴²tæ̃⁴²。
　　老　虎　不　吃　饭，专　吃　大　坏　蛋。

37. mæ̃⁵⁵tsʅ⁰, mæ̃⁵⁵tsʅ⁰, ɣɤ²¹²⁻²¹ʂʅ⁴³⁴tʂa⁵⁵uæ̃⁵⁵tsʅ⁰。
　　蛮子，蛮子，屙　屎炸丸子。

38. tha⁴²thəu⁵⁵ta⁴²thəu⁵⁵, çia⁴²y⁴³⁴pu²¹²⁻²¹¹tʂhəu²¹²,
　　大　头　大　头，　下　雨　不　　愁，

zẽ⁵⁵tɕia²¹²iəu⁴³⁴⁻³⁴sæ²¹², uo⁴³⁴⁻³⁴iəu⁴³⁴ta⁴²thəu⁵⁵。
人　家　有　　伞，　我　有　大　头。

39. ni⁴³⁴⁻⁴⁴tɕhiæ̃⁵⁵tsəu⁴³⁴, uo⁴³⁴⁻³⁴xəu⁴²tsəu⁴³⁴,
你　前　走，　我　后　走，
uo⁴³⁴⁻³⁴tshæi⁴³⁴laɔ²¹²⁻²⁴piɛ²¹²tɕyo²¹²⁻²¹iẽ⁴²tsəu⁴³⁴;
我　踩　老　鳖　脚　印　走;
uo⁴³⁴⁻⁴⁴tɕhiæ̃⁵⁵tsəu⁴³⁴, ni⁴³⁴xəu⁴²tsəu⁴³⁴,
我　前　走，　你　后　走，
laɔ⁴³⁴⁻⁴⁴piɛ²¹²tshæi⁴³⁴⁻³⁴uo⁴³⁴tɕyo²¹²⁻²¹iẽ⁴²tsəu⁴³⁴。
老　鳖　踩　我　脚　印　走。

40. tɕiaŋ⁴³⁴, tɕiaŋ⁴³⁴, i²¹²⁻²¹kɤ⁰ma²¹²⁻²¹tʂa⁰liaŋ⁴³⁴kɤ⁰paŋ⁴³⁴,
讲，　讲，　一　个　蚂　蚱　两　个　膀，
fei²¹²⁻²⁴i²¹²kɤ⁰, pəŋ⁴² i²¹²kɤ⁰, pəŋ⁴²ni⁴³⁴saɔ⁴³⁴⁻³⁴tsʅ⁰tiŋ⁴² i²¹²kɤ⁰。
飞　一　个，　蹦　一　个，　蹦　你　嫂　子腚　一　个。

41. liæ̃⁴²tsaɔ⁴³⁴tsʅ⁰, liæ̃⁴²ni⁴³⁴saɔ⁴³⁴tsʅ⁰。
楝　枣　子，　恋　你　嫂　子。

42. ma⁵⁵tʂa⁵⁵tsʅ⁰, taɔ²¹²⁻²¹ni⁴³⁴ku⁴²tʂha⁵⁵tsʅ⁰。
麻　喳　子，　叼　你　裤　茬　子。

43. sæ̃²¹²⁻²¹luẽ⁵⁵tʂhɤ²¹²paɔ⁴³⁴ti⁰khuæi⁴²,
三　轮　车　跑　的　快，
li⁴³⁴⁻³⁴miæ̃⁴²tsuo⁴²kɤ⁰laɔ⁴³⁴⁻³⁴thæi⁴²thæi⁰,
里　面　坐　个老　太　太，
iaɔ⁴²u⁴³⁴⁻⁴⁴maɔ⁵⁵kei⁵⁵i²¹²⁻²¹khuæi⁴²。
要　五　毛　给　一　块。

ni⁴³⁴⁻⁴⁴ʂuo²¹²tɕhi⁵⁵kuæi⁴²pu²¹²⁻²¹ tɕhi⁵⁵kuæi⁴² ?
你　说　奇　怪　不　　奇　怪?

44. xuæ̃⁴²xuaŋ²¹²ti⁰, nẽ⁴³⁴⁻⁴⁴pæi⁵⁵tsəu⁴³⁴,
　　换　荒　的, 恁　□别　走,
　　mæi⁴³⁴⁻³⁴ nẽ⁴³⁴tʂẽ²¹², mæi⁴³⁴⁻³⁴ nẽ⁴³⁴ɕiæ̃⁴²,
　　买　恁　针, 买　　恁　线,
　　mæi⁴³⁴⁻³⁴ nẽ⁴³⁴ɕiɑɔ⁴³⁴⁻⁴⁴tɑɔ²¹²kɤ²¹²⁻²¹ nẽ⁴³⁴⁻³⁴ tæ̃⁴²。
　　买　恁　小　刀　割　恁　蛋。

45. tiəu²¹²tiəu²¹², pu²¹²⁻²¹iɑɔ⁴²liæ̃⁴³⁴, tɕhi²¹²⁻²¹kɤ⁰pi⁵⁵tsʅ⁰, pa²¹²⁻²¹kɤ⁰ iæ̃⁴³⁴。
　　丢　丢, 不　要　脸, 七　个鼻　子, 八　个眼。

46. thiæ̃⁵⁵ʂu⁵⁵ɕiɛ²¹², thiæ̃⁵⁵tʂuo⁰læi⁰; tɕhy⁴³⁴kɤ⁰ɕi⁵⁵fu⁰, næ̃⁵⁵tʂuo⁰læi⁰。
　　甜　秫　秸, 甜　着　来; 娶　个媳　妇, 难　着　来。

47. kua²¹²⁻²¹ta⁰pæ̃⁴³⁴, ʂaŋ⁴²liəu⁵⁵xæi⁴³⁴,
　　呱　嗒板, 上　刘　海,
　　liəu⁵⁵xæi⁴³⁴iəu⁴³⁴kɤ⁰pu⁴²khəu⁴³⁴⁻³⁴tæi⁴²。
　　刘　海　有　个布　口　　袋。
　　ʂei⁵⁵fəŋ⁵⁵ti⁰ ? niaŋ⁵⁵fəŋ⁵⁵ti⁰, niaŋ⁵⁵ti⁰tɕyo²¹²⁻²⁴ia²¹²tʂhəu⁴²xuŋ²¹²⁻⁵⁵ti⁰。
　　谁　缝　的? 娘　缝　的, 娘　的脚　丫　臭　烘　的。

48. thəu²¹²⁻²¹zẽ⁵⁵kua²¹², mo²¹²⁻²¹zẽ⁵⁵suæ̃⁴², ni⁴³⁴⁻³⁴tɕiəu⁴²ʂʅ⁴²kɤ⁰ta⁴²xuæi⁴²tæ̃⁴²,
　　偷　人　瓜, 摸　人　蒜, 你　就　是个大　坏　蛋,
　　tɕhi²¹²kɤ⁰thəu⁵⁵, pa²¹²kɤ⁰tæ̃⁴², i²¹²⁻²¹ta⁴³⁴i²¹²⁻²¹ta⁴³⁴tɕiəu⁴²uæ̃⁵⁵tæ̃⁴²。
　　七　个头, 八　个蛋, 一　打一　打就　完　蛋。

49.ɕiɑɔ⁴³⁴⁻³⁴ ɕiɑɔ⁴³⁴tsʅ⁰, tsuo⁴²mẽ⁵⁵tuẽ²¹², khu²¹²⁻²¹tʂuo⁰xæ̃⁴³⁴tʂuo⁰iau⁴²ɕi⁵⁵fu⁰。
　　小　小　子, 坐　门墩, 哭　着　喊着　要媳　妇。

iau⁴²ɕi⁵⁵fu⁰kæ⁴²ma⁵⁵? tiæ⁴³⁴⁻⁴⁴təŋ²¹², ʂuo²¹²⁻²¹xua⁴², tʂʰuei²¹²⁻²⁴təŋ²¹²,
要　媳妇干嘛?　点　灯,　说　话,　吹　灯,

tsu⁴²pær⁴², tsɑɔ⁴³⁴⁻⁴⁴tʂʰẽ⁰tɕʰi⁴³⁴⁻⁴⁴læi⁵⁵ʂuo²¹²⁻²¹ɕiɑɔ⁴³⁴⁻³⁴piær⁴²。
做　伴儿,　早　晨起　来　梳　小　辫儿。

50. tʂʰʅ²¹²⁻²⁴suo²¹²ɣɤ²¹²⁻²⁴mo²¹², ɣɤ²¹²⁻²¹nẽ⁴³⁴lɑɔ⁴³⁴⁻⁴⁴pʰo⁰i²¹²⁻²¹pei⁴²uo²¹²。
吃　雪屙　沫,　屙　悡　老　婆一　被窝。

nẽ⁴³⁴⁻³⁴lɑɔ⁴³⁴⁻⁴⁴pʰo⁰kei⁵⁵uo⁴³⁴tsha²¹²⁻²¹tsha²¹²⁻²⁴,
悡　老　婆给我　擦　擦,

ɣɤ²¹²⁻²¹nẽ⁴³⁴lɑɔ⁴³⁴⁻⁴⁴pʰo⁰i²¹²⁻²⁴ma²¹²⁻²¹ma²¹²⁻²⁴。
屙　你老　婆一　妈　妈。

51. ɕiɑɔ⁴³⁴⁻³⁴lɑɔ⁴³⁴⁻³⁴tʂhu⁴³⁴, ʂaŋ⁴²təŋ²¹²⁻²¹tʰæi⁵⁵,
小　老　鼠,　上　灯台,

tʰəu²¹²⁻²¹iəu⁵⁵tʂʰʅ²¹², ɕia⁴²pu²¹²⁻²¹læi⁵⁵, tɕiɑɔ⁴²tiɛ²¹²⁻²¹niaŋ⁵⁵,
偷　油吃,　下　不　来,　叫　爹　娘,

təu²¹²⁻²⁴pu²¹²⁻²¹læi⁵⁵, tɕi²¹²⁻²¹li⁰ku²¹²⁻²⁴lu⁰kuẽ⁴³⁴⁻³⁴ɕia⁴²læi⁵⁵。
都　不　来,　叽　哩咕　噜滚　下　来。

52. a、o、e, tɕi²¹²⁻²⁴tɑɔ²¹²⁻²¹mo⁵⁵, lɑɔ⁴³⁴⁻⁴⁴ʂʅ²¹²zaŋ⁴²uo⁴³⁴khɑɔ⁴³⁴⁻³⁴ta⁴²ɕyo⁵⁵。
a、o、e,　鸡　叨　馍,　老　师　让　我　考　大学。

khɑɔ⁴³⁴lɤ⁰kɤ⁰ta⁴²ia²¹²⁻²¹tæ̃⁴², tɕʰi⁴²ti⁰lɑɔ⁴³⁴⁻⁴⁴ʂʅ²¹²pu²¹²⁻²⁴tʂʰʅ²¹²⁻²¹fæ̃⁴²。
考　了个大鸭　蛋,　气　的老　师不　吃　饭。

lɑɔ⁴³⁴⁻⁴⁴ʂʅ²¹²lɑɔ⁴³⁴⁻⁴⁴ʂʅ²¹²ni⁴³⁴⁻⁴⁴pæi⁵⁵tɕʰi⁴²,
老　师老　师你　□别　气,

uo⁴³⁴mẽ⁰i²¹²⁻²¹tɕʰi⁴³⁴tɕʰy⁴²kʰæ̃⁴²ɕi⁴²,
我　们一　起　去　看戏,

uo⁴³⁴⁻³⁴tsuo⁴²pæ̃⁴³⁴⁻³⁴təŋ⁴², ni⁴³⁴⁻⁴⁴tʂʰʅ²¹²⁻²¹pʰi⁴²。
我　坐　板　凳,　你　吃　屁。

53. yo²¹²⁻²¹laŋ⁴³⁴⁻⁴⁴niaŋ⁵⁵, pa²¹²⁻²¹tʂaŋ⁴²kaɔ²¹²;

　月　朗＝娘,　八　　丈　高;

tɕhi⁵⁵pei⁵⁵ma⁴³⁴, tæi⁴²iaŋ⁵⁵tau²¹²;

　骑　白　马,　戴　洋　刀;

iaŋ⁵⁵taɔ²¹²khuæi⁴², tɕhie²¹²⁻²¹pei⁵⁵tshæi⁴²;

　洋　刀　快,　切　白　菜;

pei⁵⁵tshæi⁴²laɔ⁴³⁴, tɕhie²¹²⁻²¹xuŋ⁵⁵tsaɔ⁴³⁴;

　白　菜　老,　切　红　枣;

xuŋ⁵⁵tsaɔ⁴³⁴xuŋ⁵⁵, tɕhie²¹²⁻²¹tsʅ⁴³⁴⁻⁴⁴liŋ⁵⁵;

　红　枣　红,　切　紫　铃;

tsʅ⁴³⁴⁻⁴⁴liŋ⁵⁵tsʅ⁴³⁴, tɕhie²¹²⁻²¹ma⁵⁵tsʅ⁴³⁴;

　紫　铃　紫,　切　麻　籽;

ma⁵⁵tsʅ⁴³⁴ma⁵⁵, tɕhie²¹²⁻²¹pæ̃⁴³⁴⁻⁴⁴tʂa⁵⁵;

　麻　籽　麻,　切　　板　铡;

pæ̃⁴³⁴⁻⁴⁴tʂa⁵⁵pæ̃⁴³⁴, tɕhie²¹²⁻²⁴xei²¹²⁻²¹uæ̃⁴³⁴;

　板　　铡　板,　切　黑　碗;

xei²¹²⁻²¹uæ̃⁴³⁴xei²¹², tɕhie²¹²⁻²¹fẽ⁴²tuei²¹²;

　黑　碗　黑,　切　粪　堆;

fẽ⁴²tuei²¹²tʂhəu⁴², tɕhie²¹²⁻²⁴la²¹²⁻²¹zəu⁴²;

　粪　堆　臭,　切　辣　肉;

la²¹²⁻²¹zəu⁴²la²¹², tɕhie²¹²⁻²¹miæ̃⁴²kua²¹²;

　辣　肉　辣,　切　　面　瓜;

miæ̃⁴²kua²¹²miæ̃⁴², tɕhie²¹²⁻²⁴tɕi²¹²⁻²¹tæ̃⁴²

　面　瓜　面,　切　鸡　蛋;

tɕi²¹²⁻²¹tæ̃⁴²kuẽ⁴³⁴, tɕhie²¹²⁻²¹liaŋ⁵⁵fẽ⁴³⁴;

　鸡　蛋　滚,　切　凉　粉;

liaŋ⁵⁵fẽ⁴³⁴liaŋ⁵⁵, tɕhie²¹²⁻²⁴piŋ²¹²⁻²¹thaŋ⁵⁵;

　凉　粉　凉,　切　冰　糖;

piŋ²¹²⁻²¹thaŋ⁵⁵piŋ²¹², tɕhie²¹²⁻²¹ta⁴²tshuŋ²¹²;

　冰　糖　冰,　切　大　葱;

ta⁴²tshuŋ²¹²i²¹²⁻²¹tʂa⁴³⁴⁻³⁴iæ̃⁴³⁴, ʂʅ²¹²kɤ⁰tiɛ⁵⁵tsʅ⁰pa²¹²kɤ⁰uæ̃⁴³⁴。

大　葱　一　眨　眼，十　个　碟　子　八　个　碗。

或：

yo²¹²⁻²¹laŋ⁴³⁴⁻⁴⁴niaŋ⁵⁵, pa²¹²⁻²¹tʂaŋ⁴²kaɔ²¹²;

月　姥　娘，　八　丈　高;

tɕhi⁵⁵pei⁵⁵ma⁴³⁴, tæi⁴²iaŋ⁵⁵tɑu²¹²;

骑　白　马，　戴　洋　刀;

iaŋ⁵⁵tɑɔ²¹²khuæi⁴², tɕhiɛ²¹²⁻²¹pei⁵⁵tshæi⁴²;

洋　刀　快，　切　白　菜;

pei⁵⁵tshæi⁴²lɑɔ⁴³⁴, tɕhiɛ²¹²⁻²¹xuŋ⁵⁵ɣɑɔ⁴³⁴;

白　菜　老，　切　红　祆;

xuŋ⁵⁵ɣɑɔ⁴³⁴xuŋ⁵⁵, tɕhiɛ²¹²⁻²¹tsʅ⁴³⁴⁻⁴⁴liŋ⁵⁵;

红　祆　红，　切　紫　铃;

tsʅ⁴³⁴⁻⁴⁴liŋ⁵⁵tsʅ⁴³⁴, tɕhiɛ²¹²⁻²¹ma⁵⁵tsʅ⁴³⁴;

紫　铃　紫，　切　麻　籽;

ma⁵⁵tsʅ⁴³⁴ma⁵⁵, tɕhiɛ²¹²⁻²¹pæ̃⁴³⁴⁻⁴⁴tʂha⁵⁵;

麻　籽　麻，　切　板　荏;

pæ̃⁴³⁴⁻⁴⁴tʂha⁵⁵pæ̃⁴³⁴, tɕhiɛ²¹²⁻²⁴xei²¹²⁻²¹uæ̃⁴³⁴;

板　荏　板，　切　黑　碗;

xei²¹²⁻²¹uæ̃⁴³⁴xei²¹², tɕhiɛ²¹²⁻²¹fẽ⁴²tuei²¹²;

黑　碗　黑，　切　粪　堆;

fẽ⁴²tuei²¹²tʂhəu⁴², tɕhiɛ²¹²⁻²⁴la²¹²⁻²¹zəu⁴²;

粪　堆　臭，　切　辣　肉;

la²¹²⁻²¹zəu⁴²la²¹², tɕhiɛ²¹²⁻²¹ma⁴³⁴⁻⁴⁴ka²¹²;

腊　肉　辣，　切　马　□;

ma⁴³⁴⁻⁴⁴ka²¹²i²¹²⁻²⁴fæ̃²¹²⁻²¹iæ̃⁴³⁴, tɕhi²¹²kɤ⁰tiɛ⁵⁵tsʅ⁰pa²¹²kɤ⁰uæ̃⁴³⁴。

马　□　一　翻　眼，七　个　碟　子　八　个　碗。

359

54.ɕiɑɔ⁴³⁴iæ̃²¹²⁻²¹tæi⁴², i²¹²⁻²¹tʂa⁴³⁴⁻⁴⁴tʂhaŋ⁵⁵,

　小　烟　袋，一　拃　长，

thuo²¹²⁻²¹la⁰ thuo²¹²⁻²¹la⁰tɑɔ⁴²ua⁴³⁴⁻⁴⁴faŋ⁵⁵;

　拖　拉拖　拉到 瓦　房；

ua⁴³⁴⁻⁴⁴faŋ⁵⁵iəu⁴³⁴⁻³⁴kɤ⁰mæi⁴²iæ̃²¹²⁻²¹ti⁰,

　瓦　房　有　个　卖烟　的，

thuo²¹²⁻²¹la⁰ thuo²¹²⁻²¹la⁰tɑɔ⁴²ʂæ̃²¹²li⁰;

　拖　拉拖　拉到 山里；

ʂæ̃²¹²⁻²¹li⁰ iəu⁴³⁴⁻³⁴kɤ⁰mæi⁴²mo⁵⁵ti, thuo²¹²⁻²¹la⁰ thuo²¹²⁻²¹la⁰tɑɔ⁴²xɤ⁵⁵li⁰;

　山　里有　个卖　馍的，拖　拉拖　拉到 河里；

xɤ⁵⁵li⁰ iəu⁴³⁴⁻³⁴kɤ⁰ta⁴²tɕiɛ⁴³⁴ɕi⁴³⁴⁻⁴⁴i²¹²⁻²¹ʂaŋ⁰,

　河里有　　个大　姐洗 衣　裳，

phei²¹²phei⁰ta⁴²tɕiɛ⁴³⁴ti⁰kuaŋ²¹²⁻²⁴tɕi²¹²⁻²¹liaŋ⁰;

　拍　拍大　姐 的光　脊　梁；

ta⁴²tɕiɛ⁴³⁴ ta⁴²tɕiɛ⁴³⁴pæi⁵⁵ʂəŋ²¹²⁻²¹tɕhi⁴²,

　大姐　大姐　□别 生　气，

miŋ⁵⁵niæ̃⁰la²¹²⁻²⁴tʂhɤ²¹²læi⁵⁵tɕiɛ²¹²⁻²¹ni⁴³⁴。

　明　年拉　车 来 接　你。

ʂẽ⁵⁵mɤ⁰tʂhɤ²¹²？ xua²¹²⁻²¹pæ̃⁴³⁴ tʂhɤ²¹²。

　什么 车? 　花　板　车。

ʂẽ⁵⁵mɤ⁰niəu⁵⁵？ uæ̃²¹²⁻²⁴tɕyo²¹²lɑɔ⁴³⁴⁻³⁴ʂɿ⁴²niəu⁵⁵。

　什么 牛? 　弯　角老　舐ᵘ牛。

ʂẽ⁵⁵mɤ⁰piæ̃²¹²？ ta⁴² piæ̃²¹²luo⁴²ɕiɑɔ⁴³⁴⁻⁴⁴ piæ̃²¹², i²¹²⁻²¹tʂa⁴²i²¹²⁻²¹kaŋ⁴²iæ̃²¹²。

　什么 鞭? 　大　鞭 摞小　　鞭，一　炸一　杠 烟。

55.la⁵⁵la⁰, la⁵⁵la⁰, suŋ⁴²pɑɔ⁴³⁴⁻³⁴pɑɔ⁰, kæ̃²¹²⁻²¹niaŋ⁵⁵tɕia²¹²。

　拉拉, 拉拉, 送宝　宝, 干　娘　家。

kæ̃²¹²⁻²¹niaŋ⁵⁵mei⁴²kɤ²¹²⁻²⁴tɕia²¹², kæ̃²¹²⁻²¹tɕiɛ⁴³⁴luo²¹²⁻²¹iəu⁵⁵mo⁵⁵。

　干　娘 没　搁　家, 干　姐 烙　油 馍。

tʂhɿ²¹²⁻²¹tiæ̃⁴³⁴pa⁰！ xɤ²¹²⁻²¹tiæ̃⁴³⁴pa⁰！

吃　　点　吧！　喝　　点　吧！
tʂʅ²¹²⁻²¹tiæ⁴³⁴ xɤ²¹²⁻²¹tiæ⁴³⁴xɑɔ⁴³⁴⁻⁵⁵kɑŋ⁵⁵tɕia²¹²。
吃　　点　喝　点　好　　□　　家（回家）！

或：

la⁵⁵la⁰，la⁵⁵la⁰，
拉拉，拉拉，
i²¹²⁻²⁴la²¹²la²¹²⁻²¹tɑɔ⁴²kan²¹²⁻²¹niɑŋ⁵⁵tɕia²¹²。
一　拉拉　到　干　　娘　家。
tʂʅ²¹²⁻²¹pei⁵⁵piŋ⁴³⁴，tɕyæ⁴³⁴⁻³⁴tshæi⁴²kua²¹²，
吃　　白　饼，　卷　　菜　瓜，
tʂʅ²¹²pa⁰tʂʅ²¹²pa⁰kuæ̃⁴³⁴⁻⁴⁴tɕa²¹²pa⁰。
吃　吧吃　吧滚　　家　吧。
tɕia²¹²⁻²¹li⁰iəu⁴³⁴⁻⁴⁴thiɑɔ⁵⁵ta⁴²xuɑŋ⁵⁵kəu⁴³⁴，
家　里有　　条　大　黄　狗，
tʂhɑɔ⁵⁵nẽ⁴³⁴ti⁰tiŋ⁴²，iɑɔ⁴³⁴⁻⁴⁴i²¹²⁻²¹khəu⁴³⁴。
朝　　恁　的腔，咬　一　　口。

56. tʂhuei²¹²⁻²¹ tʂhuei²¹²⁻²⁴，ləŋ⁴³⁴⁻³⁴ ləŋ⁰，ɕiɑɔ⁴³⁴⁻³⁴kəu⁴³⁴təŋ⁴³⁴⁻³⁴ təŋ⁰。
　　吹　　　吹，　冷　　冷，小　狗　等　等。

57. kɤ²¹²⁻²¹ta²¹²⁻²⁴kɤ²¹²⁻²¹ta²¹²⁻²⁴ɕiɑɔ²¹²⁻²¹ ɕiɑɔ⁰，
疙　瘩　疙　瘩　消　消，
pæi⁵⁵kei⁵⁵nẽ⁴³⁴⁻⁴⁴niɑŋ²¹²tʂʅ²¹²⁻²¹tɑɔ⁰。
□别给恁　娘　知　道。
又：
kɤ²¹²⁻²¹ta²¹²⁻²⁴kɤ²¹²⁻²¹ta²¹²⁻²⁴ ni⁴³⁴⁻⁴⁴pæi⁵⁵tɕhi⁴³⁴，
疙　瘩　疙　瘩，你　□别起，
mæi⁴³⁴kɤ⁰mæ̃⁵⁵thəu⁰xuŋ⁴³⁴xuŋ⁰ni⁴³⁴。
买　个馒　头　哄　哄你。

361

58. ɕiɑɔ$^{434-44}$ia^{212}thəu^{0}khua^{42}pa$^{212-21}$təu^{434}，

小丫头挎笆斗，

khua^{42} tɑɔ^{42}næ̃^{55}xu^{55}tʂæi$^{212-24}$uæ̃$^{212-21}$təu^{42}。

挎到南湖摘豌豆。

uæ̃$^{212-21}$təu^{42}mei^{42}khæi$^{212-24}$xua^{212}，niɛ^{212} tʂɤ^{0}pi^{55} tsɿ^{0}khu$^{212-21}$tɑɔ^{42}tɕia^{212}。

豌豆没开花，捏着鼻子哭到家。

59. tɕhi^{55}iɑŋ^{55}tʂhɤ^{212}ti^{0}tæi^{42}iɑŋ^{55}xuo^{434}，ʂɑɔ$^{212-21}$tʂɤ^{0}phi^{42}ku^{0}pæi^{55}kuæi^{42}uo^{434}。

骑洋车的带洋火，烧着屁股□别怪我。

60. kɑŋ$^{212-21}$təu^{42}，lu$^{212-21}$təu^{42}，kha$^{212-24}$tsha^{212}，i$^{212-21}$khəu^{434}。

豇豆，绿豆，咔嚓，一口。

61.tiæ̃$^{212-21}$phɑɔ^{42}，ti^{42} phɑɔ^{42}，ʂuæi$^{212-24}$pu$^{212-21}$ɕiɑŋ^{434}，uo$^{434-44}$pu$^{212-21}$iɑɔ^{42}。

天炮，地炮，摔不响，我不要。

62.ʂuo$^{434-34}$tɕiəu^{434}kɤ^{212}

数九歌

i$^{212-21}$tɕiəu^{434}、ər^{42}tɕiəu^{434}pu$^{212-24}$tʂhu$^{212-21}$ʂəu^{434}，

一九、二九不出手，

sæ̃$^{212-21}$tɕiəu^{434}、sɿ^{42}tɕiəu^{434}liŋ^{55}ʂɑŋ^{0}tsəu^{434}，

三九、四九凌上走，

sæ̃$^{212-21}$tɕiəu^{434}、sɿ^{42}tɕiəu^{434}tʂuŋ$^{212-21}$ɕiẽ$^{212-24}$la^{212}，

三九、四九中心腊，

xɤ^{55}li^{0}tuŋ^{42}sɿ^{434}liæ̃^{55}mɑɔ^{55}ia^{212}，

河里冻死连毛鸭，

u$^{434-34}$tɕiəu^{434}liəu^{42} tɕiəu^{434} xɤ^{55}li^{0}kæi$^{212-24}$liəu^{42}，

五九、六九河里开溜

tɕi$^{212-21}$tɕiəu^{434} liəu^{42}ʂɿ^{55}sæ̃^{212}，

七九六十三，

lu⁴²ʂaŋ⁰ɕiŋ⁵⁵zɤ̃⁵⁵pa⁴²ʲ²¹²⁻²⁴tæ²¹²

路 上 行 人 把 衣 担，

pa²¹²⁻²¹tɕiəu⁴³⁴tɕhi²¹²⁻²¹ʂʅ⁵⁵ər⁴²

八 九 七 十 二，

mɑɔ⁵⁵kəu⁴³⁴ɕyẽ⁵⁵iẽ⁴²ti⁴²

猫 狗 寻 荫 地，

tɕiəu⁴³⁴⁻³⁴tɕiəu⁴³⁴pa²¹²⁻²¹ʂʅ⁵⁵i²¹²

九 九 八 十 一，

kæ̃⁴²xuo⁵⁵tʂuæ̃²¹²⁻²⁴tæ²¹²⁻²⁴i²¹²。

干 活 穿 单 衣。

63. ɕiɑɔ⁴³⁴⁻⁴⁴liæ̃⁵⁵tɑɔ²¹²

小 镰 刀

ɕiɑɔ⁴³⁴⁻⁴⁴liæ̃⁵⁵tɑɔ²¹²，khuæi⁴²iəu⁴²khuæi⁴²，

小 镰 刀， 快 又 快，

ɣæ̃⁴³⁴⁻³⁴næ̃⁴³⁴tɕiɑɔ⁴²ɣæ̃⁴³⁴kɤ²¹²⁻²⁴tʂu²¹²⁻²¹tsæi⁴²。

俺 奶 叫 俺 割 猪 菜。

kɤ²¹²⁻²⁴¹læi⁵⁵tʂu²¹²⁻²¹tsæi⁴²uei⁴²ta⁴²niəu⁵⁵，

割 来 猪 菜 喂 大 牛，

uei⁴²la⁰ta⁴²niəu⁵⁵la²¹²⁻²¹ʂʅ⁵⁵thəu⁰；

喂 啦 大 牛 拉 石 头；

la²¹²⁻²¹læi⁵⁵ʂʅ⁵⁵thəu⁰kæi⁴²ua⁴³⁴⁻⁴⁴u²¹²，

拉 来 石 头 盖 瓦 屋，

kæi⁴²lɤ⁰ua⁴³⁴⁻⁴⁴u²¹²tɕhy⁴³⁴⁻⁴⁴ɕi⁵⁵fu⁰，

盖 了 瓦 屋 娶 媳 妇；

tɕhy⁴³⁴⁻⁴⁴la⁰ɕi⁵⁵fu⁰læ⁴²iæ⁴³⁴tsʅ⁰，

娶 啦 媳 妇 烂 眼 子，

i²¹²⁻²¹tʂʅ⁵⁵læ⁴²tɑɔ⁴²phi⁴²iæ⁴³⁴tsʅ⁰。

一 直 烂 到 屁 眼 子。

363

64. tɕhi²¹²⁻²¹suei⁴²ti⁰ɕiɑɔ⁴³⁴⁻⁴⁴ua⁵⁵ua⁰

七　　岁　的　小　　娃　娃

tɕhi²¹²⁻²¹suei⁴²ti⁰ɕiɑɔ⁴³⁴⁻⁴⁴ua⁵⁵ua⁰,

七　　岁　的　小　　娃　娃,

pei²¹²⁻²¹tʂɤ⁰ʂu²¹²⁻²⁴pɑɔ²¹²tɕhy⁴²ʂaŋ⁴²ɕyo⁵⁵

背　　着　书　包　去　上　学,

lɑɔ⁴³⁴⁻⁴⁴ʂʅ²¹²ɕiæ⁵⁵ta²¹²niæ⁵⁵tɕi⁰ɕiɑɔ⁴³⁴,

老　　师　嫌　他　年　纪　小,

pei²¹²⁻²¹tʂɤ⁰ʂu²¹²⁻²⁴pɑɔ²¹²uaŋ⁴³⁴⁻⁴⁴tɕia²¹²phau⁴³⁴,

背　　着　书　包　往　家　跑。

phɑɔ⁴³⁴、phɑɔ⁴³⁴、phɑɔ⁴³⁴pu²¹²⁻²¹liɑɔ⁴³⁴。

跑、　　跑、　　跑　不　了,

liɑɔ⁴³⁴、liɑɔ⁴³⁴、liɑɔ⁴³⁴pu²¹²⁻²¹tɕhi⁴³⁴,

了、　　了、　　了　不　起,

tɕhi⁴³⁴、tɕhi⁴³⁴、tɕhi⁴³⁴pu²¹²⁻²¹læi⁵⁵,

起、　　起、　　起　不　来,

læi⁵⁵、læi⁵⁵、læi⁵⁵ʂaŋ⁴²ɕyo⁵⁵,

来、　来、　来　上　学,

ɕyo⁵⁵、ɕyo⁵⁵、ɕyo⁵⁵uẽ⁵⁵xua⁴²,

学、　学、　学　文　化,

xua⁴²、xua⁴²、xua⁴²ti⁴²thu⁵⁵,

画、　画、　画　地　图,

thu⁵⁵、thu⁵⁵、thu⁵⁵xei²¹²⁻²¹pæ⁴³⁴,

图、　图、　图　黑　板,

pæ²¹²、pæ²¹²、pæ²¹²⁻²⁴tuŋ²¹²⁻²¹ɕi⁰,

搬、　搬、　搬　东　西,

tuŋ²¹²、tuŋ²¹²、tuŋ²¹²⁻²⁴faŋ²¹²⁻²¹xuŋ⁵⁵,

东、　东、　东　方　红,

xuŋ⁵⁵、xuŋ⁵⁵、xuŋ⁵⁵thæi⁴²iaŋ⁵⁵,

红、　红、　红　太　阳,

mɑɔ⁵⁵tʂu⁴³⁴⁻⁴⁴ɕi⁵⁵，kuŋ⁴²tʂæ⁴³⁴⁻³⁴tɑŋ⁴³⁴。

毛　主　席，共　产　党。

（唐爱华撰稿）

第二节　谜语　谚语　歇后语

一、谜语

1. i²¹²⁻²¹tiæ̃r⁴³⁴⁻⁴⁴thiɛ²¹², i²¹²⁻²¹tiæ̃r⁴³⁴⁻⁴⁴thuŋ⁵⁵,
一　点儿　铁，　一　点儿　铜，
i²¹²⁻²¹tiæ̃r⁴³⁴⁻⁴⁴mu²¹²⁻²¹thəu⁰, i²¹²⁻²¹tiæ̃r⁴³⁴⁻⁴⁴ʂəŋ⁵⁵
一　点儿　木　头，一　点儿　绳。（秤）

2. thʂɑɔ⁵⁵thiæ̃²¹²i²¹²⁻²¹kɤ⁰tuŋ⁴², li⁴³⁴⁻³⁴miæ̃⁰zɤ²¹²⁻²⁴xuŋ²¹²⁻²⁴xuŋ²¹²,
朝　天　一　个　洞，　里　面　热　烘　烘，
tɕiɛ̃⁴²tɕhy⁴²iŋ⁴²paŋ²¹²⁻²⁴paŋ²¹², tʂhu²¹²⁻²¹læi⁰zuæ̃⁴³⁴⁻⁴⁴zuŋ⁵⁵zuŋ⁵⁵。
进　去　硬　邦　邦，　出　来　软　绒　绒。（烤红薯）

3. mɑɔ⁵⁵tei⁴²mɑɔ⁵⁵, zəu⁴²tei⁴²zəu⁴², i²¹²⁻²⁴ɕy²¹²pu²¹²⁻²⁴ɣæi²¹²tɕiəu⁴²næ̃⁵⁵ʂəu⁴²。
毛　对　毛，　肉　对　肉，　一　宿　不　挨　就　难受。（眼睛）

4. i²¹²⁻²⁴u²¹²tɕhi²¹²⁻²¹tshẽ⁴²tʂhaŋ⁵⁵, ɕiɑɔ⁴³⁴⁻³⁴tɵiɛ⁰tæi⁴²ta²¹²ʂaŋ⁴²ɕiəu⁴²faŋ⁵⁵;
一　物　七　寸　长，　小　姐　带　他　上　绣　房；
pæ̃⁴²iɛ⁴²li⁰læi⁰liəu⁵⁵tʂhu²¹²⁻²¹ʂuei⁴³⁴,
半　夜　里　来　流　出　水，
tʂʅ⁴³⁴⁻³⁴tɕiæ̃⁴²tuæ̃⁴³⁴⁻⁴⁴læi⁰pu²¹²⁻²¹tɕiæ̃⁴²tʂhaŋ⁵⁵。
只　见　短　来　不　见　长。（蜡烛）

5. liaŋ⁴³⁴⁻⁴⁴zɛ̃⁵⁵tei⁴²tʂuo⁰tʂæ⁴², thuo²¹²⁻²¹ləu⁰i²¹²⁻²¹fu⁰kæ̃⁴²,
两　人　对　着　站，　脱　喽　衣　服　干，
uei⁴²ləu⁰i²¹²⁻²¹thiɑɔ⁵⁵fəŋ⁴², lei⁴²tʂhu²¹²⁻²¹i²¹²⁻²⁴ʂɛ̃²¹²xæ̃⁴²。
为　喽一　条　缝，　累　出一　身　汗。（锯木头）

6. i²¹²⁻²¹thiɑɔ⁵⁵thei⁴³⁴ti⁰kən⁴³⁴tʂʅ⁰kən⁴³⁴,

   一　条　腿　的　哽　吱哽，

   liɑŋ⁴³⁴thiɑɔ⁵⁵thei⁴³⁴ti⁰tɕiɑɔ⁴²thiæ̃²¹²⁻²¹miŋ⁵⁵，sæ̃²¹²⁻²¹thiɑɔ⁵⁵thei⁴³⁴ti⁰

   两　条　腿　的　叫　天　明，三　条　腿　的

   mæ̃⁴³⁴⁻⁴⁴xu⁵⁵læi⁰tʂuæ̃⁴³⁴，sʅ⁴²thiɑɔ⁵⁵thei⁴³⁴ti⁰ta⁴³⁴⁻⁴⁴khu²¹²⁻²¹luŋ⁰。

   满　湖　来　转，四　条　腿　的　打　窟　窿。

   （门、公鸡、耩子、老鼠）

7. i²¹²⁻²¹kɤ⁰ɕiɑɔ⁴³⁴⁻⁴⁴xuŋ⁵⁵tsɑɔ⁴³⁴，sæ̃²¹²⁻²⁴tɕiæ̃²¹²⁻²⁴u²¹²tʂhən⁵⁵pu²¹²⁻²¹liɑɔ⁴³⁴。

   一　个　小　红　枣，三　间　屋　盛　不　了。（灯）

8. tɕhi⁴³⁴⁻⁴⁴næ̃⁵⁵læi⁵⁵tʂẽ⁴²ɣɤ⁵⁵，phu²¹²⁻²¹ləŋ⁵⁵phu²¹²⁻²¹ləŋ⁵⁵tɕiəu⁴²ɕia⁴²xɤ⁵⁵。

   起　南　来　阵　鹅，扑　棱　扑　棱　就　下　河。（扁食）

9. tsʅ⁴³⁴⁻⁴⁴ʂei²¹²⁻²¹ʂu⁴²，khæi²¹²⁻²¹tsʅ⁴³⁴⁻⁴⁴xua²¹²，

   紫　色　树，开　紫　花，

   tsʅ⁴³⁴⁻³⁴kuo⁴³⁴li⁴³⁴thəu⁰tɕiɛ²¹²⁻²⁴tsʅ²¹²⁻²¹ma⁰。

   紫　果　里　头　结　芝　麻。（茄子）

10. liɑŋ⁴³⁴⁻³⁴kɤ⁰lɑɔ⁴³⁴⁻⁴⁴thəu⁵⁵i²¹²⁻²¹pæ̃²¹²⁻²⁴kɑɔ²¹²，

    两　个　老　头　一　般　高，

    i²¹²⁻²¹tau⁴²tʂhʅ²¹²⁻²¹fæ̃⁴²tɕiəu⁴²ʂuæi²¹²⁻²⁴tɕiɑɔ²¹²。

    一　到　吃　饭　就　摔　跤。（筷子）

11. i²¹²⁻²¹kɤ⁰ɕiɑɔ⁴³⁴⁻⁴⁴y⁵⁵kəu²¹²，tiɑɔ⁴²lia⁴³⁴ɕiɑɔ⁴³⁴⁻⁴⁴ni⁵⁵tɕhiəu²¹²。

    一　个　小　鱼钩，钓　俩　小　泥　鳅。（"小"字）

12. i²¹²⁻²¹tiæ̃⁴³⁴i²¹²⁻²¹xəŋ⁵⁵tʂhaŋ⁵⁵，khəu⁴³⁴⁻³⁴tsʅ⁴²tsæi⁴²taŋ²¹²⁻²¹zaŋ⁵⁵，

    一　点　一　横　长，口　字　在　当　瓤，

tsɿ⁴³⁴⁻³⁴ tsɿ⁴² tɕhy⁴² la²¹²⁻²¹ tɕia⁴²，tei⁵⁵tʂuo⁰ər⁴³⁴tuo⁰tʂuæi⁴²tuo²¹²⁻²¹tʂhaŋ⁵⁵。
子　字　去　拉　架，　逮着　耳朵　拽　多　长
（"郭"字）

13. uaŋ⁵⁵ta⁴²niaŋ⁵⁵，pei⁵⁵tiŋ⁴²paŋ²¹²，i²¹²⁻²¹tiŋ⁴²tsuo⁴²tsæi⁴²ʂɿ⁵⁵thəu⁰ʂaŋ⁰。
王　大　娘，　白　腚　帮，　一　腚　坐　在　石　头　上。
（"碧"字）

14. i²¹²⁻²¹tiæ̃⁴³⁴;i²¹²⁻²¹xəŋ⁴²，liaŋ⁴³⁴kɤ⁰tæ̃⁴²tsɿ⁰luæ̃⁴²pəŋ⁴²。
一　点　一　横，　两　个　蛋　子　乱　蹦。（"六"字）

15. xuŋ⁵⁵kuŋ²¹²⁻²⁴tɕi²¹²，ly²¹²⁻²¹i⁴³⁴pa⁰，i²¹²⁻²¹thəu⁵⁵tsæ̃²¹²⁻²¹taɔ⁴²ti⁴²ti⁴³⁴ɕia⁰。
红　公　鸡，　绿　尾　巴，一　头　钻　到　地　底　下。
（萝卜）

16. kəu²¹²⁻²¹li⁰tsəu⁴³⁴，kəu²¹²⁻²¹li⁰iaɔ⁵⁵，
沟　里　走，　沟　里　摇，
pu²¹²⁻²¹tʂaŋ⁴³⁴ku²¹²⁻²¹thəu⁰，pu²¹²⁻²¹tʂaŋ⁴³⁴⁻⁴⁴maɔ⁵⁵
不　长　骨　头，　不　长　毛。（蚂蟥）

17. ɕiau⁴³⁴⁻⁴⁴uei²¹²⁻²¹kuæ̃⁴²，uei²¹²⁻²¹miæ̃⁵⁵tʂuŋ⁴³⁴，
小　煨　罐，　煨　棉　种，
tshæi²¹²⁻²¹pu⁰tʂuo⁵⁵，ʂɿ⁴²piɛ²¹²⁻²¹tʂuŋ⁴³⁴。
猜　不　着，　是　鳖　种。（石榴）

18. tɕhi⁴³⁴⁻⁴⁴næ̃⁵⁵læi⁵⁵kɤ⁰tʂhuæ̃²¹²⁻²¹xuaŋ⁵⁵ti⁰，
起　南　来　个　穿　黄　的，
i²¹²⁻²¹thəu⁵⁵tʂha²¹²⁻²¹taɔ⁴²mei²¹²⁻²¹uaŋ⁵⁵li⁰。
一　头　插　到　麦　芒　里。（挑麦的叉子）

19. tʂhuaŋ²¹²⁻²¹liŋ⁵⁵ʂaŋ⁰i²¹²⁻²¹khuæi⁴²zəu⁴²,
　　窗　　棂　　上一　　块　　肉，
　　sæ̃²¹²⁻²⁴thiæ̃²¹²sæ̃²¹²⁻²¹iɛ⁴²ʂæi⁴²pu²¹²⁻²¹thəu⁴²。
　　三　天　三　夜晒不　　透。（舌头）

20. taɔ²¹²⁻²¹tʂæ̃⁴³⁴u⁵⁵fəŋ⁴², tsuei⁴³⁴⁻⁴⁴tʂhuei²¹²⁻²¹tɕiəu⁴²tuŋ⁴²。
　　刀　　斩　无缝，嘴　　吹　　就　　动。（水）

21. thi²¹²⁻²¹pu⁰thuæ̃⁵⁵, ʂuaŋ²¹²⁻²¹pu⁰xuaŋ⁵⁵,
　　剔　不　团，　霜　　不　黄，
　　i²¹²⁻²¹tau⁴²tʂhŋ²¹²⁻²¹fæ̃⁴²tɕiəu⁴²khau⁴²tɕhiaŋ⁵⁵。
　　一　到吃　饭　就　靠　墙。（锅拍：锅盖）

22. xei²¹²⁻²⁴piɛ²¹²pei²¹²⁻²¹pei⁵⁵piɛ²¹², kuɛ̃⁴²tɕhiaɔ²¹²tɕiəu⁴²ku⁵⁵tʂuæi⁰。
　　黑　鳖　背　白鳖，　棍　敲　　就　骨　跩⁼乱动。
　　（鳖子）

23. tɕia²¹²⁻²⁴tɕia²¹²tɕhyŋ⁵⁵, tɕia²¹²⁻²⁴tɕia²¹²fu⁴²,
　　家　　家　穷，家　　家　富，
　　tɕia²¹²⁻²¹tɕia⁰təu²¹²⁻²¹iəu⁴³⁴xei²¹²⁻²¹ta⁴²tu⁴²。
　　家　　家　都　有黑　大　肚。（锅）

24. i²¹²⁻²¹tʂa⁴³⁴tʂhaŋ⁵⁵, kɤ⁴³⁴⁻³⁴pa⁴³⁴⁻³⁴tsuæ̃⁴³⁴,
　　一　拃　长，可　把　　攥，
　　tʂuan²¹²⁻²¹taɔ⁴²khu⁴²tsŋ⁰khæ̃⁴²pu⁰tɕiæ⁴²。
　　装　　到裤子　看不　见。（玉米棒子）

25. ti⁴²ti⁰mɛ̃⁵⁵tɕhiæ̃⁵⁵tʂæ⁴², kɤ⁴³⁴kɤ⁰u²¹²⁻²¹læi⁰tshaŋ⁵⁵,
　　弟弟门　前　站，哥　哥屋　来　藏，

ɕiɑo⁴³⁴⁻³⁴ʂʅ⁴² ti⁴²ti⁰pæ̃⁴², ta⁴²ʂʅ⁴² kɤ⁴³⁴ paŋ²¹²⁻²¹maŋ⁵⁵。
小　　事弟弟办，大事哥帮　　忙。（牙齿）

26. ʐuæ̃⁴³⁴⁻⁴⁴taŋ²¹²⁻²¹laŋ⁵⁵, iŋ⁴² taŋ²¹²⁻²¹laŋ⁵⁵,
　　软　当　嘟，硬当　嘟，
taŋ²¹²⁻²¹laŋ⁵⁵ taŋ²¹²⁻²¹laŋ⁵⁵ta⁴³⁴⁻³⁴tei⁴³⁴⁻³⁴ʂaŋ⁴²。
当　嘟当　嘟打　腿　上。（烟袋）

27. tʂhaŋ⁵⁵ti⁰ʐuæ̃⁴³⁴, tuæ̃⁴³⁴ti⁰iŋ⁴²。ʂʅ⁵⁵tɕhi²¹²⁻²⁴pa²¹², məŋ⁴³⁴⁻⁴⁴i²¹²⁻²⁴tʂha²¹²。
长　的软，　短　的硬。十七　八，　猛　一　插。
u⁴³⁴⁻³⁴liəu⁴²ʂʅ⁵⁵, luæ̃⁴²ku⁴³⁴nəŋ⁰。
五　六十，　乱鼓弄（骨扭）。（穿针）

28. i²¹²⁻²⁴khuo²¹²⁻²¹ʂu⁴², u⁴³⁴⁻³⁴kɤ⁴²pa⁴²,
　一　棵　树，五　个把，
kɤ⁴²kɤ⁰təu²¹²⁻²¹tʂaŋ⁴³⁴ɕiɑo⁴³⁴⁻⁴⁴uæi²¹²⁻²¹paŋ⁴²。
个个都　长小　歪　棒。（脚趾盖或手指甲）

29. sæ̃²¹²⁻²¹khuæi⁴²ua⁴³⁴, ta²¹²⁻²¹kɤ⁴²xuo⁵⁵, ti⁴²ɕyŋ⁰u⁴³⁴⁻³⁴kɤ⁴²mæi⁵⁵i²¹²⁻²¹thuo⁵⁵。
三　　块　瓦，搭　个　活⁼（棺材），弟兄五个埋　一　坨。
（鞋子）

30. i²¹²⁻²¹kɤ⁰xɤ⁵⁵ma⁰, ʂʅ⁴²tɕyo²¹²pa²¹²⁻²⁴tʂha²¹²,
　一　个蛤蟆，四　脚八　叉，
tsuei⁴³⁴li⁰tʂhʅ²¹²⁻²¹ʐæ̃⁵⁵, tu⁴³⁴li⁰ʂuo²¹²⁻²¹xua⁴²。
嘴　里吃　人，肚里说　　话。（屋：房子）

31. tɕi⁴³⁴kɤ⁰ta⁴²iɛ⁵⁵i²¹²⁻²¹tʂhuaŋ⁵⁵ʂuei⁴²,
　几　个大爷一　床　睡，

kuaŋ²¹²⁻²¹thuŋ⁵⁵tʂhuaŋ⁵⁵, pu²¹²⁻²¹thuŋ⁵⁵pei⁴²。
光　　　同　床，　不　同　被。（石榴）

32. kɑɔ²¹²⁻²kɑɔ²¹²⁻²⁴ʂæ̃²¹², ti²¹²⁻²⁴ti²¹²⁻²¹ua⁴², tɕhy⁴²niæ̃⁵⁵mei⁴²liəu⁵⁵tʂuŋ⁴³⁴,
高　　高　　山，　低　低　洼，　去　年　没　留　种，
tɕie²¹²⁻²¹niæ̃⁵⁵iəu⁴²khæi²¹²⁻²⁴xua²¹²。
今　　年　又　开　　花。（雪）

33. ɕiɑɔ⁴³⁴⁻⁴⁴pei⁵⁵tɕi²¹², liəu⁴²tɕhiɑŋ⁵⁵kẽr²¹²,
小　　白　鸡，　遛　墙　根儿，
khæ̃⁴²zɤ⁵⁵læi⁵⁵, ȵiɑɔ⁴²phɑɔ²¹²⁻²⁴sueir²¹²。
看　人　来，　尿　泡　尿儿。（茶壶）

34. ʂaŋ⁴²pu²¹²⁻²¹tʂæ̃²¹²⁻²⁴thiæ̃²¹², ɕia⁴²pu²¹²tʂæ̃²¹²⁻²¹ti⁴²,
上　不　沾　　天，　下　不　沾　地，
kɤ²¹²⁻²¹lɤ⁰pæi⁴²tsʅ⁰uæ̃⁵⁵pa⁴³⁴ɕi⁰。
胳˭了拜˭子玩　把　戏。（线坨子）

35. yæ̃⁴³⁴⁻³⁴khæ̃⁴²ʂʅ⁴²thiɑɔ⁵⁵luŋ⁵⁵, tɕiẽ⁴²khæ̃⁴²tiɛ²¹²⁻²¹ thiɑɔ⁵⁵niŋ⁵⁵。
远　　看　是　条　龙，　近　看　铁　　条　拧。
tɕhiŋ⁵⁵thiæ̃²¹²luŋ⁵⁵thuo⁵⁵piɛ²¹², y⁴³⁴⁻³⁴thiæ̃²¹²piɛ²¹²⁻²¹thuo⁵⁵luŋ⁵⁵。
晴　天　龙　驮　鳖，　雨　天　鳖　驮　龙。
（自行车）

36. tɕiæ̃²¹²⁻²⁴tɕiæ̃²¹²ti⁰tsueir⁴³⁴, uæ̃²¹²⁻²⁴uæ̃²¹²ti⁰their⁴³⁴,
尖　　尖　的　嘴儿，　弯　弯　的　腿儿，
ʂəŋ²¹²⁻²¹kɤ⁰xæi⁵⁵tsʅ⁰pu²¹²⁻²¹tuŋ⁴²thæ⁴²,
生　　个　孩　子不　动　弹，
tha²¹²⁻²¹niaŋ⁵⁵ɕia²¹²⁻²¹tei⁰/ti⁰ tʂʅ⁵⁵tɕiɑɔ⁴²xuæ̃⁰。
它　　娘　吓　得/的直　叫　唤。（母鸡下蛋）

371

37. faɛ̃⁴³⁴⁻⁴⁴tʂhuɛ̃²¹²phi⁵⁵ɣɑɔ⁴³⁴mɑɔ⁵⁵tʂhɑɔ⁵⁵uæi⁴²，

　　反　　穿　皮　袄　毛　　朝　外，

tɕiæ⁴²zɛ̃⁵⁵læi⁵⁵，ʂʅ⁴³⁴⁻³⁴li⁴²xæi⁰。

　见　人　来，　使　厉　害。（狗）

38. i²¹²⁻²¹kɤ⁴²khu⁴²tsʅ⁰sæ²¹²⁻²¹thiɑɔ⁵⁵thei⁴³⁴，

　一　个　裤　子　三　　条　　腿，

kuɑŋ²¹²⁻²⁴tʂʅ²¹²liɑŋ⁵⁵ʂʅ⁰pu²¹²⁻²⁴xɤ²¹²⁻²¹ʂuei⁴³⁴。

　光　　吃　粮　食不　喝　　水。（耦子）

39. liɑŋ⁴³⁴⁻³⁴ʂəu⁴³⁴ɣæ̃⁴²tɕiæ̃²¹²⁻²¹pɑŋ⁴³⁴，

　两　　手　按　肩　　膀，

tʂʅ⁴³⁴⁻³⁴tɕiɛ̃⁴²iɑɔ⁵⁵læi⁰tʂʅ⁴³⁴⁻³⁴tɕiɛ̃⁴²xuɑŋ⁴²，

　使　　劲　摇　来　使　　劲　晃，

iɑɔ⁵⁵ti⁰tæ⁴²tsʅ⁰tiŋ²¹²⁻²⁴tɑŋ²¹²⁻²¹ɕiɑŋ⁴³⁴，

　摇　的蛋　子叮　　当　　响，

xu²¹²⁻²⁴xu²¹²xu²¹²⁻²⁴xu²¹²uɑŋ⁴³⁴⁻³⁴ɕia⁴²thɑŋ⁴³⁴。

　呼　呼呼　呼往　　下　　淌。（耦子播种）

40. yæ̃⁴³⁴⁻³⁴khæ̃⁴²ɕiɑŋ⁴²tsuo⁴²ʂæ̃²¹²，tɕiɛ̃⁴²khæ̃⁴²ʂɑŋ⁴²ɕia⁴²ʂæ̃²¹²。

　远　　看　像　座　山，　近　看　上　下　扇。

n y⁴³⁴⁻³⁴ti⁰ia²¹²⁻²¹næ̃⁵⁵ti⁰，tɑɔ⁴²ʂʅ⁵⁵xəu⁰xæi⁵⁵kei⁵⁵tɕhiæ̃⁵⁵。

　女　　的压　男　的，到　时　候　还　给　　钱。（抬轿子）

41. tʂa⁴³⁴⁻³⁴pa⁰tʂhɑŋ⁵⁵，iŋ⁴²pɑŋ²¹²⁻²⁴pɑŋ²¹²，

　拃　把　长，　硬　梆　　梆，

po²¹²⁻²¹tiɑɔ⁴²phi⁵⁵，uɑŋ⁴³⁴⁻³⁴li⁴³⁴⁻³⁴tʂhuɑŋ⁴³⁴

　剥　　掉　皮，往　里　　闯。（香蕉）

42. ʂɑŋ⁴²miæ̃⁴²khæi²¹²⁻²⁴xua²¹²ti⁴³⁴ɕia⁰tɕiɛ²¹²。

　上　面　开　花　底　下　结。（花生）

43. ʐuæ̃⁴³⁴pu²¹²⁻²¹kɤ⁰næi⁴³⁴, liaŋ⁴³⁴⁻³⁴ʂəu⁴³⁴pæi²¹²⁻²⁴kæi²¹²,
　　软　不　个　奶，　两　手　掰　开，
　　iŋ⁴²ti⁰tɕiẽ⁴²tɕhy⁴², ʐuæ̃⁴³⁴ti⁰tʂhu²¹²⁻²¹læi⁵⁵.
　　硬　的　进　去，　软　的　出　　来。（袜子）

44. tɕia²¹²⁻²¹xəu⁴²i²¹²⁻²¹thiɑɔ⁵⁵ɕiæ̃⁴², kaŋ²¹²⁻²⁴tɑu²¹²tuo⁴²pu²¹²⁻²¹tuæ̃⁴².
　　家　　后　一　条　线，　钢　　刀　剁　不　　断。（影子）
　　　　　　　　　　　　　　　（张良斌收集，唐爱华标音）

二、谚语

1. tʂɑɔ²¹²⁻²¹ɕia⁵⁵y⁴³⁴, uæ̃⁴³⁴⁻⁴⁴ɕia⁵⁵tɕiŋ⁵⁵.
　朝　　霞　雨，　晚　　霞　晴。

2. y⁴³⁴⁻⁴⁴tɕia²¹²⁻²⁴suo²¹², pæ̃⁴²kɤ⁴²yo²¹².
　雨　夹　　雪，　半　个　月。

3. lu²¹²⁻²¹yo²¹²⁻²⁴lu²¹², ʂæi⁴²luŋ⁵⁵phɑɔ⁵⁵.
　六　月　六，　晒　龙　袍。

4. ɕia⁴²tʂʅ⁴²sæ̃²¹²⁻²⁴kəŋ²¹²ʐu²¹²⁻²¹fu⁵⁵.
　夏　至　三　　庚　入　伏（夏至第三个庚日入伏）。

5. pa⁴²yo²¹²ʂʅ⁵⁵u⁴³⁴yẽ⁵⁵tʂɤ²¹²⁻²⁴yo²¹²,
　八　月　十　五　云　遮　月，
　pɑɔ²¹²⁻²¹kuæ̃⁴³⁴læi⁵⁵niæ̃⁵⁵suo²¹²⁻²¹ta⁴³⁴⁻⁴⁴təŋ²¹².
　包　　管　来　年　雪　打　灯。

6. y⁴³⁴⁻⁴⁴tʂæ̃²¹²⁻²⁴suo²¹²⁻²¹, ɕia⁴²pæ̃⁴²yo²¹².
　雨　掺　雪，　下　半　月。

373

7. i²¹²⁻²¹ tɕiəu⁴³⁴ ər⁴² tɕiəu⁴³⁴ pu²¹²⁻²⁴ tʂhu²¹²⁻²¹ ʂəu⁴³⁴,

　一　九、二　九　不　出　手,

sæ̃²¹²⁻²¹ tɕiəu⁴³⁴ sɻ⁴² tɕiəu⁴³⁴ tʂuŋ²¹²⁻²¹ ɕiẽ²¹²⁻²⁴ la²¹²,

　三　　九、四　九　中　心　腊,

xɤ⁵⁵ li⁰ tuŋ⁴² sɻ⁴³⁴ liæ̃⁵⁵ mɑɔ⁵⁵ ia²¹²,

　河　里　冻　死　连　毛　鸭,

u⁴³⁴⁻⁴⁴ tɕiəu⁴³⁴ lu²¹²⁻²¹ tɕiəu⁴³⁴ iæ̃⁵⁵ xɤ⁵⁵khæ̃⁴² liəu⁴³⁴,

　五　　九、六　九　沿　河　看　柳,

tɕhi²¹²⁻²¹ tɕiəu⁴³⁴ pa²¹²⁻²¹ tɕiəu⁴³⁴ lu⁴² ʂaŋ⁰ ɕiŋ⁵⁵ zẽ⁵⁵ pa⁴²⁻²¹²⁻²⁴ tæ̃²¹²,

　七　　九、八　九　路　上　行　人　把　衣　担,

tɕiəu⁴³⁴ tɕiəu⁰ pa²¹²⁻²¹ sɻ⁵⁵ i²¹², mɑɔ⁵⁵ kəu⁴³⁴ ɕyẽ⁵⁵ iẽ⁴² ti⁴².

　九　　九　八　十一,　猫　狗　寻　荫　地。

8. li²¹²⁻²¹ ləu⁰ tuŋ²¹², i²¹²⁻²⁴ thiæ̃²¹² tʂhaŋ⁵⁵⁻²¹²⁻²⁴ tshuŋ²¹².

　立　喽冬,　一　天　长　一　葱。

9. tɕhyŋ⁵⁵ ʂəŋ²¹² sɻ²¹² tsɻ⁰ fu⁴² tʂaŋ⁴³⁴⁻³⁴ tɕiɛ⁴².

　穷　生　虱　子富　长　疥。

10. i²¹²⁻²¹ phiŋ⁵⁵ pu²¹²⁻²¹ ɕiaŋ⁴³⁴, pæ̃⁴² phiŋ⁵⁵ kuaŋ²¹²⁻²⁴ taŋ²¹².

　一　瓶　不　响,　半　瓶　咣　当。

11. tɕhiæ̃²¹²⁻²¹ niæ̃⁵⁵ta⁴² tɑɔ⁴² tsəu⁴³⁴⁻⁴⁴ tʂhəŋ⁵⁵ xɤ⁵⁵,

　千　　年大道　走　　成　河,

tuo²¹²⁻²¹ niæ̃⁵⁵ ti⁰ ɕi⁵⁵ fu⁰ ɣɑɔ⁵⁵ tʂhəŋ⁵⁵ pho⁵⁵.

　多　　年　的媳妇熬　成　婆。

12. i²¹²⁻²¹ pei⁴² tsɻ⁰ tɕhiẽ²¹², liaŋ⁴³⁴⁻³⁴ pei⁴² tsɻ⁰ piɑɔ⁴³⁴,

　一　辈　子亲,　两　辈　子表,

sæ̃²¹²⁻²¹pei⁴²tsʅ⁰ie²¹²⁻²¹kɤ⁰tiɑɔ⁴³⁴。
三　辈　子业＝个屌。

13. ny⁴³⁴⁻⁴⁴zɤ̃⁵⁵tɕhyæ̃⁵⁵ku²¹²kɑɔ²¹²，ʂa²¹²⁻²⁴fu²¹²pu²¹²⁻²¹zʅŋ⁴²tɑu²¹²。
女　人　颧骨　高，　杀　夫　不　用　刀。

14. ʂɑɔ⁴²pei⁵⁵thəu⁵⁵，pu²¹²⁻²¹tʂu⁴²ua⁴³⁴⁻⁴⁴u²¹²tɕiəu⁴²tʂu⁴²ləu⁵⁵。
少　白　头，不　住瓦　屋　就　住楼。

15. xɑɔ⁴³⁴⁻⁴⁴næ̃⁵⁵pu²¹²⁻²⁴tha²¹²⁻²⁴tɕhiŋ²¹²，xɑɔ⁴³⁴⁻³⁴ny⁴³⁴pu²¹²⁻²¹khæ̃⁴²təŋ²¹²。
好　男　不　踏　青，　好　女　不　看　灯。

16. xuo⁵⁵ni⁵⁵thuo²¹²⁻²⁴phi²¹²，xuo⁵⁵tɕiæ̃⁴²iæ̃⁵⁵uaŋ⁰。
和　泥　脱　坯，　活　见　阎　王（形容非常累的活儿）。

17. tu⁵⁵iæ̃⁴³⁴⁻⁴⁴luŋ⁵⁵tɕhy⁴²kuo⁴²tɕiaŋ²¹²，
独眼　龙　去　过　江，
iəu⁴²tɕiɑɔ⁴²ma⁴³⁴⁻⁴⁴ɕia²¹²naŋ⁴³⁴⁻⁴⁴i²¹²⁻²⁴tɕhiaŋ²¹²。
又　叫　马　虾　攮　一　枪（形容雪上加霜）。

18. tɕhyŋ⁵⁵khei²¹²fu⁴²phæ̃⁵⁵tʂhæ̃⁰。
穷　客　富　盘　缠。

19. uo²¹²⁻²¹uo⁰thəu⁵⁵tsæ̃⁴²la²¹²⁻²⁴tɕiɑɔ²¹²，yo²¹²⁻²⁴tʂhʅ²¹²yo²¹²⁻²⁴thiæ̃²¹²⁻²⁴piɑɔ²¹²。
窝　窝头　蘸辣　椒，　越　吃越　添　膘；
pei⁵⁵miæ̃⁵⁵mo⁵⁵tɕyæ̃⁴³⁴⁻⁴⁴la²¹²⁻²¹zəu⁴²，yo²¹²⁻²⁴tʂhʅ²¹²yo²¹²⁻²¹ɕiæ̃⁴³⁴⁻³⁴ʂəu⁴²。
白　面　馍卷　腊　肉，越　吃越　显　瘦。

20. iɑɔ⁴²ɕiaŋ⁴³⁴tʂɣ²¹²⁻²¹tʂur⁵⁵tʂuæ̃⁴²ti⁰khuæi⁴²，
要　想　车　轴儿转　的快，

375

ʂ˞⁵⁵pu²¹²⁻²¹tʂhaŋ⁵⁵ti⁰kɑɔ⁴²tiæ˞r⁴³⁴⁻⁴⁴iəu⁵⁵。
时 不 常 的膏 点儿 油。

21. tʂuaŋ²¹²⁻²¹tɕia⁰xuor⁵⁵pu²¹²⁻²¹ʐuŋ⁴²ɕyo⁵⁵，
庄 稼活儿不 用 学，
ʐẽ⁵⁵tɕia⁰tʂa⁴³⁴⁻⁴⁴tʂuo⁵⁵tsæ̃⁵⁵tʂa⁴³⁴⁻⁴⁴tʂuo⁵⁵。
人家咋 着 咱咋 着（缺乏创新）。

22. tɕi²¹²⁻²¹pɑɔ⁴²tɕi²¹²，ər⁴²ʂ˞⁵⁵i²¹²；tɕi²¹²⁻²¹pɑɔ⁴²ia²¹²，ər⁴²ʂ˞⁵⁵pa²¹²；
鸡 抱鸡，二十一；鸡 抱鸭，二 十 八；
tɕi²¹²⁻²¹pɑɔ⁴²ɣ˞⁵⁵，i²¹²⁻²⁴yo²¹²uaŋ⁴²uæi⁴²nuo⁵⁵。
鸡 抱鹅，一 月往 外 挪。

23. phiẽ⁴²niəu⁵⁵ɕia⁴²phiẽ⁴²niəu⁵⁵，sæ̃²¹²⁻²¹niæ̃⁵⁵liaŋ⁴³⁴⁻³⁴tɕy⁴²niəu⁵⁵。
牝 牛 下 牝 牛，三 年 两 犋牛。

24. iɑɔ⁴²tʂ˞²¹²⁻²¹tæ̃⁴²，liaŋ⁵⁵læi⁵⁵xuæ̃⁴²。
要 吃 蛋，粮 来 换。

25. thəu⁴³⁴⁻⁴⁴niəu⁵⁵tei⁵⁵kɣ⁰pa⁵⁵tɕyo⁵⁵ti⁰。
偷 牛 逮 个拔 橛 的（很冤枉，别人做的错事，却让自己承担了）。

26. liæ̃⁴³⁴⁻⁴⁴phi⁵⁵xəu⁴²，tʂhʅ²¹²⁻²¹khuæi⁴²ʐəu⁴²，
脸 皮厚，吃 块 肉，
liæ̃⁴³⁴⁻⁴⁴phi⁵⁵po⁵⁵，tʂhʅ²¹²⁻²⁴pu²¹²⁻²¹tʂuo⁵⁵。
脸 皮薄，吃 不 着。

27. tʂhʅ²¹²⁻²¹pa⁴²la²¹²⁻²⁴pa²¹²⁻²¹fæ̃⁴²，tɕiəu⁴²pa⁴³⁴⁻⁴⁴niæ̃⁵⁵læi⁵⁵pæ̃⁴²。
吃 罢腊 八 饭，就 把 年来 办。

376

28. i²¹²⁻²¹tiŋ⁴³⁴⁻³⁴xɑɔ⁴³⁴, liaŋ⁴³⁴⁻³⁴ tiŋ⁴³⁴⁻³⁴xuæi⁴²,
　　一　　顶　好，　两　顶　　坏，
　　sæ̃²¹²⁻²¹² tiŋ⁴³⁴⁻³⁴ʂ̩⁴²iɑɔ²¹²⁻²¹kuæi⁴²。
　　三　　顶　是　妖　　怪。（顶：头上的旋）

29. pa²¹²⁻²⁴yo²¹²⁻²⁴mei²¹², tshɑɔ⁴³⁴⁻³⁴ʂaŋ⁰fei²¹²⁻²¹。
　　八　　月　麦，　草　　上　飞。

30. kəu⁴³⁴⁻⁴⁴tʂʰ̩²¹²tɕhiŋ²¹²⁻²¹tshɑɔ⁴³⁴⁻⁴⁴iẽ²¹²,
　　狗　　吃　青　　草　　阴，
　　mɑɔ⁵⁵ tʂʰ̩²¹²tɕhiŋ²¹²⁻²¹tshɑɔ⁴³⁴⁻⁴⁴tɕhiŋ⁵⁵。
　　猫　吃　青　　草　　晴。

31. ta⁴²tʂhu⁴³⁴⁻⁴⁴tɕhiæ̃⁵⁵, ɕiɑɔ⁴³⁴⁻⁴⁴ tʂhu⁴³⁴⁻³⁴xəu⁴²,
　　大　暑　前，　小　　暑　后，
　　ər⁴²tʂhu⁴³⁴tɕia²¹²⁻²¹taŋ⁴²tʂuŋ⁴³⁴⁻⁴⁴lu²¹²⁻²¹təu⁴²。
　　二　暑　　夹　当　种　　绿　豆。

32. ɣɤ⁴²ʂ̩⁴³⁴⁻⁴⁴iɛ⁵⁵niaŋ⁵⁵, pu²¹²⁻²⁴tʂʰ̩²¹²tʂuŋ⁴³⁴⁻⁴⁴liaŋ⁵⁵。
　　饿　死　爷　娘，　不　　吃　种　　粮。

33. ku²¹²⁻²¹y⁴³⁴tɕhiæ̃⁵⁵xəu⁴², tʂuŋ⁴²kua²¹²tʂuŋ⁴²təu⁴²。
　　谷　雨　前　后，　种　瓜　种　豆。

34. xɤ⁵⁵ma⁰ta⁴³⁴⁻⁴⁴ua²¹²⁻²¹ua⁰, ʂ̩⁴²ʂ̩⁵⁵pa²¹²⁻²⁴thiæ²¹²tʂʰ̩²¹²⁻²⁴kɤ²¹²⁻²¹pa⁰。
　　蛤　蟆　打　哇　哇，四　十　八　　天　吃　铬⁼巴。
　　铬⁼巴：锅巴。

35. ʂu⁵⁵ʂu⁵⁵tʂhu⁵⁵tɕiəu⁴³⁴⁻³⁴piæ̃⁴², kei⁵⁵mei²¹²təu²¹²⁻²⁴pu²¹²⁻²¹ xuæ̃⁴²。
　　秫　秫　除　九　　遍，　给　麦　都　　不　　换。

36. kæi²¹²⁻²⁴zʐ²¹²pu²¹²⁻²⁴ zʐ²¹², u⁴³⁴⁻⁴⁴ku²¹²pu²¹²⁻²⁴tɕiɛ²¹²。
　　该　热　不　热，五　谷　不　结。

37. sʐ̩⁴²yo²¹²sʐ̩⁵⁵ ər⁴²ɕia⁴²i²¹²⁻²¹tʂɛ̃⁴²,
　　四　月　十　二　下　一　阵,
tɕia²¹²⁻²¹ tɕia²¹²⁻²⁴ tʂuɛ̃⁴³⁴⁻³⁴pei⁴²iaɔ⁴²fæ̃⁴²kuɛ̃⁴²。
家　　家　　准　备　要　饭　棍。

（唐爱华标音）

三、歇后语

1. sʐ̩⁵⁵ tuŋ²¹²la²¹²⁻²⁴yo²¹²——tuŋ⁴²ʂəu⁴³⁴tuŋ⁴²tɕyo²¹²。
十　冬　腊　月——动　手　动　脚（冻手冻脚）。

2. læi⁴²xɤ⁵⁵ma⁰tuo⁴³⁴⁻⁴⁴tuɛ̃²¹²⁻²¹u⁴³⁴——tuo⁴³⁴⁻⁴⁴i²¹²⁻²⁴thiæ̃²¹²sʐ̩⁴² i²¹²⁻²⁴thiæ̃²¹²。
癞　蛤　蟆躲　端　午——躲　一　天　是　一　天。

3. tsaɔ⁴²laɔ⁴³⁴⁻⁴⁴iɛ⁵⁵faŋ⁴²phi⁴²——ʂɛ̃⁵⁵tɕhi⁴²。
灶　老　爷放　屁——神　气。

4. liaŋ⁵⁵ʂuei⁴³⁴thuei⁴²tɕi²¹²——i²¹²⁻²¹maɔ⁵⁵pu²¹²⁻²¹pa⁵⁵。
凉　水　褪　鸡——一　毛　不　拔。

5. sʐ̩⁴³⁴⁻⁴⁴kɤ²¹²⁻²¹laŋ⁵⁵thuo²¹²⁻²⁴tʂɤ²¹²⁻²¹tsʐ̩⁰——suŋ⁴² fɛ̃⁴²。
屎　壳　螂拖　车　子——送　粪。

6. xuaŋ⁵⁵tʂhu⁴³⁴⁻⁴⁴laŋ⁵⁵tɕiaŋ²¹²⁻²¹laɔ⁴³⁴⁻³⁴tʂhu⁰
黄　鼠　狼　将　老　鼠
——i²¹²⁻²¹tæi⁴²pu²¹²⁻²¹zu⁵⁵i²¹²⁻²¹tæi⁴²。
——一　代　不　如　一　代。

7. kuo⁴²ləu⁰tɕhiŋ²¹²⁻²¹miŋ⁵⁵faŋ⁴²fəŋ²¹²⁻²⁴tʂəŋ²¹²——ləŋ⁴² ʂẽ⁵⁵。

过 了 清 明 放 风 筝—— 愣 神。

8. lɑɔ⁴³⁴⁻³⁴tʂhu⁰lɑ⁰mu²¹²⁻²⁴ɕiæ²¹²——ta⁴²thəu⁵⁵tsæi⁴²xəu⁴²piæ̃r²¹²。

老 鼠 拉 木 锨—— 大 头 在 后 边儿。

9. ʂʅ⁴³⁴⁻⁴⁴kɤ²¹²⁻²¹laŋ⁵⁵pha⁵⁵ʂaŋ⁰sɑɔ⁴²tsu⁰

屎 壳 螂 爬 上 扫 帚

——khæ̃⁴²ni⁴³⁴nəŋ⁵⁵tɕiɛ²¹²⁻²¹ʂẽ⁴²mɤ⁰khɤr²¹²。

—— 看 你 能 结 什 么 壳儿。

10. xɤ²¹²liaŋ⁵⁵ʂuei⁴³⁴fæ̃²¹²⁻²⁴kẽ²¹²⁻²¹thəu⁰——tʂuaŋ²¹²⁻²⁴yẽ²¹²。

喝 凉 水 翻 跟 头—— 装 晕。

11. luo⁵⁵po⁰suei²¹²⁻²¹ɕiɑɔ⁴³⁴——tʂaŋ⁴³⁴⁻³⁴tsæi⁴²pei⁴²ʂaŋ⁰。

萝 卜 虽 小 —— 长 在 背（辈）上。

12. kuaŋ²¹²⁻²¹kuẽ⁴²ʂaŋ⁴²tʂhuaŋ⁵⁵——tiɑɔ⁴³⁴⁻³⁴ʂʅ⁴²mei⁴²iəu⁴³⁴。

光 棍 上 床 —— 屌 事 没 有。

13. phi⁴²iæ⁴³⁴li⁰tʂha²¹²⁻²¹tʂhən⁴²——i²¹²⁻²⁴liəu²¹²ti⁰ɕiŋ²¹²。

屁 眼 里 插 秤—— 一 溜 的 星。

14. ər⁴²fẽ²¹²⁻²¹tɕhiæ⁵⁵ti⁰ʂuei⁴³⁴⁻⁴⁴phẽ⁵⁵——təu²¹²⁻²⁴tsʅ²¹²⁻²¹tɑɔ⁰ti⁴³⁴ti⁰。

二 分 钱 的 水 盆 —— 都 知 道 底 的。

15. pei⁴²uo²¹²faŋ⁴²phi⁴²——nən⁵⁵uẽ⁵⁵ nəŋ⁵⁵u⁴³⁴

被 窝 放 屁 —— 能 文（闻） 能 武（捂）。

16. tɕi²¹²⁻²¹tæ̃⁴²khɤ²¹²⁻²¹tsʅ⁰kuo⁵⁵ xɤ⁵⁵——tʂhuæ̃⁵⁵phiŋ⁵⁵i²¹²⁻²¹ku⁴³⁴tsʅ⁰laŋ⁴²tɕiɛ⁴²。

鸡 蛋 壳 子 过 河—— 全 凭 一 股 子 浪 劲。

17. tʂuo⁵⁵mu²¹²⁻²¹niɑɔ⁴³⁴sʅ⁴³⁴⁻³⁴tsæi⁴²ʂu⁴²khu²¹²li⁰
啄　木　鸟　　死　在　树　窟　里
——tiŋ⁴²təu²¹²⁻²¹ɣəu²¹²⁻²¹læ̃⁴²lɤ⁰，tsuei⁴³⁴⁻⁴⁴xæi⁵⁵iŋ⁴²læi⁰。
——腚　都　　沤　　烂了，嘴　还　硬　来。

18. tiŋ⁴²iæ̃⁴³⁴tʂhuei²¹²⁻²¹la⁴³⁴pa⁰——tʂa⁴³⁴⁻³⁴çiɑŋ⁴³⁴ti⁰。
腚　眼　吹　　喇　叭——咋（响）想　的。

19. tçyo²¹²⁻²¹phi⁴²ku⁰khæ̃⁴²thiæ̃²¹²——iəu⁴³⁴⁻³⁴iæ̃⁴³⁴u⁵⁵tʂu²¹²。
撅　　屁股看　天——有　眼　无　珠。

20. suei²¹²⁻²¹xu⁵⁵tçhi⁴³⁴u⁴²——tʂhu²¹²⁻²¹tiɑɔ⁴²tçhi⁴²la⁰。
尿　　壶起雾——出　屌　气啦（出奇了）。

21. nuŋ⁵⁵pi⁵⁵tsʅ⁰çiŋ⁴³⁴kɤ⁰ta⁴²tei⁴³⁴ʂaŋ⁰——kei⁵⁵tiɑɔ⁴³⁴tçia⁴²sʅ⁴²ti⁰。
浓鼻子擤　搁大腿　上——给屌　架势的。

22. kəu⁴³⁴⁻⁴⁴kɑɔ²¹²niəu⁵⁵tu⁵⁵tsʅ⁰——xu⁵⁵tiɑɔ⁴³⁴pæi⁴³⁴⁻³⁴sʅ⁴²。
狗　屄牛　犊子——胡屌　摆　式。

23. tʂua²¹²⁻²¹kəu²¹²tsʅ⁰tiɑɔ⁴²thəu⁵⁵——tçhiæ̃⁴²çiɛ²¹²。
抓　钩　子掉　头——　欠　楔。

24. lɑɔ⁴³⁴⁻³⁴ma⁴³⁴⁻³⁴tsʅ⁰mæi⁴³⁴⁻⁴⁴pei⁵⁵tshæi⁴²——phi²¹²⁻²¹ti⁰xẽ⁴³⁴。
老　马　子买　白　菜——批　的很。

25. luo⁵⁵kuo²¹²⁻²¹tsʅ⁰ʂaŋ⁴²ʂæ̃²¹²——tçhiæ̃⁵⁵çiɛ̃²¹²tʂuŋ⁴²。
罗　锅　子上　山——（前）钱心　重。

26. tsɑɔ⁴³⁴⁻⁴⁴thaŋ⁵⁵ tsʅ⁰li⁴³⁴piæ̃⁰tshʅ⁴²məŋ⁴³⁴tsʅ⁰——pu²¹²⁻²⁴tʂʅ²¹²tʂhẽ²¹²⁻²¹tɕiæ̃⁴³⁴。
　　澡　　堂　子里边刺　猛　子——不　知　深　　浅。

27. kuaŋ²¹²⁻²¹tiŋ⁴²khaŋ⁵⁵su⁵⁵tɕiɛ²¹²——li⁴³⁴⁻³⁴uæi⁴²tɕia²¹²⁻²¹phi⁵⁵。
　　光　　腚　扛　秫秸——里　外　夹　　皮。

28. khu⁴²thəu⁵⁵tsʅ⁰kæi⁴³⁴⁻⁴⁴uei⁵⁵tsuei⁴³⁴tsʅ⁰——tʂhəu⁴²i²¹²⁻²⁴tɕhyæ̃²¹²tsʅ⁰。
　　裤　头　子改　围嘴　子——臭　一　圈　　子。

29. tsʅ⁴³⁴⁻⁴⁴lu⁵⁵xu⁵⁵ti⁰ma⁴³⁴⁻⁴⁴xuaŋ⁵⁵——sʅ⁴³⁴⁻⁴⁴tiŋ²¹²。
　　紫　芦湖的蚂　　蝗——死　叮。

30. tsʅ⁴³⁴⁻⁴⁴lu⁵⁵xu⁵⁵ti⁰ɣæ²¹²⁻²¹tʂhuẽ⁵⁵——iɛ⁴³⁴⁻⁴⁴xaɔ⁵⁵。
　　紫　芦湖的鹌　　鹑——野　嚎。

32. ly⁵⁵liæ̃⁴³⁴pu²¹²⁻²¹tɕiɑɔ⁴² ly⁵⁵ liæ̃⁴³⁴——tɕiɑɔ⁴²tʂhan⁵⁵liæ̃⁴³⁴。
　　驴脸不　　叫驴脸——叫　长　脸。

33. niəu⁵⁵niæ̃⁵⁵ʂəŋ²¹²⁻²¹zẽ⁵⁵——pu²¹²⁻²⁴tʂʅ²¹²tʂhəu⁴³⁴。
　　牛　年　生　人——不　知　丑。

34. tʂaŋ⁴²mu⁴³⁴⁻⁴⁴niaŋ⁵⁵ti⁰saɔ⁴³⁴tsʅ⁰——ta⁴²yo²¹²⁻²¹mo⁴³⁴。
　　丈　母　　娘的嫂子——大岳　母（约莫）。

35. ər⁴²fɛ²¹²⁻²¹tɕhiæ̃⁵⁵mæi⁴³⁴⁻³⁴kɤ⁰xuo⁴³⁴⁻⁴⁴tʂhɤ²¹²thəu⁵⁵——tɕiæ⁴²xuo⁴²。
　　二分　钱买　个火　车　头——贱　货。

36. ər⁴²mu⁴³⁴⁻³⁴ti⁴²tɕiɛ²¹²⁻²¹lɤ⁰kɤ⁰laɔ⁴³⁴⁻⁴⁴naŋ⁵⁵kua⁰——phu⁵⁵tʂuŋ⁴³⁴i²¹²⁻²¹kɤ⁴²。
　　二亩　地结　了个老　南　瓜——蒲　种　一　个。

381

37. pæ⁴²tɑɔ⁴³⁴phɑ²¹²⁻²⁴kɤ²¹²tʂua²¹²⁻²⁴kəu²¹²tsʅ⁰ʂaŋ⁰——tɕhiɑɔ⁴³⁴la⁰。
　　绊　倒　趴　搁　抓　　钩　子　上——　巧　　啦。

38. iɑɔ⁴²fæ⁴²ti⁰tɕhiæ²¹²lɤ⁰kɤ⁰xəur⁵⁵——uæ⁵⁵ɕiẽ²¹²pu²¹²⁻²¹ɕiɑɔ⁴³⁴。
　　要　饭　的　牵　了　个　猴儿——玩心　不　　小

39. mo⁴²tɑɔ⁴²ti⁰ly⁵⁵——thiŋ²¹²⁻²⁴xɤ²¹²。
　　磨　道　的　驴——听　　喝。

40. thiŋ²¹²⁻²¹ɕi⁴²ti⁰thaŋ⁴³⁴⁻³⁴iæ⁴³⁴⁻³⁴lei⁴²——thi⁴²ku⁴³⁴⁻⁴⁴zɤ̃⁵⁵tæ²¹²⁻²⁴iəu²¹²。
　　听　戏　的　淌　眼　泪——替　古　人　担　忧。

41. xuaŋ²¹²⁻²¹tiŋ⁴²tʂɤ²¹²⁻²¹ma⁴³⁴⁻⁴⁴fəŋ²¹²——pu²¹²⁻²¹nəŋ⁵⁵tʂhən²¹²。
　　光　腚　蛰　马　蜂——不　　能　撑。

42. iaŋ⁵⁵tɕhyẽ⁵⁵pɑɔ⁴³⁴lɤ⁰kɤ⁰ly⁵⁵——ni⁴³⁴⁻³⁴ʂʅ⁴²ta⁴²thəu⁵⁵。
　　羊　群　跑　了　个　驴——你　是　大　头。

43. thu⁴²tsʅ⁰ti⁰tiɛ²¹²——lɑɔ⁴³⁴⁻³⁴phɑɔ⁴³⁴⁻⁴⁴tɕia²¹²。
　　兔　子的爹——　老　　跑　家。

44. thu²¹²tsʅ⁰kẽ²¹²tʂuo⁰yo²¹²liaŋ⁰tsəu⁴³⁴——tʂæ̃²¹²tʂuo⁰kuaŋ²¹²la⁰。
　　秃　子　跟　着　月　亮　走——　沾　着　光　啦。

45. pei⁴²uo²¹²li⁰ta⁴³⁴⁻⁴⁴tɕhyæ̃⁵⁵——pu²¹²⁻²¹tʂɑɔ⁴³⁴uæi⁴²ʂəu⁴³⁴。
　　被　窝　里打　　拳——不　　找　外　手。

46. ɕia²¹²⁻²¹tsʅ⁰xæi⁴²iæ⁴³⁴——mei⁴²tʂʅ⁴²la⁰。
　　瞎　子害　眼——　没　治　啦。

47. mæi⁴³⁴⁻³⁴tsɑɔ⁴³⁴ti⁰kẽ²¹²⁻²¹tʂuo⁰mæi⁴²——tsɑɔ⁴³⁴⁻³⁴uæ̃⁴³⁴ti⁰ʂɿ⁴²。

买　枣　的跟　着卖——早　晚　的事。

48. næ̃⁵⁵thiæ̃²¹²⁻²¹mẽ⁵⁵ti⁰təŋ²¹²luŋ⁰——zɑɔ⁴²tæ̃⁴²ɕiŋ²¹²。

南 天　门 的 灯 笼—— 绕 蛋 星。

49. ɕia²¹²⁻²¹tsɿ⁰tiɑɔ⁴² ɕiɛ⁵⁵——na⁴³⁴⁻⁴⁴mo²¹²⁻²¹tɕhy⁴²？

瞎　子掉 鞋—— 哪 摸　去？

50. liaŋ⁴³⁴⁻⁴⁴thəu⁵⁵lɑɔ⁴³⁴⁻³⁴ʂuei⁴³⁴⁻⁴⁴niəu⁵⁵ti⁴³⁴⁻³⁴tɕia⁴²

两　头 老　水　牛 抵 架

——tshuæ̃⁵⁵piŋ⁵⁵liæ̃⁴³⁴⁻³⁴ʂaŋ⁴²。

—— 全　凭 脸　上。

51. ɕiɑɔ⁴³⁴⁻³⁴lɑɔ⁴³⁴⁻³⁴tʂhu⁴³⁴tɕiɛ̃⁴²fəŋ²¹²⁻²⁴ɕiaŋ²¹²——liaŋ⁴³⁴⁻⁴⁴thəu⁵⁵ʂəu⁴²tɕhi⁴²。

小　老　鼠 进 风　箱—— 两　头 受 气。

52. xuaŋ⁵⁵tʂhu⁴³⁴⁻⁴⁴laŋ⁵⁵tɕiɛ̃⁴²mo⁴²tɑɔ⁴²——sɿ⁴³⁴⁻⁴⁴tʂhuŋ²¹²ta⁴²i⁴³⁴pa⁰laŋ⁵⁵。

黄　鼠　狼 进 磨 道—— 死　充 大尾 巴 狼。

53. kuŋ²¹²⁻²⁴tɕhi²¹²thəu⁵⁵ʂaŋ⁰tʂaŋ⁴³⁴⁻⁴⁴khuæi⁴²zəu⁴²——ta⁴²ɕiɑɔ⁴³⁴ʂɿ⁴²kɤ⁰kuæ̃²¹²。

公　鸡 头 上 长　块 肉——大小　是 个官

(冠)。

（唐爱华标音）

第三节　民间故事

ta⁴²miŋ⁵⁵kæi²¹²⁻²⁴kuei²¹²⁻²¹xuaŋ⁵⁵ti⁴²tʂu²¹²⁻²¹yæ̃⁵⁵tʂaŋ²¹²⁻²¹ti⁰

一、大　明　开　国　皇　帝　朱　元　璋　的

su⁴²tʂəu²¹²⁻²¹tɕhiŋ⁵⁵yæ̃⁵⁵

宿　州　情　缘

tsæ⁴³⁴mẽ⁰ɕy²¹²⁻²¹ɕiæ̃⁴²ti⁰lɑɔ⁴³⁴⁻³⁴peir⁴²zɐ̃⁵⁵ta⁴²pu⁴²fẽ⁰təu²¹²⁻²⁴tʂʅ²¹²⁻²¹tɑɔ⁴²,

咱　们宿　县的老　辈儿人大部分都　知　道,

miŋ⁵⁵tʂhɑɔ⁵⁵iəu⁴³⁴⁻³⁴kɤ⁰tʂu²¹²xuŋ⁵⁵u⁴³⁴xuaŋ⁵⁵ti⁴². tha²¹²⁻²¹ʂʅ⁴²tsæ⁴³⁴⁻³⁴mẽ⁰fu⁵⁵li⁵⁵

明　朝　有　个朱　洪　武皇　帝。他　是咱　们符　离

tɕi⁵⁵zɐ̃⁵⁵, iɛ⁴³⁴⁻³⁴ʂʅ⁴²taŋ²¹²⁻²¹ti⁴²i²¹²⁻²¹kɤ⁰tsuei⁴²phu⁴³⁴⁻³⁴thuŋ²¹²ti⁰nuŋ⁵⁵miŋ⁵⁵ti⁰ər⁵⁵

集人, 也　是当　地一　个最　普　通　的农　民　的儿

tsʅ⁰, i²¹²⁻²¹tæi⁴²tʂẽ²¹²luŋ⁵⁵thiæ̃²¹²⁻²¹tsʅ⁴³⁴pẽ⁴³⁴⁻³⁴ʂʅ⁴²taŋ²¹²⁻²⁴tɕiẽ²¹²fu⁵⁵li⁵⁵tʂẽ⁴²

子,一　代真　龙天　子本　是当　今　符　离镇

tɕhiŋ²¹²⁻²¹ʂuei⁴³⁴⁻⁴⁴tshuẽ²¹²zɐ̃⁵⁵。tsæi⁴²lɑɔ⁴³⁴⁻⁴⁴i²¹²⁻²¹pei⁴²zɐ̃⁵⁵tʂuŋ²¹²pɑɔ⁴³⁴⁻⁴⁴liəu⁵⁵

清　水　村　人。在老　一　辈人中保　留

tʂuo⁰ɕy⁴³⁴⁻⁴⁴tuo²¹²tʂu²¹²⁻²¹xuŋ⁵⁵u⁴³⁴ti⁰ku⁴²ʂʅ⁴²tʂhuæ⁵⁵ʂuo²¹²。

着许　多朱　洪　武的故事　传　说。

taŋ²¹²⁻²¹ti⁴²nuŋ⁵⁵tshuẽ²¹²kɤ²¹²⁻²¹ti⁴²læi⁰kæ̃⁴²xuor⁵⁵ti⁰lɑɔ⁴³⁴⁻⁴⁴thəu⁵⁵lɑɔ⁴³⁴⁻³⁴

当　地农　村　搁　地来干活儿的老　头老

ma⁴³⁴, lei⁴²lɤ⁰ɕiəu²¹²⁻²⁴ɕi²¹²ti⁰ʂʅ⁵⁵xəu⁰, ɕi⁴³⁴⁻⁴⁴xuæ̃²¹²kei⁴²xæi⁵⁵tsʅ⁰mẽ⁰tɕiaŋ⁴³⁴⁻³⁴

马, 累了休　息的时候, 喜　欢　给孩子们讲

ku⁴²ʂʅ⁰. tɕiəu⁴²ʂuo²¹²tʂu²¹²⁻²¹xuŋ⁵⁵u⁴³⁴ xuaŋ⁵⁵ti⁴²ti⁰iɛ⁵⁵iɛ⁰næ̃⁴³⁴næ̃⁰təu²¹²ʂʅ⁴²ɕiæ̃⁴²

故事。就　说朱　洪　武皇　帝的爷爷奶　奶都　是现

tsæi⁴²tsæ̃⁴³⁴mẽ⁰xuæi⁵⁵pei²¹²xɤ⁵⁵fu⁵⁵li⁵⁵fu⁴²tɕiẽ⁴²ti⁰iəu⁴³⁴kɤ⁰tɕiɑɔ⁴²tɕhiŋ²¹²⁻²¹ʂuei⁴³⁴

在　咱　们淮　北和符　离附　近的有个　叫清　水

tshuẽ²¹²ti⁰, tʂu²¹²⁻²¹xuŋ⁵⁵u⁴³⁴ti⁰ta⁵⁵nẽ⁰iɛ⁴³⁴⁻³⁴ʂʅ⁴²tʂɤ⁴²læi⁰ti⁰。tɕy⁴²ʂuo²¹²tʂu²¹²⁻²¹

村　的, 朱　洪　武的爹呢也　是这来的。据说朱

xuŋ⁵⁵u⁴³⁴ti⁰lɑɔ⁴³⁴⁻⁴⁴niaŋ⁵⁵ɕiŋ⁴²tʂhẽ⁵⁵, tshuŋ⁵⁵sๅ⁴²ɕiæ⁴²xuei⁵⁵sๅ⁴²xuŋ⁵⁵tɕia⁴²kuo⁰

洪　武　的老　　娘　姓陈，　从　泗县或　泗洪嫁过

læi⁵⁵i⁴³⁴⁻⁴⁴xəu⁴², ti⁴²ər⁴²niæ̃⁵⁵ʂəŋ²¹²⁻²¹xa⁴²læi⁵⁵lɤ⁰tʂu²¹²⁻²¹xuŋ⁵⁵u⁴³⁴。xəu⁴²læi⁵⁵

来以　后，　第二　年　生　　下来了朱　　洪　武。后来

tʂu²¹²⁻²¹xuŋ⁵⁵u⁴³⁴ti⁰tiɛ²¹²sๅ⁴³⁴lɤ⁰i⁴³⁴⁻³⁴xəu⁴², tha²¹²⁻²¹tɕiəu⁴²mei⁴²pæ̃⁴²fa⁰ʂəŋ²¹²

朱　洪　武的爹死了以　　后，　他　　就　　没办法生

xuo⁵⁵lɤ⁰, fæ̃⁴²təu²¹²⁻²⁴tʂhๅ²¹²⁻²⁴pu²¹²⁻²¹ʂaŋ⁴²kɤ⁰lɑɔ⁴³⁴⁻³⁴tʂaŋ⁴²zẽ⁰, tɕiɑɔ⁴²taŋ²¹²⁻²¹

活了，饭都　　吃　　不　上个老　　丈人，　叫当

ti⁴²ti⁰i²¹²⁻²¹kɤ⁴²ɕi⁴³⁴⁻⁴⁴xuæ̃²¹²niæ̃⁴²tɕiŋ²¹²tʂhๅ²¹²⁻²¹tʂæi²¹²ti⁰ zẽ⁵⁵suŋ⁴²tɑɔ⁴²miɑɔ⁴²li⁰

地的一　个喜　欢　念　经　吃　斋　的人送到　庙里

thəu⁰taŋ²¹²lɤ⁰xɤ⁵⁵ʂaŋ⁰。

头当　了和　尚。

tsæi⁴²xəu⁴²læi⁵⁵tʂu²¹²⁻²¹xuŋ⁵⁵u⁴³⁴taŋ²¹²lɤ⁰piŋ²¹², xẽ⁴³⁴⁻³⁴khuæi⁴²nẽ⁰tɕiəu⁴²taŋ²¹²lɤ⁰

再　后来朱　　洪　武当　了兵，　很　　快　呢就　当了

i²¹²⁻²¹kɤ⁴²thəur⁵⁵lɤ⁰。thuŋ²¹²⁻²¹kuo⁴²tɕi²¹²⁻²¹niæ̃⁵⁵ti⁰fa²¹²⁻²¹ tʂæ⁴³⁴, i⁴³⁴⁻⁴⁴tɕiŋ²¹²

一　个头儿了。通　　过　几　　年的发　展，　已　经

fa²¹²⁻²¹tʂæ⁴³⁴ti⁰kuæi⁴²ta⁴²lɤ⁰, tsæi⁴²næ̃⁵⁵tɕiŋ²¹²tʂuɛ⁴³⁴⁻³⁴pei⁴²taŋ²¹²⁻²¹u⁵⁵uaŋ²¹²ti⁰ʂๅ⁵⁵

发　展的怪　大了，在　南京　准　　备　当　吴王的时

xəu⁰, tha²¹²⁻²¹tæi⁴²lɤ⁰ʂəu⁴³⁴ɕia⁰ti⁰uẽ⁵⁵u⁴³⁴ta⁴²tʂhẽ⁵⁵tɕhy⁴²ɕiæ̃⁴²tsæi⁴²ti⁰fəŋ⁴²iaŋ⁵⁵

候，　他　　带　了手　下的文武大臣　去　现　在的凤阳

tɕi⁴² tsu⁴³⁴。fəŋ⁴²iaŋ⁵⁵na⁴²kɤ⁰ti⁰fu⁰tɕhi⁵⁵ʂๅ⁵⁵mei⁴²iəu⁴³⁴tʂu²¹²⁻²¹yæ̃⁵⁵tʂaŋ²¹²ti⁰

祭祖。　凤　阳那　个地府＝其实没　有　　朱　元　璋　的

tsu⁴³⁴⁻⁴⁴ɕiæ̃²¹²ti⁰ʂๅ²¹²⁻²⁴ku²¹²。iəu⁵⁵y⁵⁵tʂu²¹²⁻²¹yæ̃⁵⁵tʂaŋ²¹²sๅ⁴²tʂẽ²¹²⁻²¹luŋ⁵⁵thiæ̃²¹²⁻²¹

祖　先　的尸骨，　由于朱　　元　璋　是真　　龙天

tsๅ⁴³⁴, tʂɤ⁴²kɤ⁰ʂæ̃²¹²⁻²⁴kaŋ²¹²tɕiŋ²¹²⁻²⁴pu²¹²⁻²¹tʂu⁴² xuaŋ⁵⁵ti⁴²ti⁰kuei⁴²pæi⁴²ia⁰!

子，　这个山　　冈　经　不　　住　皇帝的跪　拜呀！

taŋ²¹²⁻²⁴tʂu²¹²⁻²¹yæ̃⁵⁵tʂaŋ²¹²ti⁰kɤ²¹²lɤ⁰pæi⁴²tsๅ⁰kuei⁴²ɕia⁴²tɕhy⁴²i⁴³⁴⁻³⁴xəu⁴², tʂɤ⁴²

当　朱　　元　璋　的胳＝了拜＝子跪　下　去以　后，　这

kɤ⁰ʂæ̃²¹²⁻²⁴kaŋ²¹²tɕiəu⁴²xuŋ²¹²⁻²¹luŋ⁵⁵i²¹²⁻²⁴ʂəŋ²¹²ɕiaŋ⁴³⁴, ta⁴³⁴⁻⁴⁴khæi²¹²lɤ⁰i²¹²lɤ⁰

个山　　冈　就　轰　隆一　声　响，　打　开　了一个

ta⁴²khəu⁴³⁴tsʅ⁰, piaɔ⁴³⁴⁻³⁴sʅ⁴²tsʅ⁴²tɕi⁴³⁴ti⁰ʂæ̃²¹²⁻²⁴fu²¹²⁻²⁴tʂuŋ²¹²mei⁴²iəu⁴³⁴tʂu²¹²⁻²¹
大　口　子，表　示 自己 的 山　腹　中　没　有 朱

yæ⁵⁵tʂaŋ²¹²fu⁴²mu⁴³⁴ti⁰sʅ²¹²⁻²¹ku²¹²。tʂu²¹²⁻²¹yæ̃⁵⁵tsaŋ²¹²khæ̃⁴²taɔ⁴²tʂɤ⁴²kɤ⁰tɕhiŋ⁵⁵
元　璋 父　母 的 尸　骨。 朱　元　璋　看　到 这 个　情

khuaŋ⁴²i⁴³⁴⁻³⁴xəu⁴²xẽ⁴³⁴⁻⁴⁴ʂəŋ²¹²⁻²¹tɕhi⁴², i²¹²⁻²¹niəu⁴³⁴liæ̃⁴³⁴tsəu⁴³⁴lɤ⁰。 tʂu²¹²⁻²¹
况 以 后 很　生　气， 一　扭　脸　走 了。朱

yæ̃⁵⁵tʂaŋ²¹²na⁴³⁴⁻⁴⁴tsʅ²¹²⁻²¹taɔ⁴²tha²¹²⁻²¹tiɛ²¹²ta²¹²⁻²¹niaŋ⁵⁵taɔ⁴²ti⁴³⁴mæi⁵⁵na⁴³⁴læi⁰
元　璋　哪　知　道 他　爹 他　娘 到　底　埋 哪 里

nẽ⁰？tʂɤ⁴²xæi⁵⁵nəŋ⁴²kɤ⁰ɕiaɔ⁴²xua⁰。 iəu⁴³⁴⁻⁴⁴i²¹²⁻²⁴thiæ̃²¹², i²¹²⁻²¹kɤ⁴² tɕi⁵⁵y⁵⁵
呢？ 这 还 弄 个　笑　话。 有　一　天， 一 个 急 于

ɕiaŋ⁴³⁴⁻³⁴ɕiæ̃⁴²iẽ²¹²⁻²¹tɕhiẽ⁵⁵ti⁰laɔ⁴³⁴⁻³⁴ti⁴²tʂu⁴³⁴kei⁵⁵tʂu²¹²⁻²¹yæ̃⁵⁵tʂaŋ²¹²⁻²⁴suo²¹²
想　献 殷　勤 的 老　地　主 给 朱　元　璋　说：

nẽ⁴³⁴⁻⁴⁴tɕia²¹²kɤ²¹²⁻²¹tɕy⁴²zuŋ⁵⁵ɕiæ̃⁴²。tʂu²¹²⁻²¹yæ̃⁵⁵tʂaŋ²¹²tɕiəu⁴²ɕiaŋ²¹²⁻²¹ɕiẽ⁴²lɤ⁰,
"恁　家　搁　句　容　县。"朱　元　璋　就　相　信 了，

miŋ⁴²liŋ⁴²ʂəu⁴³⁴ɕia⁰tsæi⁴²taŋ²¹²⁻²¹ti⁴²tuei²¹²lɤ⁰kɤ⁰ thu⁴³⁴⁻⁴⁴ʂæ̃²¹², tɕhiẽ²¹²⁻²¹tsʅ⁴²
命　令　手　下 在 当　地　堆 了 个 土　山， 亲　自

tɕhy⁴²pæi⁴²。kɤ⁴³⁴⁻³⁴sʅ⁴²tʂu²¹²⁻²¹xuŋ⁵⁵u⁴³⁴iəu⁴²ɕia⁴²læi⁰kɤ²¹²lɤ⁰kɤ⁰thəu⁵⁵i⁴³⁴⁻³⁴
去　拜。 可 是 朱　洪　武 又 下 来　磕 了 个　头 以

xəu⁴², iəu⁴²sʅ⁰tʂhu²¹²⁻²¹ɕiæ̃⁴²na⁴²tʂuŋ⁴³⁴tɕhiŋ⁵⁵khuaŋ⁴², tʂu²¹²⁻²¹yæ̃⁵⁵tʂaŋ²¹²
后， 又 是 出　现 那　种　情　况， 朱　元　璋

tɕhi⁴²tei⁰pa⁴²tʂɤ⁴²kɤ⁰ laɔ⁴³⁴⁻³⁴ti⁴²tʂu⁴³⁴sa²¹²lɤ⁰。
气 的 把 这 个 老　地　主　杀 了。

nuŋ⁵⁵tshuẽ²¹² zẽ⁵⁵kæ̃⁴²xuo⁵⁵ɕiəu²¹²⁻²⁴ɕi²¹²ti⁰sʅ⁵⁵xəu⁰, tsuo⁴²kɤ⁰ti⁴²ʂaŋ⁴³⁴⁻⁴⁴
农　村　人 干　活　休　息 的 时　候，坐　搁 地　埫

kəu²¹²læi⁰, taŋ²¹²⁻²⁴tʂuŋ²¹²iəu⁴³⁴⁻⁴⁴sʅ⁵⁵xəu⁰iəu⁴³⁴⁻³⁴thu⁴³⁴⁻⁴⁴khu²¹²ləu⁰, tɕiəu⁴²
沟　来， 当　中　有　时　候 有　土　骷　髅， 就

sʅ⁴²lu⁵⁵ku²¹², tshuŋ⁵⁵ʂẽ²¹²⁻²⁴piæ̃²¹²pha⁵⁵ti⁰sʅ⁵⁵xəu⁰, ta⁴²zẽ⁵⁵i²¹²⁻²¹pa⁴³⁴tɕiəu⁴²pa⁴²
是 蝼　蛄，从　身　边　爬 的 时　候，大　人 一　把　就 把

ttha²¹²tʂuo²¹²⁻²¹tʂu⁴²lɤ⁰, pa⁴³⁴tha²¹²thəu⁵⁵i²¹²⁻²¹niəu⁴³⁴⁻³⁴tuæ̃⁴², tʂɤ⁴²kɤ⁰khu²¹²
它　捉　住 了，把 它　头　一　扭　断， 这 个　骷

ləu⁰thəu⁵⁵xɤ⁵⁵ʂẽ²¹²tsʅ⁰tʂuŋ²¹²⁻²⁴tɕiæ̃²¹²iəu⁴³⁴⁻⁴⁴i²¹²kɤ⁰ ku²¹²⁻²¹tshʅ⁴². ta⁴² zẽ⁵⁵tɕiəu⁴²
髅 头 和 身 子 中 　 间 有 一 个 骨 刺。大 人 就
kei⁵⁵ʂẽ²¹²⁻²⁴piæ̃²¹²ɕiɑɔ⁴³⁴⁻⁴⁴xæi⁵⁵tɕiaŋ⁴³⁴：“tʂɤ⁴²kɤ⁰ʂʅ⁴²xuæi⁵⁵tshʅ⁴²tʂẽ²¹², tɕiəu⁴²
给 身 边 小 孩 讲： “这 个 是 槐 刺 针， 就
ʂʅ⁴²tʂu²¹²⁻²¹xuŋ⁵⁵u⁰uei⁴²xuæ⁵⁵khu²¹²ləu⁰ti⁰miŋ⁴², tɕiɑɔ⁴²lu⁴²piæ̃²¹²ti⁰xuæi⁵⁵ʂu⁴²
是 朱 洪 武 为 还 髅 髅 的 命， 叫 路 边 的 槐 树
tsʅ²¹²ʂaŋ⁴²ti⁰tshʅ⁴²yæ̃²¹²⁻²¹tsæi⁴²tha²¹²na⁴²kɤ⁰ thəu⁵⁵ʂaŋ⁴²ti⁰.”tʂɤ⁴²kɤ⁰tʂhuæ̃⁵⁵
枝 上 的 刺 安 　 在 它 那 个 头 上 的。” 这 个 传
ʂuo²¹²ʂʅ⁴²tʂu²¹²⁻²¹yæ̃⁵⁵tʂaŋ²¹²taŋ²¹²⁻²¹ʂʅ⁵⁵tɕiɑɔ⁴²yæ̃⁵⁵tʂhɑɔ⁵⁵ti⁰piŋ²¹²niæ̃⁴³⁴, niæ̃⁴³⁴
说 是 朱 元 璋 当 时 叫 元 朝 的 兵 撵， 撵
ti⁰mei⁴²pæ̃⁴²fa⁰lɤ⁰, pu²¹²⁻²⁴tsʅ²¹²⁻²¹ tɑɔ⁴²uaŋ⁴³⁴⁻³⁴nar⁴³⁴⁻³⁴phɑɔ⁴³⁴lɤ⁰. məŋ⁴³⁴⁻⁴⁴
的 没 办 法 了， 不 知 道 往 哪 儿 跑 了。 猛
i²¹²⁻²¹ɕia⁴²khæ̃⁴²tɑɔ⁴²i²¹²kɤ⁰lɑɔ⁴³⁴⁻⁴⁴nuŋ⁵⁵ miẽ⁵⁵tʂəŋ⁴²tsæi⁴²kəŋ⁴²ti⁴²læi⁰, tha²¹²⁻²¹
一 下 看 到 一 个 老 　 农 民 正 在 耕 地 来， 他
tɕiəu⁴²tɕhiŋ⁴³⁴tʂɤ⁴²kɤ⁰lɑɔ⁴³⁴⁻⁴⁴thəur⁵⁵tɕiəu⁴²tha²¹².
就 请 这 个 老 　 头 儿 救 他。
lɑɔ⁴³⁴thəur⁵⁵i²¹²⁻²¹khæ̃⁴², tɕiəu⁴²zaŋ⁴² tha²¹²ʂuei⁴²tɑɔ⁴²tʂəŋ⁴²tsæi⁴²kəŋ²¹²⁻²¹ti⁴²ti⁰
老 头 儿 一 看， 就 让 他 睡 到 正 在 耕 　 地 的
kəu²¹²⁻²¹ li⁴³⁴thəu⁰, iəu⁴²kəŋ²¹²⁻²⁴i²¹²⁻²¹li⁵⁵tsʅ⁰ti⁴², thu⁴³⁴la⁰i²¹²⁻²¹mæi⁵⁵, tɕiɑɔ⁴²
沟 里 头， 又 耕 一 犁 子 地， 土 拉 一 埋， 叫
tʂu²¹²⁻²¹yæ̃⁵⁵tʂaŋ²¹²mæi⁵⁵ʂaŋ⁴²lɤ⁰. tʂəŋ⁴²xɑɔ⁴³⁴yæ̃⁵⁵piŋ²¹²kæ̃⁴³⁴⁻³⁴tɑɔ⁴²lɤ⁰, i²¹²⁻²¹
朱 元 璋 埋 上 了。 正 好 元 兵 赶 　 到 了， 一
khæ̃⁴²mei⁴²iəu⁴³⁴lɤ⁰, tɕiəu⁴²uẽ⁴²lɑɔ⁴³⁴⁻⁴⁴thəur⁵⁵：“zẽ⁵⁵ nẽ⁰？” lɑɔ⁴³⁴⁻⁴⁴thəur⁵⁵
看 没 有 了， 就 问 老 　 头 儿： “人 呢？” 老 　 头 儿
ʂuo²¹²mei⁴²iəu⁴³⁴, mei⁴²tɕiæ̃⁴². tæ̃⁴²thu⁴³⁴læi⁰mæi⁵⁵tʂuo⁰tʂu²¹²⁻²¹yæ̃⁵⁵tʂaŋ²¹²
说 没 有， 没 见。 但 土 来 埋 着 朱 元 璋
tʂhuæ̃⁴³⁴⁻⁴⁴pu²¹²⁻²¹kuo⁴²tɕhi⁴²læi⁰, taŋ²¹²⁻²¹ ʂʅ⁵⁵tʂɤ⁴²kɤ⁰khu²¹²ləu⁰ʂəu⁴²thu⁴³⁴⁻³⁴ti⁴²
喘 不 过 来 气， 当 　 时 这 个 髅 髅 受 土 地
lɑɔ⁴³⁴iɛ⁵⁵ti⁰miŋ⁴²liŋ⁴²læi⁵⁵kei⁵⁵tʂu²¹²⁻²¹yæ̃⁵⁵tʂaŋ²¹²suŋ²¹²⁻²¹khəu⁴³⁴⁻³⁴tɕhi⁴², læi⁵⁵
老 爷 的 命 令 来 给 朱 元 璋 松 口 气， 来

pa⁴²thu⁴³⁴kei⁵⁵kuŋ⁴³⁴kuŋ⁰, kuŋ⁴³⁴kɤ⁰ɕiɑɔ⁴³⁴⁻⁴⁴khu²¹²luŋ⁰iæ̃r⁴³⁴, tʂɤ⁴²kɤ⁰ləu⁵⁵ku⁰
把 土 给 拱 拱, 拱 个 小 窟 窿 眼儿, 这 个 蝼 蛄

tɕiəu⁴²phɑɔ⁴³⁴⁻⁴⁴læi⁵⁵lɤ⁰. tæ⁴²ʂʅ⁴²tʂu²¹²⁻²¹yæ̃⁵⁵tʂɑŋ²¹²i²¹²⁻²¹tɕhi⁴³⁴læi⁰ nẽ⁰, i²¹²⁻²¹
就 跑 来 了。但 是 朱 元 璋 一 起 来 呢, 一

ɕia⁴²pa⁴³⁴⁻⁴⁴ləu⁵⁵ku⁰nəŋ⁴²sʅ⁴³⁴lɤ⁰. tʂu²¹²⁻²¹yæ̃⁵⁵tʂɑŋ²¹²tʂəŋ⁴²ɕiɑŋ⁴³⁴⁻⁴⁴thɑɔ⁵⁵tsəu⁴³⁴
下 把 蝼 蛄 弄 死 了。朱 元 璋 正 想 逃 走

læi⁰, tʂɤ⁴²kɤ⁰khu²¹²ləu⁰ ti⁰liŋ⁵⁵xuẽ⁵⁵tɕiəu⁴²niæ̃⁴³⁴⁻³⁴ʂɑŋ⁴²tʂu²¹²⁻²¹yæ̃⁵⁵tʂɑŋ²¹²lɤ⁰,
来, 这 个 骷 髅 的 灵 魂 就 撺 上 朱 元 璋 了,

ʂuo²¹²: "nẽ⁴³⁴⁻⁴⁴pa⁴²uo⁴³⁴nəŋ⁴²sʅ⁴³⁴lɤ⁰pu²¹²⁻²¹kuæ̃⁴³⁴, uo⁴³⁴⁻⁴⁴læi⁵⁵tɕiəu⁴²nẽ⁴³⁴⁻⁴⁴
说: "恁 把 我 弄 死 了 不 管, 我 来 救 恁

miŋ⁴²ti⁰, nẽ⁴³⁴⁻⁴⁴tsẽ⁴³⁴mɤ⁰pa⁴²uo⁴³⁴khei⁵⁵sʅ⁴³⁴lɤ⁰li⁰? " tɕiəu⁴²kæ̃⁴³⁴⁻⁴⁴mɑŋ⁵⁵ti⁰
命 的, 恁 怎 么 把 我 剐 死 了 哩? " 就 赶 忙 地

tʂɑɔ⁴³⁴tʂu²¹²⁻²¹yæ̃⁵⁵tʂɑŋ²¹²xuæ̃⁵⁵tha²¹²ti⁰miŋ⁴². tʂu²¹²⁻²¹yæ̃⁵⁵tʂɑŋ²¹²i²¹²⁻²¹khæ̃⁴², sʅ⁴²
找 朱 元 璋 还 它 的 命。朱 元 璋 一 看, 是

ti⁰! ɕiəu⁴²lɤ⁰ nẽ⁴³⁴⁻⁴⁴ti⁰miŋ⁴², nẽ⁴³⁴⁻⁴⁴xæi⁵⁵pa⁴³⁴⁻⁴⁴zẽ⁵⁵tɕia⁰tɕhia²¹²⁻²¹sʅ⁴³⁴lɤ⁰,
的! 救 了 恁 的 命, 恁 还 把 人 家 掐 死 了,

ttʂɤ⁴²pu²¹²⁻²⁴tei²¹²⁻²¹ tɕiẽ⁴². u⁵⁵næi⁴²tɕhiŋ⁵⁵tɕi⁵⁵ti⁰sʅ⁵⁵xəu⁰, tʂu²¹²⁻²¹yæ̃⁵⁵tʂɑŋ²¹²
这 不 得 劲。无 奈 情 急 的 时 候, 朱 元 璋

suei⁵⁵ʂəu⁴³⁴tɕiəu⁴²zuŋ⁴²phɑŋ⁵⁵piæ̃²¹²xuæi⁵⁵ʂu⁴²tʂʅ²¹²tsʅ⁰nɑ⁴²kɤ⁰tʂẽ²¹²i²¹²⁻²⁴tʂha²¹²,
随 手 就 用 旁 边 槐 树 枝 子 那 个 针 一 插,

ɣæi⁴³⁴! pa⁴²tha²¹²thəu⁵⁵tɕiɛ²¹²⁻²¹ʂɑŋ⁴²lɤ⁰, tʂɤ⁴²kɤ⁰ khu²¹²ləu⁰iəu⁰xuo⁵⁵lɤ⁰.
哎! 把 它 头 接 上 了, 这 个 骷 髅 又 活 了。

xæi⁵⁵iəu⁴³⁴i²¹²kɤ⁰ʂuo²¹²⁻²¹niəu⁵⁵suei⁴²tɕiɑɔ⁴²ti⁰sʅ⁵⁵xəu⁰i²¹²⁻²⁴pæ̃²¹²təu²¹²⁻²¹sʅ⁴²
还 有 一 个 说 牛 睡 觉 的 时 候 一 般 都 是

pha²¹²tʂɤ⁰ti⁰, tæ̃⁴²sʅ⁴²ma⁴³⁴⁻³⁴suei⁴²tɕiɑɔ⁴²ti⁰sʅ⁵⁵xəu⁰sʅ⁴²tʂæ̃⁴²tʂuo⁰ti⁰, i²¹²kɤ⁰thi⁵⁵
趴 着 的, 但 是 马 睡 觉 的 时 候 是 站 着 的, 一 个 蹄

tsʅ⁰xæi⁵⁵tei⁰ thæi⁵⁵tɕhi⁴³⁴læi⁰. tʂɤ⁴²kɤ⁰ xẽ⁴³⁴⁻⁴⁴tɕhi⁵⁵kuæi⁴², ɕiɑɔ⁴³⁴xæ̃r⁵⁵tɕiəu⁴²
子 还 得 抬 起 来。这 个 很 奇 怪, 小 孩儿 就

uẽ⁴²ta⁴²zẽ⁵⁵ma⁴³⁴⁻³⁴tʂa⁴³⁴⁻⁴⁴nəŋ⁵⁵tʂɤ⁴²iɑŋ⁰ nẽ⁰, tʂɤ⁴²li⁴³⁴⁻³⁴miæ̃⁴²iɛ⁴³⁴⁻³⁴tɕiəu⁴²
问 大 人 马 咋 能 这 样 呢, 这 里 面 也 就

iəu⁴³⁴kɤ⁰ku⁴²ʂʅ⁰lɤ⁰。ma⁴³⁴⁻⁴⁴ɕyæ⁵⁵thi⁵⁵ʂuei⁴²tɕiɑɔ⁴²，tɕy⁴²ʂuo²¹²ʂʅ⁴²xɤ⁵⁵tʂu²¹²⁻²¹
有 个 故 事 了。马　悬 蹄 睡 觉，据 说 是 和 朱

xuŋ⁵⁵u⁴³⁴ti⁰niaŋ⁵⁵iəu⁴³⁴⁻⁴⁴kuæ̃²¹²⁻²¹ɕi⁴²。 iəu⁴³⁴⁻⁴⁴i²¹²⁻²⁴thiæ̃²¹²tʂu²¹²⁻²¹xuŋ⁵⁵u⁴³⁴ti⁰
洪 武 的 娘 有　关 系。有 一 天 朱　洪 武 的

niaŋ⁵⁵tæi⁴²tʂɤ⁰tʂɤ⁴²kɤ⁰ɕiɑɔ⁴³⁴xæ̃r⁵⁵thɑɔ⁵⁵tʂuo⁰，kuæ̃²¹²⁻²⁴piŋ²¹²tʂuei²¹²⁻²⁴ʂa²¹²，
娘 带 着 这 个 小 孩 儿 逃 着，官 兵 追 杀，

iæ̃⁴³⁴⁻³⁴khæ̃⁴²mei⁰iəu⁴³⁴ti⁴²faŋ⁰phɑɔ⁴³⁴lɤ⁰。tʂɤ⁴²lu⁴²piæ̃²¹²tʂəŋ⁴²xɑɔ⁴³⁴iəu⁴³⁴kɤ⁰
眼 看 没 有 地 方 跑 了。这 路 边 正 好 有 个

niɤu⁵⁵，xæi⁵⁵iəu⁴³⁴kɤ⁰ma⁴³⁴，tʂæ̃⁴²nar⁴²læi⁰！tʂɤ⁴²kɤ⁰lɑɔ⁴³⁴⁻³⁴ma⁴³⁴tsʅ⁰tɕiəu⁴²
牛，还 有 个 马，站 那 儿 来！这 个 老　马 子 就

pa⁴²thu⁴³⁴i²¹²⁻²⁴pa²¹²⁻²⁴kæi²¹²，zaŋ⁴²tʂu²¹²⁻²¹yæ̃⁵⁵tʂaŋ²¹²mæi⁵⁵li⁴³⁴thəu⁰，tsʅ²¹²⁻²¹
把 土 一 扒 开，让 朱　元 璋 埋 里 头，只

ləu⁴²kɤ⁰pi⁵⁵tsʅ⁰iæ̃r⁴³⁴，kei⁵⁵tha²¹²xu²¹²⁻²⁴ɕi²¹²tʂhuæ̃⁴³⁴⁻³⁴tɕhi⁴²。tsæi⁴²pa⁴²ma⁴³⁴
露 个 鼻 子 眼 儿，给 他 呼 吸 喘 气。再 把 马

la²¹²⁻²¹tɑɔ⁴²mæi⁵⁵tʂu²¹²⁻²¹yæ̃⁵⁵tʂaŋ²¹²ti⁰thu⁴³⁴ʂaŋ⁴²thəu⁰，tæ̃⁴²iəu⁴²pha⁴² ma⁴³⁴⁻³⁴
拉 到 埋 朱　元 璋 的 土 上 头，但 又 怕 马

tshæi⁴³⁴tʂɤ⁰tha²¹²⁻²¹xæi⁵⁵tsʅ⁰，tha²¹²niaŋ⁵⁵tɕiəu⁴²i²¹²⁻²⁴kɤ²¹²lɤ⁰pæi⁴²tsʅ⁰kuei⁴²
踩 着 她 孩 子，他 娘 就 一 胳˭了拜˭子 跪

tɑɔ⁴³⁴，ʂuo²¹²："lɑɔ⁴³⁴⁻⁴⁴thiæ̃²¹²iɑ⁰lɑɔ⁴³⁴⁻⁴⁴thiæ̃²¹²nẽ⁴³⁴⁻⁴⁴kæ̃⁴³⁴⁻³⁴kuæi⁴²pæi⁵⁵
倒 说："老　天 啊老　天，怎 赶 快 □别

tshæi⁴³⁴tʂuo⁰xæi⁵⁵tsʅ⁰！"tʂɤ⁴²kɤ⁰ma⁴³⁴iɛ⁴³⁴⁻³⁴xẽ⁴³⁴⁻⁴⁴thiŋ²¹²lɑɔ⁴³⁴⁻⁴⁴thiæ̃²¹²⁻²¹iɛ⁵⁵
踩 着 孩 子！"这 个 马 也 很 听 老 天 爷

ti⁰miŋ⁴²liŋ⁴²，tɕiəu⁴²pa⁴²thi⁵⁵tsʅ⁰thæi⁵⁵tɕhi⁴³⁴læi⁰。tʂɤ⁴²ʂʅ⁵⁵xəu⁰yæ̃⁵⁵piŋ²¹²i²¹²⁻²¹
的 命 令，就 把 蹄 子 抬 起 来。这 时 候 元 兵 一

khæ̃⁴²，tʂɤ⁴²kɤ⁰ma⁴³⁴kɤ²¹²⁻²¹tʂɤ⁴²tir⁴²，pu²¹²⁻²¹khɤ⁴³⁴⁻⁴⁴nəŋ⁵⁵iəu⁴³⁴⁻⁴⁴zẽ⁵⁵a⁰！
看，这 个 马 搁 这 地 儿，不　可　能 有 人 啊！

tʂu²¹²⁻²¹yæ̃⁵⁵tʂaŋ²¹²tɕiəu⁴²thɑɔ⁵⁵kuo⁴²tʂɤ⁴²i²¹²⁻²¹tɕiɛ⁵⁵lɤ⁰。
朱　元 璋 就 逃 过 这 一 劫 了。

tʂu²¹²⁻²¹yæ̃⁵⁵tʂaŋ²¹²ti⁰xuaŋ⁵⁵xəu⁴²ma⁴³⁴⁻⁴⁴niaŋ⁵⁵niaŋ⁵⁵tɕiɑɔ⁴²ma⁴³⁴⁻³⁴ɕiəu⁴²iŋ²¹²，
朱　元 璋 的 皇 后 马　娘 娘 叫 马 秀 英，

tɕiəu⁴²ʂʅ⁴²tʂu²¹²⁻²¹yæ̃⁵⁵tʂaŋ²¹²ti⁰ti⁴²i⁰²¹²kɤ⁰lɑɔ⁴³⁴⁻⁴⁴pho⁵⁵, iɛ⁴³⁴⁻³⁴ʂʅ⁴²tsæ⁴³⁴mẽ⁰

就　是　朱　元　璋　的第一个老　婆，也　是咱们

ɕy²¹²⁻²¹ɕiæ̃⁴²zẽ⁵⁵, ʂʅ⁴²ɕy²¹²⁻²¹ ɕiæ̃⁴²tɕia⁵⁵kəu²¹²ma⁴³⁴⁻⁴⁴uæ̃²¹²tʂhuẽ²¹²ti⁰, ɕiæ̃⁴²

宿　县　人，是宿　县　夹　沟　马　湾　村　的，现

tsæ⁴²ʂu⁵⁵y⁵⁵miẽ⁴³⁴⁻³⁴tsʅ⁴³⁴⁻⁴⁴ɕiaŋ²¹². ma⁴³⁴⁻⁴⁴niaŋ⁵⁵niaŋ⁵⁵ti⁰fu⁴²tɕhiẽ⁴²tsæ⁴²

在　属于闵　子　乡。马　娘　娘　的父　亲　在

taŋ²¹²⁻²¹ti⁴²ʂʅ⁴²kɤ⁰tshai⁵⁵tʂu⁴³⁴, tɕia²¹²læi⁴²pi⁴³⁴⁻³⁴tɕiɑɔ⁴²fu⁴². fu⁴²mu⁴³⁴ʂuaŋ²¹²⁻²¹

当　地是个财主，　家　来比　较　富。父母双

uaŋ⁵⁵ti⁰tʂu²¹²⁻²¹yæ̃⁵⁵tʂaŋ²¹²taŋ²¹²⁻²¹ʂʅ⁵⁵iɛ⁴³⁴⁻³⁴ʂʅ⁴²mei⁴²iəu⁴³⁴lu⁴²tɕhy⁴²lɤ⁰, tɕiəu⁴²

亡　的朱　元　璋　当　时也　是没　有路去了，就

phɑɔ⁴³⁴⁻³⁴tɑɔ⁴²ma⁴³⁴⁻⁴⁴niaŋ⁵⁵niaŋ⁰tɕia²¹², iɑɔ⁴²ma⁴³⁴⁻⁴⁴niaŋ⁵⁵niaŋ⁰tɕia²¹²ʂəu²¹²⁻²¹

跑　到马　娘　娘　家，　要马　娘　娘　家收

liəu⁵⁵ta²¹². ma⁴³⁴⁻⁴⁴niaŋ⁵⁵niaŋ⁵⁵ti⁰fu⁴² tɕhiẽ⁰i²¹²⁻²¹khæ̃⁴², tʂʅ⁴²xæi⁵⁵tsʅ⁰,

留　他。马　娘　娘　的父　亲　一　看，这孩子，

kuæ̃⁴³⁴! kɤ²¹²⁻²¹tʂər⁴²kæ̃⁴²xuo⁵⁵pa⁰, kuæ̃⁴³⁴⁻³⁴tuẽ⁴²fæ̃⁴²tʂʅ²¹²iəu⁴³⁴⁻³⁴kɤ⁴²ti⁴²faŋ⁰

管！　搁　这儿干活吧，管　顿饭吃有　个地方

suei⁴²tɕiɑɔ⁴²pu²¹²⁻²¹tɕiəu⁴²kuæ̃⁴³⁴lɤ⁰maŋ⁰! i²¹²⁻²⁴thiæ̃²¹²uæ̃⁴³⁴⁻⁴⁴xei²¹², ma⁴³⁴

睡　觉不　就　管　了芒゠！一　天　晚　黑，马

ɕiɑɔ⁴³⁴⁻³⁴tɕiɛ⁴³⁴khæ̃⁴²ma⁴³⁴⁻⁴⁴phəŋ⁵⁵li⁰thəu⁰iəu⁴³⁴⁻⁴⁴xuŋ⁵⁵kuaŋ²¹²tʂhu²¹²⁻²¹ɕiæ̃⁴²,

小　姐看马　棚　里头有　红　光　出　现，

i⁴³⁴⁻⁴⁴uei⁵⁵ma⁴³⁴⁻⁴⁴phəŋ⁵⁵ʂʅ²¹²⁻²¹xuo⁴³⁴lɤ⁰læi⁰! tɕi⁵⁵maŋ⁵⁵tɕiɑɔ⁴²tɕia²¹²zẽ⁵⁵thy⁴²

以　为马　棚　失　火　了来！急忙　叫家　人去

tɕiəu⁴²xuo⁴³⁴. i²¹²⁻²⁴tɕia²¹²tsʅ⁰zẽ⁵⁵liŋ²¹²tʂɤ⁰phẽ⁵⁵liŋ²¹²tʂɤ⁰ thuŋ⁴³⁴ʂa⁵⁵ti⁰tɑɔ⁴²kẽ²¹²⁻²¹

救　火。一　家　子人拎着盆　拎着桶　啥的到跟

tɕhiæ̃⁵⁵i²¹²⁻²¹khæ̃⁴², mei⁴²iəu⁴³⁴ʂʅ²¹²⁻²¹xuo⁴³⁴ia⁰! xæi⁵⁵iəu⁴³⁴kɤ⁰ɕiɑɔ⁴³⁴⁻³⁴xuo⁴³⁴

前　一　看，　没　有失　火　呀！还　有个小　伙

tsʅ⁰kɤ²¹²⁻²¹nar⁴²ʂuei⁴²tɕiɑɔ⁴²læi⁰! tʂɤ⁴²tɕiəu⁴²kæ̃⁴³⁴⁻³⁴tɑɔ⁴²tɕhi⁵⁵kuæi⁴²lɤ⁰!

子搁　那儿睡　觉来！这就　感　到奇　怪了！

xəu⁴²læi⁵⁵iəu⁴²ʂʅ⁴² tuo²¹²⁻²¹tshʅ⁴²tʂhu²¹²⁻²¹ɕiæ̃⁴²tʂɤ⁴²tʂuŋ⁴³⁴tɕhiŋ⁵⁵khaŋ⁴². ma⁴³⁴⁻⁴⁴

后　来又是多　次出　现这种　情　况。马

niaŋ⁵⁵niaŋ⁰tɕy²¹²tʂuo⁰tʂɤ⁴²kɤ⁰xɛ̃⁴³⁴⁻³⁴iəu⁴³⁴tɕhi⁵⁵kuæi⁴²ti⁰ti⁴²faŋ⁰, tɕiəu⁴²tɕiaŋ²¹²⁻²¹

娘　娘　觉　着　这个　很　有　奇　怪　的地方，　就　　将

tʂɤ⁴²kɤ⁰tɕhiŋ⁵⁵khuaŋ⁴²tei⁴²tha²¹²⁻²⁴tiɛ²¹²ʂuo²¹²lɤ⁰, zæ̃⁵⁵xəu⁴²tɕiəu⁴²pæi⁴² tʂu²¹²⁻²¹

这　个　情　况　对　她　爹　说　了，　然　后　就　拜　朱

yæ̃⁵⁵tʂaŋ²¹²uei⁵⁵ti⁴²ti⁰, kæ̃⁴²tɕhi⁴³⁴læi⁰ma⁴³⁴⁻⁴⁴niaŋ⁵⁵niaŋ⁰pi⁴³⁴⁻⁴⁴tʂu²¹²⁻²¹yæ̃⁵⁵

元　璋　为　弟弟，看　起　来马　　娘　娘　比　朱　元

tʂaŋ²¹²xæi⁵⁵ʂʐ̩⁴²ta⁴²i²¹²⁻²¹ tiæ̃r⁴³⁴。tshuŋ⁵⁵tshʐ̩⁴³⁴tɕiəu⁴²pu²¹²⁻²¹tɕiaɔ⁴²tʂu²¹²⁻²¹yæ̃⁵⁵

璋　还　是　大一　　点儿。　从　此　就　不　叫　朱　元

tʂaŋ²¹²taŋ²¹²⁻²¹nu⁵⁵li⁴²ʂʐ̩⁴³⁴lɤ⁰, zaŋ⁴²tha²¹²kɛ̃²¹²⁻²⁴ tha²¹²i²¹²⁻²¹tɕhi⁴³⁴ɕyo⁵⁵ɕi⁵⁵uɛ̃⁵⁵

璋　当　　奴隶使了，　让　他　跟　　她　一　起　学习文

xua⁴²。tɕi⁴³⁴⁻⁴⁴niæ̃⁵⁵i⁴³⁴⁻³⁴xəu⁴², tʂu²¹²⁻²¹yæ̃⁵⁵tʂaŋ²¹²phaɔ⁴³⁴⁻³⁴taɔ⁴²kuo²¹²⁻²¹tsʐ̩⁴³⁴

化。几　年　以　后，朱　元　璋　跑　到　郭　子

ɕiŋ²¹²ti⁰ʂəu⁴³⁴ɕia⁰, taŋ²¹²lɤ⁰i²¹²kɤ⁰tʂæ̃⁴²ʂʐ̩⁴²lɤ⁰。tsæi⁴²xəu⁴²læi⁰yæ̃⁵⁵tʂhaɔ⁵⁵tsæi⁴²

兴　的手　下，当　了一　个战　士了。再　后　来元　朝　在

tei⁵⁵ ma⁴³⁴⁻³⁴ɕiəu⁴²iŋ²¹²ti⁰ʂʐ̩⁵⁵xəu⁴², ma⁴³⁴⁻³⁴ɕiəu⁴²iŋ²¹²iɛ⁴³⁴⁻⁴⁴mei⁴²pæ̃⁴²fa⁰lɤ⁰,

逮马　　秀　英的时　候，马　　秀　英也　　没　办法了，

iɛ⁴³⁴⁻³⁴phaɔ⁴³⁴lɤ⁰, iɛ⁴³⁴⁻³⁴phaɔ⁴³⁴taɔ⁴²kuo²¹²⁻²¹tsʐ̩⁴³⁴ɕiŋ²¹²na⁴²læi⁰。liaŋ⁴³⁴kɤ⁰zɛ̃⁵⁵

也　跑　了，也　跑　到　郭　子　兴那来。两　个人

tɕiəu⁴²tsæi⁴²na⁴²kɤ⁰ti⁴²faŋ⁰tɕiɛ²¹²lɤ⁰ xuɛ̃²¹²。taŋ²¹²⁻²¹ti⁴²tʂhuæ̃⁵⁵ʂuo²¹², fu²¹²⁻²⁴

就　在　那个地方结　了婚。　当　　地　传　说，夫

tɕhi²¹²liaŋ⁴³⁴⁻⁴⁴zɛ̃⁵⁵ʂʐ̩⁴³⁴lɤ⁰i⁴³⁴⁻³⁴xəu⁴², mæi⁵⁵tsæi⁴²tsæ̃⁴³⁴mɛ̃⁰ɕy²¹²⁻²¹ɕiæ̃⁴²pei²¹²⁻²⁴

妻　两　　人死了以　后，　埋　在　咱　们宿　县　北

piæ̃²¹²i²¹²kɤ⁰ʂæ̃²¹²⁻²⁴uo²¹²li⁴³⁴thəu⁰。iɛ⁴³⁴⁻³⁴iəu⁴³⁴tʂhuæ̃⁵⁵ʂuo²¹²liəu⁵⁵pei²¹²⁻²⁴uɛ̃²¹²

边　一个山　窝里　头。　也有　传　　说　刘　伯　温

kei⁵⁵tha²¹²⁻²¹lia⁴³⁴tɕiæ̃⁴²lɤ⁰kɤ⁰mu⁴², tʂɤ⁴²ʂʐ̩⁴²mi⁴²mi⁰ti⁰。ɕiæ̃⁴²tsæi⁴²laɔ⁴³⁴pei²¹²⁻²¹

给　他　俩　建　了个墓，　这　是　秘　密　的。现　在　老　百

ɕiŋ⁴²ɕy⁴³⁴⁻⁴⁴tuo²¹²zɛ̃⁵⁵tɕhy⁴²tʂaɔ⁴³⁴iɛ⁴³⁴⁻³⁴ʂaɔ⁴³⁴⁻⁴⁴pu²¹²⁻²¹taɔ⁴², tæ̃⁴²ʂʐ̩⁴²taɔ⁴²ti⁴³⁴

姓　许　多　人去　找　也　找　不　到，　但　是　到底

tiəu⁴³⁴mei⁴²iəu⁴³⁴ nɛ̃⁰, xæi⁵⁵ʂʐ̩⁴²kɤ⁰mi⁵⁵。

有　没　有　呢，　还　是　个谜。

（陈广伟讲述，张良斌、唐爱华整理标音）

piæ̃²¹²⁻²¹ta⁴³⁴lu⁵⁵xua²¹²tʂʵ²¹²⁻²¹niəu⁵⁵fæ̃⁴³⁴tshuẽ²¹²ti⁰tʂhuæ̃⁵⁵ʂuo²¹²

二、鞭 打 芦 花 车 牛 返 村 的 传 说

tʂʵ⁴²kʵ⁰tʂhuæ̃⁵⁵ʂuo²¹²ʂʅ⁴²tsæ̃⁵⁵mẽ⁰lɑɔ⁴³⁴⁻⁴⁴ɕy²¹²⁻²¹ɕiæ⁴²tiʔi²¹²kʵ⁰fei²¹²⁻²¹tʂhaŋ⁵⁵

这 个 传 说 是 咱 们 老 宿 县 的 一 个 非 常

xɑɔ⁴³⁴ti⁰ku⁴²ʂʅ⁰. tʂʵ⁴²kʵ⁰ku⁴²ʂʅʂʅ⁴²ʂuo²¹²tʂæ̃⁴²kuei²¹²ti⁰ʂʅ⁵⁵xəu⁰lu⁴³⁴⁻⁴⁴kuei²¹²

好 的 故事。这 个 故事是说 战 国 的 时 候 鲁 国

iəu⁴³⁴kʵ⁰tɕiɑɔ⁴²miẽ⁴³⁴⁻³⁴tsʅ⁴³⁴tɕhiæ²¹²ti⁰zẽ⁵⁵, ʂʅ⁴²khuŋ⁴³⁴⁻³⁴tsʅ⁴³⁴ti⁰thu⁵⁵ti⁰, i⁴³⁴⁻³⁴

有 个 叫 闵 子 骞 的 人，是 孔 子 的 徒 弟，以

tɑɔ⁴²tei²¹²xʵ⁵⁵tʂuŋ²¹²⁻²¹ɕiɑɔ⁴²y⁴³⁴⁻³⁴khuŋ⁴³⁴⁻³⁴ tsʅ⁴³⁴i⁰liŋ⁴²i²¹²kʵ⁰ɕyo⁵⁵ʂəŋ²¹²iæ̃⁵⁵

道 德 和 忠 孝 与 孔 子 的另一个学 生 颜

xuei⁵⁵i²¹²⁻²¹tɕhi⁴³⁴tʂhu²¹²⁻²¹miŋ⁵⁵, ʂʅ⁴²khuŋ⁴³⁴⁻³⁴tsʅ⁴³⁴ti⁰tɕhi²¹²⁻²¹ʂʅ⁵⁵ ʵ⁴²kʵ⁰ta⁴²ɕiæ̃⁵⁵

回 一 起 出 名，是 孔 子 的 七 十 二 个 大 贤

ti⁴²tsʅ⁰tsʅ²¹²⁻²⁴i²¹².

弟 子 之 一。

tsæi⁴²miẽ⁴³⁴⁻³⁴tsʅ⁴³⁴ti⁰ku⁴²ɕiaŋ²¹², iɛ⁴³⁴⁻³⁴tɕiəu⁴²ʂʅ⁴²tsæ̃⁴³⁴ɕiæ̃⁴²tsæi⁴²

在 闵 子 的 故 乡， 也 就 是 咱 现 在

zuŋ⁴³⁴⁻⁴⁴tɕhiɑɔ⁵⁵tɕhy²¹²miẽ⁴³⁴⁻⁴⁴ɕiæ̃⁵⁵tshuẽ²¹²na⁴²kʵ⁰ti⁴²fu⁰, ɕy⁴³⁴tuo²¹²iəu⁴³⁴⁻⁴⁴

埇 桥 区 闵 贤 村 那 个 地 府〓，许 多 有

niæ̃⁵⁵zẽ⁵⁵təu²¹²⁻²⁴tsʅ²¹²⁻²¹tɑɔ⁰, miẽ⁴³⁴⁻³⁴tsʅ⁴³⁴ta⁴²kæi⁴²pa²¹²⁻²¹suei⁴²tsuo⁴³⁴⁻³⁴iəu⁴²ti⁰

年 人 都 知 道，闵 子 大 概 八 岁 左 右 的

ʂʅ⁵⁵xəu⁰, tha²¹²ti⁰niaŋ⁵⁵tɕiəu⁴²piŋ⁴²sʅ⁴³⁴la⁰. miẽ⁴³⁴⁻³⁴tsʅ⁴³⁴tɕiæ²¹²lɑɔ⁴³⁴⁻³⁴ʂʅ⁴²sʅ²¹²⁻²¹

时 候， 他 的 娘 就 病 死 啦。闵 子 骞 老 是 思

niæ̃⁴²tha²¹²ti⁰ niaŋ⁵⁵, xəu⁴²læi⁵⁵tha²¹² ti⁰ta⁵⁵iəu⁴²tɕhy⁴³⁴ lʵ⁰ i²¹²kʵ⁰ny⁴³⁴⁻⁴⁴ zẽ⁵⁵,

念 他 的 娘， 后 来 他 的 达〓又 娶 了 一 个 女 人，

ɕiŋ⁴²iɑɔ⁵⁵, iɑɔ⁵⁵ʂʅ⁴²iəu⁴²ʂəŋ²¹²lʵ⁰miẽ⁴³⁴⁻⁴⁴kʵ²¹²、miẽ⁴³⁴⁻⁴⁴məŋ⁵⁵, iɛ⁴³⁴⁻³⁴tɕiəu⁴²ʂʅ⁴²

姓 姚， 姚 氏 又 生 了 闵 革、闵 蒙， 也 就 是

miẽ⁴³⁴⁻³⁴tsʅ⁴³⁴⁻⁴⁴tɕhiæ²¹²i²¹²kʵ⁰ta⁵⁵liaŋ⁴³⁴kʵ⁰niaŋ⁵⁵ti⁰ti⁴²ti⁰. iəu⁵⁵y⁵⁵miẽ⁴³⁴⁻³⁴tsʅ⁴³⁴⁻⁴⁴

闵 子 骞 一 个 达〓两 个 娘 的 弟弟。由 于 闵 子

tɕhiæ̃²¹²ʂʅ̩⁴²i⁴³⁴⁻⁴⁴tɕhiæ̃⁵⁵ti⁰lɑɔ⁴³⁴⁻⁴⁴pho⁵⁵ʂəŋ²¹²ti⁰, tha²¹²ti⁰xəu⁴²niaŋ⁵⁵tei⁴²tʂɤ⁴²
　骞　是以　　前的老　　婆生的，他　的后　娘对这

liaŋ⁴³⁴kɤ⁰ tɕhiẽ²¹²⁻²⁴ʂəŋ²¹²ti⁰ xæi⁵⁵tsʅ̩⁰tɕiəu⁴²xẽ⁴³⁴⁻⁴⁴thəŋ⁵⁵, pu²¹²⁻²¹ta⁴²ɕi⁴³⁴⁻⁴⁴xuæ̃⁰
两个亲　生　的孩子就很　疼，不大喜　欢

miẽ⁴³⁴⁻³⁴tsʅ̩⁴³⁴⁻⁴⁴tɕhiæ̃²¹², miẽ⁴³⁴⁻³⁴tsʅ̩⁴³⁴⁻⁴⁴tɕhiæ̃²¹²kuo⁴²lɤ⁰xẽ⁴³⁴⁻⁴⁴tuo²¹²khu⁴³⁴⁻⁴⁴
闵　子骞，　闵　子　骞　过了很　多　苦

zʅ̩²¹²tsʅ̩⁰。phiŋ⁵⁵ʂʅ̩⁵⁵tha²¹²xəu⁴²niaŋ⁵⁵pu²¹²⁻²¹ʂʅ̩⁴²ta⁴³⁴tɕiəu⁴²ʂʅ̩⁴²ma⁴², iəu⁴³⁴⁻⁴⁴ʂʅ̩⁵⁵
日子。平时他后　娘不　是打　就是骂，有时

xæi⁵⁵tɕiɑɔ⁴²tha²¹²kɤ²¹²lɤ⁰pæi⁴²tsʅ̩⁰kuei⁴²ti⁴², iɛ⁴³⁴⁻⁴⁴pu²¹²⁻²¹kei⁵⁵tha²¹²⁻²¹fæ̃⁴²
还　叫他胳＝了拜＝子跪地，也　不　给他饭

tʂʅ̩²¹²。mæ̃⁴²mæ̃⁴²ti⁰tʂɤ⁴²kɤ⁰xæi⁵⁵tsʅ̩⁰ tɕiəu⁴²tʂaŋ⁴³⁴⁻³⁴ta⁴²lɑ⁰。
吃。　慢　慢的这个孩　子就　长　大啦。

iəu⁴³⁴⁻⁴⁴i²¹²⁻²¹niæ̃⁵⁵tuŋ²¹²⁻²⁴thiæ̃²¹², miẽ⁴³⁴⁻³⁴tsʅ̩⁴³⁴⁻⁴⁴tɕhiæ̃²¹²ti⁰ta⁵⁵tæi⁴²tʂuo⁰tha²¹²
　有一　年冬　天，　闵　子　骞　的达＝带着他

ti⁰ sæ̃²¹²kɤ⁰ ər⁵⁵tsuo⁴²tʂuo⁰niəu⁵⁵la²¹²ti⁰tʂhɤ²¹²tʂhu²¹²⁻²¹mẽ⁵⁵, miẽ⁴³⁴⁻³⁴tsʅ̩⁴³⁴⁻⁴⁴
的三　个儿坐　着牛　拉的　车　出　门，　闵　子

tɕhiæ̃²¹²ta⁴² tiæ̃r⁴²za⁰, tha²¹²⁻²¹tɕiəu⁴²tsæi⁴²tɕhiæ̃⁵⁵miæ̃⁰tɕhiæ̃²¹²tʂuo⁰niəu⁵⁵,
骞　大点儿啊，他　　就在前　面　牵　着牛，

tʂhɤ²¹²⁻²¹ʂaŋ⁰tsuo⁴² tʂuo⁰tha²¹²⁻²¹ta⁵⁵xɤ⁵⁵liaŋ⁴³⁴kɤ⁰ti⁴²ti⁰。taŋ²¹²⁻²¹ʂʅ̩⁴²ɕia⁴² tʂuo⁰
车　上坐　着他　达＝和两　个弟弟。当　时下　着

yɤ⁵⁵mɑɔ⁵⁵ta⁴²suo²¹², iəu⁵⁵y⁰miẽ⁴³⁴⁻³⁴tsʅ̩⁴³⁴⁻⁴⁴tɕhiæ̃²¹²ti⁰ miæ̃⁵⁵yɑɔ⁴³⁴ʂʅ̩⁴²lu⁵⁵
鹅毛大雪，由于闵　子　　骞　的棉　袄是芦

uei⁴³⁴xua²¹² tsu⁴²ti⁰zaŋ⁵⁵ tsʅ̩⁰ nei⁴²tʂẽ⁴², miẽ⁴³⁴⁻³⁴tsʅ̩⁴³⁴⁻⁴⁴tɕhiæ̃²¹²ɕiæ̃⁵⁵ləŋ⁰ŋa⁰,
苇　花　做的穰＝子内　衬，闵　子　　骞　嫌冷啊，

i²¹²⁻²⁴piæ̃²¹²tsəu⁴³⁴i²¹²⁻²⁴piæ̃²¹²su²¹²tʂuo⁰kɤ⁰ʂẽ²¹²tsʅ̩⁰。miẽ⁴³⁴⁻³⁴tsʅ̩⁴³⁴⁻⁴⁴tɕhiæ̃²¹²ti⁰ta⁵⁵
一　边走一　边缩着个身子。闵　子　　骞　的达＝

khæ̃⁴²tsæi⁴²iæ̃⁴³⁴⁻³⁴li⁴³⁴, ɕiẽ²¹²⁻²¹ɕiaŋ⁴³⁴tʂɤ⁴²kɤ⁰nɑɔ²¹²⁻²¹ɕyŋ⁵⁵ xuaŋ⁵⁵tsʅ̩⁰tsẽ⁴³⁴mɤ⁰
看　在眼　里，心　想这个孬　熊　黄　子怎么

khẽ⁴³⁴⁻⁴⁴thəu²¹²⁻²¹læ̃⁴³⁴nẽ⁰! pu²¹²⁻²¹yæ̃⁴²i⁴²kæ̃⁴²xuor⁵⁵! phi⁵⁵tɕhi⁴²pɑɔ⁴²tsɑɔ⁴²ti⁰
肯　偷　懒呢! 不　愿意干活儿! 脾　气暴　躁的

tha²¹²⁻²¹ta⁵⁵ tɕiəu⁴²tɕhi⁰ti⁰kɛ̃²¹²⁻²¹ʂɛ̃⁵⁵mɤ⁰xuaŋ⁵⁵tsʅ⁰iaŋ⁰, tɕiəu⁴²ʂuo²¹²: "ni⁴³⁴⁻³⁴ti⁴²
他　　达˭　就　气　的跟　什么黄　子样，　就说："你　弟

ti⁰ti⁰miɛ̃⁵⁵ɣɑɔ⁴³⁴pi⁴³⁴⁻³⁴ni⁴³⁴ti⁰xæi⁵⁵po⁵⁵, təu²¹²⁻²⁴pu²¹²⁻²¹xæ̃⁴³⁴⁻³⁴ləŋ⁴³⁴, ni⁴³⁴
弟的棉　袄比　你　的还薄，都　不　喊　冷，你

tʂhuæ̃²¹²tei⁰pi⁴³⁴⁻⁴⁴tha²¹²⁻²¹xəu⁴², xæi⁵⁵xæ̃⁴³⁴⁻³⁴ləŋ⁴³⁴, ni⁴³⁴⁻³⁴tʂɤ⁴²kɤ⁰tɕhi²¹²⁻²¹
穿　的比　他厚，　还喊　冷，　你　这个妻

tsʅ⁵⁵kɑɔ²¹²tsʅ⁰, ni⁴³⁴⁻³⁴ʂʅ⁴²ɣæ̃²¹²ti⁰ʂɛ̃⁵⁵mɤ⁰ɕiɛ̃²¹²ɣa⁰？" ʂuo²¹²tʂɤ⁰nɛ̃⁰, tha²¹²ta⁵⁵
佴羔子，你　是安的什么心　啊？"说　着呢，他达˭

tɕiəu⁴²na⁵⁵tɕhi⁰kɤ⁰ma⁴³⁴⁻⁴⁴piɛ̃²¹² tʂhɑɔ⁵⁵tʂuo⁰kɤ⁰xəu⁴²pei⁴²phi²¹²⁻²⁴phi²¹²liaŋ⁴³⁴⁻⁴⁴
就　拿起个马　鞭　照　着个后背嘣　嘣两

piɛ̃²¹²tsʅ⁰. taŋ²¹²⁻²¹ʂʅ⁵⁵miɛ̃⁴³⁴⁻³⁴tsʅ⁴³⁴⁻⁴⁴tɕhiɛ̃²¹²iɛ⁴³⁴⁻³⁴mei⁴²tʂuo²¹²ʂɛ̃⁵⁵mɤ⁰xua⁴².
鞭子。当　时闵　子　骞　也　没说　什么话，

tɕiəu⁴²na⁵⁵tʂuo⁰kɤ⁰iɛ̃⁴³⁴⁻⁴⁴ tʂu²¹²tsʅ⁰khæ̃⁴²tʂuo⁰tha²¹²⁻²¹ta⁵⁵, iɛ⁴³⁴mei⁴² tsʅ⁵⁵
就　拿着个眼　珠子看　着他　达˭，也没　吱

khəŋ²¹². tha²¹²ti⁰kɤ⁰miɛ̃⁵⁵ɣɑɔ⁴³⁴tɕiəu⁴²ta⁴³⁴⁻³⁴læ̃⁴²lɤ⁰ia⁰！ miɛ̃⁵⁵ɣɑɔ⁴³⁴i²¹²⁻²¹
吭。　他的个棉　袄　就打　烂了呀！棉袄一

læ̃⁴², li⁴³⁴⁻⁴⁴piæ̃r²¹²ti⁰lu⁵⁵xua²¹²tɕiəu⁴²phiɑɔ²¹²lɤ⁰tʂhu²¹²⁻²¹læi⁵⁵, sa⁴³⁴ ti⁰nar⁴³⁴
烂，里　边儿的芦　花　就　飘　了出　来，　撒的哪儿

təu²¹²⁻²¹ʂʅ⁴²ti⁰, tɕia⁴²miɛ̃⁴³⁴tsʅ⁴³⁴ tɕhiɛ̃²¹² ti⁰ta⁵⁵khæ̃⁴²tɑɔ⁴²lɤ⁰. tha²¹²⁻²¹ ta⁵⁵i²¹²⁻²¹
都　是的，叫闵　子　骞　的达˭看　到了。他　达˭一

khæ̃⁴², "ɣæi⁴²iəu⁰, uo⁴³⁴ti⁰kɤ⁰niaŋ⁵⁵læi⁰！ tʂɤ⁴²kɤ⁰ɕiɑɔ⁴³⁴⁻⁴⁴xæ̃r⁵⁵ti⁰miɛ̃⁵⁵
看，　"哎　呦，我　的个娘　来！　这个小　孩儿的棉

ɣɑɔ⁴³⁴tsɛ̃⁴³⁴mɤ⁰təu²¹²⁻²¹ʂʅ⁴²lu⁵⁵uei⁴³⁴⁻⁴⁴xua²¹²tsu⁴²ti⁰nɛ̃⁰！" tha²¹²⁻²⁴i²¹²⁻²¹fæ̃⁴³⁴
袄怎　么都　是芦苇　花　做的呢！"他一　返

thəu⁵⁵iəu⁴²pa⁴²ɕiɑɔ⁴³⁴ər⁵⁵ti⁰miɛ̃⁵⁵ɣɑɔ⁴³⁴sʅ²¹²⁻²⁴khæi²¹²i²¹²⁻²¹khæ̃⁴², təu²¹²⁻²¹ʂʅ⁴²
头　又把小　儿的棉　袄　撕　开一　看，　都是

ɕiɛ̃²¹²⁻²¹miɛ̃⁵⁵xua²¹²tsu⁴²ti⁰！ ɣɑɔ⁴², miɛ̃⁴³⁴tsʅ⁴³⁴⁻⁴⁴tɕhiɛ̃²¹²ti⁰ta⁵⁵i²¹²khæ̃⁴²,
新　棉花　做的！　噢，闵　子　骞　的达˭一看，

təu²¹²⁻²¹ʂʅ⁴²tha²¹²⁻²¹xəu⁴²lɑɔ⁴³⁴pho⁰kɑɔ⁴³⁴ti⁰kuei⁴³⁴ia⁰！ tha²¹²⁻²¹ta²¹²⁻²¹
都　是他　后老　婆搞　的鬼呀！他　达

ta⁵⁵xẽ⁴³⁴tɕyo²¹²tʂuo⁰tei⁴²pu²¹²⁻²¹tɕhi⁴³⁴tʂɤ⁴²kɤ⁰ər⁵⁵, tshuo⁴²kuæi⁴²lɤ⁰xæi⁵⁵tsʅ⁰ia⁰！
　很　觉　着　对不　起　这个儿，　错　怪　了孩子呀！

paɔ⁴²tʂuo⁰miẽ⁴³⁴⁻³⁴tsʅ⁴³⁴⁻⁴⁴tɕhiæ̃²¹², khu²¹²tei⁰kẽ²¹²⁻²¹ma²¹²⁻²¹laŋ⁵⁵tsʅ⁰iaŋ⁰。taɔ⁴²
抱着　闵　子　骞，　哭得跟　蚂〓　螂〓子样。到

lɤ⁰tɕia²¹²i⁴³⁴xəu⁴², miẽ⁴³⁴fu⁴²tɕiəu⁴²tɕyo²¹²tʂuo⁰tʂɤ⁴²kɤ⁰xəu⁴² laɔ⁴³⁴pho⁰pu²¹²⁻²¹
了家以后，　闵父就　觉　着　这个后　老婆不

kuæ̃⁴³⁴⁻⁴⁴tɕiŋ²¹², ta⁴³⁴lɤ⁰tha²¹²i²¹²⁻²¹tuẽ⁴², iəu⁴²ɕiɛ⁴³⁴ lɤ⁰ɕiəu²¹²⁻²⁴ʂu²¹², tʂuẽ⁴³⁴
管　经，　打了她一　顿，　又写　了休　书，　准

pei⁴²pu²¹²⁻²¹iaɔ⁴²tʂɤ⁴²kɤ⁰ xəu⁴²laɔ⁴³⁴pho⁰ la⁰, pæ̃⁴³⁴lɤ⁰kɤ⁰tʂaŋ⁴² zẽ⁰kaɔ²¹²⁻²¹
备不　要这个后老婆啦，　板〓了个丈　人羔

tsʅ⁰！ tʂɤ⁴²kɤ⁰ xəu⁴²niaŋ⁵⁵ tɕyo²¹² tʂuo⁰iaɔ⁴²pei⁴²kæ̃⁴³⁴⁻³⁴tsəu⁴³⁴lɤ⁰, tɕiəu⁴²khu²¹²
子！　这个后　娘　觉　着要被赶　走了，　就哭

tei⁰ia⁰！ na⁵⁵ tʂuo⁰kɤ⁰ɕiaɔ⁴³⁴⁻⁴⁴paɔ²¹² fu⁰tʂuẽ⁴³⁴pei⁴²tsəu⁴³⁴lɤ⁰。miẽ⁴³⁴⁻³⁴tsʅ⁴³⁴⁻⁴⁴
得呀！　拿着个小　包　袱准备走了。闵　子

tɕhiæ̃²¹²khæ̃⁴²tɕiæ̃⁴²tʂɤ⁴²kɤ⁰tɕhiŋ⁵⁵khuaŋ⁴²i⁴³⁴⁻³⁴xəu⁴², i²¹²⁻²⁴piæ̃²¹²la²¹²tʂuo⁰
　骞　看　见这个情　况　以　后，一　边拉着

tha²¹²⁻²¹niaŋ⁵⁵, i²¹²⁻²⁴piæ̃²¹²kuei⁴²tʂuo⁰tha²¹²⁻²¹ta⁵⁵ʂuo²¹²：ɣæ̃⁴³⁴ tiɛ²¹², ni⁴³⁴⁻⁴⁴
他　娘，　一　边跪着他　达〓说：“俺　达〓，你

khɤ⁵⁵pu²¹²⁻²¹nəŋ⁵⁵tɕiaɔ⁴²ɣæ̃⁴³⁴⁻⁴⁴niaŋ⁵⁵ɕiəu²¹²lɤ⁰。ni⁴³⁴⁻³⁴iaɔ⁴²ɕiəu²¹²lɤ⁰tha²¹²,
可不　能　叫俺　娘休　了。你　要　休了她，

ɣæ̃⁴³⁴tʂɤ⁴²ti⁴²ɕyŋ²¹² sa²¹²tsa⁴³⁴⁻³⁴nəŋ⁴²nẽ⁰？ ni⁴³⁴iaɔ⁴²pu²¹²⁻²⁴ɕiəu²¹²nẽ⁰, uo⁴³⁴⁻³⁴
俺　这弟兄亻乍　弄呢？你　要不　休呢，我

ʂəu⁴²tiæ̃⁴³⁴⁻³⁴khu⁴³⁴mei⁴²ʂa⁵⁵, ni⁴³⁴iaɔ⁴²pa⁴²tha²¹²ɕiəu²¹²lɤ⁰, ɣæ̃⁴³⁴⁻⁴⁴ti⁴²ɕyŋ²¹²
受点　苦没啥，你　要把她　休了，俺　弟兄

sa²¹²pu²¹²⁻²⁴təu²¹²⁻²¹ʂəu⁴²tsuei²¹²la⁰maŋ⁰？” ɣæi⁴³⁴, tha²¹²⁻²⁴ta⁵⁵ tɕyo²¹² tʂuo⁰
亻乍不　都　受罪了芒〓？”哎，　他　达〓觉　着

iəu⁴³⁴⁻²¹taɔ⁴²li⁴³⁴, tʂɤ⁴²kɤ⁰xæi⁵⁵tsʅ⁰ʂuo²¹² tei⁰kuæi⁴² tei²¹²！ tɕiəu⁴²pa⁴²tha²¹²⁻²¹
有　道理，这个孩子说　得怪　得！　就把他

xəu⁴²niaŋ⁵⁵iəu⁴²liəu⁵⁵ɕia⁰læi⁵⁵la⁰。miẽ⁴³⁴⁻³⁴tsʅ⁴³⁴ti⁰tsu⁴²fa⁰kæ̃⁴³⁴⁻³⁴tuŋ⁴²lɤ⁰tha²¹²⁻²¹
后　娘又留下来啦。闵　子的做法感　动了她

xəu⁴²niaŋ⁵⁵, tɕyo²¹²tʂuo⁰tʂɤ⁴²kɤ⁰xæi⁵⁵tsɿ⁰tsuo⁴²tei ⁰kuæi⁴² tei²¹², xəu⁴²læi⁵⁵tei⁴²

后 娘，　觉　着这 个 孩 子 做 得 怪 得，　后 来 对

tʂɤ⁴²sæ̃²¹² kɤ⁰xæi⁵⁵tsɿ⁰ təu²¹²⁻²⁴i²¹²⁻²¹iaŋ⁴²thəŋ⁵⁵la⁰。

这 三 个 孩 子 都 一 样 疼 啦。

　xəu⁴²læi⁵⁵, laɔ⁴³⁴⁻⁴⁴pei²¹²⁻²¹ɕiŋ⁴²uei⁴²lɤ⁰tɕi⁴²niæ̃⁴²miɛ̃⁴³⁴⁻³⁴tsɿ⁴³⁴⁻⁴⁴tɕhiæ̃²¹²,

　后 来，老 百　姓 为 了 纪 念 闵 子　　骞，

kei⁵⁵tha²¹²kæi⁴²lɤ⁰i²¹²⁻²¹tsuo⁴²tshɿ⁵⁵, xæi⁵⁵pa⁴²miɛ̃⁴³⁴⁻³⁴tsɿ⁴³⁴ti⁰ku⁴²ɕiaɔ²¹²tɕiaɔ⁴²

给 他 盖 了 一　座 祠，还 把 闵　子 的 故 乡 叫

tsu⁴²miɛ̃⁴³⁴ɕiæ̃⁵⁵tshuɛ̃²¹², iɛ⁴³⁴⁻³⁴tɕiaɔ⁴²piæ̃²¹²⁻²¹ta⁴³⁴lu⁵⁵xua²¹²tʂhɤ²¹²⁻²¹niəu⁵⁵fæ̃⁴³⁴

做 闵 贤 村，也　叫 鞭 打 芦 花 车 牛 返

tshuɛ̃²¹², tʂɤ⁴²tɕiəu⁴²ʂɿ⁴²tʂuŋ²¹²⁻²⁴kuei²¹²li⁴²ʂɿ⁴³⁴ ʂaŋ⁰tsuei⁴²tʂhaŋ⁵⁵ti⁰tshuɛ̃²¹²⁻²⁴

村，　这 就　是 中　国 历 史 上 最　长 的 村

tʂuaŋ²¹²miŋ⁵⁵tsɿ⁰。

庄　名 字。

（陈广伟讲述，张良斌、唐爱华整理标音）

参 考 文 献

安徽省地方志编纂委员会.安徽省志·方言志 [M].北京：方志出版社，1997.

灵璧县地方志编纂委员会.灵璧县志 [M].杭州：浙江人民出版社，1991.

泗县地方志编纂委员会主编.泗县志 [M].杭州：浙江人民出版社，1990.

安徽省宿县地方志编纂委员会.宿县志 [M].合肥：黄山书社，1988.

河北省昌黎县志编纂委员会，中国社会科学研究院语言研究所合编.昌黎方言志 [M].上海：上海教育出版社，1984.

唐爱华，王临惠，蒋宗霞，宋辉，张德岁，张苗.安徽宿州方言音系（上）[J].宿州学院学报，2015（6）.

唐爱华，王临惠，蒋宗霞，宋辉，张德岁，张苗.安徽宿州方言音系（下）[J].宿州学院学报，2015（7）.

赵日新.安徽省的汉语方言 [J].方言，2008（4）：361-368.

宿州市地方志编纂委员会.宿州市志 [M].上海：上海古籍出版社，1991：545-550.

李世瑜，韩根东.略论天津方言岛 [J].天津师大学报，1991（2）：71-76.

李世瑜，韩根东.天津方言岛的语音探讨 [J].天津师大学报，1992（3）：65-70.

曾晓渝.论天津话的源流 [J].南开语言学刊，2010（2）：1-12.

王临惠，蒋宗霞，唐爱华.关于天津方言语音演变的几个问题的讨论——兼论天津方言的源流关系 [J].语文研究，2009（3）：45-50.

王临惠，支建刚，王忠一．天津方言的源流关系刍议 [J].山西师大学报（社会科学版），2010（4）：147-151.

王临惠．天津方言阴平调值的演变过程——兼论天津方言的源流关系 [J].中国语文，2012（1）：68-75.

谭汝为．天津方言的源流、文化特质及其对天津市性格的影响 [J].通化学院学报，2012（5）.

宗廷虎，李金苓，郭焰坤，中国修辞史 [M].长春：吉林教育出版社，2007.

中国社会科学院语言研究所词典编辑室．现代汉语词典（第5版）[M].北京：商务印书馆，2005.

罗菲．修辞伦理研究 [D].复旦大学博士学位论文，2010.

李申．徐州方言的讳饰语 [J].语言研究.1986（2）.

刘彩霞．跨文化交际禁忌习俗文化研究 [D].四川师范大学硕士学位论文，2010.

齐沪扬，陈昌来．应用语言学纲要（第2版）[M].上海：复旦大学出版社，2013.

杨颖．禁忌语及其规避形式研究 [D].哈尔滨师范大学硕士学位论文，2012.

程裕祯．中国文化要略（第3版）[M].北京：外语教学与研究出版社，2011.

郭锦桴．汉语与中国传统文化（修订本）[M].北京：商务印书馆，2010.

常敬宇．汉语词汇文化（增订本）[M].北京：北京大学出版社，2009.

何兆熊．新编语用学概要 [M].上海：上海外语教育出版，2000.

李申．徐州方言志 [M].北京：语文出版社，1985.

郭辉．皖北濉溪方言的语气词"来" [J].方言.2008（2）.

张文贞．山东微山方言语气词"来"的理论阐释 [J].现代语文，2008（5）.

王琴．安徽阜阳方言的"可VP"反复问句 [J].方言，2008（2）.

郭辉，郭海峰．皖北濉溪方言的语气词 [J].淮北煤炭师范学院学报，

2009（3）.

李芳元.汉语称谓语说略[J].枣庄师专学报，1996（1）

齐沪扬，朱琴琴.上海市徐汇区大中小学生称谓语使用情况调查[J].语言文字应用，2001（2）.

敏春芳.文献字词考略[M].北京：民族出版社，2005.

罗常培.语言与文化（注释本）[M].北京：北京大学出版社，2009.

[清]梁章钜.称谓录（影印本）[M].天津：天津古籍书店，1987.

胡士云.汉语亲属称谓研究[D].暨南大学博士学位论文，2010.

黄涛.语言民俗与中国文化[M].北京：人民出版社，2002.

孙玉卿.山西方言亲属称谓研究[D].暨南大学博士学位论文，2003.

费孝通.江村经济——中国农民的生活[M].北京：商务印书馆，2001.

郑献芹.河南方言与普通话亲属称谓之比较[J].安阳师范学院学报，2015（4）.

黄慧敏.巢湖方言与蚌埠方言中的亲属称谓词之比较[J].科技信息，2009（24）.

苏晓青，吕永卫.徐州方言词典[M].南京：江苏教育出版社，1996.

吕海滨.论墨子兼爱思想的理论涵摄及其当代价值[J].求索，2012(7).

史宝金.论汉语亲属称谓的特征及其社会历史化背景[J].复旦学报，2003（2）.

张德岁，王灵均.宿州方言亲属称谓语与称谓文化考论[J].江淮论坛，2016（3）.

张德岁.宿州方言中的语气词[J].宿州学院学报，2013（3）.

张德岁.宿州方言中的讳饰语及文化内涵[J].宿州学院学报，2016(4).

后　记

此书的调查写作得到安徽省教育厅人文社科重点研究项目"安徽淮河沿岸方言比较研究（编号：2010sk419zd）"、宿州学院学术带头人（2016XJXS01）、皖北方言与文化研究创新团队（2016KYTD02）、宿州学院学术技术带头人后备人选（2014XJHB03）的经费资助。

我是宿松人，大学毕业分配到宿州学院工作，至今30年了。初来乍到，我到菜市场买菜，用普通话说买"青菜"，卖菜的给我称"芹菜"，很是纳闷！学校知名女书法家姜秀真老师，我总觉得大家叫她"蒋老师"，很是惊奇！我名字里原本有一个"花"字，在市里办有关证件时，一律被写成了"华"，去北京大学读汉语助教班时学校开的证明上也是"华"……后来只好将错就错了，也不得不将错就错，甚是无奈！我每到当地同事家去玩，同事都热情地说"请喝茶"，端给我的却是一杯白开水。怎么茶里没茶叶呀？我迷惑了很久很久！慢慢地我知道了本地话不仅跟我的母语差异大，跟普通话的差异也不小。于是我下决心学习当地方言，学会了很多当地特色词语，比如"大头儿（对小男孩儿的爱称）""头毛衣（头发）""老马子（老女人）""老伙计（知根知底的老朋友）""喋拉猴子（知了）""转莲"（葵花）"㳠儿（自在，快活）""老鹰膀子（本市标志性雕塑"鹏程"的别名）""业个熊（算了，完事）""管（行、可以）""藏老梦（捉迷藏）"　"高低高（终于）"与词义丰富的"刳"等。逐渐地，我不满足于学着玩了，萌生了系统整理本地方言的念头。

2008年12月，天津师范大学王临惠教授来宿州带着我和蒋宗霞老师调查宿州方言，主要发音人是时年68岁的廖兴中先生（已故），廖先生的语音分尖音、团音，且成系统。这与我们平时了解的本地方言语音情况

大不相同，我先后找宿州学院 90 多岁的梅焕亭先生、邵体忠先生核对字音，
两位老先生的尖音极少。2010 年天津市政协文史委由天津师范大学、南开
大学的语言学谭汝为教授、马庆株教授等组成"天津方言寻根调研组"，
由市政协文史委主任带队来宿州市调查方言，座谈会中认识了市政协委员
宿州二中王彩法老师，王先生的母语分尖团音，他告诉我，宿州市埇桥区
城西郊区及城西农村尖团音区分明显，城中及东、南、北部、尖音较少，
并给我提供宿州方言尖团音的来源和分布的材料。

2010 年 5 月 "天津方言寻根调研组" 来宿州调研

　　2015 年 5 月 16 日，由安徽省语言学会主办、宿州学院文学与传媒学
院承办的安徽"语言资源有声数据库"暨"历代碑刻资源数据库"建设研
讨会宿州学院召开，市档案局（地方志办公室）居永立局长、柴培华主任
等领导出席会议。期间，根据会议主题和市地方志办公室的职责，我向档
案局领导提出了撰写《宿州市方言志》的设想，居局长、柴主任都很感兴
趣。会后我与文学与传媒学院孟方院长一起拟订了《宿州市方言志》提纲，
请我的老师中国社会科学院研究员知名方言学专家张振兴研究员指导，张
老师提出了宝贵的修改意见，提纲完善后提交市档案局（地方志办公室），
得到了市档案局（地方志办公室）各位领导充分认可，将《宿州市方言志》
列入《宿州历史文化丛书》，后改名为《宿州方言》。

　　我们调查的主要发音人是赵成金先生、傅克元先生，两位老先生非常支持我们的调查，尽可能把小时候的说法回想出来，常常为了哪个音或哪个词更地道而争得面红耳赤，这种求实执着的精神令我们十分感动。赵成金先生给我找了一大堆参考书，每次发音前总是准备一些卡片，卡片上密密麻麻写着本地方言词语，赵先生不愧为绘图专家，一些本地传统的器具我不熟悉，赵先生就画出来给我解释，直观形象。王家海先生是教育部国家语委语保工程项目"安徽汉语方言调查·埇桥区"课题的老年男子发音人，与赵成金先生、傅克元先生的语音上有差异。如果说赵先生、傅先生的话属于老派，王先生的话则属于新派。

　　为了写作此书，每次乘出租车时向本地司机请教一些词语，经常在校车上向老家在本地的同事请教，同事们很热情，你给我提供一个词，他给我补充一个音，这样集腋成裘，积累的语料就丰富起来了。

　　本书作者大多为宿州学院皖北方言文化研究所成员，对宿州方言或有感性认识，或有前期调查研究基础。大家共同努力，克服种种困难，终于完成书稿。主要分工如下：

　　策划、统稿：唐爱华　孟　方

　　绪论：孟　方　唐爱华

　　第一章：王临惠　唐爱华　张德岁　宋　辉

　　第二章：唐爱华　王临惠　张德岁　孟　方　蒋宗霞　肖　良　王雪清　李　鸿

　　第三章：张良斌　张德岁　唐爱华

　　第四章：唐爱华　张良斌　宋　辉

　　词语校对、补充：朱　顺

　　校稿：唐爱华　孟　方　张德岁　张良斌　宋　辉

　　王彩法先生提供宿州市尖音团音、异读字材料，宿州学院郭焕银教授、李鸿教授，朱顺老师的父母，宿州市技师学院梅飞先生为本书提供了很多语料。语料记音中有不少童谣是我儿子石全提供的。我丈夫石育文在市里工作，一学到当地有特色的词语就会告诉我，对我撰写此书帮助很大。本文在写作中，还得到了宿州学院周治杰、张雪涛、高玉洁（现在泗县财政

局工作)、赵东(现在贵州财经大学工作)、蔡若愚、陈艳梅等老师的帮助,
或出谋划策,指点迷津,或帮忙打印、核对语料,或确定语音或词义。

宿州市档案局(地方志办公室)王伟、居永立、高磊、柴培华等领导
高度重视这套丛书的编写,多次组织讨论,克服重重困难,为推进此书的
出版倾注了很多心血。

合肥工业大学出版社朱移山等责任编辑高度敬业,认真审稿,提出了
很多宝贵的修改意见。

在此谨向以上各位表示衷心的感谢!

宿州方言如何记音,即用国际音标还是汉语拼音?在选题、撰写过程
中出现了分歧和争议。现在书出来了,宿州方言跟普通话的差异也就明摆
着了,汉语拼音是否能准确记录宿州方言,大家大概没有疑问了吧?

我们在调查撰写《宿州方言》时,还开展了国家语保工程项目"安徽
汉语方言调查·埇桥区"课题的调研摄录,进一步了解了宿州方言的面貌。

宿州方言不是我的母语,所有内容都以田野调查为基础,由于我们知
识水平有限,时间仓促,参写人员工作太忙,书中错误难免。敬请方家批
评指正。

宿州学院 唐爱华
2016 年 12 月 3 日